Forschungs- und Anwendungsfelder der Soziologie

Eva Flicker, Rudolf Forster (Hg.)
unter Mitwirkung von Sarah Miriam Pritz

Forschungs- und Anwendungs- felder der Soziologie

facultas.wuv

Bibliografische Information Der Deutschen Nationalbibliothek

Die Deutsche Nationalbibliothek verzeichnet diese Publikation in der Deutschen National-
bibliografie; detaillierte bibliografische Daten sind im Internet unter http://d-nb.de abrufbar.

2., vollständig aktualisierte und ergänzte Auflage 2013
© 2008 Facultas Verlags- und Buchhandels AG
facultas.wuv, Stolberggasse 26, 1050 Wien
Alle Rechte vorbehalten

Umschlaggestaltung: d-licious Koeck & Rastbichler Grafik Design OG
Umschlagbild: Eva Flicker
Satz & Druck: Facultas AG
Printed in Austria
ISBN 978-3-7089-0986-8

Inhaltsverzeichnis

Vorwort

Dieses Buch begleitet eine einführende Ringvorlesung über ausgewählte Forschungs- und Anwendungsfelder der Soziologie an der Universität Wien. Es soll eine erste Auseinandersetzung mit Spezialisierungen ermöglichen, die für Studierende eine Reihe von Fragen aufwirft: Wie und woran ist das Verbindende in der Vielfalt der Forschungs- und Anwendungsfelder zu erkennen? Was sind die treibenden Faktoren hinter der Ausdifferenzierung von „Speziellen Soziologien"? Worüber wurde und wird in den diversen Forschungsfeldern gearbeitet? Welche gesellschaftliche Nachfrage besteht nach dem produzierten Wissen? Lassen sich für Studierende eigene Forschungsinteressen oder Berufsperspektiven identifizieren? Auf diese Fragen versucht das Buch Antworten zu geben.

Diese zweite, vollständig überarbeitete und ergänzte Auflage eines 2008 von Rudolf Forster erstmals herausgegebenen Buches führt in eine Reihe von soziologischen Spezialisierungen ein, die in Forschung und Lehre am Institut für Soziologie der Universität Wien und weiterer Wiener Universitäten und Forschungseinrichtungen vertreten sind. Es behandelt mit 18 Beiträgen ein breites Spektrum an Themen. Gegenüber der ersten Auflage spiegelt es eine Reihe von zwischenzeitlichen Veränderungen wider: Die Vorlesung wurde an den Beginn des Bachelorstudiums der Soziologie verlegt, gleichzeitig die Zielgruppe um Studierende anderer Studienrichtungen erweitert. Das führte zu besonderen Bemühungen, die Verständlichkeit der Texte zu optimieren. Neue Spezialisierungen am Institut und dessen Umfeld führten zur Aufnahme von fünf neuen Themen. Schließlich änderte sich die Zusammensetzung der Herausgeber/innen: Für Rudolf Forster bedeutet die Neuherausgabe den Abschluss einer langjährigen Verantwortung für die genannte Vorlesung, für Eva Flicker markiert sie deren Beginn. Sarah Miriam Pritz hat durch jahrelange Begleitung der Vorlesung als Tutorin und Studienassistentin viele wertvolle Erfahrungen zur Verständlichkeit und Verwendbarkeit des Buches gesammelt, die dieser Neuauflage sehr zu Gute kommen.

Für das Zustandekommen des Buches gilt unser besonderer Dank den Autorinnen und Autoren, die sich zu einer gründlichen Überarbeitung ihrer früheren Beiträge oder auch zur erstmaligen Abfassung eines Beitrags bereit erklärt haben und in diesem Prozess unsere relativ strikten Vorgaben und Überarbeitungswünsche geduldig erfüllten. Die schon eingespielte Kooperation mit dem Verlag, vertreten durch Sabine Kruse und Sandra Illibauer-Aichinger, gestaltete sich gewohnt angenehm und effizient.

Eva Flicker, Rudolf Forster und Sarah Miriam Pritz   Wien, im August 2013

Einleitung

Eva Flicker, Rudolf Forster

Dieses Buch setzt sich zum Ziel, einen Einblick in die Entwicklung und den aktuellen Stand spezialisierter soziologischer Forschung zu geben und Perspektiven auf die Verwendung und Verwendbarkeit dieses Wissens zu skizzieren. Es ist in erster Linie als Einführung in eine Vielzahl „spezieller Soziologien" für Studierende der Soziologie und anderer Sozialwissenschaften gedacht und dient als Vorstufe für eine Vertiefung in einzelne Bereiche. Für seine Lektüre wird eine prinzipielle Vertrautheit mit sozialwissenschaftlichen Denkweisen, aber kein spezifisches sozialwissenschaftliches Wissen vorausgesetzt.

Die Ausdifferenzierung von „speziellen Soziologien" setzte bald nach der Gründungsphase der Soziologie ein und hält seither kontinuierlich an. Manche Spezialisierungen kommen und gehen, die meisten aber bleiben, auch wenn sie ihren Fokus dem sozialen Wandel entsprechend ständig verändern.

Bei den vorliegenden 18 ausgewählten Themenfeldern handelt es sich – wie unschwer erkennbar – um eine Auswahl; eine solche wird immer zu einem gewissen Grad unvollständig und exemplarisch sein. Das Auswahlkriterium für dieses Lehrbuch war ein durchaus pragmatisches: wir haben jene Fachkolleginnen und -kollegen angesprochen, deren Schwerpunkt im Studium der Soziologie an der Universität Wien kontinuierlich gelehrt wird. Und so entstammen die vorliegenden Beiträge von einer durch Lehrtätigkeit am Wiener Studienstandort konstituierten Gruppe von AutorInnen, die den aktuellen Stand der Forschung in ihren jeweiligen Spezialbereichen darstellen.

Der mit der Auswahl der Autorinnen und Autoren verbundene „Österreich-Bezug" ist intendiert; gleichzeitig sollen internationale Tendenzen angesprochen werden. Das Buch ist von Soziologinnen und Soziologen geschrieben, die primär in Österreich tätig sind, die nicht nur Spezialistinnen und Spezialisten für ihren Bereich sind und wesentliche Beiträge zur Entwicklung ihres Spezialgebietes geleistet haben und leisten, sondern meist auch an dessen Institutionalisierung in Forschung und Lehre wesentlich beteiligt waren und sind. Das Buch erlaubt damit auch einen selektiven Einblick in die Entwicklung soziologischer Forschung in Österreich, in Themen, Institutionen und Forschungsgruppen. So entstehen aus exemplarisch aufbereiteten Forschungsergebnissen zugleich auch interessante Einblicke in die österreichische Gesellschaft und deren sozialen Wandel. Gleichzeitig wird offenkundig, wie stark internationalisiert soziologische Forschung ist: Die österreichische Soziologie war und ist beteiligt an der Entwicklung theoretisch-begrifflicher Werkzeuge der Disziplin, Instrumentarien anerkannter Methoden und international relevanter Forschungsergebnisse. Dabei wird deutlich, wie unterschiedlich internationalisiert einzelne Spezialbereiche und Forschungsnetzwerke sind, und welche spezifischen Forschungstraditionen sich in bestimmten soziokulturellen und wissenschaftlichen Zusammenhängen entwickeln.

Einer gewissen Relativierung bedarf das zweite zentrale Wort des Buchtitels: „Anwendung" ist in der Soziologie nur scheinbar ein einfacher Begriff. Häufig äußern Studierende den Wunsch, es solle schon zu Studienbeginn stärker aufgezeigt werden, wozu soziologische Forschung nützlich ist und was sie bewirkt, mit einem Wort wie „praxisrelevant" sie ist. Dieses Bedürfnis, aus dem „Elfenbeinturm" der universitären Wissenschaft hinaus in gesellschaftliche Praxis zu blicken, ist ein verständliches – vor allem angesichts der Tatsache, dass nur eine Minderheit der Auszubildenden später in Universitäten oder in der Grundlagenforschung tätig sein wird, viele aber in anwendungsorientierten Forschungseinrichtungen und der Großteil überhaupt in einer in sich diversen Berufspraxis, deren Anforderungen nicht standardisiert bzw. standardisierbar sind. Dieses Buch versucht auf diese Mehrfachanwendung soziologischen Wissens einzugehen, ohne dies umfassend und systematisch tun zu können. In welcher Weise Anwendungsbezüge hier von den Autorinnen und Autoren thematisiert werden, wird weiter unten noch genauer ausgeführt.

Im Unterschied zur ersten Auflage des Buches haben wir die Bezeichnung „Bereiche" im Buchtitel durch „Felder" ersetzt, womit wir in Anlehnung an Pierre Bourdieu auf die Vieldimensionalität gesellschaftlicher Themen, Bereiche, Milieus, Handlungsradien und deren theoretische Erfassung hinweisen wollen.

Das Buch ist – wie ein Handbuch – alphabetisch nach Themenbereichen gegliedert. Die einzelnen Beiträge stehen jeder für sich und können unabhängig voneinander gelesen werden. Die beteiligten Autorinnen und Autoren waren bereit, sich an einer von uns vorgegebenen Grundstruktur zu orientieren und diese mit entsprechenden Freiheitsgraden systematisch abzuhandeln. Die vereinbarte Grundstruktur der Texte betrifft fünf Aspekte: in der Einleitung werden wesentliche soziologische Perspektiven im jeweiligen Forschungsbereich formuliert. Zum nächsten erfolgt ein kurzer Abriss der historischen Entwicklung, in dem auch weitere Entwicklungsstränge enthalten sein können. Drittens geht es jeweils darum, wichtige theoretische Perspektiven, zentrale Fragestellungen und Forschungsergebnisse im jeweiligen Feld in einer internationalen Perspektive zu erörtern. Im vierten Schritt geht es darum, den Stand der Forschung in Österreich exemplarisch aufzuzeigen. Der letzte Punkt sollte Nachfrage und Anwendungsbezug des soziologischen Wissens und der sich dadurch stellenden Anforderungen an die Soziologie (in Österreich) skizzieren.

Die folgenden Anmerkungen thematisieren einige Eindrücke, die sich für die Herausgeberin und den Herausgeber bei der Gesamtlektüre der vorliegenden Texte ergeben haben. Sie betreffen die altbekannte Kontroverse über das Verhältnis von Spezialisierung und Integration des Faches; die historische Dimension von Spezialisierungen und die bereits erwähnte Frage der Anwendung und Anwendbarkeit soziologischen Wissens.

Zunächst zum Verhältnis von Spezialisierung und Integration: Bei der Lektüre der vorliegenden Texte zeigt sich zum einen, dass die Analyse spezieller Phänomene vielfach einen wichtigen Beitrag zur Gesellschaftsdiagnose, zur Theorieentwicklung und -weiterentwicklung in der Soziologie geleistet hat, dass spezifische Phänomene geeignete Indikatoren allgemeiner Prozesse sozialen Wandels abgeben, dass also spezialisierte Forschung vielfach Substantielles zur Entwicklung der Gesamtdisziplin beiträgt. Andererseits spiegelt sich in den speziellen Forschungsbereichen die bekannte Tatsache wider, dass *die* Soziologie weder theoretisch noch methodologisch integriert ist, dass vielmehr die gegenwärtige soziologische Analyse durch ein breites Spektrum an unterschiedlichen Theorien und Methoden gekennzeichnet ist. Dadurch scheint es aber keineswegs zu einer babylonischen Sprachverwirrung, zur Verselbständigung von Spezialbereichen, zum Verlust eines gemeinsamen disziplinären Verständnisses gekommen zu sein. Im Gegensatz zu den oft zugespitzten Auseinandersetzungen in Theorie- und Methodendiskussionen herrscht im Rahmen von Spezialisierungen offenbar ein größerer Pragmatismus vor, der danach trachtet, verschiedene theoretische und methodische Ansätze gegenstandsadäquat fruchtbar zu machen. Das Buch zeigt also, dass Verständigung und Austausch zwischen allgemeiner Soziologie und spezialisierten Soziologien oder zwischen letzteren möglich ist und auch erfolgt. Unser Eindruck ist, dass es lohnend wäre, den Austausch zwischen unterschiedlichen Spezialisierungen intensiver zu pflegen, als das vielfach (selbst in einem so kleinen Land wie Österreich) geschieht. So wird die Notwendigkeit dieser Art der innersoziologischen „Interdisziplinarität" in fast jedem Beitrag thematisiert.

Ein zweiter Eindruck betrifft die historische Dimension. Wiewohl in diesem Buch nur ansatzweise leistbar, zeigt sich exemplarisch, wie sehr Spezialisierungen in der Soziologie untrennbar mit gesellschaftlichem Wandel verbunden sind. Die Thematisierung historischer Zusammenhänge bei der Herausbildung und Weiterentwicklung spezialisierter Forschungsfelder trägt also dazu bei, das Bewusstsein für die

Besonderheiten des Gegenstands der Soziologie zu schärfen. Auch das Verhältnis der Soziologie zu ihrem Gegenstand wird dabei sichtbar: Soziologische Analysen, gerade wenn sie mit Verwendungsansprüchen oder zumindest -angeboten verbunden sind, können auf das untersuchte spezielle gesellschaftliche Feld zurückwirken und werden so selbst ein Teil des Wandels. Dies belegen auch die zahlreichen Notwendigkeiten zur Aktualisierung der ersten Auflage dieses Bandes im Jahr 2008. Neben vergleichenden Theorie- und Methodendiskussionen beinhaltet daher auch die verstärkte Beachtung von historischen Entwicklungen in speziellen Forschungsbereichen das Potential, zu einem integrativen Faktor gegenüber möglichen Zentrifugalkräften der Spezialisierung zu werden.

Der dritte Eindruck zeigt, dass sich die Diskussion über die Anwendung soziologischen Wissens zu einem Bindeglied zwischen unterschiedlichen Spezialisierungen entwickelt hat. Wie kann das von der Soziologie erzeugte Wissen gesellschaftliche Relevanz entwickeln? Diese Frage wird auch in Zukunft verstärkt diskutiert werden (müssen). Dabei lassen sich zumindest drei Stränge der Diskussion beschreiben: Einer, der sich mit dem Transfer soziologischen Wissens in praktische Handlungskontexte befasst („Verwendungsforschung"), einer der die außerwissenschaftliche Tätigkeit und Berufsidentität von Soziologinnen und Soziologen thematisiert (meist unter dem Stichwort der „Professionalisierung" und „Professionalisierbarkeit") und einer, der vermittelnde Rollen zwischen Wissenschaft und Praxis (zum Beispiel unter dem Etikett „soziologische Beratung") als eine Option sieht.

Auf einzelne dieser Stränge konnte in diesem Buch eingegangen werden, jeder wäre eine gesonderte und umfassende Auseinandersetzung in einer Zusammenschau unterschiedlicher soziologischer Spezialisierungen wert. Vielfach finden sich in den einzelnen Beiträgen Hinweise, wie Problembeschreibungen der Praxis aufgegriffen werden und wie umgekehrt soziologisches Wissen anwendungsrelevant werden kann, vereinzelt auch solche auf mögliche Rollen für Soziologen und Soziologinnen im Wissenstransfer in die jeweiligen Praxisfelder und die dafür notwendigen Kompetenzen.

Deutlich wird in diesem Buch, dass soziologische Spezialisierungen eine sehr unterschiedliche Distanz und Nähe zu ihrem Gegenstand einnehmen, dass sich dies verändern kann und auch innerhalb von Spezialisierungen unterscheiden kann. Auf der einen Seite des Spektrums steht eine pointierte Außenperspektive, in der der Gegenstand der Analyse in erster Linie für Zwecke der Gesellschaftsanalyse und Theorieentwicklung gewählt wird und bei der zunächst keinerlei Anspruch gestellt wird, für jene verständlich oder gar nützlich zu sein, über deren Handlungskontext geschrieben wird. Auf der anderen Seite erzeugen Spezialisierungen auch eine besondere Nähe zum Gegenstand, beinhalten ein Einlassen auf die Innen- und Problemperspektiven der im jeweiligen Feld Handelnden und auch auf die dort etablierten Referenzwissenschaften. Während sich am einen Ende des Spektrums die Frage der Anwendung oder Umsetzung soziologischen Wissens erst gar nicht stellt, erweist sie sich am anderen Ende als komplex und anforderungsreich und erzeugt oft ambivalente Reaktionen im betreffenden Feld.

Die „Verwendungsforschung" hat die Prozesse des Transfers von wissenschaftlichem Wissen in praktische Handlungskontexte mittlerweile systematisch zum Gegenstand der Analyse und Reflexion gemacht. Ihr Hauptergebnis ist, dass soziologisches Wissen im Zuge seiner Verwendung einem durch seine Produzentinnen und Produzenten nicht steuerbaren Interpretationsprozess unterworfen ist, der von der Logik und den sozialen Konstellationen des jeweiligen Praxisfeldes bestimmt wird – so wie umgekehrt die Selbstbeschreibungen eines Praxisfeldes im Zuge der sozialwissenschaftlichen Thematisierung re-interpretiert und damit auch ein Stück weit verfremdet werden. Wenn dieses Buch auch dazu beiträgt, Studierenden die Erzeugung und Anwendung soziologischen Wissens als sozialen Prozess verständlich zu machen, der zwar nicht durch die Soziologie steuerbar ist, aber gleichzeitig doch reflektiert und fallweise auch mitgestaltet werden kann, dann hat es einen seiner Zwecke erfüllt.

Damit abschließend zurück zum Gesamtergebnis: Mit diesem Buch liegt ein vielfältiges Panorama an Beschreibungen und Analysen für ausgewählte Bereiche der hoch entwickelten, spätmodernen Gesellschaft vor. Von Interesse ist es nicht nur für angehende Soziologinnen und Soziologen sondern auch für all jene, die wissen wollen, wie die Soziologie gesellschaftliche Entwicklung thematisiert, aktuelle Probleme identifiziert, analysiert und bewertet. Was es seinen Leserinnen und Lesern vor allem anbietet, ist die Möglichkeit, in *einem*, nicht allzu umfänglichen Werk vielfältige Entwicklungsstränge, Themen, Theorien, Ergebnisse und Verwendungszusammenhänge der Soziologie komprimiert und systematisch zugänglich zu haben und so auf einfache Weise einen Einblick in innerdisziplinäre Spezialisierungen und gleichzeitig in die Dynamik gesellschaftlichen Wandels zu erhalten.

Abweichung und Soziale Kontrolle

Günter Stummvoll, Walter Fuchs

1 Einleitung

Eine Soziologie des abweichenden Verhaltens – das mit einem Fremdwort auch „Devianz"[1] genannt wird – ist ohne Berücksichtigung sozialer Normen nicht denkbar. Die Abweichung von Normen kann positiv oder negativ bewertet werden. Wir können folglich ein Spektrum nachzeichnen, das auf der einen Seite von außerordentlichen geistigen, künstlerischen oder körperlichen Leistungen begrenzt wird (positive Devianz), und auf der anderen Seite irritierende, provozierende, schädigende, verletzende Verhaltensweisen bis hin zu strafrechtlich relevanter Kriminalität beinhaltet (negative Devianz). Während sich soziologische Arbeiten erst in jüngerer Zeit vereinzelt mit Formen positiver Devianz befassen, spielt die negative oder problematische Konnotation abweichenden Verhaltens seit Anbeginn der Soziologie eine bedeutende Rolle.[2] Wir wollen uns in diesem einführenden Text auf einen zentralen Bereich der negativen Devianz, nämlich Kriminalität, konzentrieren.

Zur Charakterisierung des Forschungsbereichs werden drei unterschiedliche Begriffe verwendet, deren Bedeutungen nicht deckungsgleich sind, auch wenn sie sich zu einem guten Teil überschneiden: Kriminologie, Kriminalsoziologie sowie Soziologie abweichenden Verhaltens und sozialer Kontrolle. Die Soziologie abweichenden Verhaltens und sozialer Kontrolle untersucht nicht nur Kriminalität und Kriminalisierung, sondern auch positive Devianz sowie andere Formen von Abweichung und sozialer Kontrolle (z. B. psychische Krankheiten, Psychiatrie). Kriminalsoziologie und Kriminologie fokussieren hingegen – wie die Begriffe schon andeuten – aus-

---

Genderformulierung: Alle in diesem Kapitel verwendeten Personen- und Funktionsbezeichnungen beziehen sich ungeachtet ihrer grammatikalischen Form in gleicher Weise auf Frauen und Männer. Im Sinne der besseren Lesbarkeit wird aber bei den Begriffen „Täter" und „Verbrecher" insbesondere in historischen Zusammenhängen und im Fall von Sexualdelikten auf eine genderneutrale Formulierung verzichtet.

1   „Devianz" leitet sich vom lateinischen *devius* (abseits vom Weg, verirrt) bzw. vom spätlateinischen *deviare* (vom Weg abkommen, abirren, abweichen) ab (vgl. italienisch *deviare*, französisch *dévier*).

2   Vgl. etwa aktuell Wolf/Zuckerman (2012). Während in einer Gesellschaft als „positiv" bewertete deviante Verhaltensweisen meist von bestimmten (z. B. statistisch definierten) empirischen Normalitätserwartungen (etwa Durchschnittswerten von Testergebnissen) abweichen, verletzen „negativ" deviante Handlungen meist abstraktere soziale Normen wie Gesetze oder Benimmregeln – was für die Gesellschaft als Ganzes im Hinblick auf sozialen Wandel wiederum durchaus „positive" Folgen haben kann (siehe Kap. 2.3.).

schließlich auf Abweichungen im Kontext strafrechtlich relevanten Verhaltens. Im Gegensatz zur Kriminalsoziologie beschäftigt sich die Kriminologie aber auch mit psychologischen, biologischen und juristischen Aspekten von Kriminalität und Kriminalisierung. Wir greifen im Folgenden auf alle drei Forschungstraditionen zurück, verwenden dabei aber zur Vereinfachung oft nur den Begriff „Kriminologie". Der gemeinsame und speziell soziologische Zugang aller drei Forschungstraditionen besteht in der Annahme, dass Kriminalität insofern als ein soziales Konstrukt zu betrachten ist, als das Festlegen legalen und illegalen Handelns einem permanenten sozialen Wandel unterliegt. Welches Handeln in einer Gesellschaft als „abweichend" (z. B. als kriminell, krank, wahnsinnig, gestört oder aber auch genial) und welches als „normal" gilt, ist daher erstens stets ein Ergebnis sozialer Aushandlungen. Devianz und ihre Kontrolle verweisen damit immer auch auf wechselnde gesellschaftliche, politische, rechtliche, ökonomische und historische Kontextbedingungen.

Zweitens ist die Festlegung, ob bestimmte negativ-deviante Verhaltensweisen als „kriminell" gelten, eine Frage der Art der Reaktion und der Sanktionierung. Wird ein Verhalten zwar prinzipiell abgelehnt, aber geduldet? Wird es mit sozialem Ausschluss sanktioniert? Wird eine Therapie angeordnet? Wird eine Geld- oder Freiheitsstrafe verhängt?

Drittens interessiert sich die soziologische Perspektive auf Kriminalität für den Zweck und die Wirkungsweise der Sanktion: Erreichen z. B. Strafen überhaupt das Ziel, Ordnung wiederherzustellen, wiedergutzumachen oder zu bessern? Wirken sie vergeltend? Hat die Sanktion präventive Wirkung auf die Einzelnen und auf die Gesellschaft insgesamt?

In aktuellen sozialpolitischen Diskussionen finden sich viele Beispiele zum Umgang mit Devianz: die Frage nach dem Rauchverbot in öffentlichen Räumen, die Anerkennung von homosexuellen Partnerschaften, Verkehrsunfälle mit Personenschaden, jugendlicher Alkoholkonsum, Doping im Sport, Korruption oder der Umgang mit Sexualstraftätern. An allen diesen Beispielen können die genannten Fragen nach gesellschaftlichen Kontextbedingungen sowie nach Art und Wirkungsweise der Sanktion überlegt werden.

„Soziale Kontrolle" ist ein Begriff, der auf den US-amerikanischen Soziologen Edward Ross zurückgeht (Ross 2012 [1901]). Im Laufe der Geschichte der Disziplin wurde er unterschiedlich weit gefasst. Während Ross darunter ganz allgemein die Lenkung von Individuen durch die Gesellschaft verstanden hatte, setzte sich später eine engere Bedeutung durch: Seit den 1960er Jahren bezeichnet „soziale Kontrolle" in der soziologischen Diskussion vor allem die soziale Reaktion auf Verhalten, das in einer Gesellschaft als abweichend definiert wird (vgl. Scheerer 2000).

Dieser Forschungsbereich der Soziologie lässt sich also folgendermaßen zusammenfassen: Die Soziologie der Abweichung und sozialen Kontrolle befasst sich mit dem Zusammenhang von Normen und deviantem Verhalten sowie der Wirkungsweise von Sanktionen durch Institutionen, die soziale Kontrolle ausüben. Die US-amerikanischen Kriminalsoziologen Sutherland und Cressey haben das Forschungsfeld treffend als „a study of law-making, law-breaking, and reactions to law-breaking" (Sutherland/Cressey 1974 [1924]: 21) beschrieben.

2   Historische Grundlagen der Soziologie der Kriminalität und sozialer Kontrolle

In der Entwicklungsgeschichte des wissenschaftlichen Diskurses über Kriminalität lassen sich verschiedene Paradigmen unterscheiden. Im Folgenden geben wir einen Überblick über die Entwicklung des Fachgebiets beginnend mit der „klassischen Schule der Kriminologie" im Zeitalter der Aufklärung. Danach folgen wir den Spuren der positivistischen Kriminologie, leiten über zur funktionalistischen Sichtweise auf Devianz und beleuchten die konstruktivistische Denkweise, bevor wir im darauf folgenden Abschnitt Forschungsperspektiven und aktuelle Entwicklungen behandeln.

2.1   Die klassische Schule der Kriminologie: Ein Produkt der Aufklärung

Das Zeitalter des Rationalismus hat im 17. und 18. Jahrhundert eine vorwiegend religiös und metaphysisch begründete Weltsicht sukzessive abgelöst. Die Menschen wurden dabei als grundsätzlich freie Individuen gedacht, die rational entscheiden und dementsprechend handeln können, weswegen sie für ihr Tun auch verantwortlich zu machen sind. Abweichendes Verhalten war in dieser Sichtweise nichts anderes als die Konsequenz einer freien Entscheidung, bestimmte soziale Normen zu übertreten.

Der englische Utilitarist[3] Jeremy Bentham (1748–1832) verbreitete am Ende des 18. Jahrhunderts eine Lehre, wonach Menschen vor allem solche Handlungen setzen, die ihnen Glück versprechen. Bentham zufolge ist Furcht – insbesondere vor Schmerzen – für alle Menschen der wichtigste und wirkungsvollste Faktor, der die Willensfreiheit beeinflusst. Deswegen sei Strafe die beste Maßnahme, um Verhalten

---

3   Utilitarismus bezeichnet eine sozial-philosophische Lehre, die im Nützlichen den Maßstab für sittlich-moralisches Verhalten erkennt.

zu kontrollieren. Das Strafrecht sollte daher bei allen BürgerInnen gleichermaßen angewendet werden: Alle Menschen, die einer bestimmten Tat von einem unabhängigen Gericht schuldig gesprochen werden, sollten entsprechend auch dieselbe Strafe erhalten. Die wahrscheinlich bedeutendste Schrift im Hinblick auf die Entwicklung eines aufgeklärten Strafrechts wurde 1764 von Cesare Beccaria publiziert. *Dei delitti e delle pene* (*Über Verbrechen und Strafe*) wurde in 22 Sprachen übersetzt und stellt den ersten Ansatz zu einem konsistenten und „humanen" Strafrechtssystem dar (Beccaria 1998 [1764]). Durch die Prinzipien Rationalität, Selbstverantwortung im Handeln, Verhältnismäßigkeit im Strafausmaß und Gleichheit vor dem Gesetz sollten die Menschen nicht mehr mit der Willkür eines Monarchen, sondern mit berechenbaren Sanktionen konfrontiert sein.

2.2   Das positivistische Erklärungsmodell

Im Laufe des 19. Jahrhunderts wurde das aufgeklärte Strafrecht, das alle Menschen (Jugendliche und Erwachsene, Erst- und Rückfalltäter, psychisch Kranke und Gesunde) gleich behandelt hatte, zunehmend als unfähig angesehen, Kriminalität wirksam verhindern zu können. Vor dem Hintergrund neuer sozialer Probleme im Gefolge der Industrialisierung (Massenarmut, Verstädterung, Verelendung und Proletarisierung ehemals leibeigener Bauern – „soziale Frage") und damit einhergehender neuer Kontrollbedürfnisse erschien sein normatives Menschenbild, in dem die Normunterworfenen unterschiedslos als vernünftige Subjekte adressiert wurden, zunehmend unrealistisch. So gewährte man den Richtern allmählich mehr Spielraum bei der Strafzumessung und stellte ihnen justizexterne Experten zur Seite: Medizinische oder pädagogische Sachverständige sollten die subjektiven Lebensumstände von Tätern begreiflich machen, über deren Zurechnungsfähigkeit befinden und bei der Wahl einer möglichst passenden Sanktion behilflich sein. Man hoffte, das Strafjustizsystem auf diese Weise effektiver gestalten zu können. Das dabei anfallende empirische Fachwissen wurde zu einer der Wurzeln der Kriminologie als einer erfahrungswissenschaftlichen Disziplin.[4] So kam es zu einem Paradigmenwechsel weg von der klassischen Theorie des Rationalismus hin zum Positivismus.

Das positivistische Erklärungsmodell für Kriminalität hat seinen Ausgangspunkt in Annahmen über die Natur des Menschen, die sich von denen des Rationalis-

---

4   Hier wird der enge Zusammenhang von Wissen und Macht deutlich, den der französische Philosoph Michel Foucault im Hinblick auf das Gefängnissystem in seinem berühmten Buch *Überwachen und Strafen* (1977) untersucht hat.

mus deutlich unterscheiden. Der neue Ansatz, der das Ende der „vorwissenschaft-
lichen", philosophisch-aufklärerischen Phase des Nachdenkens über abweichendes
Verhalten bedeutete, beruht auf den damals zeitgenössischen Geistesströmungen
der Evolutionstheorie von Charles Darwin (1809–1882) und dem sozialen Positivismus von Auguste Comte (1798–1857). In einem Weltbild nach Art der exakten
Naturwissenschaft sollten nun Einflüsse auf menschliches Verhalten untersucht
werden, die außerhalb der Kontrolle des Einzelnen liegen. Der Mensch ist in po-
sitivistischer Sichtweise kein freies, sondern ein determiniertes Wesen, dessen Verhalten durch interne (physiologische, psychologische) oder externe (soziale) Faktoren vorherbestimmt ist. Kriminalität wird denn auch als Phänomen in den Blick
genommen, das mit solchen biologischen, psychologischen und sozialen Faktoren
erklärbar ist.

Die sich herausbildenden Sozialwissenschaften konnten sich im Laufe des 19. Jahrhunderts mehr und mehr auf Daten stützen, die von staatlichen Kontroll- und
Wohlfahrtseinrichtungen gesammelt wurden. Man entdeckte ausgeprägte Regelmäßigkeiten in der Häufigkeit und Verteilung der Verbrechen und anderer Erschei-
nungen des gesellschaftlichen Lebens. Die Beobachtung, dass die „sozialen Tatsachen" bestimmten Mustern zu folgen schienen, die vom Willen der betroffenen
Individuen offenbar völlig unabhängig waren, übte eine große Faszination auf die
Zeitgenossen aus – unter anderem auf Emile Durkheim (1858–1917), der statistische Gesetzmäßigkeiten in den Selbstmordraten Frankreichs fand und damit ein
Phänomen, das vermeintlich nur aus der individuellen Psyche heraus zu verstehen
ist, soziologisch erklärte (Durkheim 1983 [1897]).

Als einer der bedeutendsten Vertreter in der Entwicklungsgeschichte der Kriminologie gilt der italienische Psychiater Cesare Lombroso (1836–1909). Sein Werk steht
für einen darwinistisch-biologischen Ansatz zur Erklärung individueller Ursachen
kriminellen Verhaltens. In seiner Publikation *L'Uomo Delinquente* (2010 [1876]) hat
Lombroso nach einem simplen Vergleich von Gesetzesbrechern in Gefängnissen
mit „normalen" Menschen eine exakte „Physiognomie der Verbrecher" erstellt: Ei-
genartig geformte Ohren, eine vorgewölbte Stirn, überlange Arme und verdrehte
Nasen galten ihm als Merkmale für Kriminelle. Er war davon überzeugt, dass es einen besonderen Menschentyp von „geborenen Verbrechern" gebe, die eine frühere
(„atavistische") Entwicklungsstufe der Menschheit verkörpern. Als „Beweis" dafür
galten ihm u. a. die Tätowierungen von Häftlingen, die ihn an den Hautschmuck
„primitiver Völker" erinnerten. Die Theorie Lombrosos wurde schon zu seinen
Lebzeiten vielfach widerlegt und gilt heute zu Recht als naiv und inhuman. Als
ein damals weit über die Grenzen der Wissenschaft hinaus rezipierter populärer

Autor hat er zum volkstümlichen Glauben an „Verbrechervisagen" beigetragen. Sein grundlegender Ansatz, „Kriminelle" von „Nichtkriminellen" durch bestimmte Personenmerkmale „wissenschaftlich" zu unterscheiden, sollte jedoch für eine lange Forschungstradition kriminalbiologischer und -psychologischer Ansätze maßgebend bleiben.

2.3   Funktionalismus

Emile Durkheim hat Ende des 19. Jahrhunderts im Rahmen einer damals innovativen und provokanten (in gewisser Weise also auch „abweichenden"), erstmals genuin soziologischen Betrachtung der Kriminalität auf die nützliche Funktion von Devianz hingewiesen. Er ging von der Beobachtung aus, dass abweichendes Verhalten in allen Gesellschaften vorkommt und deswegen ein notwendiges und zu erwartendes soziales Phänomen ist, das bestimmte Zwecke erfüllt. Indem Devianz kollektive moralische Gefühle verletzt, zeigt sie Durkheim zufolge die Grenzen von „falsch" und „richtig" auf. Auf diese Weise vermag die Regelverletzung die Gültigkeit der Regel zu bekräftigen. Andererseits – und auch diesen Aspekt hat Durkheim betont – ändern sich gesellschaftliche Normen mit der Zeit. Durkheims intellektueller Anspruch war insbesondere die Untersuchung der Bedingungen sozialen Zusammenhalts in Anbetracht rapiden ökonomischen und sozialen Wandels. Die „sittliche Entwicklung" profitiere vom Verbrechen, denn „(…) es hält nicht bloß den notwendigen Änderungen den Weg offen, in manchen Fällen bereitet es auch diese Änderungen direkt vor" (Durkheim 1984 [1895]: 157 ff.). Die funktionalistische Sichtweise von Devianz weist also darauf hin, dass abweichendes Verhalten nicht nur als Stütze geltender Normen wirken, sondern darüber hinaus auch ein Indikator für einen Normenwandel sein kann. So vermag anhaltende Devianz das Versagen geltender Normen und die Überprüfungsbedürftigkeit bisheriger Verhaltenserwartungen anzuzeigen (vgl. Lamnek 2007: 45). Funktionalistische Denkfiguren, mit denen das soziologische Nachdenken über Kriminalität beginnt, spielen bis heute in unterschiedlichen Ansätzen der positivistischen und konstruktivistischen Paradigmen eine Rolle.

2.4   Konstruktivismus: Kriminalität als sozial ausgehandeltes Konstrukt

Im 20. Jahrhundert wurde heftige Kritik am „naturwissenschaftlich"-positivistischen Ansatz zur Untersuchung (und Vorbeugung) von Kriminalität geäußert. Der Vorwurf galt der Vernachlässigung der sozialen und politischen Machtkonstellati-

onen, aus denen heraus Gesetze entwickelt und angewendet werden. Die juristi-
sche Selbstverständlichkeit von Recht und Unrecht wurde plötzlich hinterfragt. Die
Analyse beschäftigte sich nicht mehr allein mit der Persönlichkeit der Kriminellen
oder der Desintegration der Gesellschaft, sondern mit den Institutionen, die für
Ordnung, Recht und Kontrolle verantwortlich waren: Polizei und Justiz gerieten
selbst in den Blickwinkel der Forschung, indem Kriminalität als Folge der Definition und Zuschreibung abweichender Verhaltensweisen betrachtet wurde. Diese
Perspektive ist unter dem Begriff „*Labeling*-Theorie" (deutsch: Etikettierungsan-
satz, siehe Kap. 3.2) in die Geschichte der Kriminologie eingegangen. Überlegungen zu diesem Erklärungsansatz der Kriminalität fundieren auf zwei theoretischen
Grundannahmen: dem Sozialkonstruktivismus und der Konflikttheorie.

KonstruktivistInnen innerhalb der Kriminologie haben im Anschluss an die soziologischen Theorieströmungen des Symbolischen Interaktionismus und der Ethno-
methodologie postuliert, dass Kriminalität keine inhärente Verhaltenseigenschaft,
sondern ein stigmatisierendes Etikett sei. Demnach ist Kriminalität ein zeitlich und
räumlich variables, sozial ausgehandeltes Konstrukt.

KonflikttheoretikerInnen gehen davon aus, dass es keine grundsätzliche Einigung
über Normen, Werte oder Ziele in der Gesellschaft gibt, und dass Interessenskon-
flikte häufig durch das Ausüben von Macht, Herrschaft und Kontrolle „gelöst"
werden. KriminologInnen dieser Denkrichtung haben sich unter anderem intensiv mit marxistischer Theorie auseinander gesetzt und damit soziale Ungleichheiten
auch im Erlassen, Anwenden und Auslegen von Gesetzen analysiert. In konflikt-
theoretisch-marxistischer Tradition wird Kriminalität vor allem auf die durch unterschiedlich verteilte Ressourcen gekennzeichnete Sozialstruktur einer Gesellschaft
zurückgeführt – allerdings nicht in dem Sinne, dass eine schlechte soziale Stellung
bestimmte Menschen gleichsam dazu „zwingt", kriminell zu werden. Kriminalität
wird vielmehr als Kriminalisierung verstanden, als ein Herrschaftsinstrument do-
minanter sozialer Gruppen.

3   Klassische Forschungsperspektiven und aktuelle Entwicklungen

Anhand dieser groben Einteilung wissenschaftstheoretischer Paradigmen entlang
einer geistesgeschichtlichen Entwicklung, die in Tabelle 1 schematisch veranschaulicht wird, können wir nun die soziologischen Forschungstraditionen der Krimi-

nologie differenzierter betrachten.[5] Auch hier werden wir Beispiele aus der Entwicklungsgeschichte des Faches heranziehen, die für die jeweiligen Paradigmen bis heute kennzeichnend sind, um gleichzeitig den Wandel der Forschungstradition nachzuzeichnen. Wir beginnen mit der Beschreibung sozialer Faktoren innerhalb des positivistischen Paradigmas und wenden uns danach Forschungsperspektiven der *Labeling*-Theorie zu, um schließlich ausgewählte neuere Forschungsansätze darzustellen.

Tabelle 1: Schema der historischen Entwicklung des wissenschaftlichen Diskurses über Kriminalität

	Rationalismus	**Positivismus**	**Konstruktivismus**
Tätermodell	Rationaler Täter	Prädeterminierter Täter	Viktimisierter „Täter"
Geistige Strömungen bzw. Bezugsdisziplinen	Vertragstheorien Utilitarismus	Biologie Psychologie Soziologie	Sozialkonstruktivismus *Labeling*-Theorie Marxismus Konflikttheorie
Ausgewählte „Kriminologen"	*Philosophie, Sozialreform:* Beccaria (1738–1794) Bentham (1748–1832)	*Natur- und Sozialwissenschaften:* Lombroso (1836–1909) Durkheim (1858–1917) *Chicago School* Merton (1910–2003) Messner/Rosenfeld	*Soziologie:* Becker Garland

3.1   Soziale Bedingungen von Kriminalität

Soziologische Erklärungen nehmen an, dass Kriminalität durch äußere Umstände prädeterminiert, und jene Handlungsfreiheit, die von den Rationalisten im 17. und 18. Jahrhundert vorausgesetzt wurde, durch soziale Umstände beschränkt ist. So wie der biologische und psychologische geht auch der soziale Positivismus davon aus, dass diese Umstände grundsätzlich beobachtbar, messbar und beeinflussbar

---

5   Die funktionalistische Perspektive wird in dieser Übersicht nicht als eigenes Paradigma berücksichtigt, da sie selektiv für ganz unterschiedliche – positivistische wie konstruktivistische – Deutungen und Erklärungen von Devianz innerhalb gesellschaftlicher Strukturen herangezogen wird. In ihrer Betonung der „Normalität" abweichenden Verhaltens und dessen integrativer, produktiver oder aber auch herrschaftsstabilisierender Wirkungen liegt sie quer zu den anderen Paradigmen, die Erklärungen für kriminelles Handeln bzw. kriminalisierende Zuschreibungen anstreben.

seien. Die Frage ist demnach: Weshalb üben einige soziale Strukturen auf bestimmte Personen einen deutlichen Druck aus, sodass sie sich eher deviant als konform
verhalten? Die Ursache für Kriminalität wird in diesem Modell nicht in individueller Pathologie gesucht, sondern in spezifischen gesellschaftlichen Bedingungen.

SozialwissenschaftlerInnen der University of Chicago, allen voran Robert E. Park,
Ernest Burgess, Clifford Shaw und Henry McKay, hatten in den 1920er und 1930er
Jahren umfangreiche Studien zu den urbanen Strukturen in der Stadt Chicago un-
ternommen und dabei den Zusammenhang zwischen desolaten Lebensverhältnissen und Delinquenz untersucht. Soziale Segregation und die geografische Konzentration von schlechten ökonomischen Lebensgrundlagen (Armut, Arbeitslosigkeit,
Migrationsströme) in einzelnen Stadtteilen wurden als *social disorder*-Phänomene
identifiziert und galten als Grundlage für die hohe Bandenkriminalität zwischen
Jugendlichen. Die Chicagoer Soziologen haben mit dieser Theorie einen wesentlichen Beitrag zur Methodenentwicklung geleistet, indem sie vor allem mit qualitativen ethnografischen Stadtteiluntersuchungen gearbeitet haben, um die soziale
Wirklichkeit, mit der die Betroffenen konfrontiert sind, systematisch darzustellen.

Edwin Sutherland, der ebenfalls in Chicago tätig war, beschreibt in seiner Theorie
der *differentiellen Assoziation* den Konformitätszwang aus dem unmittelbaren Umfeld
der sozialen Gruppe (Sutherland/Cressey 1974 [1924]). Kriminelles Verhalten werde nicht nur erlernt und nachgeahmt, sondern auch im Rahmen des Sozialisations-
prozesses in der Gruppe unter sozialem Zwang angeeignet, um soziale Sanktionen
zu vermeiden.

Während der Ansatz der *Chicago School* einen direkten Zusammenhang zwischen
den sozio-ökonomischen Verhältnissen und Kriminalität herstellte, konzentrierten
sich andere TheoretikerInnen auf den sozialen Wandel. Demnach sind nicht allein
die gegenwärtigen sozialen Verhältnisse für Devianz entscheidend. Verantwortlich
für eine Störung der sozialen Ordnung ist demnach vielmehr der rasche Übergang
zur industriellen (oder auch postindustriellen) Gesellschaft. Schon Emile Durkheim
erkannte in seinen Studien über die fortschreitende soziale Arbeitsteilung, dass fehlende oder schwache Normen und Regeln für die/den Einzelne/n zu Orientie-
rungslosigkeit führen können – ein Zustand, den er als *Anomie* bezeichnete.

Im Anschluss an Durkheim hat der amerikanische Soziologe Robert K. Merton
in seinen Schriften auf das Ungleichgewicht zwischen kulturell allgemein als erstrebenswert angesehenen Zielen wie Reichtum und Besitz bestimmter materieller
Güter einerseits und den gesellschaftlich ungleich verteilten Mitteln zum Erreichen
dieser Ziele (Arbeit, Kapital, Vererbung, soziale Mobilität) andererseits hingewiesen. Abweichendes Verhalten erklärte er durch die Zugangsbeschränkungen un-

terprivilegierter Schichten der Bevölkerung zu legalen Mitteln, die zur Zielerreichung erforderlich sind (vgl. Merton 1938). Ein starkes Auseinanderklaffen von Zielen und Mitteln vermag einen starken Druck auf Individuen zu erzeugen, sich abweichend zu verhalten. Wenn die soziale Struktur für einen großen Teil der Bevölkerung den Zugang zu legitimen Mitteln einengt oder verwehrt, steigt also die Wahrscheinlichkeit, dass Devianz gehäuft auftritt. Dies ist besonders dann der Fall, wenn in einer Kultur die Wahl der Mittel, mit denen bestimmte Erfolge angestrebt werden, gegenüber dem Erreichen begehrter Ziele als vergleichsweise unwichtig angesehen wird.

Mit seiner Version der Anomietheorie hatte Merton auch eine Art soziologisches Porträt der US-amerikanischen Gesellschaft gezeichnet, die sich gleichermaßen durch eine relativ stark ausgeprägte soziale Ungleichheit wie durch den weitverbreiteten Glauben auszeichnet, der Weg „vom Tellerwäscher zum Millionär" durch eigene Leistung stehe allen offen. Eine aktuelle kapitalismuskritische Weiterentwicklung seines Ansatzes vertreten Steven Messner und Richard Rosenfeld (2007), die ihre Untersuchungen dem Zusammenhang zwischen hohen Kriminalitätsraten und der Kultur des *American Dream* widmen, die sie durch Erfolgsbesessenheit, Konkurrenzmentalität und egoistischen Individualismus charakterisiert sehen. Wie Merton betonen sie in ihrer *Institutionellen Anomietheorie* die Widersprüche zwischen Kultur und Sozialstruktur. Dabei richten sie ihr Augenmerk aber nicht nur auf die Schichtverteilung, sondern auch auf das institutionelle Gefüge der Gesellschaft. Das (hohe) Ausmaß und die Struktur der Kriminalität in den USA erklären Messner und Rosenfeld mit einer starken Dominanz der Ökonomie über alle anderen Lebensbereiche.

3.2 Kriminalität als Ergebnis von Etikettierung *(Labeling)*

SozialwissenschaftlerInnen, die dem konstruktivistischen Paradigma folgen, befassen sich vor allem mit drei grundlegenden Fragen: Warum und wie werden manche Handlungen überhaupt in Strafgesetzen abstrakt als verbotene Handlungen definiert? Warum werden die Handlungen unterprivilegierter Bevölkerungsgruppen von Polizei und Gerichten viel öfter auch tatsächlich als kriminell etikettiert (engl. „to label") als durchaus vergleichbare Verhaltensweisen von Gesellschaftsmitgliedern mit höherem sozialem Status? Wie wirkt sich die Erfahrung, durch formelle Instanzen der sozialen Kontrolle (z.B. in einem Gerichtsverfahren) als abweichend getadelt worden zu sein, auf das Selbstbild und die weiteren Handlungsoptionen der Betroffenen aus?

Howard S. Becker hat in seiner berühmten Studie *Außenseiter* eindrucksvoll argumentiert, dass das Verhalten der unteren sozialen Schichten der Bevölkerung kriminalisiert werde, während die Instanzen der sozialen Kontrolle über illegale Machenschaften von Reichen und Mächtigen hinweg sehen oder diese nicht einmal als kriminell definieren würden. Gesellschaftliche Gruppen schaffen abweichendes Verhalten demnach dadurch, dass sie

> (…) Regeln aufstellen, deren Verletzung abweichendes Verhalten konstituiert, und dass sie diese Regeln auf bestimmte Menschen anwenden, die sie zu Außenseitern abstempeln. Von diesem Standpunkt aus ist abweichendes Verhalten keine Qualität der Handlung, die eine Person begeht, sondern vielmehr eine Konsequenz der Anwendung von Regeln durch andere und der Sanktion gegenüber einem ‚Missetäter'. Der Mensch mit abweichendem Verhalten ist ein Mensch, auf den diese Bezeichnung erfolgreich angewendet worden ist; abweichendes Verhalten ist Verhalten, das Menschen so bezeichnen. (Becker 1973: 8)

In der Sichtweise des *Labeling*-Ansatzes erscheinen „Täter" als die eigentlichen „Opfer" der Gesellschaft. Das Erklärungsmodell vom „viktimisierten Täter" wurde seit den 1970er Jahren weit über marxistisch-interaktionistische Denkfiguren hinaus entwickelt. VertreterInnen einer „radikalen Kriminologie" beschäftigen sich heute sowohl mit der Kriminalität der Mächtigen als auch der Machtlosen, jeweils in deren sozialem Kontext. Kriminalität wird in jedem Fall als Folge struktureller Machtverhältnisse in der Gesellschaft analysiert.

3.3   Aktuelle Entwicklungen in der Forschung

Im Folgenden werden exemplarisch einzelne soziologisch relevante aktuelle Forschungsrichtungen innerhalb der Kriminologie ansatzweise dargestellt. Wir möchten dabei zeigen, dass die Forschungsarbeiten immer auch in Relation zu theoretischen Grundannahmen stehen.

Neuro-Kriminologie

Eine aktuelle Renaissance positivistisch-biologischen Denkens in der Kriminologie, angesichts derer sich Parallelen zu Lombrosos Studien aufdrängen, wurde durch die Fortschritte bei DNA-Analysen und bildgebenden Verfahren in den Neurowissenschaften ausgelöst. Manche auf diesen Gebieten Forschende vermitteln mitunter die suggestive Vorstellung, es sei jetzt möglich, „kriminelle Anlagen" methodisch einwandfrei wissenschaftlich zu erkennen, etwa auf Grundlage bestimmter

Genvarianten oder physiologischer Eigenheiten des Gehirns, die mit Aggressivität und „antisozialem Verhalten" zusammenzuhängen scheinen. Für eine sozialwissenschaftliche Devianzforschung stellt dies in mehrfacher Hinsicht eine Herausforderung dar. So ist es eine wichtige Aufgabe der Soziologie, den aktuellen Boom biologischer Deutungsmuster selbst – z. B. diskursanalytisch – zu erforschen, kritisch zu hinterfragen und auf das sozial Hergestellte der Kriminalität zu insistieren. Dabei dürfen allerdings wichtige Unterschiede zur alten Kriminalbiologie nicht übersehen werden – etwa im Hinblick auf den Grad der Determiniertheit abweichenden Verhaltens durch ungünstige körperliche Anlagen: Diese werden in aktuellen verhaltensbiologischen Studien nur mehr als „Risikofaktoren" verstanden, die zwar die Wahrscheinlichkeit krimineller Verhaltensweisen erhöhen, es aber niemals schicksalhaft vorherbestimmen (vgl. Hofinger 2011). Schließlich können sozialwissenschaftliche Ansätze versuchen, biologische Befunde in ihre Theoriegebäude zu integrieren (vgl. Kreissl/Steinert 2008) oder empirisch zu zeigen, wie sehr sich das Soziale (z. B. traumatisierende Lebensbedingungen) im Körperlichen (in neurologischen oder genetischen „Risikoanlagen") materialisiert.

Kritische Justizforschung

Im Gefolge des *Labeling*-Ansatzes gerieten die Institutionen des staatlichen Strafverfolgungsapparats in den Blickwinkel sozialwissenschaftlicher Forschung. Die Arbeitsweise von Institutionen der formellen sozialen Kontrolle wie etwa der Polizei, der Staatsanwaltschaften oder der Gerichte wurde zu einem wichtigen Forschungsthema einer gesellschafts- und herrschaftskritischen Kriminologie. Das Erkenntnisinteresse war vor allem darauf gerichtet, die „Anwendungsregeln" der Strafnormen empirisch zu untersuchen, die sich aus dem Recht selbst nicht entnehmen lassen (sogenannter *second code*). Es sollte z. B. nachgewiesen werden, wie sehr – um den Titel einer Arbeit aus den 1970er Jahren zu zitieren – *Richter im Dienste der Macht* (Peters 1973) stehen. Die damit eingeleitete Perspektivenumkehr – weg von „kriminellen" Tätern und hin zu den Instanzen der Kriminalisierung – eröffnete jenseits einer radikalen, aber realpolitisch folgenlosen Anklage des Justizsystems aus dem wissenschaftlichen Elfenbeinturm heraus ein wichtiges neues Feld angewandter Forschung.

Crime Science

David Garland beschreibt in seinem einflussreichen Buch *Kultur der Kontrolle* (2008) einen radikalen Paradigmenwechsel in der Kriminalpolitik im Übergang zur Spätmoderne: Das „wohlfahrtsstaatliche Strafen" der Nachkriegszeit (mit dem Ziel der

Besserung, Resozialisierung und Re-Integration von Straftätern in die Gesellschaft) wird sukzessive verdrängt durch ein neues Bild sozialer Kontrolle. Garland konstatiert den Niedergang des „rehabilitativen Ideals" bei gleichzeitiger Radikalisierung strafrechtlicher Maßnahmen, die der populistischen Forderung nach Risikominimierung, sozialer Exklusion und Vergeltung folgen: „Das gängige wohlfahrtsstaatliche Bild vom Delinquenten als benachteiligtem, bedürftigen, aus der Not heraus handelnden Menschen ist fast völlig verschwunden" (Garland 2008: 54). Erklärungen für die Ursachen kriminellen Verhaltens erfahren einen Wandel von dem einst zentralen Erklärungsansatz der „sozialen Deprivation", verursacht durch mangelnde Erziehung, fehlende Bildung, schlechte Arbeitsmarktchancen oder mangelnde Behandlung psychischer Störungen, hin zu verschiedensten Kontrolltheorien, also Erklärungen durch unzureichende informelle soziale Kontrolle, fehlende polizeiliche Kontrolle oder mangelnde Selbstkontrolle. Damit geht eine – von vielen SoziologInnen im Anschluss an Garland konstatierte – Zunahme der gesellschaftlichen Strafbereitschaft („Punitivität") einher (Dollinger 2011).

Kriminologische Forschung steht folglich auch im Dienst der Präventionsarbeit. Von praktischem Interesse ist dabei weniger die Gesellschaftsdiagnose; vielmehr soll die Sozialwissenschaft alltagstaugliche Empfehlungen ausarbeiten, um in Zukunft Straftaten, vor allem Eigentums- und Gewaltdelikte im öffentlichen Raum, zu verhindern. Die kriminologische Forschung fokussiert in diesem Fall auf die Analyse von Kriminalität in ihrer Erscheinungsform, beispielsweise in der intensiven Auseinandersetzung mit statistischen Daten zur geografischen Verteilung (Hotspot-Analysen), im Täter-Profiling, in der Viktimologie (Opferforschung) und in Befragungen zur Kriminalitätsfurcht. Deutlicher könnte der Kontrast zur funktionalistischen und konstruktivistischen Tradition nicht sein.

Diese auf Risikomanagement aufbauende Präventionslogik ist Zeugnis für eine Renaissance des Rationalismus in neuem Gewand der *Rational Choice*-Theorie: Täter werden als rationale Nutzenmaximierer betrachtet, die „Kosten" für eine Straftat (Aufwand, Entdeckungsrisiko, Strafrisiko) dem „Gewinn" (Beute, Erfolgserlebnis) gegenüberstellen. Die unmittelbare Entscheidung für oder gegen eine kriminelle Handlung beruht auf der Summe von Informationen, die ein Täter vor der Tat einholt (Clarke/Cornish 1986). Die kriminologische Forschung wird nun beauftragt, Tatgelegenheiten zu untersuchen und daraus Risikoanalysen zu erstellen, um letztendlich ein wirksames Risikomanagement gegen Kriminalität zu entwickeln (Stummvoll 2002).

4 Aktuelle Forschung in Österreich

In Österreich ist es gelungen, kritisches kriminalsoziologisches Wissen der Justizpraxis immer wieder auch fruchtbar zurückzugeben. 1972 wurde in Wien das außeruniversitäre „Institut für Rechts- und Kriminalsoziologie" gegründet, das bis heute über und für das Justizsystem forscht. Untersuchungsschwerpunkte im Hinblick auf die Kriminaljustiz waren bzw. sind, um nur einige ausgewählte zu nennen: die wissenschaftliche Unterstützung von Reformen des Strafrechts und der Einführung alternativer Konfliktregelungsverfahren, regional unterschiedliche Rechtsanwendungsstile, die Effekte bestimmter Sanktionen sowie die Analyse und Verbesserung der statistischen Datengrundlagen der Justizverwaltung. Mit der empirischen Erforschung der Sachwalterschaft für behinderte und psychisch kranke Personen, die die alte Entmündigung 1983 abgelöst hatte, kam später ein bis heute hochrelevantes rechtssoziologisches Thema hinzu, das im Bereich der Ziviljustiz angesiedelt ist. Ein weiterer wichtiger Untersuchungsgegenstand ist schließlich die Entstehung von (Straf-)Gesetzen („Normgeneseforschung"; vgl. aktuell Fuchs 2013). Kriminalsoziologisch relevante Forschung geschieht in Österreich darüber hinaus regelmäßig an den Strafrechtsinstituten der Universitäten Linz und Wien. In allen genannten Einrichtungen ist eine zunehmende Orientierung an vergleichenden Studien innerhalb internationaler Forschungsprojekten zu bemerken. Im Rahmen von europäischen Netzwerken werden wissenschaftliche Projekte zu Themen wie Jugendstrafrecht, Kriminalitätsfurcht, außergerichtliche Konfliktschlichtung, soziale Folgen von Überwachungstechnik oder zur Kooperation privater und staatlicher Kontrollakteure durchgeführt.

5 Anwendungsbezug

So wie in vielen anderen sozialwissenschaftlichen Teilgebieten lässt sich auch in der Kriminalsoziologie ein Trend feststellen, wonach die Forschung (als Drittmittelforschung in Form von konkreten Aufträgen) politische Expertise für öffentliche Stellen – in Falle unseres Forschungsbereiches etwa kriminal- und sicherheitspolitische Empfehlungen für Justizverwaltung und Exekutive – erarbeiten soll. Abgesehen von Auftragsstudien für die Bundesministerien für Justiz und Inneres oder etwa die Stadt Wien wurde auf nationaler Ebene im Jahr 2005 mit dem „KIRAS"-Sicherheitsforschungsprogramm ein entsprechendes Forschungsfeld eröffnet. Diese Projektfinanzierungsmöglichkeit wurde vom Bundesministerium für Verkehr, Innovation und Technologie (BMVIT) in Kooperation mit der Österreichischen Forschungsförderungsgesellschaft (FFG) in Abstimmung mit der Europäischen

Sicherheitsstrategie ausgearbeitet und umfasst „Sicherheits- und Bedrohungsanalysen" zur Gefahrenvorbeugung. Die Programmlinien berücksichtigen die Sozialwissenschaft in erster Linie in der Form von begleitenden Akzeptanzstudien zur Entwicklung innovativer Sicherheitstechnologien zum Schutz „kritischer Infrastruktur". Dabei wird auf Untersuchungen zu subjektiven Unsicherheitswahrnehmungen und entsprechenden Präventionsmaßnahmen in öffentlichen Räumen ebenso Wert gelegt wie auf die Optimierung von Kommunikationsstrukturen zwischen Exekutive, Sozialarbeit und privaten Ordnungseinrichtungen. Inhaltlich vergleichbare internationale Forschungsförderungsprogramme stellt die Europäische Union zur Verfügung.

Literatur

1. Einführungsliteratur

Foucault, Michel, 1977: Überwachen und Strafen. Die Geburt des Gefängnisses. Frankfurt/M.: Suhrkamp.
Garland, David, 2008: Kultur der Kontrolle. Verbrechensbekämpfung und soziale Ordnung in der Gegenwart. Frankfurt/M./New York: Campus.
Lamnek, Siegfried, 2007: Theorien abweichenden Verhaltens 1 – „Klassische" Ansätze. 8. Auflage, Paderborn: Wilhelm Fink Verlag.
Lamnek, Siegfried, 2008: Theorien abweichenden Verhaltens 2 – „Moderne" Ansätze. 3. Auflage, Paderborn: Wilhelm Fink Verlag.
Peters, Helge, 2009: Devianz und soziale Kontrolle. Eine Einführung in die Soziologie abweichenden Verhaltens. 3. Auflage, Weinheim/München: Juventa Verlag.

2. Weitere zitierte Literatur

Beccaria, Cesare, 1998 [1764]: Über Verbrechen und Strafen. Frankfurt/M.: Insel.
Becker, Howard S., 1973: Außenseiter – Zur Soziologie abweichenden Verhaltens. Frankfurt/M.: Fischer.
Clarke, Ron V.; Cornish, Derek B., 1986 (Hg.): The Reasoning Criminal. Rational Choice Perspectives on Offending. New York: Springer.
Dollinger, Bernd, 2011: Punitivität in der Diskussion. Konzeptionelle, theoretische und empirische Referenzen. In: Dollinger, B.; Schmidt-Semisch, H. (Hg.), Gerechte Ausgrenzung? Wohlfahrtsproduktion und die neue Lust am Strafen. Wiesbaden: Verlag für Sozialwissenschaften, 25–76.
Durkheim, Emile, 1983 [1897]: Der Selbstmord. Frankfurt/M.: Suhrkamp.
Durkheim, Emile, 1984 [1895]: Die Regeln der soziologischen Methode. Frankfurt/M.: Suhrkamp.
Fuchs, Walter, 2013: Die Normgenese des Unternehmensstrafrechts – Eine Fallstudie anhand des österreichischen Verbandsverantwortlichkeitsgesetzes (VbVG). Zeitschrift für Rechtssoziologie 2012/2013 (im Erscheinen).

Hofinger, Veronika, 2011: Neurobiologische Grundlagen von „Kriminalität" aus sozialwissenschaftlicher Sicht. Working Paper Nr. 11. Wien: Institut für Rechts- und Kriminalsoziologie (online: http://www.irks.at/assets/irks/Publikationen/IRKS_WP11_Hofinger.pdf, 4.7. 2013).

Kreissl, Reinhard; Steinert, Heinz, 2008: Für einen gesellschaftstheoretisch aufgeklärten Materialismus. Kriminologisches Journal, 2008, Jg. 40, Heft 4, 269–283.

Lombroso, Cesare, 2010 [1876]: L'Uomo Delinquente. London: The British Library.

Merton, Robert K., 1938: Social Structure and Anomie. American Sociological Review, 1938, Vol. 3, No. 5, 672–682.

Messner, Steven F.; Rosenfeld, Richard, 2007: Crime and the American Dream. 4. Auflage, Belmont: Thomson Wadsworth.

Peters, Dorothee, 1973: Richter im Dienst der Macht. Zur gesellschaftlichen Verteilung der Kriminalität. Stuttgart: Enke.

Ross, Edward A., 2012 [1901]: Social Control. A Survey of the Foundations of Order. Forgotten Books Publishing (Classic Reprint). New York: Macmillan.

Scheerer, Sebastian, 2000: „Soziale Kontrolle" – schöner Begriff für böse Dinge? In: Peters, Helge (Hg.), Soziale Kontrolle. Zum Problem der Normkonformität in der Gesellschaft. Opladen: Leske + Budrich, 153–169.

Stummvoll, Günter, 2002: CPTED – Kriminalprävention durch Gestaltung des Öffentlichen Raumes. Neue Kriminalpolitik, 2002, Jg. 14, Heft 4, 123-127.

Sutherland, Edwin H.; Cressey, Donald R., 1974 [1924]: Principles of Criminology. 9th edition, Philadelphia: Lipincott.

Wolf, Brian; Zuckerman, Phil, 2012: Deviant Heroes. Nonconformists as Agents of Justice and Social Change. Deviant Behavior, 2012, Vol. 33, No. 8, 639–654.

3. Ausgewählte Fachzeitschriften

British Journal of Criminology
Criminology and Criminal Justice
Deviant Behavior
European Journal of Criminology
Kriminologisches Journal
Monatsschrift für Kriminologie und Strafrechtsreform
Neue Kriminalpolitik
Punishment and Society
Theoretical Criminology
Zeitschrift für Rechtssoziologie

bis 24 fühlt man sich älter
ab -"————————— jünger | *nur 20% identifiziert*
sich mit seinem Alter

Alter ist fremd in einer jugendorientierten Kultur!

Alter und Altern

(anders im 17.-19. Jhd u. Afrika u.
Asien) Alter als Zeit der Be-
lastung → Altersdiskriminierung

Franz Kolland, Anton Amann

1 Einleitung

In der Mitte des 20. Jahrhunderts beginnt in verstärktem Maße ein gesellschaftlicher Transformationsprozess wirksam zu werden, der heute mit der Vorstellung des globalen demographischen Alterns („Altersstrukturwandel" nach Hans-Peter Tews 1993) bezeichnet wird. Die aktuellen Bevölkerungsprognosen sagen für die meisten Länder eine wachsende Zahl und einen steigenden Anteil älterer Menschen voraus.

Wann jemand alt ist bzw. als alt eingestuft wird, ist von physischen, psychischen und sozialen Faktoren abhängig. Während es auf gesellschaftlicher Ebene einen klar bestimmten „Marker" im Zusammenhang mit der Beteiligung an der Erwerbsarbeit gibt, nämlich das gesetzlich festgelegte Pensions-/Rentenalter, findet sich kein entsprechender Markstein auf psychischer Ebene. Bei der Frage, wann sich jemand als alt einstuft bzw. ab wann jemand als alt gilt, zeigt sich sehr deutlich, dass die Antwort von der eigenen Stellung im Lebenslauf abhängt. Je älter jemand ist, desto höher wird die Grenze angesetzt, ab der jemand als alt angesehen wird. Auch in biologischer und medizinischer Hinsicht gibt es nicht *den* Altersmarker. Die Forschungsliteratur verweist auf eine Vielzahl von Biomarkern des Alterns, ob das nun die Festigkeit des Handgriffs, die körperliche Beweglichkeit, der oxidative Stress* oder die Lungenfunktion ist. Gemeinsam ist all diesen Ansätzen, das Altern als ein mehrdimensionales Geschehen zu sehen, welches bei gegebenen biologischen Veränderungen stark psychologisch und sozial beeinflusst ist. So ist auch der starke Anstieg der Lebenserwartung in den letzten 100 Jahren keine Folge biologischer oder gar genetischer Veränderungen, denn an der maximalen Lebensspanne hat sich wenig verändert, er hat vielmehr mit sozio-ökonomischen und medizinischen Aspekten zu tun, in seinem Kern steht der Rückgang der Säuglings- und Kindersterblichkeit. Wird über Alter und Altern gesprochen, dann braucht es also nicht nur einen Blick auf den biologischen und psychologischen Alternsprozess selbst, sondern auch einen Blick auf die soziale Lage, auf Geschlechterverhältnisse und Ethnizität. Über diese Perspektivenerweiterung wird die soziale Heterogenität im Alter sichtbar und deshalb verlieren generalisierte Altersbilder, die sich nur auf körperliche Veränderungen beziehen, an Überzeugungskraft.

Lebenserwartung:
Männer 78
Frauen 83

Bundesseniorengesetz
.alt ab 55 ♀, 60 ♂
Vorteilscard.:...
ab 61

✱ Stoffwechsellage mit hoher Konzentration freier Radikale (Schutz → Antioxidantien)

Die Alterssoziologie hat sich, trotz einiger gedanklicher Vorbereitungen seit dem Ende des 19. Jahrhunderts, erst nach dem Zweiten Weltkrieg herausgebildet, und zwar als Reaktion auf den Strukturwandel des Alters in der Folge der demographischen Veränderungen und der damit einhergehenden politischen Einschätzungen der Folgen. Die Alterssoziologie ist eine der jungen Bindestrich-Soziologien (Kelle 2008). Sie erforscht die soziale Lage älterer Menschen und ist weiters ein Programm für die Erforschung und Entwicklung von sozialpolitischen Instrumenten, die eine verbesserte Betreuung und Versorgung alter Menschen in der Gesellschaft gewährleisten.

Der gegenwärtige Stand der wissenschaftlichen Fragestellungen, Methodologien und Forschungsprogramme, die im weitesten Sinn das Feld der Forschung über menschliches Altern und Alter heute kennzeichnen, macht es nötig, Alterssoziologie, Geriatrie und Sozialgerontologie zumindest programmatisch gegeneinander abzugrenzen.

Alterssoziologie befasst sich traditionellerweise mit den objektiven, strukturellen Bedingungen der Lebenssituation und den subjektiven Wahrnehmungen, Einstellungen und Verhaltensweisen der unterschiedlichen Gruppen von Älteren, Alten und Hochbetagten. Ergänzend hat sich zu dieser Konzeption in den letzten Jahren eine „Soziologie der Lebensalter" formiert, die die gesellschaftliche Differenzierung einer Vielzahl von Altersgruppen, Kohorten und Generationen sowie das in der Zeit sich wandelnde Verhältnis zwischen diesen in den Vordergrund rückt. In jüngerer Zeit wurde diese Perspektive noch einmal erweitert durch eine „Lebenslauforientierte Sozialpolitikforschung", fundiert in einer philosophischen Anthropologie, deren Kernvorstellung die Gestaltung des Lebensverlaufs für Gruppen von Menschen durch die Definitionen und Eingriffe der Sozialpolitik ist (Schulz-Nieswandt 2007). Das hat zentral mit der grundsätzlichen Frage nach dem Einfluss des Staates auf die Lebenslagen verschiedener Kohorten zu tun.

Die Alterssoziologie weist vielfältige Bezüge zu anderen Speziellen Soziologien auf: Zum Beispiel zur Familiensoziologie, wenn etwa die Rolle von Großeltern zur Diskussion steht. Sie steht in engem Zusammenhang mit der Generationenforschung, wenn es dabei um Fragen der Generationenverhältnisse oder der Generationenbeziehungen[1] geht. Sie berührt die Sozialpolitik, wenn Fragen der sozialen Ungleichheit und der sozialen Sicherheit angesprochen sind. Und sie hat auch Bezüge zur Soziologie der Gesundheit, etwa hinsichtlich der sozialen Bedingungen von Gebrechlichkeit im hohen Alter.

der Einkommen

(Frailty)

1   Verhältnisse beziehen sich auf die strukturelle Organisation der Generationen, Beziehungen, wie der Begriff schon sagt, auf persönliche Interaktionen und Bindungen.

Generationen: materielle Transfers on Jüngere ↔ Pflegeleistungen on Ältere

→ Generationvertrag: Pension wird von aktive Bevölkerung erwirtschaftet
Umlageverfahren

„Geriatrie" erscheint gegenwärtig als ein Forschungs- und Lehrprogramm, das sich auf dem Wege zur Erringung einer eigenen kognitiven und institutionellen Identität befindet. Sie befasst sich mit altersbedingten Faktoren, die das Wissen vieler medizinischer Fachgebiete modifizieren. Sie befasst sich weiters mit vielen verschiedenen aktiven oder inaktiven Krankheiten (Multimorbidität), der Identifikation von RisikopatientInnen unter präventiven Gesichtspunkten, der besonderen Bedeutung der Demenz, und sie betont die Rehabilitation trotz der gegebenen Irreversibilität von Krankheiten.

Sozialgerontologie hat sich als transdisziplinäres Programm entwickelt, sodass fachwissenschaftliche Definitionen der Sozialgerontologie nur vorläufigen Charakter haben können. Eine grobe Umschreibung könnte folgendermaßen lauten: Sozialgerontologie muss darauf ausgerichtet werden, unter transdisziplinären Strategien die Voraussetzungen und Folgen menschlichen Alterns in interkulturell und historisch vergleichender Perspektive individuell und kollektiv nach von ihr selbst gesetzten Maßstäben zu erforschen, die beteiligten Prozesse zu verstehen und zu erklären, und dadurch Voraussetzungen für eine den Veränderungen entsprechende Gestaltung des Alterns für die Gesellschaft und für das Individuum zu schaffen (Amann 2008: 46).

2   Historische Entwicklung der Alter(n)ssoziologie

Der Begriff der Gerontologie wurde nachweislich von Elie Metchnikoff eingeführt, er erscheint in seinem 1903 veröffentlichten Buch: *Etude sur la nature humaine.* Ein aus Österreich gebürtiger Mediziner, Ignaz L. Nascher, prägte wahrscheinlich um 1909 den Begriff der Geriatrie. In einem kurzen Artikel der Zeitschrift „Geriatrics" aus dem August 1909 schlug er vor, dass Geriatrie – von „Geras", das Alter, und „Iatrikos", auf den Mediziner bezogen – als ein neuer Begriff eingeführt werden solle, der unser Vokabular bereichere und in der Lage sei, einige Gebiete einer Medizin des Alters abzudecken, so wie es mit dem Begriff Pädiatrie in der Kindheit der Fall sei.

Das eigentlich Interessante an der Entwicklung der Alterssoziologie bzw. Gerontologie ist aber, dass sie eine internationale Wissenschaftsbewegung wurde, lange bevor sie sich national an den Universitäten oder Forschungsinstituten nachhaltig etablieren konnte. 1938 wurde beispielsweise die „Zeitschrift für Altersforschung" in Leipzig gegründet, 1946 das immer noch berühmte „Journal of Gerontology" in den Vereinigten Staaten von Amerika. 1955 wurden die gerontologischen Gesellschaften in Österreich (durch Walter Doberauer) und in der Schweiz gegründet,

1967 kam die deutsche Gesellschaft für Gerontologie dazu und 1974 wurden zwei wichtige Institute eingerichtet, nämlich das Deutsche Zentrum für Altersfragen in Berlin und das National Institute on Aging in den Vereinigten Staaten von Amerika. Längst hatte es in diesen Jahren internationale Kongresse für Gerontologie gegeben. Als wissenschaftliches Fach studieren konnte man die Gerontologie aber nicht. Es war versucht worden, die Grundbegriffe und wichtigen Konzepte des Faches zu diskutieren und auszuarbeiten und gleichzeitig zeichnete sich damals schon ab, was in besonderer Weise die Gerontologie später kennzeichnen sollte: Sie wurde zunehmend eine praktische Wissenschaft, eine praktische Gerontologie, die insbesondere auf die Gegenwart und die Zukunft des Alterns in unserer Gesellschaft und auf medizinische, sozialpolitische und ökonomische Fragen ausgerichtet ist und beitragen soll, Probleme zu lösen.

Die empirische Forschung weist einen starken sozialpolitischen Anwendungsbezug auf. Dies zeigt sich in forschungsgestützten Berichten und Planungsunterlagen für die Altenpolitik. Jüngstes Beispiel für den angewandten Charakter der Alterssoziologie ist in Österreich der Expertenband zum „Bundesseniorenplan für Seniorinnen und Senioren" (Amann 2011).

3 Wichtige Fragestellungen, Themen, Theorien und Forschungsergebnisse

Gesellschaft nicht überaltert, sondern unterjüngt!

3.1 Was ist eine alternde Gesellschaft?

Die demographische Alterung einer Gesellschaft im Sinne eines steigenden Anteils älterer und betagter Menschen wird durch drei Faktoren bestimmt: Geburtenniveau, Lebenserwartung und Wanderungen. Die wichtigste Ursache für das Altern einer Bevölkerung ist dabei nicht so sehr die steigende Lebenserwartung, sondern vor allem der Rückgang der durchschnittlichen Kinderzahl pro Frau.

Was ist nun eine alternde Gesellschaft? In der allgemeinen Diskussion wird meist zu wenig sorgfältig zwischen den Prozessen individuellen Alterns und den Fragen nach dem Altern der Bevölkerung unterschieden. Für die Entwicklungsdynamik der Gesellschaft sind beide von Bedeutung, wenngleich auf unterschiedlichen Ebenen. Damit hängt eng zusammen, dass zunehmend häufiger vom Altern der Gesellschaften gesprochen wird. Gesellschaften altern aber nicht in dem hier meist unterstellten Verständnis, sondern die Menschen und die Bevölkerungen werden älter; deren Altern aber hat Konsequenzen für die Gesellschaften. Drei Perspektiven auf das Alter(n) sind zu beachten (Übersicht 1):

Übersicht 1: Drei Perspektiven auf Alter(n)

Erstens: Die Sozialgerontologie ist eine transdisziplinäre Wissenschaft, weil Alter und Altern körperliche, seelische und gesellschaftliche Fragen umfassen.

Zweitens: Alter und Altern sind historisch *und* ontogenetisch (die spezifische Entwicklung des Individuums) bedingt, weshalb es gewaltige Unterschiede im Prozess und im Ergebnis des Alterns zwischen einzelnen Personen, zwischen Kulturen und zwischen historischen Phasen gibt.

Drittens: Das Alter, und vor allem das höhere Alter, ist ein noch wenig gestalteter Bereich der Gesellschaften, weil es zwar immer alte oder sehr alte Menschen gab, eine für alle hohe Chance, ein hohes Alter erreichen zu können, aber erst eine Errungenschaft des 20. Jahrhunderts ist.

Wie lässt sich nun eine alternde Gesellschaft bestimmen? Eine alternde Gesellschaft ist nicht einfach eine Gesellschaft, in der viele ältere Menschen leben. Eine Möglichkeit besteht darin, dann von einer solchen auszugehen, wenn der Anteil der unter 20-Jährigen kleiner ist als der Anteil der über 65-Jährigen. Dies gilt etwa gegenwärtig für Deutschland, wo 2010 der Anteil der über 65-Jährigen größer war als der Anteil der unter 20-Jährigen, es gilt nicht für die Schweiz oder für Österreich. Welche Auswirkungen hat eine so „alternde Welt"? Die öffentliche Diskussion ist sehr häufig weniger durch eine sachliche Auseinandersetzung als durch Argumente bestimmt, die auf Altersangst hinweisen. Da ist erstens die Angst, dass die bestehenden Gesundheitssysteme die wachsende Zahl an pflegebedürftigen Älteren nicht verkraften werden. Das Gegenargument ist hier die These von der Kompression der Morbidität (Fries 1983), die von einem relativ abnehmenden Pflegebedarf ausgeht. Zweitens wird als Folge der ungünstigen Relation von Erwerbstätigen und Pensionierten ein ökonomischer Kollaps erwartet. Als Konsequenz wird ein Generationenkonflikt zwischen der erwerbstätigen Bevölkerung und den Betagten vermutet. Die Lösung wird hier in einem längeren Verbleib in der Erwerbsarbeit und im Lernen gesehen, das das ganze Leben begleiten solle. Eine dritte Gefahr wird im Strukturwandel der Familie wahrgenommen. Vermutet werden schwächere emotionale Familienbeziehungen und damit eine Unterversorgung der älteren Familienmitglieder. Gegen diese Ängste wird eingewendet, dass es in der Gesellschaft ein hohes intergenerationelles Solidaritätspotential gäbe. Schließlich finden sich Ängste, die als Folge der alternden Gesellschaft eine wirtschaftliche Stagnation vermuten. Dagegen wird eingewendet, dass sich in alternden Gesellschaften der Gesundheits- und Sozialsektor sehr produktiv entwickle.

Wenn von alternden Gesellschaften die Rede ist, dann steht jedenfalls gegenwärtig die Nachhaltigkeit der sozialen Sicherung, also des Gesundheits-, Pensions- und Pflegesystems im Zentrum der öffentlichen Diskussion. Die meisten makroökonomischen Schätzungen gehen davon aus, dass sich die gesamten altersabhängigen öffentlichen Ausgaben in den nächsten Jahrzehnten erhöhen werden. In diesem Zusammenhang wird von einem (fiskalischen) *sustainability gap* gesprochen. Auch wenn die Ausgaben für Schulbildung und Arbeitslosenbeihilfen durch die rückläufige Bevölkerung im Schul-/Studien- bzw. im erwerbsfähigen Alter sinken könnten, werden die Ausgaben für Pensionen, Gesundheit und Pflege aufgrund der Bevölkerungsalterung deutlich zunehmen und damit insgesamt zu einem Anstieg der öffentlichen Ausgaben führen. Der Anstieg öffentlicher Ausgaben könnte dann geringer ausfallen, wenn sich die gesundheitliche Situation der älteren und hochaltrigen Menschen deutlich verbessert. Leben Menschen länger gesund, dann sinken die Ausgaben für Gesundheit und Pflege und es schließt sich die Nachhaltigkeitslücke.

Wegen der (relativ und absolut) überproportional wachsenden Zahl hochaltriger Menschen ist mit einem rasch wachsenden Betreuungs- und Pflegebedarf in bisher nicht da gewesenen Größenordnungen zu rechnen. Die Betreuungs- bzw. Pflegebedürftigkeitsquoten sind bis zum Alter von etwa 75 Jahren ziemlich gering. Dann aber steigt diese Quote rasch, sie erreicht bei den 80- bis 85-Jährigen knapp 20 % und liegt bei den 85-Jährigen und Älteren bei 43 %. In diesem Zusammenhang kann damit von einer zweiten Lücke gesprochen werden, nämlich einem *care gap*. Studien zur Baby-Boom-Generation in den USA sehen für die Zukunft eine Ausweitung der Hilfe-/Pflegelücke. Demnach können 15 bis 20 % der *Baby Boomer*[2] mit keiner familiären Unterstützung rechnen, wenn sie Hilfe/Pflege brauchen. Noch größer ist die Lücke bei Personen ohne EhepartnerInnen (Ryan et al. 2012: 185). Auch wenn die diesbezüglichen Aussagen für hochaltrige pflegebedürftige Menschen im Jahr 2030 sehr spekulativ sind, wird trotzdem von einem starken Rückgang der informellen (privaten häuslichen) Pflege ausgegangen.

In der neueren gerontologischen Forschung ist dieser *care gap* umstritten. Es werden sowohl empirische Befunde vorgebracht, die auf eine Vergrößerung hinweisen, d. h. mit dem demographischen Altern verknüpfte steigende Pflegequoten als auch Belege, die auf eine Zunahme aktiver und behinderungsfreier Jahre in dieser gestiegenen Lebenserwartung hinweisen und damit auf einen Rückgang des Pflegebe-

---

2   Als *Baby Boomer* werden jene Menschen bezeichnet, die zwischen 1952 und 1972 zu Zeiten steigender Geburtenhäufigkeiten in vom Zweiten Weltkrieg betroffen gewesenen Ländern geboren wurden. Höhepunkt in Österreich war 1963 mit 135.000 Geburten.

darfs. Letztere Position ist mit James Fries (1983) verbunden, der die These von der „Kompression der Morbidität" entwickelte. Bis zu seinen Arbeiten war lange umstritten, ob medizinisch nicht heilbare chronische Beeinträchtigungen sowie physiologische Alterungsprozesse zeitlich so weit hinauszuschieben möglich ist, dass sich diese auf wenige Jahre vor dem Tod komprimieren. Seine These wurde nur von wenigen verstanden und akzeptiert. Verbreitet war (und ist) die Vorstellung, dass mit zunehmender Langlebigkeit mit einer insgesamt schlechteren Gesundheit und Gebrechlichkeit in der älteren Bevölkerung gerechnet werden muss. Langzeitbeobachtungen sprechen allerdings für eine Kompression der Krankheits- und Behinderungslast. Empirische Studien aus den USA (z. B. Manton et al. 1998) zeigen, dass der tatsächliche Verlauf chronischer Behinderungen bei älteren AmerikanerInnen niedriger ist als es der vorausberechnete Verlauf erwarten ließ. Ein Ansatzpunkt für die zukünftige Gesundheit und Mobilität im Alter wird in der Prävention chronischer Erkrankungen gesehen. Insgesamt bleiben die Ergebnisse und Ableitungen aus diesen Beobachtungen in ihrer langfristigen Bedeutung umstritten. Neuere Untersuchungen sehen die Kompression als ein Übergangsphänomen in modernen Gesellschaften und gehen von einem Anstieg der Morbidität im Alter aus (vgl. Boongarts 2005).

Die Diskussion um die alternde Gesellschaft ist aber nicht nur eine Frage ökonomischer und gesundheitlicher Überlegungen. Sie ist auch eine Frage der Gestaltung der zentralen sozialen Institutionen (Familie, Bildung, Erwerbsarbeit) und der damit verknüpften normativen Regelungen. Das Alter ist gesellschaftlich unspezifisch ausformuliert, sodass von einer dritten Lücke gesprochen werden kann, nämlich einem *normative gap*. Normative Lücken finden sich etwa hinsichtlich der Beschäftigung älterer Menschen. Auch wenn die Charta der Grundrechte der Europäischen Union ein Verbot der Altersdiskriminierung enthält, haben z. B. Personen, die nach dem 50. Lebensjahr arbeitslos werden, erhebliche Schwierigkeiten, wieder eine Beschäftigung zu finden. Aber nicht nur in der Arbeitswelt sind normative Veränderungen aufgrund der Langlebigkeit notwendig. Normative Veränderungen braucht es auch im Bereich der Gesundheits- und Pflegeeinrichtungen und in Bildungs- und Freizeiteinrichtungen. Um die normative Lücke zu schließen, hat die UN-Generalversammlung 2002 die Strategie des *mainstreaming ageing* beschlossen. Diese Strategie verfolgt das Ziel, alle Aspekte des Alterns in alle relevanten Politikbereiche auf allen Ebenen einzubinden. Damit sollen normative Änderungen im politischen System, im Gesundheits- und Bildungssystem, in den kirchlich-religiösen Einrichtungen, in der Arbeitswelt und in der Familie angeregt werden, um der neu entstandenen Lebensphase Alter in ihrer Dynamik gerecht zu werden.

3.2   Theoretische Positionen in der Alterssoziologie

In den gerontologischen Theorien geht es um die Ausarbeitung möglichst genereller Aussagen zum Zustand und zur Entwicklung von Gesellschaften der Langlebigkeit. Zur sozialgerontologischen Forschungspraxis gehören Theorie und Empirie gleichermaßen. Theorien und Konzepte zum Altern sind multiple Sichtweisen zum besseren Verständnis des Alternsprozesses. Sie sind Denk- und Arbeitswerkzeuge und haben Einfluss auf den Forschungsprozess. Sie unterliegen nicht nur Beschreibungen empirischer Phänomene. Sie sind Werkzeuge, um die soziale Welt zu verstehen bzw. zu deuten. Theorien können zu Prognosen und Interventionen führen und lassen Möglichkeiten für Handeln erkennen.

Die Disengagement-Theorie

Bis in die 1960er Jahre wurde von einer Abschwächung der sozialen Integration älterer Menschen ausgegangen. Die in den USA entwickelte Disengagement-Theorie (Cumming/Henry 1961) wies darauf hin, dass die Gesellschaft den alternden Menschen zunehmend aus Rollen entbinde und der alternde Mensch selbst motiviert sei, soziale Rollen aufzugeben. In sozialer Hinsicht zeige sich, so die Theorie, der Wegfall berufsbezogener Beziehungen und der allmähliche Verlust von Verwandten, Freunden und Bekannten. Auf individueller Ebene zeige sich ein Verlust kognitiver Fähigkeiten und Fertigkeiten, die zu einem persönlichen Rückzug führten. Diese Theorie war stark harmonistisch getönt.

Die Aktivitätstheorie

Die in den 1950er und 1960er Jahren entwickelte Aktivitätstheorie des Alterns nimmt die grundlegenden strukturellen Veränderungen im Modernisierungsprozess konzeptuell auf. Sie postuliert, dass Lebenszufriedenheit im Alter vor allem mit sozialen und Freizeitaktivitäten im Zusammenhang stehe und diese aufrechterhalten werden müssten. Sie ist als Gegenthese zur biologischen Vorstellung zu verstehen, wonach das Alter als ausschließlich defizitäre Lebensphase einzustufen ist. Sie gewann ihre Prominenz aus der Auseinandersetzung mit der Disengagement-Theorie. 2002 hat die Aktivitätstheorie dann Eingang gefunden in ein Grundlagenpapier der WHO. Der in diesem Papier herausgestellte Ansatz des „Aktiven Alterns" könnte als Praxistheorie bezeichnet werden. Aktives Altern soll es den Menschen ermöglichen, ihre Potenziale auszuschöpfen und andauernde gesellschaftliche Teilnahme zu gewährleisten. Doch wo liegen hier die Schwachpunkte bzw. latenten Werturteile?

Aktives Altern steht unter Ideologie-Verdacht. Gemeint ist damit, dass es nicht primär empirische Forschungsergebnisse seien, die zu diesem Aufmerksamkeitsschub geführt haben, sondern Veränderungen im wohlfahrtsstaatlichen Sicherungssystem hätten diesem Konzept öffentliche Aufmerksamkeit verschafft. Das Konzept des aktiven Alters erlaube es, vorrangig individuelle Ressourcen anzusprechen und die Einschränkung gesellschaftlicher Leistungen gleichzeitig zu dethematisieren. Das Konzept des aktiven Alterns ziele auf die Erschließung von Entlastungsressourcen und weniger auf die Bedürfnisse älterer Menschen. Der Aktivitätsanspruch richte sich primär an das Individuum und nicht an institutionelle Strukturen, die eine wesentliche Bedingung für die Verwirklichung eines aktivitätsorientierten Lebens bilden.

Erfolgreiches Altern

In den 1990er Jahren wurde auf Basis zahlreicher empirischer Studien ein neues Konzept in die Alternsforschung eingeführt, jenes des „Erfolgreichen Alterns". Hier sind wesentliche Komponenten: niedriges Morbiditätsrisiko, hohe kognitive und physische funktionelle Kapazität. Es geht darum aufzuzeigen, wie Individuen durch einen adäquaten Lebensstil einen guten Gesundheitszustand und eine aktive gesellschaftliche Beteiligung erhalten können. Erfolgreiches, gutes Altern liegt demnach dann vor, wenn bei gleichzeitiger Geringhaltung von körperlicher, mentaler und sozialer Gebrechlichkeit bzw. deren psychischer Bewältigung immer länger gelebt wird. Das erfordert Maßnahmen, um die individuellen Fähigkeiten und personalen Ressourcen zu stärken. Dem erfolgreichen Altern haftet ein Etikett der Nützlichkeit an. Doch kann der biologische Alternsprozess überhaupt beeinflusst werden? Das individuelle biologische Altern kann nicht gestoppt werden, es kann sozial verzögert werden. Der Begriff des erfolgreichen Alterns ist demnach irreführend.

Postmoderne Theorieansätze

Postmoderne Ansätze richten sich gegen eine positivistische Wissenschaft, die von einem objektiven, vom BeobachterInnen unabhängigen Zugang zur sozialen Wirklichkeit ausgeht. Verstehen und Wissen werden als Konstruktionsprozess gesehen, der narrativ und sozial hergestellt wird.

In der Alterssoziologie hat das postmoderne Paradigma vor allem einen Perspektivenwechsel weg von sozialen Strukturen und materiellen Lebensbedingungen hin zu einer kulturellen Sicht des Alters gebracht. Dabei wird die Variabilität kultureller Alltagskonstruktionen herausgestellt, die sich etwa im Konsumverhalten und in der Körperästhetik zeigen. Als besonders pronocierte Vertreter der „kulturellen Wende" in der Gerontologie gelten Christopher Gilleard und Paul Higgs (2000).

Aus Sicht der Postmoderne werden frühere kollektive soziale Identitäten verschoben und bieten dadurch älteren Menschen die Gelegenheit zu einer umfassenden Auseinandersetzung mit der eigenen Identität. Es geht um eine Betrachtungsweise, welche die älteren Menschen als aktiv Handelnde sieht, die auf die neue pluralistische Kultur des Alters sowohl reagieren als auch zu ihr beitragen. Wesentlich ist dabei, dass sich die Analyse nicht auf einzelne Aktivitäten bzw. Einzelakte des Handelns richtet, sondern auf Auswahlprozesse und Ergebnisse des Handelns, also situative Kontexte. Außerdem wird theoretisch ein Wechsel von einer klassen-orientierten Lebensordnung zu individuelleren und ‚privateren' Lebensstilen vollzogen.

3.3   Die Lebensphase Alter im Wandel

Seit den 1960er Jahren wird auf Basis sozialgerontologischer Studien nicht nur das Defizitmodell des Alterns in Frage gestellt, sondern auch die Homogenität dieser Lebensphase. Die wesentliche Änderung, die sich hier im wissenschaftlichen Denken zeigt, ist eine, die sich unter dem Begriff Differenzierung zusammenfassen lässt. Unter Differenzierung sind langfristige Veränderungen der Gesellschaft zu verstehen, die mit einer Neuentstehung und verstärkten Gliederung von sozialen Positionen, Lebenslagen und Lebensstilen verbunden sind. Ursachen für die steigende soziale Differenzierung sind die zunehmende Arbeitsteilung, die Langlebigkeit und die Ausbildung vielfältiger Lebensstile. Soziale Differenzierung beschreibt also die Aufgliederung eines einheitlichen Ganzen und bewirkt, dass die Individuen nicht mehr uniforme Identitäten ausbilden und damit homogene Lebenslagen entstehen.

Einen der ersten Versuche, diese Veränderungen für die nachberufliche Lebensphase sichtbar zu machen, unternahm Bernice Neugarten (1974), indem sie zwischen den *young old* und den *old-old* unterschied. Dazu nahm sie auch eine altersmäßige Verortung vor, indem sie das junge Alter zwischen 55 und 75 Jahren und das alte Alter über 75 Jahren ansetzte. Dabei gestand sie selbst ein, dass eine solche Angabe unbefriedigend sei, weil das chronologische Alter keine zuverlässige Größe sei, um die soziale Differenzierung gut zu beschreiben, aber diese doch als „Grenzmarker" unverzichtbar seien. Die jungen Alten beschrieb Neugarten als relativ gesund, wohlhabend, frei von traditionellen Familienverpflichtungen und gut gebildet bzw. politisch aktiv. Diese Gruppe, so Neugarten, würde über neue Bedürfnisse und eine aktive Gestaltung ihres Lebens eine „altersirrelevante" Gesellschaft hervorbringen. Die alten Alten sind jene, die aufgrund gesundheitlicher Belastungen Pflege und Dienstleistungen brauchen.

Einen weiteren wesentlichen Beitrag zur Beschreibung der Differenzierung des Alters leistete Peter Laslett (1995), der die Altersphase in drittes und viertes Lebensalter unterteilte. Diese Unterscheidung hat nicht nur in der wissenschaftlichen Forschung eine enorme Reaktion ausgelöst, sondern auch die Praxis der Dienstleistungsangebote im Alter beeinflusst. Was ist nun neu an dieser Konzeption?

Während das dritte Lebensalter eine Lebensphase der Wahlmöglichkeiten, der erweiterten Gelegenheiten, der Kreativität und der persönlichen Entwicklung ist, ist das vierte Lebensalter durch Abhängigkeit und Abbau gekennzeichnet. Die jungen Alten (drittes Alter) leben weitgehend behinderungsfrei, während bei hochaltrigen Menschen (viertes Alter) altersbedingte körperliche Einschränkungen zu Anpassungen des Alltagslebens zwingen. Wenn auch Laslett diese Gliederung nicht an ein bestimmtes Lebensalter gebunden sehen wollte, so werden in der sozialwissenschaftlichen Diskussion die über 80-jährigen Menschen und teilweise die über 85-jährigen Personen zur Gruppe der Hochbetagten gezählt. Diese Festlegung beruht auf demographischen Überlegungen und Zahlen zur Pflegeprävalenz[3].

Die von Peter Laslett vorgenommene Einteilung in drittes und viertes Lebensalter löst sich völlig vom kalendarischen Alter und setzt an seine Stelle ein Konzept, welches auf Lebenslage und Generationenzyklus zurückgreift. Was allerdings im Vergleich zu Bernice Neugarten, die noch als Zukunftsvorstellung eine altersirrelevante Gesellschaft beschrieben hatte, nicht weitergeführt wurde, war die Überwindung einer binären Sicht des Alters und eine stärkere Verknüpfung objektiver und subjektiver Einflüsse.

Ende der Dreiteilung des Lebenslaufs? *altersegregiert - altersintegriert*

Die Entwicklung zur modernen Industriegesellschaft ist nach Martin Kohli (1985) von der Ausbildung eines regulierten Lebensverlaufs gekennzeichnet. Bezogen auf den Lebenszyklus heißt dies, dass man in der modernen Gesellschaft einen Lebenslauf beobachten kann, der eine vergleichsweise hohe Altersgradierung aufweist. Dieser als Institutionalisierung des Lebenslaufs beschriebene Prozess (Kohli 1985) bezieht sich nicht nur auf den geordneten Ablauf der Lebenszeit, in der etwa die Altersgrenze stark regulierend wirkt, sondern auch auf den Handlungsmodus selbst. Gemeint ist damit eine zunehmende Biographisierung des Lebenslaufs, d. h. der Lebenslauf wird vom Individuum zunehmend selbst gestaltet und weniger von Familie, Schicht- oder Religionszugehörigkeit beeinflusst. Bestandteil der Institu-

---

3   Häufigkeitsmaß dafür, wie viele Menschen einer bestimmten Gruppe an einer bestimmten Krankheit leiden.

tionalisierung des Lebenslaufs ist die Dreiteilung in Ausbildungs-, Erwerbs- und Ruhestandsphase.

In der Dreiteilung sehen Mathilda und John Riley (2000) ein strukturelles Ungleichgewicht für die Lebenssituation älterer Menschen. Obwohl diese ein immer längeres Leben bei immer besserer Gesundheit erwarten, werden sie über festgelegte Altersgrenzen aus der Erwerbsarbeit in die Freizeitrolle entlassen. In diesem Zusammenhang sprechen die beiden Forschenden von einer „strukturellen Diskrepanz", womit gemeint ist, dass es eine Lücke gibt zwischen den vorhandenen Kompetenzen und Potentialen des Alters und den tatsächlich verfügbaren Rollen. Außer der Großelternrolle stehen den älteren Menschen kaum andere soziale Rollen zur Verfügung. Diese soziale Struktur bezeichnen sie als „alterssegregiert", d. h. nach der Ausbildungsphase folgen die Erwerbs- und Ruhestandsphase in einem linearen Ablauf. Diese Dreiteilung des Lebenslaufs in seiner linearen Abfolge müsse zugunsten einer altersintegrierten Struktur aufgelöst werden, und zwar so, dass alle drei Phasen des Lebenslaufs nicht mehr hintereinander ablaufen sondern gleichzeitig. Altersdifferenzierte Strukturen haben nicht nur den Nachteil, dass sie zuwenig die Potentiale des Alters ausschöpfen, sondern auch Formen sozialer Exklusion und Segregation erzeugen.

Während es bei dem von Mathilda und John Riley vorgestellten Modell primär um die Auflösung der Dreiteilung des Lebenslaufs geht, die als hinderlich für die Entfaltung eines produktiven Alters gesehen wird, wird in einem neueren Modell zur Lebensphase Alter von Miwako Kidahashi und Ronald J. Manheimer (2009) von einer „Nach-Ruhestands-Gesellschaft" ausgegangen. Während das 20. Jahrhundert vom Modell des Ruhestands nach einer langen Erwerbsphase bestimmt war, wird das 21. Jahrhundert als eines gesehen, welches durch die sich wandelnde Erwerbsarbeit, das lebenslange Lernen und eine erweiterte Freizeit sich in ein Zeitalter verwandelt, in welchem die Institution des Ruhestands als Lebensphase des „Ausruhens" verschwinden wird. Wird die Lebensgestaltung entlang der zwei Dimensionen traditionelle-postmoderne Werte und Erwerbs-Nichterwerbs-Orientierung untersucht, dann ergeben sich fünf *Cluster* von Lebensstilen (Übersicht 2):

Übersicht 2: Fünf *Cluster* von Lebensstilen in der „Nach-Ruhestands-Gesellschaft" (Kidahashi/Manheimer 2009)

1. „Traditionell Goldene Jahre"

Dieses *Cluster* entspricht noch am ehesten dem alten Ruhestandsmodell. Beschrieben wird hier eine Personengruppe von älteren Menschen, für die Freizeit einen hohen Stellenwert hat und die von SeniorInnen oder Reiseklubs 60plus angesprochen werden.

2. „Neue Goldene Jahre"

Mit diesem *Cluster* ist jene Personengruppe gemeint, die Selbstentfaltung sucht und sich stark an Lernprogrammen beteiligt.

3. „Portfolio Leben"

Dieser dritte Typus sucht einen Ausgleich zwischen bezahlter Erwerbstätigkeit, Zeit für die Familie, Reisen und ehrenamtlicher Tätigkeit. Das Ziel ist immer, die Balance zwischen den verschiedenen Aktivitäten aufrecht zu erhalten.

4. „Zweite Karriere"

Hier wird jene Gruppe beschrieben, die im späteren Leben aus Hobbys eine bezahlte Erwerbstätigkeit macht und dabei auf soziale Netzwerke zurückgreift, die sie im Laufe ihres Lebens aufgebaut und entwickelt haben.

5. „Ausdehnung der Karriere der mittleren Lebensphase"

Dabei handelt es sich vorwiegend um Selbständige, die ihre Tätigkeit so lange als möglich fortsetzen wollen.

Was ist neu an diesem Modell? Es enthält eine gegenüber dem Modell von Riley und Riley weitergehende soziale Differenzierung und Berücksichtigung der Diversität des Alters. Den Hintergrund dafür bilden dabei sehr starke sozialstrukturelle Veränderungen der Erwerbssituation aber auch Veränderungen in den Bedürfnissen älterer Menschen.

4   Aktuelle Forschung in Österreich

Zur Institutionalisierung der Alternswissenschaften in Österreich gehören die Fortbildungstagungen in Bad Gastein, die in der Folge der Gründung der „Österreichischen Gesellschaft für Geriatrie" 1955 entstanden sind und jedes zweite Jahr zu einem interdisziplinären Austausch beitragen. 1972 wurde das „Institut für Altersforschung" der „Ludwig Boltzmann Gesellschaft" eingerichtet und 1980 in ein eigenes „Ludwig Boltzmann Institut für Sozialgerontologie und Lebenslauf-forschung" übergeführt. Dieses Institut wurde im Zuge von Umstrukturierungen 2005 aufgelöst. 1991 wurde in St. Pölten das „Zentrum für Alternswissenschaften" eingerichtet. Als jüngste Institution wurde 2009 die „Österreichische Plattform für Interdisziplinäre Alternsfragen" (ÖPIA) etabliert. Es ist allerdings nie zur Einrichtung eines Studienfachs Sozialgerontologie an den öffentlichen Universitäten bzw. von Lehrstühlen gekommen.

Nachfolgend soll ein österreichisches Forschungsbeispiel exemplarisch dargestellt werden. In den 1990er Jahren wurde eine umfangreiche Studie zu Kulturstilen älterer Menschen in Österreich durchgeführt (Kolland 1996). Die theoretische Perspektive dieser Studie ist auf die Frage nach der Aktivität im Alter ausgerichtet. In diesem Zusammenhang wurde auf ein älteres Konzept, nämlich das der Lebensführung bei Max Weber zurückgegriffen. Zu diesem konzeptuellen Fortschritt in der Aktivitätsforschung gesellte sich auf der anderen Seite auch ein Fortschritt in der Methodik insofern, als in den Analysen zu den Altersstilen neuere Methoden der Datenauswertung wie *Cluster*analyse und Korrespondenzanalyse eingesetzt wurden. Auf dieser Basis konnten vier Aktivitätstypen statistisch herausgerechnet und interpretiert werden, nämlich die „zufriedenen Aktiven", die „Ruheständler", die „unzufriedenen Aktiven" und die „unzufriedenen Inaktiven". Diese Typen sind rechnerisch ermittelt und haben deshalb den Charakter einer einigermaßen gut abgrenzbaren Klassifikation, mit der weiter gearbeitet werden kann.

5   Anwendungsbezug

Unter pragmatischer Perspektive und geboren aus einer Entwicklung, die Ökonomie und Wohlfahrtsstaat gleichermaßen in der Krise sieht, hat sich sozialgerontologische Forschung in den letzten Jahren mehr als je zuvor auf Fragen und Probleme konzentriert, die die Lebenssituation älterer und sehr alter Menschen betreffen und unmittelbar mit den Voraussetzungen und Konsequenzen der sozialpolitischen Gestaltung sozialer Lebensverhältnisse zusammenhängen.

Nehmen wir Bezug auf die Studie zu Lebensstilen im Alter, dann ist der gesellschaftliche Nutzen vielfältig. An dieser Stelle sei die sozialpolitische Perspektive hervorgehoben. Es wird notwendig sein, Leitbild- und Zielformulierungen der Politik und der Praxis zu überprüfen und sie in Relation zu den Potenzialen der Lebensstilforschung zu setzen. Hier könnte es – um nur ein einziges Beispiel zu nennen – um die Frage gehen, wie für spezifische Gruppen älterer Menschen, bei denen durch eine Lebensstilforschung besondere Defizite sichtbar werden, Inputs zur Lebensplanung und Lebenshilfe realisiert werden können, wie aus den Differenzen in den sozialen Milieus maßgeschneiderte Aktionen abzuleiten wären.

Demographischer Wandel und Strukturwandel des Alterns sind Folgen bzw. Ergebnisse der Modernisierung der Gesellschaft. In ihrer Wechselwirkung mit Elementen der Modernisierung sind sie Hintergrund für das sich entwickelnde Erfordernis einer neuen Vergesellschaftung des Alterns. Unter Vergesellschaftung ist die materielle und normative Integration in die Gesellschaft gemeint. Je nach Gesellschaft gibt es unterschiedliche Mittel und Ziele der Integration. Eine gelungene Vergesellschaftung ist dann gegeben, wenn der einzelne über eine akzeptable Existenzgrundlage verfügt, eine sinnvolle und anerkannte Beschäftigung hat, befriedigende soziale Kontakte und eine befriedigende gesundheitsbezogene Ausstattung.

Nicht demografische Entwicklung und Altersstrukturwandel ergeben – wie in der öffentlichen Diskussion häufig unterstellt wird – ursächlich die bislang ungelöste Herausforderung an die Gesellschaft. Altern kann nicht zureichend begriffen werden, wenn es nur als Problem für die Gesellschaft gesehen wird. Erst im Zusammenhang mit den Prozessen der Veränderung in Ökonomie, Politik und Kultur, am Arbeitsmarkt und bezüglich der Sozialpolitik und der Familie tragen auch demographische Entwicklung und Altersstrukturwandel dazu bei, dass die bisherige institutionalisierte Vergesellschaftung des Alterns zunehmend problematisch wird. Die bisherige Vergesellschaftung ist nicht dynamisch und flexibel genug, um mit der gesellschaftlichen Entwicklung Schritt zu halten.

Literatur

1. Einführungsliteratur

Amann, Anton; Kolland, Franz, (Hg.), 2008: Das erzwungene Paradies des Alters? Fragen an eine Kritische Gerontologie. Wiesbaden: Verlag für Sozialwissenschaften.

Backes, Gertrud M.; Clemens, Wolfgang, 2008: Lebensphase Alter. München: Juventa.

Prahl, Hans-Werner; Schroeter, Klaus R, 1996: Soziologie des Alterns. Paderborn: UTB Schöningh.

2. Weitere zitierte Literatur

Amann, Anton, 2008: Sozialgerontologie: ein multiparadigmatisches Forschungsprogramm? In. Amann, Anton; Kolland, Franz (Hg.), Das erzwungene Paradies des Alters? Fragen an eine Kritische Gerontologie. Wiesbaden: Verlag für Sozialwissenschaften, 45– 62.

Amann, Anton, 2011: Alter und Zukunft. Wissen und Gestalten. Forschungsexpertise zu einem Bundesplan für Seniorinnen und Senioren. http://www.bmask.gv.at/site/Soziales/Seniorinnen_und_Senioren/Teilhabe_aelterer_Menschen/, 5.11. 2012.

Bongaarts, John, 2005: Long-Range Trends in Adult Mortality. Models and Projection Methods. Demography, 2005, Vol. 42., No. 1, 23–49.

Cumming, Elaine; Henry William E., 1961: Growing Old. The Process of Disengagement. New York: Basic Books.

Fries, James F., 1983: The Compression of Morbidity. Milbank Quarterly, 1983, Vol. 61, No. 3, 397–419.

Gilleard, Christopher; Higgs, Paul, 2000: Cultures of Ageing. London: Prentice Hall.

Kelle, Udo, 2008: Alter & Altern. In: Baur, Nina; Korte, Hermann; Löw, Martina; Schroer, Markus (Hg.), Handbuch Soziologie. Wiesbaden: Westdeutscher Verlag, 11– 31.

Kidahashi, Miwako; Manheimer, Ron J., 2009: Getting Ready for the Working-in-Retirement Generation. How Should LLIs Respond? The LLI Review, 2009, Vol. 4, 1–8.

Kohli, Martin, 1985: Die Institutionalisierung des Lebenslaufs. Historische Befunde und theoretische Argumente. Kölner Zeitschrift für Soziologie und Sozialpsychologie, 1985, Jg. 37, Heft 1, 1–29.

Kolland, Franz, 1996: Kulturstile im Alter. Wien: Böhlau.

Manton, Kenneth G.; Stallard, Eric; Corder, Lars S., 1998: The Dynamics of Dimensions of Age-related Disability 1982 to 1994 in the U.S. Elderly Population. J Gerontol A Biol Sci Med Sci, 1998, Vol. 53, No. 1, 59–70.

Laslett, Peter, 1995: Das dritte Alter. Historische Soziologie des Alterns. München: Juventa.

Neugarten, Bernice L., 1974: Age Groups in American Society and the Rise of the Young Old. Annals of the Academy of Social and Political Science, Vol. 41, No. 5, 187–198.

Riley, Matilda W.; Riley, John, 2000: Age Integration. Conceptual and Historical Background. The Gerontologist, 2000, Vol. 40, No. 3, 266–270.

Ryan, Lindsay H.; Smith, Jacqui; Antonucci, Toni C.; Jackson, James S., 2012: Cohort Differences in the Availability of Informal Caregivers. Are the Boomers at Risk? The Gerontologist, 2012, Vol. 52, No. 2, 177–188.

Schulz-Nieswandt, Frank, 2007: Lebenslauforientierte Sozialpolitikforschung, Gerontologie und philosophische Anthropologie. Schnittflächen und mögliche Theorieklammern. In: Wahl, Hans-Werner; Mollenkopf, Heidrun (Hg.), Alternsforschung am Beginn des 21. Jahrhunderts. Berlin: Akademische Verlagsanstalt, 61– 81.

Tews, Hans-Peter, 1993: Neue und alte Aspekte des Strukturwandels des Alters. In: Naegele, Gerd; Tews, Hans-Peter (Hg.), Lebenslagen im Strukturwandel des Alters. Opladen: Westdeutscher Verlag, 15–42.

WHO, 2002: Active ageing. A Policy Framework. Geneva, Switzerland: World Health Organization (WHO).

3. Ausgewählte Fachzeitschriften

Ageing and Society
The Gerontologist
The Journals of Gerontology
Zeitschrift für Gerontologie und Geriatrie

Arbeit

Jörg Flecker

1 Einleitung

In den 1980er Jahren läuteten prominente Soziolog/innen das „Ende der Arbeitsgesellschaft" ein: Der technische Fortschritt bewirke, dass immer weniger Arbeit für die Herstellung von Gütern und die Erbringung von Dienstleistungen notwendig sei. Auch die hohe Arbeitslosigkeit zeige, dass der Arbeitsgesellschaft „die Arbeit ausgehe" (Dahrendorf 1983). Im Zuge des Wertewandels sinke die subjektive Bedeutung der Erwerbsarbeit, während Freizeit und Konsum einen größeren Stellenwert im Leben der Menschen erhalten. Trotz aller Veränderungen in den europäischen Gesellschaften während der letzten Jahrzehnte ist heute jedoch klar, dass es zu dem erwarteten Ende der Arbeitsgesellschaft nicht gekommen ist. Denn für die Zuteilung von Einkommen, Status und Prestige, und damit für die soziale Integration, ist Erwerbsarbeit in unserer Gesellschaft nach wie vor zentral. Der Einfluss der Erwerbsarbeit scheint sich eher auszubreiten: Es haben wohl noch nie so viele Studierende während des Studiums gearbeitet, und von der älteren Generation wird ein längerer Verbleib im Erwerbsleben erwartet.

Schon seit den Anfängen der Soziologie als wissenschaftliche Disziplin ist Arbeit eines ihrer zentralen Themen. Schließlich werden Gesellschaften insbesondere in der historischen Betrachtung nach den spezifischen Formen der Arbeitsteilung und den sozialen Beziehungen unterschieden, in denen Arbeit geleistet wird. Im Unterschied zu anderen Disziplinen, wie der Arbeitswissenschaft oder der Arbeitspsychologie, geht es in der Soziologie um die gesellschaftliche Bestimmtheit von Arbeit, die Sozialbeziehungen in der Arbeit und um den Zusammenhang zwischen Erwerbsarbeit, sozialer Ungleichheit und gesellschaftlicher Integration. Arbeit wird im Alltag wie in der Wissenschaft häufig mit Erwerbsarbeit gleichgesetzt, obwohl das dem Begriff nicht gerecht wird. Aufgrund des Einflusses feministischer Theorien und wegen der politischen Bedeutung der Vereinbarkeit von Beruf und Familie kann diese Gleichsetzung heute als überwunden gelten. Die unbezahlte Arbeit, die in unserer Gesellschaft mehrheitlich von Frauen im Haushalt geleistet wird, in anderen Gesellschaften sehr verbreitet auch als Subsistenzarbeit in der Landwirtschaft, wird in die soziologische Beschäftigung mit Arbeit einbezogen, aber meist nur im Hinblick auf die Wechselwirkungen zwischen bezahlter Arbeit im Betrieb und unbezahlter Arbeit in Haushalt und Familie.[1]

Im Kern kreisen die arbeitssoziologischen Analysen um die Frage, wie (im Erwerbsleben) gearbeitet wird und warum gerade in dieser Form. Dabei interessiert unter anderem, in welchem Ausmaß es die Erwerbsarbeit erlaubt, Fertigkeiten und Fähigkeiten in der Arbeit zu nutzen und zu erweitern, in welche Art der Kooperation mit anderen Arbeitenden die Menschen eingebunden sind, wie betriebliche Herrschaft bzw. die Sozialordnung eines Betriebs ausgestaltet ist, mit welchen Chancen auf Anerkennung die verschiedenen Positionen in der Arbeitswelt verbunden sind, welche Rolle die Unterschiede nach Geschlecht und Herkunft für die Arbeitsteilung spielen, wie sich die Arbeitsgestaltung auf die Gesundheit auswirkt und vieles mehr.

In diesem Beitrag werden zunächst die Grundfragen und die historische Entwicklung der soziologischen Auseinandersetzung mit Erwerbsarbeit behandelt. Sodann werden aktuelle Themen aufgegriffen und dabei insbesondere die Ausweitung der Forschungsperspektive auf Subjektivität, flexible Arbeitsformen und auf überbetriebliche Zusammenhänge dargestellt.

2 Historische Entwicklung der Arbeitssoziologie

Nach dem Zweiten Weltkrieg entwickelte sich die Arbeitssoziologie im deutschsprachigen Raum unter der Bezeichnung *Industriesoziologie* als eigenständige Teildisziplin. Sie nahm innerhalb der Soziologie eine prominente Position ein: „Die Industriesoziologie war gewissermaßen die Königsdisziplin der Soziologie, da angesichts des rapiden Industrialisierungsprozesses eine Beschäftigung mit industrieller Arbeit auch Aufklärung über allgemeine gesellschaftliche Entwicklungsprozesse versprach" (Minssen 2006: 36). Im Zentrum standen zwei miteinander verbundene Fragestellungen: Bringt der technische Wandel sozialen Fortschritt in Form einer Befreiung der Arbeiter/innen von menschenunwürdiger Arbeit oder unterwirft er die Arbeitenden noch stärker dem Maschinentakt? Wie wirkt sich die veränderte Arbeitssituation auf das Bewusstsein der Arbeitenden aus und wie wandelt sich insbesondere das Klassenbewusstsein der Industriearbeiter/innen?

Die Untersuchungen insbesondere in den 1960er und 1970er Jahren enttäuschten die Hoffnungen auf eine emanzipatorische Wirkung der „Automation". Die

---

1   Auch dieser Beitrag ist aus Gründen der Konsistenz des Bandes mit „Arbeit" überschrieben, allerdings wird aus Platzgründen nur Erwerbsarbeit behandelt.

bekannte Studie *Industriearbeit und Arbeiterbewusstsein* (Kern/Schumann 1970) zeigte, dass die Mechanisierung und Automation der Produktion vielfach nicht zu anspruchvolleren Tätigkeiten führten, sondern häufig die Handlungsspielräume der Arbeitenden verringerten und die Qualifikationsanforderungen reduzierten. Allerdings war die Entwicklung keineswegs einheitlich. Vielmehr folgerten die Autoren dieser wie auch anderer Studien, dass es zu einer Polarisierung der Qualifikationsentwicklung kommt: Während ein Teil der Industriearbeit eine Höherqualifizierung erfährt, wird ein anderer bei sinkenden Qualifikationsanforderungen zu einem Anhängsel der Maschinerie degradiert.

Eine generelle Abwertung der Arbeit konstatiert und begründet Braverman (1974) in seiner Studie *Labor and Monopoly Capital. The Degradation of Work in the Twentieth Century*, die zunächst im englischen Sprachraum und in der Folge auch international eine umfangreiche wissenschaftliche Debatte und Forschungstätigkeit auslöste. Seine These vom *deskilling*, also der Dequalifizierung der Arbeit, besagt, dass die Bestrebungen, Kosten zu senken und Produktivität zu steigern in kapitalistischen Unternehmen notwendigerweise zu einer Vereinfachung der Arbeit führen, denn dequalifizierte Arbeit ist sowohl billiger als auch leichter zu kontrollieren. Damit bezieht er sich auf Karl Marx (1962 [1890]), der im ersten Band seines Werks *Das Kapital* den Charakter der kapitalistischen Lohnarbeit und die verschiedenen Formen der Arbeitsgestaltung ausführlich beschrieben hat. Historisch müssen wir also ins 19. Jahrhundert zurückgehen, wenn wir wichtige Grundlagen der Arbeitssoziologie darstellen wollen.

Laut Marx ist das Lohnarbeitsverhältnis in kapitalistischen Gesellschaften dadurch charakterisiert, dass Arbeitskraft durch die Enteignung der Arbeitenden von ihren Subsistenzmitteln (wie etwa kleine Landwirtschaften) zu einer Ware gemacht wurde, die sie auf dem Arbeitsmarkt verkaufen müssen, um leben zu können. Von den Unternehmen wiederum wird Arbeitskraft benötigt, um Wert zu schaffen, wodurch Kapital vermehrt werden kann. Im Arbeitsvertrag, mit dem der Kauf bzw. Verkauf der Ware Arbeitskraft vereinbart wird, wird nicht der Tausch konkreter Arbeit gegen Geld geregelt, sondern die Überlassung der Arbeitskraft als Potenzial, Arbeit zu leisten und Wert hervorzubringen. Der Käufer erwirbt nur das Recht, das Arbeitsvermögen für einen bestimmten Zeitraum zu nutzen. Er könnte die in Zukunft zu erbringenden Tätigkeiten gar nicht in allen Einzelheiten festlegen, ohne das wertschaffende Potenzial und die Einsatzflexibilität der Arbeitskraft zu beeinträchtigen. Aus dieser Unbestimmtheit des Arbeitsvertrages bzw. der gekauften Arbeitskraft *(indeterminacy of labour)* sowie aus der Tatsache, dass die Arbeitskraft auch nach dem Verkauf untrennbar mit der Person des oder der Arbeitenden verbunden

bleibt, folgt die Notwendigkeit für die Kapitalseite, für die Zwecke der Kapitalver-
wertung die Verwirklichung des Potenzials, also die tatsächliche Arbeitsleistung im
Sinne des Unternehmens, tagtäglich sicherzustellen (Braverman 1974; Thompson
1983). Dies wird auch als Problem der Transformation von Arbeitskraft in Arbeit,
seine Lösung als „Managementkontrolle" bezeichnet.

Marx wies darauf hin, dass die Arbeitsweisen der früheren Handwerker nur in einer
ersten Phase der Entwicklung kapitalistischer Manufakturen unverändert blieben.
Danach jedoch wurde mit der Arbeitsteilung und dem Einsatz von Maschinen eine
„spezifisch kapitalistische Produktionsweise" entwickelt, worin Marx die tatsächliche Unterwerfung („reelle Subsumtion" im Unterschied zur bloß formellen durch
den Arbeitsvertrag) der Arbeit unter das Kapital verwirklicht sieht. Für Braverman
war diese dem Kapitalismus adäquate Form der Gestaltung der Arbeit im „Taylorismus" realisiert, weshalb er annahm, dass die kapitalistische Lohnarbeit generell
in diese Richtung tendiert. „Taylorismus" (Übersicht 1) nennt man das von F.W.
Taylor entwickelte System der Arbeitsgestaltung, das von ihm *scientific management*
(Taylor 1911) genannt wurde.

wissenschaftliche Betriebsführung

Übersicht 1: Prinzipien des *Taylorismus*

→ *Lösung des Transformationsproblems*

(1) **Trennung von Planung und Ausführung der Arbeit**: Zeit- und Bewegungsstu-
dien durch das Management, Enteignung des Erfahrungswissens der Arbeiter/innen,
Prinzip des *one-best-way*, also Annahme einer optimalen Gestaltungsmöglichkeit eines jeden Arbeitsganges → *Trennung von Hand- und Kopfarbeit*

(2) **Hoher Grad an Arbeitsteilung**: Zerstückelung der Arbeit in kleine Vorgänge, Neu-
zusammensetzung unter dem Gesichtspunkt der Rationalisierung der Arbeit

(3) **Selektion und Anlernen der Arbeitskräfte**: Auswahl geeigneter Arbeitskräfte für
jeden Arbeitsschritt, Spezialisierung der Arbeiter/innen durch spezifisches Anlernen

(4) **Pensum und Leistungslohn**: Festlegung einer optimalen Tagesleistung, Bezahlung
abhängig von der erbrachten Leistung, Geld als Motivationsfaktor *(am Fließband Akkordarbeit)*

Die Behauptung, dass sich aus den gesellschaftlichen Beziehungen im Kapitalismus
eine notwendige Form des Arbeitsprozesses mit der Folge der Dequalifizierung der
Arbeit ergebe, blieb nicht unwidersproch... ... man ausge-
löste... ... ...loristische
Arbe... ...eswegs die
einzig... ...sprozesses

ist (Thompson 1983). Das Interesse blieb aber auf die Frage gerichtet, wie Kontrolle über die Arbeitenden ausgeübt wird, weil das zentral für die Gestaltung der Arbeit und für ihre Folgen ist.

Empirische Untersuchungen zeigten eine Vielzahl verschiedener Kontrollformen und damit Arbeitsweisen in den Betrieben auf. Je nach Branche und eingesetzter Technologie, aber auch je nach Land sind Arbeitsformen zu finden, die dem Idealtypus tayloristischer Industriearbeit unterschiedlich nahe kommen. Auch im Zeitverlauf ließ sich ein Wandel der Kontrollformen feststellen. Um empirische Vielfalt in den Griff zu bekommen, werden häufig Typologien entwickelt. So zeigte Friedman schon 1977, dass nicht an allen Arbeitsplätzen und für alle Beschäftigtengruppen die Managementkontrolle nach dem Muster Taylors möglich und wirtschaftlich sinnvoll ist. Neben dieser „direkten Kontrolle" gibt es andere Muster, die den Beschäftigten mehr Spielraum in der Arbeit gewähren und als „verantwortliche Autonomie" bezeichnet werden können (Friedman 1977).

Die Veränderungen der Kontrolle im historischen Prozess zeigt Edwards (1981) in seiner Studie *Contested Terrain* auf. Während in der Phase des Konkurrenzkapitalismus im 19. Jahrhundert die persönliche Kontrolle des Unternehmers über die Arbeitenden vorherrschte, führte das Wachstum der Unternehmen und der Einsatz von Technik zu strukturellen und technischen Kontrollformen, wie es etwa das Fließband darstellt. In den Großunternehmen des 20. Jahrhundert sieht Edwards die „bürokratische Kontrolle" verwirklicht, die auf der Einbindung der Arbeitenden durch dauerhafte Beschäftigung und Aufstiegsmöglichkeiten, also einer spezifischen, bürokratischen Personalpolitik beruht. Die historische Veränderungsdynamik der Kontrollformen wird für Edwards vom Widerstand der Arbeitenden gegen Managementkontrolle und den Reaktionen des Managements darauf angetrieben.

Die Entwicklung hin zur „bürokratischen Kontrolle" zeigt, dass es auch zum Ziel der Managementkontrolle werden kann, Einfluss auf die Handlungsorientierungen der Arbeitenden zu nehmen und die Verausgabung der Arbeitskraft somit nicht nur durch Zwang und im Konflikt, sondern auch über den Konsens der Arbeitenden zu erreichen. Ihre Bedeutung ergibt sich schon aus der Tatsache, dass Arbeitsleistung sogar im Taylorismus und an den Fließbändern Fords nicht ohne ein Mindestmaß an Einwilligung und freiwilliger Mitwirkung zu erreichen war. Es ist übrigens nicht überraschend, dass die Unterscheidung von Kontrollformen an die klassischen Handlungstypen von Max Weber[2] erinnern, denn schließlich ist Arbeit eine Form sozialen Handelns und deshalb kann die „Bereitwilligkeit zur Arbeit (…)

---

2   Zweckrationales, wertrationales, affektuelles und traditionales Handeln (Weber 2010 [1922]: 17f.)

ganz ebenso orientiert sein wie jedes andere Handeln" auch (Weber 2010 [1922]: 112).

Während der Taylorismus als Vergleichsfolie insbesondere für die Analyse der Industriearbeit Verwendung fand, konnte Verwaltungsarbeit am Idealtyp der Bürokratie von Max Weber gemessen werden. Weber beschrieb den „bureaukratischen Verwaltungsstab" in seiner Analyse der legalen Herrschaft und bezeichnete unter anderem die Arbeitsteilung, die Fachqualifikation, die Amtshierarchie, die Aktenmäßigkeit und die festgelegten Laufbahnen als zentrale Merkmale des von ihm beschriebenen Idealtypus. Er hebt insbesondere die „Berechenbarkeit für den Herrn wie für die Interessenten", die Leistungsfähigkeit und die universelle Anwendbarkeit hervor, wenn er von der „formal rationalsten Form der Herrschaftsausübung" spricht (Weber 2010 [1922]: 164). Diese idealtypische Konstruktion spielt bis heute in der Analyse empirisch vorzufindender Verwaltungsorganisationen und Arbeitsgestaltungsformen eine wichtige Rolle.

3 Aktuelle Themen, Theorien und Fragestellungen

Die neuere Entwicklung der Arbeitssoziologie greift Veränderungen in der Arbeitswelt auf und versucht diese begrifflich und theoretisch zu fassen. Im Folgenden werden drei Diskussionsstränge behandelt: Die unter dem Titel „Subjektivierung der Arbeit" laufende Debatte über geänderte Formen der Arbeitskraftnutzung, die Formen der Erwerbsarbeit außerhalb des Normalarbeitsverhältnisses, insbesondere flexible und prekäre Arbeit, sowie die segmentierten Arbeitsmärkte und die dynamische Vernetzung von Unternehmen und Betrieben.

3.1 Subjektivierung der Arbeit

Ab den 1980er Jahren rückten Formen der Arbeitsgestaltung in den Mittelpunkt der Aufmerksamkeit, die eine stärkere Abkehr vom Taylorismus zum Ausdruck brachten. Die Studie von Kern und Schumann mit dem provokanten Titel *Das Ende der Arbeitsteilung?* (Kern/Schumann 1984) beschrieb die „neuen Produktionskonzepte" in der industriellen Fertigung in Deutschland. Diese bestanden erstens darin, dass die industrielle Produktion nicht mehr um jeden Preis automatisiert und damit von der lebendigen Arbeit unabhängiger gemacht werden sollte, und zielten zweitens auf eine umfassendere Nutzung der Potenziale der Arbeitskraft ab. Die Arbeitenden würden nicht mehr (wie im Taylorismus) als potenzielle Störfaktoren gesehen, sondern in ihren Fähigkeiten wertgeschätzt und daher mit größerem Handlungsspielraum ausgestattet.

Schon in dieser Studie deutete sich an, was später in der deutschen Arbeitssoziologie als „Subjektivierung der Arbeit" breit diskutiert werden sollte. Die Unterordnung der Arbeitenden unter die vom Management bestimmten Arbeitsprozesse stellte ja insbesondere im Taylorismus, aber auch in der Bürokratie oder in der automatisierten Produktion weitgehend darauf ab, Produktion und Verwaltung von den Kompetenzen und Ressourcen der arbeitenden Individuen möglichst unabhängig zu machen und vor deren Eigensinn zu schützen. Die Arbeitskräfte sollten zu kalkulierbaren Objekten in einem rationalisierten Gesamtprozess werden. Aber das entspricht vielfach nicht den Anforderungen, die heute an die industrielle Produktion oder an moderne Dienstleistungen gestellt werden. Sollen Werte geschaffen, kreative Lösungen für Probleme gefunden und Dienstleistungen in Interaktion mit Kund/innen erbracht werden, so sind die arbeitenden Menschen oft nicht nur mit all ihren Fähigkeiten und Fertigkeiten, sondern auch mit ihren besonderen Motivationen und individuellen Eigenheiten gefragt. Diese Subjektivität der Arbeitenden soll deshalb, so die Annahme über neue Ziele des Management, nicht ausgegrenzt oder zum Objekt gemacht, sondern im Gegenteil für den wertschaffenden Arbeitsprozess genutzt werden. Die darin zum Ausdruck kommende Veränderung der Perspektive in der Gestaltung von Arbeit und im Management der Arbeitskräfte ist es, die seit etwa zehn Jahren unter dem Schlagwort „Subjektivierung der Arbeit" diskutiert wird (Moldaschl/Voß 2002; Klcemann/Voß 2010). Bereits zuvor hatte die Frauenarbeitsforschung auf den Zugriff der Unternehmen auf die „Subjektpotentiale" weiblicher Beschäftigter bei gleichzeitiger Abwertung hingewiesen (Aulenbacher 2010).

normative Subjektivierung

Martin Baethge hatte schon 1991 gezeigt, dass die Menschen aufgrund des längeren Verbleibs im Bildungswesen höhere Anforderungen insbesondere in fachlicher, in kommunikativer und expressiver Hinsicht an ihre Arbeit stellen. Sie erwarten also stärker als zuvor, sich als Person und damit ihre Subjektivität in die Arbeit einbringen zu können. In der späteren Diskussion erhält die These von der Subjektivierung eine doppelte Bedeutung. Sie bezieht sich zum einen auf den wachsenden Wunsch und die gestiegene Chance, die eigenen Vorstellungen und Potenziale in der Erwerbsarbeit zum Tragen zu bringen, zum anderen auf den zunehmenden Zwang, das auch tun zu müssen, also all seine Kreativität und Motivation im Sinne der Betriebsziele für die Arbeit aufzubringen.

Soweit die These der „Subjektivierung der Arbeit" zutrifft, bieten neue Formen der Arbeitsorganisation den Beschäftigten deutlich mehr Möglichkeiten, sich als

Person umfassender in den Arbeitsprozess einzubringen, womit die Entfremdung kapitalistischer Lohnarbeit zurückgenommen wird und die Chancen auf Selbstverwirklichung steigen. Zugleich werden aber auch neue Anforderung an die Arbeitenden gestellt: Das Management versucht, die ganze Person mit all ihren subjektiven Anteilen in den Dienst der Produktion zu stellen. In einem solchen Kontext wird Selbstverwirklichung von einer Chance zur Pflicht und die Lösung des Transformationsproblems von Arbeitskraft in wertschaffende Arbeit wird vom Management an die Arbeitskraft delegiert. Es nimmt also die Anforderung an die Arbeitenden zu, die eigene Arbeit zu strukturieren, selbst zu steuern und effizienter zu machen (Moldaschl/Voß 2002: 16).

3.2   Flexibilisierung und Prekarisierung

Lange Zeit wurden bei der Analyse der Arbeit das Normalarbeitsverhältnis und der Betrieb als Rahmen stillschweigend vorausgesetzt. Das Normalarbeitsverhältnis, also ein unbefristeter, sozialversicherungspflichtiger Dienstvertrag für eine Vollzeitbeschäftigung, ist jedoch nach dem starken Anstieg der Erwerbsbeteiligung von Frauen häufig in Teilzeitarbeit und durch die Flexibilisierung von Arbeit heute nicht mehr so selbstverständlich. Und in dem Maße, wie es für die Unternehmen zu einer gestaltbaren Variable wurde, wird das Beschäftigungsverhältnis auch zu einem zentralen Gegenstand der Arbeitssoziologie.

Dauerhafte Beschäftigung, deutlich ausgeprägte und feste Arbeitsteilung, fixe Arbeitszeiten und gleichbleibende Löhne bedeuteten Stabilität und Sicherheit. Veränderte gesellschaftliche Rahmenbedingungen und damit einhergehend neue Anforderungen der Beschäftigten an die Arbeit ließen diese Bedingungen zunächst in den Augen vieler auch als Zwänge und Beschränkungen erscheinen. Aufgrund eines Wandels im Geschlechterverhältnis war der männliche Familienerhalter mit seinem „Eineinhalb-Personen-Beruf"[3] spätestens ab den 1980er Jahren keine gesellschaftliche Selbstverständlichkeit in den konservativen Wohlfahrtsstaaten Deutschland und Österreich mehr. Und der weibliche Erwerbsverlauf war auch schon früher von Unterbrechungen und von der phasenweisen Reduktion der Erwerbsarbeit aufgrund der unbezahlten Versorgungsarbeit in der Familie gekennzeichnet (Mairhuber 2009). Zudem ließ die bereits erwähnte „normative Subjektivierung der Arbeit" neue Ansprüche der nunmehr höher qualifizierten Beschäftigten im Hinblick auf

---

3   „Eineinhalb Personen", weil in der Erwerbsarbeit stillschweigend vorausgesetzt wurde, dass Ehefrauen durch Haushalts- und Sorgearbeit für die Reproduktion der männlichen Arbeitskräfte sorgen, ohne welche Erwerbsarbeit nicht geleistet werden kann (Beck-Gernsheim 1980).

Wahlmöglichkeiten bei den Tätigkeiten und im Arbeitseinsatz entstehen. Insbesondere die Probleme der Vereinbarkeit von Beruf und Familie lenkten die Aufmerksamkeit der Öffentlichkeit auf die Flexibilisierung der Arbeit *für die* Beschäftigten vor allem im Hinblick auf die Arbeitszeit, was beispielsweise zur umfassenden Einführung von Gleitzeit im Angestelltenbereich führte.

Für die Unternehmen ging es unter dem Stichwort Flexibilisierung um andere Zielsetzungen. Der wachsende Einfluss des Finanzkapitals auf die Realwirtschaft erhöhte die Renditeforderungen an die Unternehmen und Betriebe. Gewinne können bei schwankenden Auftragslagen und Auslastungen nicht nur durch Rationalisierung und Arbeitsintensivierung gesteigert werden, sondern auch dadurch, dass die betrieblichen Kapazitäten an die Auslastung angepasst werden. Wenn beispielsweise immer nur so viele Beschäftigte im Betrieb anwesend sind, wie es der Arbeitsanfall erfordert, kann das Unternehmen dort, wo letzterer schwankt, erhebliche Personalkosten einsparen. Dabei kann es sich um unterschiedliche Auslastungen im Tages- und Wochenablauf (Einzelhandel) oder um jahreszeitliche (Bauwesen, Tourismus) oder konjunkturelle Schwankungen (Automobilindustrie) handeln. Anstelle der Flexibilität *für die* Beschäftigten geht es dabei um eine Flexibilität *der* Beschäftigten im Interesse des Unternehmens, also um einen flexiblen Personaleinsatz. Je stärker im Finanzmarktkapitalismus dem Unternehmen die erwartete Rendite fest vorgegeben wird (während früher Gewinn als Residualgröße, also als das behandelt wurde, was nach Abzug aller Kosten übrig bleibt), desto höher ist der Druck, die Arbeitskosten variabel zu halten, also den Personaleinsatz und die Löhne zu flexibilisieren (Deutschmann 2008).

Während der flexible Personaleinsatz bei stabiler Beschäftigung als *interne Flexibilisierung* bezeichnet wird, nennt man die Nutzung von Ressourcen außerhalb des Betriebs bzw. des Normalarbeitsverhältnisses *externe Flexibilisierung*. Wie die Tabelle zeigt, kann sowohl die interne als auch die externe Flexibilität zum einen das Ziel haben, die Zahl der Beschäftigten oder der Arbeitsstunden, also die Kapazität des Betriebs, anzupassen *(numerische Flexibilität)*. Zum anderen ist Flexibilität häufig auch im Hinblick auf die herzustellenden Produkte oder Dienstleistungen gefragt, wodurch sich die zu erledigenden Aufgaben oder Funktionen verändern und im Zeitverlauf eine Veränderung der erforderlichen Qualifikationen gefragt sein kann. Diese Dimension wird als *funktionale* Flexibilität bezeichnet. Im Personaleinsatz geht es dabei beispielsweise um die Möglichkeit, Arbeitskräfte an verschiedenen Arbeitsplätzen bzw. für verschiedene Tätigkeiten zu verwenden.

Tabelle 1: Typen von Flexibilisierung (Atkinson/Meager 1986, Flecker et al. 2009)

	numerisch	funktional
intern	Teilzeitarbeit, flexible Arbeitszeiten, Jahresarbeitszeitmodelle, Arbeitszeitkonten	Multitasking, Teamarbeit, Jobrotation, Projektorganisation, Aufgabenanreicherung
extern	befristete Beschäftigung, freie Dienstverträge, Leiharbeitskräfte	Ausgliederung, Auftragsvergaben

Werden durch Flexibilisierung Lohnkosten reduziert und Risiken auf die Arbeitskräfte abgewälzt, so sinkt für letztere das Niveau sozialen Schutzes und steigt ihre soziale Verwundbarkeit. Das ist mit dem Begriff der „Prekarisierung" gemeint, denn arbeits- und sozialrechtlich nicht oder nur minder geschützte Beschäftigungsformen und niedrige, nicht existenzsichernde Einkommen sowie kurzfristige oder unterbrochene Beschäftigung bewirken ungesicherte oder missliche, also prekäre, Lebenslagen. Besonders verbreitet sind diese Bedingungen in den lokal gebundenen, häufig von Migrant/innen ausgeübten einfachen Dienstleistungen, sie sind aber auch in den teils hochqualifizierten Arbeitsfeldern der Sozial- und Gesundheitsdienste, der Erwachsenenbildung oder der Kreativwirtschaft zu finden. Wegen des hartnäckigen Einkommensnachteils von Frauen gegenüber Männern und ihrer häufig atypischen Beschäftigung sind Frauen besonders stark von Prekarität betroffen. Ihren Niederschlag findet diese Entwicklung in der zunehmenden „Armut trotz Arbeit" (Verwiebe/Fritsch 2011).

Der Prozess der Prekarisierung wurde zunächst in der französischen Soziologie thematisiert. Besonders einflussreich wurde die Studie *Die Metamorphosen der sozialen Frage*, in der Robert Castel (2000) den Wandel der „Lohnarbeitsgesellschaft" beschreibt. Letztere zeichnet sich für ihn dadurch aus, dass die Arbeitenden, die in früheren Jahrhunderten im übertragenen Sinn am Rande der Gesellschaft hatten ‚campieren' müssen, weitgehend in die Gesellschaft integriert wurden. Damit bietet die vor allem in den Jahrzehnten nach dem Zweiten Weltkrieg voll ausgebildete Lohnarbeitsgesellschaft auch jenen, die für ihren Lebensunterhalt arbeiten müssen, grundlegende Sicherheiten im Fall der Arbeitslosigkeit, der Krankheit sowie im Alter. Sie erfuhr in den letzten Jahrzehnten aber eine zunehmende Aufspaltung in Bereiche unterschiedlicher sozialer Kohäsion, die Castel als Zonen der Integration, der Verwundbarkeit und der Exklusion oder Entkopplung bezeichnet. Die Debatte über die Prekarisierung lenkte den Blick auf die breiter werdende Zone der Verwundbarkeit in den Zentren des Kapitalismus, wobei Pierre Bourdieu (1998: 100) in der Prekarität eine „neuartige Herrschaftsform (sah), die auf der Errichtung einer zum allgemeinen Dauerzustand gewordenen Unsicherheit fußt". Auch daran wird deutlich, in welchem Ausmaß die betriebliche Gestaltung von Arbeit an gesellschaftliche Bedingungen rückgebunden ist.

3.3 Segmentierte Arbeitsmärkte und die dynamische Vernetzung von Betrieben

Nach Ländern, Branchen und Berufsgruppen gibt es große Unterschiede im Hinblick auf die Flexibilisierung und Prekarisierung der Arbeit. In Ländern mit Kündigungsschutz und ausgebauter beruflicher Bildung werden Unternehmen zu langfristigen Beschäftigungsstrategien angehalten, während anderswo die Anpassung des Personalstandes durch Kündigungen und Neueinstellungen *(hire and fire)* von Arbeitskräften verbreiteter ist. Diese Besonderheiten beziehen sich in der Regel jedoch nicht auf ganze Nationalstaaten: Zwar ist die Industrie in Deutschland und Österreich auf stabile Beschäftigung qualifizierter Facharbeiter/innen in Normalarbeitsverhältnissen ausgerichtet, doch andere Branchen, etwa Tourismus, Kreativwirtschaft, Callcenter- oder Paketdienstleistungen weisen instabile Beschäftigung und teilweise prekäre Bedingungen auf. Das Nebeneinander von geschützter und prekärer Beschäftigung zeigt, dass der Arbeitsmarkt keineswegs homogen, sondern mehr oder weniger stark segmentiert ist. Ging man zunächst insbesondere in den USA von einem dualen Arbeitsmarkt mit einem primären (betriebsinternen) Sektor mit guten Jobs und einem sekundären Sektor mit schlechten Jobs aus (Doeringer/Piore 1971), so wurde für Deutschland nach der Qualifikation der Arbeitenden eine Aufteilung in einen betriebsspezifischen oder internen Arbeitsmarkt, einen fachspezifischen oder beruflichen Arbeitsmarkt und einen unstrukturierten Arbeitsmarkt mit sogenannten Jedermanns(frau)-Qualifikationen festgestellt (Sengenberger 1987). Die Qualität der Arbeit hängt also deutlich davon ab, in welchem Segment des Arbeitsmarktes sie geleistet wird. Durch die Möglichkeit, Arbeit aus einem Unternehmen auszulagern, können Arbeitgeber/innen die Segmentierung von Arbeitsmärkten und die Unterschiede in der Regulierung von Arbeit strategisch für sich nutzen. Das *Outsourcing* der Gebäudereinigung, der Kantinen, der Informationstechnik, aber teils auch der Produktion oder der Forschung und Entwicklung aus Indus-

> kein gleiches Beschäftigungsverhältnis → z.B am Flughafen!

sie zu einer Fragmentierung der Beschäftigung (Marchington et al. 2005; Flecker 2009): Arbeitskräfte, die in einem Arbeitsprozess zusammenarbeiten, werden unter verschiedenen Bedingungen und häufig von verschiedenen Arbeitgeber/innen beschäftigt; sowohl die Grenzen der Organisationen als auch die Beziehung zwischen Arbeitgeber/in und Arbeitnehmer/in verschwimmen, Zugehörigkeiten werden in Frage gestellt und Solidaritäten untergraben; und die Interessenvertretung der Arbeitenden durch Gewerkschaften und Betriebsräte ist von unterschiedlicher Qualität, wie auch das Arbeitsrecht in verschiedenem Ausmaß Anwendung findet.

Parallel zu dieser Ausdifferenzierung und Vernetzung ist der Grad der Internationalisierung der Wirtschaft gestiegen. Unternehmen verfügen in verschiedenen Ländern über Niederlassungen und sie vergeben grenzüberschreitend Aufträge an Zuliefer- und Dienstleisterbetriebe. Im Hinblick auf die industrielle Produktion wurde schon in den 1970er Jahren intensiv über „Die neue internationale Arbeitsteilung" (Fröbel et al. 1977) diskutiert, durch welche die Länder des globalen Südens von reinen Rohstofflieferanten zu Standorten für die Fertigung von Bekleidung, Spielzeug oder Elektronikartikel wurden. Es blieb aber nicht bei der Herstellung von Konsumgütern. Die europäischen und nordamerikanischen Unternehmen begannen Angestelltenarbeit, beispielsweise die Software-Entwicklung oder Callcenter, in Länder mit niedrigen Lohnkosten zu verlegen (Huws et al. 2004; Holtgrewe et al. 2009; Boes/Kämpf 2011).

Die Betriebe in den globalen Wertschöpfungsketten und Produktionsnetzwerken verfügen über unterschiedliche Machtressourcen, und die Gesamtsteuerung der Prozesse liegt in der Regel in der Hand einzelner Industrie- oder Handelsfirmen am Ende der Ketten (Gereffi/Korzeniewicz 1994). Die Steuerungsformen sowie die Machtbeziehungen zwischen den Unternehmen wirken sich nicht nur auf die jeweiligen Möglichkeiten zur Aneignung von Wert und damit auf den Verteilungsspielraum und die Einkommen der Arbeitskräfte aus. In der Presse kolportiert werden beispielsweise Fälle, in denen Näherinnen in Bangladesh für die Fertigung eines T-Shirts, das für 4,99 Euro in Europa verkauft wird, ganze 13 Eurocent bekommen. Die Abhängigkeiten erlauben es den dominierenden Unternehmen auch, Risiken und Flexibilitätsanforderungen auf ihre Zuliefer- und Dienstleisterbetriebe abzuwälzen, die diese in der Regel an ihre Beschäftigten weiter geben.

Diese Beispiele sollen aufzeigen, dass die überbetrieblichen Beziehungen in Wertschöpfungsketten und Netzwerken erheblichen Einfluss auf den Arbeitsprozess in den jeweiligen Betrieben nehmen. Zusätzlich zur Wertaneignung und Risiko- und Flexibilitätsabwälzung ist dabei an die Steuerung und Kontrolle der Arbeit zu denken. So machen Auftraggeber konkrete Vorgaben für die Gestaltung der Arbeit etwa in externen Callcentern oder bei beauftragten Paketzustellern und überwachen direkt die Arbeit der Beschäftigten ihrer Auftragnehmer/innen. Generell lässt sich also festhalten, dass die Aus- und Verlagerungen von Arbeit sowie die dynamische Vernetzung der Betriebe und Unternehmen spezifische Wirkungen entfalten, welche aktuelle Trends der Entwicklung von Arbeit verstärken: Fragmentierung der Beschäftigung, Flexibilisierung und Beschleunigung, Bürokratisierung und Taylorisierung (Flecker 2012).

4   Aktuelle Forschung in Österreich und Anwendungsbezug

Die soziologische und interdisziplinäre Arbeitsforschung ist ein wichtiges Feld in der österreichischen sozialwissenschaftlichen Forschungslandschaft. Vor allem die angewandte Forschung für wichtige Auftraggeber, wie Ministerien, Arbeitsmarktservice oder Interessenvertretungen, erreicht einen Umfang, der auch im Hinblick auf die Arbeitsmarktchancen der Universitätsabsolvent/innen relevant ist. Dennoch deckt die österreichische Arbeitsforschung keineswegs alle international gängigen Themen- und Gegenstandsbereiche ab. Das hat zum einen mit dem großen Gewicht und der Selektivität der Auftragsforschung zu tun. Zum anderen wurde das Thema Arbeit an den Universitäten primär im Rahmen anderer Schwerpunkte, etwa Migration, Gesundheit, Geschlechterforschung etc. und damit eher punktuell behandelt. Die umfassende Analyse von Arbeit und Beschäftigung – primär in der angewandten, teilweise aber auch in der Grundlagenforschung – blieb bis vor wenigen Jahren eine Domäne der außeruniversitären Forschungsinstitute. Hier ist insbesondere die Forschungs- und Beratungsstelle Arbeitswelt (FORBA) zu nennen, die seit den 1990er Jahren international ausgerichtete Arbeitsforschung betreibt. Andere Institute, wie L&R Sozialforschung, SORA, das Zentrum für Soziale Innovation (ZSI), das Institut für Höhere Studien (IHS) oder KMU-Forschung Austria, decken neben anderen Schwerpunkten auch Arbeit als Forschungsthema ab.

Nachdem an den Universitäten viele Jahre primär das Institut für Wirtschaftssoziologie der Universität Wien mit seiner Ausrichtung auf industrielle Beziehungen kontinuierliche und international sehr beachtete Forschung in diesem Feld betrieb, sind in den letzten Jahren an den Instituten für Soziologie der Universitäten Linz, Wien und Graz Schwerpunkte zum Thema Arbeit eingerichtet worden. Derzeit wird die Kooperation zwischen außeruniversitärer und universitärer Forschung auf diesem Gebiet verstärkt. Insgesamt deckt die österreichische Arbeitsforschung heute in nationalen wie internationalen Forschungszusammenhängen eine Reihe verschiedener Themen ab. Zu den prominentesten gehören Arbeitsmarkt und Arbeitsmarktpolitik, Niedriglohn- und prekäre Beschäftigung, Diversität, Gleichstellung der Geschlechter, Vereinbarkeit von Beruf und Familie, demografischer Wandel und Alter, industrielle Beziehungen, Pflegearbeit, Internationalisierung von Wertschöpfungs- und Pflegeketten sowie öffentliche Dienstleistungen. Wenn sich auch der überwiegende Teil der Forschung auf die Auftragsforschung für öffentliche Auftraggeber/innen einerseits und die akademisch orientierte Antragsforschung bei FWF, ÖNB etc. andererseits aufteilt, so sollte nicht übersehen werden, dass Arbeitsforschung auch für Unternehmen bzw. in Kooperation mit Unternehmen betrieben wird. Hier ist die Grenze zwischen Forschung und Beratung fließend.

Wie die wissenschaftliche und die öffentliche Diskussion zeigen, ist auf dem Gebiet der Arbeitsforschung nach wie vor hoher Forschungsbedarf gegeben. Die Möglichkeiten der Forschungsfinanzierung und die Nachfrage nach Forschungsleistungen sind heute und in naher Zukunft zwar durch die Beschränkungen der öffentlichen Budgets eher pessimistisch zu beurteilen. Doch soziologisches Wissen wird nichtsdestotrotz in hohem Maße für die Reflexion der dynamischen Entwicklungen in der Arbeitswelt und für evidenzbasierte Arbeits- und Sozialpolitik benötigt und genutzt werden.

Literatur

1. Einführungsliteratur

Deutschmann, Christoph, 2002: Postindustrielle Industriesoziologie. Theoretische Grundlagen, Arbeitsverhältnisse und soziale Identitäten. Weinheim: Juventa.

Edwards, Richard, 1981: Herrschaft im modernen Produktionsprozeß. Frankfurt/M.: Campus.

Minssen, Heiner, 2006: Arbeits- und Industriesoziologie. Eine Einführung, Frankfurt/M./New York: Campus.

Thompson, Paul, 1983: The Nature of Work. An Introduction to Debates on the Labour Process. Basingstoke/London: Palgrave-MacMillan.

2. Weitere zitierte Literatur

Aulenbacher, Brigitte, 2010: Rationalisierung und der Wandel der Erwerbsarbeit aus der Genderperspektive. In: Böhle, Fritz; Voß, Günther; Wachtler, Günther (Hg.), Handbuch Arbeitssoziologie. Wiesbaden: Verlag für Sozialwissenschaften, 301–328.

Atkinson, John; Meager, Nigel, 1986: Flexibility, Uncertainty and Manpower Management, Institute of Manpower Studies. Brighton: University of Sussex.

Baethge, Martin, 1991: Arbeit, Vergesellschaftung, Identität. Zur zunehmenden normativen Subjektivierung der Arbeit. Soziale Welt, 1991, Jahrgang 42, Heft l, 6–19.

Beck-Gernsheim, Elisabeth, 1990: Das halbierte Leben. Männerwelt Beruf. Frauenwelt Familie. Frankfurt/M.: Fischer.

Boes, Andreas; Kämpf, Tobias, 2011: Global verteilte Kopfarbeit. Offshoring und der Wandel der Arbeitsbeziehungen. Berlin: edition sigma.

Bourdieu, Pierre, 1998: Prekarität ist überall. In: Bourdieu, Pierre, Gegenfeuer. Wortmeldungen im Dienste des Widerstands gegen die neoliberale Invasion. Konstanz: UVK, 96–102.

Braverman, Harry, 1974: Labor and Monopoly Capital. The Degradation of Work in the Twentieth Century. New York: Monthly Review Press.

Castel, Robert, 2000: Die Metamorphosen der sozialen Frage. Eine Chronik der Lohnarbeit, Konstanz: UVK.

Dahrendorf, Ralf, 1983: Wenn der Arbeitsgesellschaft die Arbeit ausgeht. In: Matthes, Joachim (Hg.), Krise der Arbeitsgesellschaft? Verhandlungen des 21. Deutschen Soziologentages in Bamberg 1982, Frankfurt/M./New York: Campus, 25–37.

Deutschmann, Christoph, 2008: Kapitalistische Dynamik – eine gesellschaftstheoretische Perspektive. Wiesbaden: Verlag für Sozialwissenschaften.

Doeringer, Peter; Piore, Michael, 1971: Internal Labor Markets and Manpower Analysis. Lexington, Mass.: Heath.

Flecker, Jörg, 2009: Outsourcing, Spatial Relocation and the Fragmentation of Employment. Competition & Change 2009, Vol. 3, No. 3, 252–268.

Flecker, Jörg; Holtgrewe, Ursula; Schönauer, Annika; Gavroglu, Stavros, 2009: Value Chain Restucturing and Company Strategies to Reach Flexibility. Leuven: HIVA.

Flecker, Jörg (Hg.), 2012: Arbeit in Ketten und Netzen. Die dynamische Vernetzung von Unternehmen und die Qualität der Arbeit. Berlin: edition sigma.

Friedman, Andrew, 1977: Industry and Labour. Basingstoke/London: MacMillan.

Fröbel, Folker; Heinrichs, Jürgen; Kreye, Otto, 1977: Die neue internationale Arbeitsteilung. Reinbek bei Hamburg: Rowohlt.

Gereffi, Gary; Korzeniewicz, Miguel (eds.), 1994: Commodity Chains and Global Capitalism. Westport: Greenwood Press.

Holtgrewe, Ursula; Longen, Jessica; Mottweiler, Hannelore; Schönauer, Annika, 2009: Global or Embedded Service Work. The (Limited) Transnationalisation of the Call-Centre Industry. Work, Organisation, Labour and Globalisation, Vol. 3, No. 1, 9–25.

Huws, Ursula; Flecker, Jörg; Dahlmann, Sabine, 2004: Status Report on Outsourcing of ICT and Related Services in the EU. Dublin: Eurofound.

Kern, Horst; Schumann, Michael, 1970: Industriearbeit und Arbeiterbewußtsein, Frankfurt/M.: Europäische Verlagsanstalt.

Kern, Horst; Schumann, Michael, 1984: Das Ende der Arbeitsteilung? Rationalisierung der industriellen Produktion. München: C.H. Beck.

Kleemann, Frank; Voß G.-Günther, 2010: Arbeit und Subjekt. In: Böhle, Fritz; Voß, G.-Günter; Wachtler, Günther (Hg.), Handbuch Arbeitssoziologie. Wiesbaden: Verlag für Sozialwissenschaften, 415–450.

Mairhuber, Ingrid, 2009: Übergänge im Lebenserwerbsverlauf von Frauen und Männern in Österreich. In: Hermann, Christoph; Atzmüller, Roland (Hg.), Die Dynamik des „österreichischen Modells" – Brüche und Kontinuitäten im Beschäftigungs- und Sozialmodell. Berlin: edition sigma, 45–72.

Marchington, Mick; Grimshaw, Damian; Rubery, Jill; Willmott, Hugh (eds.), 2005: Fragmenting Work. Blurring Organizational Boundaries and Disordering Hierarchies. Oxford: Oxford University Press.

Marx, Karl, 1962 [1890]: Das Kapital – Kritik der politischen Ökonomie. Bd. 1, Wien: Globus Verlag.

Moldaschl, Manfred; Voß, G.-Günter (Hrsg.), 2002: Subjektivierung von Arbeit. München/Mering: Rainer Hampp Verlag.

Sengenberger, Werner, 1987: Struktur und Funktionsweise von Arbeitsmärkten. Die Bundesrepublik Deutschland im internationalen Vergleich. Frankfurt/M./New York: Campus.

Taylor, Frederic W., 1911: Principles of Scientific Management. New York/London: Harper & Brothers.

Verwiebe, Roland; Fritsch, Nina-Sophie, 2011: Working Poor. Trotz Einkommen kein Auskommen – Trend- und Strukturanalysen für Österreich im europäischen Kontext. SWS-Rundschau, Jahrgang 51, Heft 1, 5–23.

Weber, Max, 2010 [1922]: Wirtschaft und Gesellschaft. Frankfurt/M.: Zweitausendeins.

3. Ausgewählte Fachzeitschriften

Arbeit – Zeitschrift für Arbeitsforschung, Arbeitsgestaltung und Arbeitspolitik
Economic and Industrial Democracy
Industrielle Beziehungen – Zeitschrift für Arbeit, Organisation und Management
Work, Employment and Society
Work Organisation, Labour and Globalisation

Armut

Roland Verwiebe, Tobias Troger

1 Einleitung

In der Armutsforschung wird vielfach die Position vertreten, dass die Vermeidung von Elend und Armut ein zivilisatorisches Minimum ist, welches für entwickelte Gesellschaften verbindlich sein sollte. Armut ist ein Seismograf für den sozialen Zustand einer Gesellschaft: Inmitten einer Wohlstandsgesellschaft stellt sie das Wirtschafts- und Sozialsystem in Frage, gefährdet die politische und soziale Legitimation eines Sozialstaats und weist auf Verwerfungen in der weiteren Gesellschaft hin (Leibfried et al. 1995: 8). Durch diese gesellschaftliche Brisanz ist das Thema Armut in den letzten zwei Jahrzehnten auch zu einem Kernthema der Sozialstruktur- und Ungleichheitsforschung geworden, was eine Fülle nationaler und internationaler Publikationen belegt (Andreß/Seeck 2005; Dimmel et al. 2009; Knapp/Pichler 2008; Nolan/Whelan 1996; Statistik Austria 2010; Townsend 1983). Der vorliegende Beitrag zeichnet insgesamt ein sehr facettenreiches Bild der soziologischen Befassung mit Armut.

2 Historische Entwicklung der Soziologie der Armut

Die Beschäftigung mit Armut und sozialer Ausgrenzung gehört schon sehr lange zu den Kernthemen der Soziologie. Bereits im 19. Jahrhundert findet sich bei verschiedenen sozialwissenschaftlichen Klassikern ein Bezug auf das Thema Armut, etwa bei Marx („Lumpenproletariat") oder bei Tocqueville („Pauperismus"). Eine erste allgemeinere theoretische Betrachtung von Armut legte im Jahr 1906 der deutsche Soziologe Georg Simmel vor.[1] Zentral ist für ihn die Frage, wie Armut definiert werden kann. In diesem Zusammenhang unterscheidet Simmel zwei Armutsbegriffe: „Arm sein" und „Armut". Mit dem ersten Begriff verweist Simmel auf den – seiner Ansicht nach – „relativistischen Charakter" von Armut. „Arm ist derjenige, dessen Mittel zu seinen Zwecken nicht zureichen" (Simmel 1908: 548). Bezugspunkt dieser relativen Definition von Armut ist bei Simmel das Milieu, in dem man lebt: „[J]edes allgemeine Milieu und jede besondere soziale Schicht besitzt

---

[1]   Der französische Soziologe Serge Paugam (2008: 53) sagt hierzu: „Wenn Marx und Tocqueville als die Wegbereiter der Soziologie der Armut angesehen werden dürfen, dann ist Simmel zweifelsohne ihr Begründer."

typische Bedürfnisse, denen nicht genügen zu können Armut bedeutet." (Simmel 1908: 369). Ist eine Person von den Lebensverhältnissen, die mit einer bestimmten Klassenposition verbunden sind, ausgeschlossen, wird sie sich innerhalb dieser Klasse als arm wahrnehmen.[2] Es ist wichtig festzuhalten, dass Simmel mit dieser Armutskonzeption die Basis für fast alle späteren Studien gelegt hat. Auch in den aktuellen Armutsstudien wird in der Regel ein relativer Begriff von Armut verwendet. Referenz ist allerdings nicht mehr eine bestimmte Klasse oder ein bestimmtes Milieu, sondern der in einer Gesellschaft allgemein anerkannte Lebensstandard.

Simmel trennt die angesprochene relative und subjektbezogene Perspektive auf Armut – nach der jemand arm ist, wenn seine schichtspezifischen Bedürfnisse nicht erfüllt werden – von einer gesamtgesellschaftlichen Perspektive. Die Abgrenzung der Armen als gesellschaftliche Gruppe ist a priori an institutionalisierte Formen sozialer Unterstützung gebunden. „Armut besteht laut Simmel nur dort, wo es eine gesellschaftliche Reaktion auf Mangel und Leid gibt." (Barlösius 2001: 73). „Der Arme als soziologische Kategorie entsteht nicht durch ein bestimmtes Maß von Mangel und Entbehrung, sondern dadurch, dass er Unterstützung erhält oder sie nach sozialen Normen erhalten sollte." (Simmel 1908: 371). Durch die soziale Hilfeleistung wird Armut als solche symbolisch klassifiziert und zugeschrieben. Der oder die Arme wird in diesem Prozess vor allem über die Bedürftigkeit definiert und in diesem Sinne „de-klassiert". Andere soziale Merkmale, wie z.B. die soziale Herkunft oder die berufliche Klassenzugehörigkeit, treten in den Hintergrund. Damit hat der Wohlfahrtsstaat schon in der Vorstellung Simmels eine Doppelfunktion. Einerseits werden Unterstützungsleistungen gewährt, auf die ein rechtlicher Anspruch besteht. In Not und Armut lebende Menschen sind somit nicht mehr von der Barmherzigkeit anderer abhängig, sondern haben durch ihre Mitgliedschaft in einem staatlichen Gemeinwesen einen individuellen Anspruch auf Fürsorge. Andererseits ziehen wohlfahrtsstaatliche Programme auch Klassifizierungen und De-Klassierungen nach sich.

Neben diesen ersten theoretischen Überlegungen zum Thema Armut finden wir gegen Ende des 19. und Anfang des 20. Jahrhunderts auch erste Bestrebungen, Armut statistisch zu erfassen. Einer der Pioniere der Armutsforschung war Benjamin Seebohm Rowntree. Dieser führte im Jahr 1898 in York (Großbritannien) eine Studie durch, die sich mit der Lebenssituation von Arbeiterfamilien befasste. Ausgangspunkt von Rowntrees empirischer Arbeit war die Festlegung eines „Wa-

---

2   Simmel verknüpft hier individuelle Lebensverhältnisse mit denen der unmittelbaren Lebensumgebung. Zugleich wird der subjektiven Armutsbewertung eine besondere Bedeutung zugesprochen.

renkorbs" mit bestimmten Gütern, die für ihn zum notwendigen physischen Existenzminimum zählten. Dazu gehörten etwa eine bestimmte Menge und Art von Nahrung und Kleidung, sowie eine angemessene und warme Unterkunft. Verfügte eine Familie nicht über den festgelegten „Warenkorb", war sie als arm einzustufen. Die Gruppe der Armen wurde von Rowntree weiter in „primär" und in „sekundär Arme" unterteilt. Die primär Armen verfügten über ein zu geringes Einkommen, um das physische Existenzminimum zu erreichen. Die sekundär Armen verfügten zwar über ein ausreichendes Einkommen, nicht aber über den festgelegten Warenkorb. Dies konnte daran liegen, dass sie – gemäß Rowntree – „unnütze" Ausgaben tätigten, etwa für Alkohol oder Glücksspiel, oder „nützliche" Ausgaben, etwa zur Abzahlung von Schulden (Rowntree 1901: 86f.).[3]

Empirisch konnte Rowntree mit seiner Studie zeigen, dass ca. 10 % der Bevölkerung in primärer Armut und 18 % in sekundärer Armut lebten. Armut war in England gegen Ende des 19. Jahrhunderts also ein weit verbreitetes Phänomen. Rowntree betrachtete Armut außerdem aus einer Lebenslaufperspektive. Ihm zufolge fiel ein Arbeiter am Ende des 19. Jahrhunderts drei Mal in seinem Leben unter die Armutsgrenze: Das erste Mal in seiner Kindheit, das zweite Mal nachdem er selbst Kinder bekommen hatte und das dritte Mal im Alter (ebd.: 136f.). Rowntrees Ansatz der direkten Messung von Armut findet sich später im Deprivationsansatz von Peter Townsend wieder (vgl. Kap. 3).

3   Theoretisch-konzeptuelle Perspektiven[4]

Armut wird in der zeitgenössischen Forschung nicht einheitlich definiert. Es existiert eine Vielzahl von Armutsbegriffen und Verwendungskontexten. Die wichtigste definitorische Unterscheidung ist die zwischen *absoluter* Armut und *relativer* Armut: *Absolute Armut* liegt vor, wenn Menschen nicht über die zur physischen Existenzsicherung notwendigen Güter wie Nahrung, Kleidung und Wohnraum verfügen. Diese Form der Armut dominiert nach wie vor in vielen Ländern des globalen Südens, ist aber in Österreich und anderen westlichen Nationen weitestgehend überwunden. *Relative Armut* bemisst sich am Lebensstandard einer konkreten Referenzgesellschaft. Das durchschnittliche Einkommensniveau, die durchschnittliche Ausstat-

---

3   Die Unterscheidung von „nützlichen" und „unnützen" Ausgaben erinnert an den medialen Diskurs über „deserving" und „undeserving poor". Wichtig ist aber zu betonen, dass bei Rowntree grundsätzlich all jene Familien als arm gezählt wurden, die das festgelegte physische Existenzminimum nicht erreichen konnten.

4   Teile von Kapitel 3 erweitern Ausführungen in Verwiebe (2011b: 4ff.) und Mau/Verwiebe (2010: 210ff.).

tung mit Wohnraum oder eine durchschnittliche sozial-kulturelle Integration dienen hier als Vergleichsmaßstab. Das relative Armutskonzept geht prinzipiell über rein monetäre Gesichtspunkte bei der Bemessung von Armut hinaus. Armut liegt dann vor, wenn Menschen das sozialkulturelle Existenzminimum einer Gesellschaft unterschreiten (Bäcker et al. 2008: 357).

Auch die Europäische Union verwendet seit Anfang der 1980er-Jahre einen relativen – ursprünglich auf Peter Townsend zurückgehenden – Armutsbegriff: „The poor shall be taken to mean persons, families and groups of persons whose resources (material, cultural and social) are so limited as to exclude them from the minimum acceptable way of life in the member state in which they live." (European Commission 1984). Innerhalb der Literatur, die mit relativen Armutsdefinitionen arbeitet, lassen sich dabei drei verschiedene Ansätze unterscheiden.

Der Ressourcenansatz

Beim Ressourcenansatz steht das Einkommen von Personen oder Haushalten im Mittelpunkt. Das Einkommen gilt als ein Kriterium für die Armutsbestimmung, da es zur Kompensation von Defiziten in vielen Lebensbereichen herangezogen werden kann (Dietz 1997: 96; Klocke 2004: 315). Verwendet werden unterschiedliche Grenzwerte zur Bestimmung von Armutspopulationen. In *Armut* leben diejenigen, deren Einkommen nicht ausreicht, um die Güter und Dienstleistungen zu erwerben, die zur Abdeckung eines sozialkulturellen Existenzminimums erforderlich sind. Es ist dabei üblich, einen Grenzwert von 50 % des nationalen Median-Einkommens zu verwenden.[5] Bei einem Schwellenwert von 40 % spricht man von einer strengen Armutsgrenze. Einen Schwellenwert von 60 % nutzt man in der Regel, wenn *Armutsgefährdung* dargestellt werden soll. Die meisten Publikationen der Armutsforschung beruhen noch immer auf dem Ressourcenansatz.

Der multiple Lebenslagenansatz

In der europäischen Sozialforschung etablierte sich ab Mitte/Ende der 1980er Jahre die mehrdimensionale Armutsforschung (Leibfried et al. 1995; Nolan/Whelan 1996; Townsend 1985). Der multiple Lebenslagenansatz hat in dieser Spielart der Armutsforschung einen großen Stellenwert erlangt. In diesem Ansatz wird nicht nur das verfügbare Einkommen, sondern zusätzlich die Ausstattung mit weiteren

---

5   Der Median ist ein Lagemaß. Er halbiert eine nach der Größe geordnete Reihe von Messwerten und reflektiert damit die mittlere Position in einer Datenmenge. Gegenüber dem Durchschnittswert hat er den Vorteil weniger empfindlich auf extreme Werte (Ausreißer) zu reagieren.

wichtigen Ressourcen und Gütern der Lebensführung erfasst. Es geht um die Frage, ob bei der Versorgung mit Nahrung, Bekleidung, Wohnraum sowie Gesundheits- und Sozialleistungen Mindeststandards erreicht werden. Der Lebenslagenansatz berücksichtigt darüber hinaus, ob Menschen ausreichend am gesellschaftlichen, kulturellen und politischen Leben partizipieren. Dies betrifft zentrale Bereiche wie Arbeit, Bildung, Freizeitgestaltung, soziale Beziehungen und Information (Bäcker et al. 2008: 357). Im Lebenslagenansatz werden ebenfalls Grenzwerte zur Festlegung von Armut verwendet. Armut wird in der Regel als eine Unterversorgung in mindestens zwei zentralen Lebensbereichen definiert.

Der Deprivationsansatz

Auch der sogenannte Deprivationsansatz beinhaltet ein mehrdimensionales Konzept von Armut (Andreß/Lipsmeier 1995). Armut wird hier als mangelnde Teilhabe und Ausgrenzung verstanden. Das Konzept der *relativen Deprivation* wurde von Peter Townsend entwickelt und erstmals in seiner Studie über *Poverty in the United Kingdom* (1979) umgesetzt. Er definiert relative Deprivation als:

> (…) the absence or inadequacy of those diets, amenities, standards, services and activities which are common or customary in society. People are deprived of the conditions of life which ordinarily define membership of society. If they lack or are denied resources to obtain access to these conditions of life and so fulfill membership of society, they are in poverty. (Townsend 1979: 915)

Der Deprivationsansatz bündelt demnach Vorstellungen von der Versorgungslage eines Haushaltes (mit Versorgungsgütern, Gebrauchsgütern und Dienstleistungen), von soziokulturellen Mindeststandards und vom allgemeinen Wohlfahrtsniveau einer Gesellschaft (Böhnke/Delhey 2001: 317). Townsend hat in seinen Studien ursprünglich noch selbst ermittelt, welche Güter für einen Haushalt als notwendig zu erachten sind. Er orientierte sich dabei an der durchschnittlichen Verbreitung dieser Güter in der Bevölkerung. In späteren Studien ging man dazu über, die Bevölkerung selbst danach zu fragen, welche Elemente der Lebensführung zu einem notwendigen Lebensstandard zu zählen sind (vgl. u. a. Mack/Lansley 1985).[6]
Ein großer Verdienst von Townsend besteht darin, dass er der Armutsforschung ein ungleichheitstheoretisches Fundament verliehen hat. Bezugspunkt bei der Bestimmung relativer Deprivation ist bei Townsend die Nationalgesellschaft. Im Ge-

---

6   Auch im Deprivationsansatz werden Armutsschwellen verwendet. Dabei wird z. B. von Deprivation ausgegangen, wenn sich ein Haushalt zwei grundlegende Güter nicht leisten kann.

gensatz zu anderen Armutskonzepten, die diesen nationalen Referenzrahmen meist implizit voraussetzen, untermauert Townsend seine Theorieentscheidung auch mit handfesten Argumenten. „Hintergrund für die Annahme eines ‚gewöhnlichen' Lebensstandards als Referenzpunkt für Armut ist zunächst der Umstand, dass sich mit der Entwicklung moderner Markt- und Konsumgesellschaften weitgehend geteilte soziokulturelle Grundbedürfnisse und Mindeststandards etablieren." (Groh-Samberg 2009: 59)

Gemeinsamkeiten der Armutskonzepte und methodische Weiterentwicklungen

Allen Abgrenzungsvorschlägen in der Armutsforschung ist gemein, dass sie von *Werturteilen* abhängig sind: „Jede Armutsdefinition ist damit letztlich politisch-normativer Natur." (Boeckh et al. 2006: 265). Dieser Umstand hat zur Folge, dass die wissenschaftliche und politische Diskussion um die Existenz und das Ausmaß von Armut in modernen Gesellschaften immer kontrovers verlaufen wird.

> Je nach der Definition von Armut und der Bestimmung der Armutsgrenzen kann dabei der Kreis der Armutsbevölkerung enger oder weiter gesteckt werden. Eine bewusste Eingrenzung des Kreises relativiert die Armutsproblematik und kann dazu dienen, die tatsächlichen sozialen Verhältnisse zu verdecken, während eine bewusst weite Fassung des Kreises den Blick auf die eigentlich Betroffenen verstellen kann. (Bäcker et al. 2008: 359)

Die Weiterentwicklung der Armutsforschung von einer Randgruppenforschung hin zu einem Kernbereich der Sozialstruktur- und Ungleichheitsforschung ging auch mit methodischen Fortschritten einher. Die Armutsforschung der 1970er- und 1980er-Jahre beschrieb Armut mit Querschnittsanalysen in der Regel als dauerhaften Zustand (u. a. Hauser et al. 1986). In der neueren Armutsforschung kann auf der Grundlage von Trend- und Längsschnittstudien zunehmend nachgewiesen werden, dass Armut für viele Menschen „nur" eine Episode im Lebenslauf ist und von Betroffenen auch aktiv bewältigt werden kann. Zugleich reicht Armut als (vorübergehende) Lebenslage und latentes Risiko bis in mittlere soziale Schichten hinein und ist nicht mehr ausschließlich auf traditionelle Randgruppen begrenzt (Gangl 1998; Mc Kernan/Ratcliffe 2005; Vandecasteele 2010). Das ist keine Entwarnung, so Leibfried und Kollegen (1995: 14f.), die sozialpolitische Aufgabe „Armutsbekämpfung" hat nichts an Aktualität verloren. Dadurch, dass Armut temporalisiert ist und auch mittlere soziale Schichten betrifft, sind potentiell mehr Menschen von Armut betroffen als die Studien der 1980er-Jahre annehmen ließen. Zugleich hat sich an der schicht- und klassenspezifischen Risikostruktur der Armutsgefährdung in den letzten Jahren wenig geändert (Groh-Samberg 2009).

In der neueren Armutsforschung haben auch qualitative Studien einen höheren Stellenwert erlangt. Diese Studien liefern u. a. wichtige Erkenntnisse im Hinblick auf Strategien im Umgang mit Armut sowie zu den Exklusionserfahrungen von Menschen in sozial schwierigen Lebensverhältnissen. Eine sehr umfängliche und empfehlenswerte qualitative Studie haben 1997 Bourdieu und Kollegen vorgelegt.

4   Aktuelle Forschung in Österreich

Das Thema Armut nimmt im sozialwissenschaftlichen Diskurs in Österreich seit einiger Zeit wieder einen größeren Raum ein. Beredtes Zeugnis davon geben eine ganze Reihe aktueller Veröffentlichungen (Dimmel et al. 2009; Heitzmann 2010; Knapp/Pichler 2008; Reinprecht 2006; Statistik Austria 2010; SWS-Rundschau 2011; Till-Tenschert/Vana 2009; Till et al. 2012; Verwiebe 2011a). Die österreichische Armutsforschung hat sich in den letzten Jahren insbesondere mit klassischen und neuen Risikogruppen in Bezug auf Einkommensarmut, Deprivation und soziale Ausgrenzung auseinandergesetzt. Auch eine dynamische Betrachtung von Armut hat an Einfluss gewonnen (Angel 2012; Riederer/Wolfsbauer 2011).

Vor dem Hintergrund der bisherigen Erörterungen werden im Folgenden die Armutsrisiken in Österreich mit jenen anderer europäischer Staaten verglichen. Dabei wird auf Indikatoren zurückgegriffen, die sich am Ressourcenansatz der Armutsforschung orientieren. Auf Basis von Einkommensdaten kann nämlich, im Gegensatz zu anderen Indikatoren, die armutsreduzierende Wirkung des Wohlfahrtsstaates analysiert werden.[7] In Tabelle 1 werden zu diesem Zweck Armutsgefährdungsquoten vor und nach sozialstaatlichen Transfers für ausgewählte europäische Staaten angeführt, die sich im Hinblick auf wohlfahrtsstaatliche Politiken systematisch unterscheiden.[8]

---

7   Zudem liegen Daten, die entsprechend dem Lebenslagenansatz oder dem Deprivationsansatz erhoben wurden, als Zeitreihen bisher leider nicht vor.

8   *Armutsgefährdungsquote vor sozialstaatlichen Transfers:* Anteil von Personen mit einem verfügbaren Einkommen unter 60 % des nationalen Median-Äquivalenzeinkommens. Die *Armutsgefährdungsquote nach sozialstaatlichen Transfers* berücksichtigt zusätzlich Sozialtransfers (z. B. Wohngeld, Kindergeld).

Tabelle 1: Armutsgefährdungsquote in Österreich und ausgewählten europäischen Staaten

Land (Wohlfahrtsstaats-typus)	vor Sozialtransfers		nach Sozialtransfers		Reduktion in %
	1995	2011	1995	2011	2011
Österreich (konservativ-korporatistisch)	24,0	24,9	13,0	12,6	49,4
Dänemark (sozialdemokratisch)	–	28,4	10,0	13,0	54,2
Großbritannien (liberal)	32,0	31,0	20,0	17,1	44,8
Spanien (mediterran)	27,0	29,8	19,0	21,8	26,8
Tschechien (post-sozialistisch)	18,0°	18,0	8,0°	9,8	45,6
Polen (post-sozialistisch)	30,0°	24,1	16,0°	17,7	26,6
EU-27	–	25,9~	–	16,4~	45,0~

Quelle: Eurostat (2012); Angabe von Armutsquoten in %; die aktuellsten verfügbaren Angaben für die EU-27 und Großbritannien stammen aus 2010, restliche Länder aus 2011; ° Werte für 2000, ~ ungewichteter Mittelwert; die Angaben für 1995 und 2000 beruhen auf ECHP-Daten, für 2011 auf EU-SILC-Daten; die Unterteilung in die Wohlfahrtsstaatstypen orientiert sich an Esping-Andersen (1990), Ferrera (1996), Bonoli (1997), Mau/Verwiebe (2009, 2010).

Aktuell verfügen in Österreich knapp 13 Prozent der Bevölkerung *nach sozialstaatlichen Transfers* über ein Einkommen unterhalb der Armutsgrenze. Dies ist eine im europäischen Vergleich unterdurchschnittliche Armutsgefährdung.

Zwei Punkte sind zur Einordnung wichtig: Zum einen liegt der Anteil der armutsgefährdeten Bevölkerung an der Gesamtbevölkerung in etwa auf dem Niveau von Mitte der 1990er Jahre. Zum anderen wird die *Armutsgefährdung durch wohlfahrtsstaatliche Programme deutlich reduziert.* Auch in anderen europäischen Ländern wird der Anteil der armutsgefährdeten Personen durch wohlfahrtsstaatliche Interventionen verringert. Die Höhe der Armutsquote vor und nach Sozialtransfers sowie das Ausmaß der Reduktion fallen allerdings sehr unterschiedlich aus.

Für eine Erklärung dieser Unterschiede kann die vergleichende Wohlfahrtsstaatsforschung hinzugezogen werden. In Anlehnung an das Werk von Gøsta Esping-Andersen (1990) und daran anknüpfende Modifikationen lassen sich fünf Wohlfahrtsregime (Übersicht 1) unterscheiden, die in einem unterschiedlichen Maße Armutsrisiken durch sozialpolitische Interventionen reduzieren.

Übersicht 1: Typen von Wohlfahrtsregimen

1. In **sozialdemokratischen Ländern** (z. B. Schweden) wird die Marktabhängigkeit durch universelle Sozialleistungen – z. B. bei Arbeitslosigkeit oder Krankheit – stark reduziert (hohe Dekommodifizierung). Familien werden durch wohlfahrtsstaatliche Leistungen entlastet. Die Abhängigkeit des Individuums von der Familie ist gering (hoher Defamilisierungsgrad).

2. In **konservativ-korporatistischen Wohlfahrtsstaaten** (z. B. Österreich) sind Sozialleistungen stark an die Erwerbstätigkeit geknüpft. Ein traditionelles Familienbild wird favorisiert. Der Grad der Dekommodifizierung ist relativ hoch.

3. **Liberale Wohlfahrtsstaaten** (z. B. Großbritannien) beschränken sich auf die Abfederung extremer Notlagen. Der Grad der Dekommodifizierung ist gering.

4. In **mediterranen Wohlfahrtsstaaten** sind die sozialen Sicherungssysteme nur schwach ausgebaut. Die Familie spielt eine wichtige Rolle für die Abfederung sozialer Risiken.

5. Die **Wohlfahrtsstaaten der postsozialistischen Länder** haben einen Hybrid-Charakter mit Elementen konservativ-korporatistischer, sozialdemokratischer und liberaler Systeme.

In dieser Forschung wird Österreich zur Gruppe der konservativ-korporatistischen Sozialstaaten gezählt. Ähnlich wie in den sozialdemokratischen Wohlfahrtsstaaten wird Armut, die aus zu geringen Markteinkommen resultiert, in beträchtlichem Maße korrigiert. Man spricht in diesem Zusammenhang auch von einem hohen Dekommodifizierungsgrad. In Großbritannien und in Spanien (liberaler bzw. mediterraner Wohlfahrtsstaat) ist die Armutsgefährdung deutlich stärker ausgeprägt. Innerhalb der Gruppe der postsozialistischen Wohlfahrtsstaaten gibt es beträchtliche Unterschiede. Tschechien hat sowohl vor als auch nach Sozialtransfers sehr geringe Armutsquoten. In Polen ist die Zahl der armutsgefährdeten Personen hingegen deutlich höher als in Österreich. Der armutsreduzierende Effekt des Wohlfahrtsstaates ist ähnlich gering wie in Spanien.

Die Armutsforschung hat in der Vergangenheit immer wieder gezeigt, wie wichtig ein Blick auf die spezifische Risikostruktur der Armutsgefährdung ist (Lohmann 2007; Verwiebe 2011a). Dazu werden in der Regel Armutsrisiken verschiedener sozialer Gruppen betrachtet. Einige der hier wichtigsten Gruppen sind in Tabelle 2 dargestellt. Angeführt sind die Armutsquoten *nach Sozialtransfers* für Alleinerziehende, kinderreiche Familien, Arbeitslose, ältere Menschen (+65 Jahre), MigrantInnen und Menschen mit geringer Bildung.

Welche Befunde und Trends sind hier besonders erwähnenswert? Zunächst deuten die Zahlen in Tabelle 2 auf ein besonderes Armutsrisiko von *Alleinerziehenden* hin. Dabei handelt es sich zumeist um Frauen. Auch in Österreich haben Alleinerziehende erhöhte Armutsrisiken. Durch die starke Fokussierung auf Paarfamilien mit einem (männlichen) Hauptverdiener ist das Risiko einer Trennung im österreichischen Wohlfahrtsstaat nur unzureichend abgesichert (Troger/Anibas 2011; Zartler et al. 2011). Allerdings liegt die Armutsquote mit 26 % im Jahr 2011 deutlich unter dem EU-Durchschnitt. Nur in Dänemark lassen sich für Alleinerziehende noch geringere Armutsrisiken feststellen. Dies ist darauf zurückzuführen, dass sozialdemokratische Wohlfahrtsstaaten die Vereinbarkeit von Familie und Beruf stärker unterstützen. Alleinerziehenden fällt es dadurch leichter, einer Erwerbstätigkeit nachzugehen.

Tabelle 2: Hauptsächlich von Armutsgefährdung betroffene Gruppen nach Sozialtransfers

	Allein-erziehende	Familien mit mind. drei Kindern	Über 65-Jährige	Arbeitslose	Migranten (nicht EU-27)	Geringe Bildung[1]
Österreich	26,2	23,0	16,0	40,5	26,6	21,0
Dänemark	20,8	11,7	16,0	29,0	29,7	13,8
Spanien	38,9	41,6	20,8	40,6	37,2	28,8
UK	36,4	27,4	21,4	47,7	23,8	26,4
Tschechien	35,6	23,9	6,6	46,4	11,1	22,0
Polen	29,8	34,6	14,7	43,7	20,6	33,4
EU-27	36,6	25,8	16,0	45,2	28,3	25,0

Quelle: Eurostat (2012); Angabe von Armutsquoten in %; die aktuellsten verfügbaren Angaben für Großbritannien und die EU-27 stammen aus 2010, restliche Länder aus 2011; [1]geringe Bildung: ISCED 0-2.

Familien mit drei oder mehr Kindern sind ebenfalls erhöhten Armutsrisiken ausgesetzt. Österreich ist hier keine Ausnahme (Heitzmann 2007; Troger/Anibas 2011). Der Übergang zum dritten Kind ist mit deutlich geringeren Erwerbsquoten bei Frauen verbunden. Der finanzielle Mehrbedarf geht dadurch oft mit einem geringeren Haushaltseinkommen einher. Aus einer europäisch vergleichenden Perspektive zeigt sich für Österreich aber wiederum ein leicht unterdurchschnittliches Armutsrisiko. Ein geringeres Armutsrisiko findet sich in Dänemark, wo die Erwerbstätigkeit von beiden Elternteilen stärker gefördert wird. Besonders problematisch ist die Situation von kinderreichen Familien in mediterranen Wohlfahrtsstaaten wie Spanien, in denen die sozialstaatliche Unterstützung für Familien mit Kindern deutlich geringer ausgeprägt ist.

Ältere Menschen gehören traditionell zu den besonders mit Armut konfrontierten Gruppen in modernen Gesellschaften (Becker/Hauser 1997). Dies gilt auch für Österreich (Angel/Kolland 2011). Besonders gefährdet sind alleinstehende ältere Frauen. Dies hängt damit zusammen, dass der österreichische Wohlfahrtsstaat ein Familienmodell favorisiert, in dem Frauen den Großteil der Betreuungsarbeit verrichten (Kinder, ältere Menschen) und meist nur geringfügig oder Teilzeit arbeiten. Im Falle einer Trennung bestehen dadurch häufig keine oder nur geringe individuelle Rentenansprüche (Heitzmann/Schmidt 2001). Im europäischen Vergleich zeigt sich, dass die Lage älterer Menschen in Spanien und Großbritannien besonders prekär ist.

Wie zu erwarten haben *Arbeitslose* das höchste Armutsrisiko aller betrachteten sozialen Gruppen. Die Gründe dafür sind vielfältig und stehen in Zusammenhang mit den Systemen zur Unterstützung von Arbeitslosen. Die Zugangsvoraussetzungen sowie die Dauer und Höhe finanzieller Unterstützungsleistungen variieren stark. Im Durchschnitt der EU-27 verfügen 45 % der Arbeitslosen über ein Einkommen unterhalb der Armutsgefährdungsschwelle. Österreich weist auch hier einen im europäischen Vergleich unterdurchschnittlichen Wert auf. „Nur" vier von zehn Arbeitslosen sind armutsgefährdet, Tendenz steigend. Dänemark ist wiederum ein Beispiel für eine im europäischen Maßstab vergleichsweise niedrige Armutsgefährdung.

Das Armutsrisiko von *MigrantInnen*, eine der wichtigsten Risikogruppen, lässt sich mit den verfügbaren Eurostat-Daten nur grob abbilden; unterschieden werden kann zwischen innereuropäischen MigrantInnen und ZuwanderInnn von außerhalb der EU. Die Zahlen in Tabelle 2 zeigen deutlich erhöhte Armutsrisiken für letztere Gruppe (Eurostat 2012). Die Gründe hierfür sind vielfältig. Zu nennen sind etwa die Entwertung von Bildungstiteln, der erschwerte Zugang zum Arbeitsmarkt durch rechtliche Beschränkungen und Diskriminierung sowie die Knüpfung von wohlfahrtsstaatlichen Leistungen an die Aufenthaltsdauer. Für Österreich und auch die meisten anderen europäischen Staaten zeigt sich zudem, dass MigrantInnen in den letzten Jahren von überproportional steigenden Armutsrisiken betroffen sind (vgl. Blume et al. 2007; Verwiebe/Fritsch 2011; Wiesböck 2011).

In Hinblick auf die Armutsrisiken unterschiedlicher Bildungsschichten bestätigen die Zahlen in Tabelle 2 einen engen Zusammenhang zwischen Bildungskapital und sozialer Lage (Allmendinger 1999; Solga/Powell 2006). In Österreich beobachten wir für die Gruppe der gering Qualifizierten ein im europäischen Vergleich unterdurchschnittliches Armutsrisiko, allerdings nimmt dieses Risiko im Zeitverlauf zu: von 15,9 % im Jahr 2004 auf 21,0 % im Jahr 2011 (vgl. Verwiebe et al. 2013: 24). In den sozialdemokratischen Wohlfahrtsstaaten ist die Armutsgefährdung von Menschen mit geringer Bildung schwächer ausgeprägt: In Dänemark ist deren Armutsrisiko nicht höher als für den Bevölkerungsdurchschnitt.

5 Anwendungsbezug

Die wissenschaftliche Armutsforschung ermöglicht es, ein differenziertes Bild von der Inklusionsleistung einer Gesellschaft zu zeichnen. ArmutsforscherInnen sind – so gesehen – Seismologen, die nach Verwerfungen in einer Gesellschaft Ausschau halten. Das Aufzeigen struktureller Notlagen bildet wiederum die empirische Basis für einen Diskurs über zentrale politische Fragen: Welcher Lebensstandard soll jedem Bürger/jeder Bürgerin in einem Sozialstaat garantiert werden? Welches Ausmaß an Armut ist zulässig? Welche Notlagen sollen abgefedert werden? Diese Fragen müssen letztlich außerhalb der (empirischen) Wissenschaft beantwortet werden. Für eine solche Diskussion ist es auch wichtig zu wissen, dass jede Armutsdefinition immer auch einen politisch-normativen Charakter besitzt.

Einen wesentlichen Beitrag zur österreichischen Sozialberichterstattung stellt die Statistik Austria mit einem jährlich erscheinenden Bericht über Armutsgefährdung bereit (vgl. u. a. Statistik Austria 2010). Auch der Sozialbericht des Bundesministeriums für Arbeit, Soziales und Konsumentenschutz (BMASK) enthält ein Kapitel, das sich speziell dem Thema „Armut und soziale Ausgrenzung" widmet. Als Datenbasis der Sozialberichterstattung wie auch der meisten quantitativ-empirischen Analysen fungieren die EU-SILC-Daten.[9]

Die Ergebnisse der wissenschaftlichen Armutsforschung und Sozialberichterstattung können als Grundlage für sozialstaatliches und zivilgesellschaftliches Handeln herangezogen werden. Ein wichtiger armutspolitscher Akteur in Österreich ist die „Armutskonferenz" (www.armutskonferenz.at). Sie engagiert sich, um Hintergründe und Strategien zu und gegen Armut in Österreich zu thematisieren und eine Verbesserung der Lebenssituation Betroffener zu erreichen. Weitere zivilgesellschaftliche und politische Akteure, die sich mit dem Thema Armut beschäftigen

---

9   Im Rahmen der Community Statistics on Income and Living Conditions (EU-SILC) werden Informationen über die Lebensbedingungen von Privathaushalten gesammelt. Die Armutsindikatoren orientieren sich v. a. am Konzept der Einkommensarmut, aber auch am Konzept der relativen Deprivation. Dadurch ist es möglich, Unterversorgungen zu identifizieren (z. B. in Bezug auf Nahrung, Kleidung, Wohnraum).

oder Betroffenen zur Seite stehen, sind unter anderem die Arbeiterkammer, die Caritas, die Diakonie und die Volkshilfe.

Literatur

1. Einführungsliteratur

Simmel, Georg, 1906: Zur Soziologie der Armut. Archiv für Sozialwissenschaft und Sozialpolitik, 1906, Jg. 22, Heft 1, 1–3.

Barlösius, Eva; Ludwig-Mayerhofer, Wolfgang (Hg.), 2001: Die Armut der Gesellschaft. Opladen: Leske + Budrich.

Klocke, Andreas, 2000: Methoden der Armutsmessung. Einkommens-, Unterversorgungs-, Deprivations- und Sozialhilfekonzept im Vergleich. Zeitschrift für Soziologie, 2000, Jg. 29, Heft 4, 313–329.

Leibfried, Stephan; Leisering, Lutz; Buhr, Petra; Ludwig, Monika; Mädje, Eva; Olk, Thomas; Voges, Wolfgang; Zwick, Michale, 1995: Zeit der Armut. Lebensläufe im Sozialstaat. Frankfurt/Main: Suhrkamp.

Jenkins, Stephen P.; Micklewright, John (eds.), 2007: Inequality and Poverty Re-Examined. Oxford: Oxford University Press.

Paugam, Serge, 2008: Die elementaren Formen der Armut. Hamburg: Hamburger Edition.

2. Weitere zitierte Literatur

Allmendinger, Jutta, 1999: Bildungsarmut. Zur Verschränkung von Bildungs- und Sozialpolitik. Soziale Welt, 1999, Jg. 50, Heft 1, 35–50.

Andreß, Hans-Jürgen; Lipsmeier, Gero, 1995: Was gehört zum notwendigen Lebensstandard und wer kann ihn sich leisten? Ein neues Konzept zur Armutsmessung. Aus Politik und Zeitgeschichte, 1995, B 31-32, 35–49.

Andreß, Hans-Jürgen; Seeck, Till, 2005: Ist das Normalarbeitsverhältnis noch armutsvermeidend? Kölner Zeitschrift für Soziologie und Sozialpsychologie, Jg. 59, Heft 3, 459–492.

Angel, Stefan, 2012: Der Zusammenhang von sozialer Klassenzugehörigkeit und dauerhaften Armutslagen in Österreich 1996 bis 2008. Kurswechsel, 2012, Heft 3, 30–39.

Angel, Stefan; Kolland, Franz, 2011: Armut und soziale Benachteiligung im Alter. In: Verwiebe, Roland (Hg.), Armut in Österreich. Wien: Braumüller, 185–208.

Bäcker, Gerhard; Naegele, Gerhard; Bispinck, Reinhard; Hofemann, Klaus; Neubauer, Jennifer, 2008: Sozialpolitik und soziale Lage in Deutschland. Band 1, Wiesbaden: Verlag für Sozialwissenschaften.

Barlösius, Eva, 2001: Das gesellschaftliche Verhältnis der Armen. Überlegungen zu einer theoretischen Konzeption einer Soziologie der Armut. In: Barlösius, Eva; Ludwig-Mayerhofer, Wolfgang (Hg.), Die Armut der Gesellschaft. Opladen: Leske + Budrich, 69–94.

Becker, Irene; Hauser, Richard (Hg.), 1997: Einkommensverteilung und Armut. Deutschland auf dem Weg zur Vierfünftel-Gesellschaft? Frankfurt/M.: Campus.

Blume, Kræn; Gustafsson, Björn; Pedersen, Peder J.; Verner, Mette, 2007: At the Lower End of the Table. Determinants of Poverty among Immigrants to Denmark and Sweden. Journal of Ethnic and Migration Studies, 2007, Vol. 33, No. 3, 373–396.

Boeckh, Jürgen; Huster, Ernst-Ulrich; Benz, Benjamin, 2006: Sozialpolitik in Deutschland. Eine systematische Einführung. Wiesbaden: Verlag für Sozialwissenschaften.

Böhnke, Petra; Delhey, Jan, 2001: Lebensstandard und Einkommensarmut. Plädoyer für eine erweiterte Armutsforschung. In: Barlösius, Eva; Ludwig-Mayerhofer, Wolfgang (Hg.), Die Armut der Gesellschaft. Opladen: Leske + Budrich, 315–335.

Bonoli, Giuliano, 1997: Classifying Welfare States. A Two-dimension Approach. Journal of Social Policy, 1997, Vol. 26, No. 3, 351–372.

Bourdieu, Pierre; Balazs, Gabrielle; Beaud, Stéphane; Broccolichi, Sylvain; Christin, Rosine; Lenoir, Remi; OEuvrard, Francoise; Pialoux, Michel; Sayad, Abdelmalek; Schultheis, Franz; Soulié, Charles, 1997: Das Elend der Welt. Zeugnisse und Diagnosen alltäglichen Leidens an der Gesellschaft. Konstanz: UVK.

Dietz, Berthold, 1997: Soziologie der Armut. Frankfurt/M.: Campus.

Dimmel, Nikolaus; Heitzmann, Karin; Schenk, Martin (Hg.), 2009: Handbuch Armut in Österreich. Wien: Studienverlag.

Esping-Andersen, Gøsta, 1990: The Three Worlds of Welfare Capitalism. Cambridge: Polity.

European Commission, 1984: European Council Decision 85/8/EEC, Brussels:

Eurostat (2012): Population and social conditions, http://epp.eurostat.ec.europa.eu, 10.10. 2012.

Ferrera, Maurizio, 1996: The ‚Southern Model' of Welfare in Social Europe. Journal of European Social Policy, 1996, Vol. 6, No. 1, 17–37.

Gangl, Markus, 1998: Sozialhilfebezug und Arbeitsmarktverhalten. Zeitschrift für Soziologie, 1998, Jg. 27, Heft 3, 212–232.

Groh-Samberg, Olaf, 2009: Armut, soziale Ausgrenzung und Klassenstrukturen. Wiesbaden: Verlag für Sozialwissenschaften.

Hauser, Richard; Cremer-Schäfer, Helga; Nouvertne, Udo, 1986: Armut, Niedrigeinkommen und Unterversorgung in der Bundesrepublik Deutschland. Frankfurt/M.: Campus.

Heitzmann, Karin; Schmidt, Angelika, 2001: Frauenarmut. Hintergründe, Facetten, Perspektiven. Frankfurt/M.: Peter Lang.

Heitzmann, Karin, 2007: Austria. Tackling Child Poverty and Promoting the Social Inclusion of Children. Wien: WU Wien.

Heitzmann, Karin, 2010: Poverty Relief in a Mixed Economy. Bern: Lang.

Knapp, Gerald; Pichler, Heinz (Hg.), 2008: Armut, Gesellschaft und Soziale Arbeit. Perspektiven gegen Armut und soziale Ausgrenzung in Österreich. Klagenfurt: Hermagoras.

Lohmann, Henning, 2007: Armut von Erwerbstätigen in europäischen Wohlfahrtsstaaten. Niedriglöhne, staatliche Transfers und die Rolle der Familie. Wiesbaden: Verlag für Sozialwissenschaften.

Mack, Joanna; Lansley, Stewart, 1985: Poor Britain. Crows Nest: Allen & Unwin.

Mau, Steffen; Verwiebe, Roland, 2009: Die Sozialstruktur Europas. Konstanz: UTB/UVK.

Mau, Steffen; Verwiebe, Roland, 2010: European Societies. Mapping Structure and Change. Bristol: Policy Press.

Mc Kernan, Signe-Mary; Ratcliffe, Caroline, 2005: Events that Trigger Poverty Entries and Exits. Social Science Quarterly, 2005, Vol. 86, No. 1, 1146–1169.

Nolan, Brian; Whelan, Christopher T., 1996: Resources, Deprivation, and Poverty. Oxford: Clarendon.

Reinprecht, Christoph, 2006: Nach der Gastarbeit. Prekäres Altern in der Einwanderungsgesellschaft. Wien: Braumüller Verlag.

Riederer, Bernhard; Wolfsbauer, Andreas, 2011: Ausstiege aus Armut in Österreich. In: Verwiebe, Roland (Hg.), Armut in Österreich. Wien: Braumüller, 251-270.

Rowntree, Benjamin Seebohm, 1901: Poverty. A Study of Town Life. London: Taylor & Francis Group.

Simmel, Georg, 1908: Der Arme. In: Simmel, Georg (Hg.), Soziologie. Untersuchungen über die Formen der Vergesellschaftung, Bd. II, Frankfurt/M.: Suhrkamp, 345-374.

Solga, Heike; Powell, Justin, 2006: Gebildet – Ungebildet. In: Lessenich, Stefan; Nullmeier, Frank (Hg.), Deutschland – Eine gespaltene Gesellschaft. Frankfurt/M.: Campus, 175-190.

Statistik Austria, 2010: Armuts- und Ausgrenzungsgefährdung in Österreich. Ergebnisse aus EU-SILC 2010, BMASK, Wien: BMASK.

SWS-Rundschau, 2011: Armut – aktuelle Entwicklungen. Schwerpunktheft. Wien: Sozialwissenschaftliche Studiengesellschaft.

Till-Tenschert, Ursula; Vana, Irina (Hg.), 2009: In Armut aufwachsen. Empirische Befunde zu Armutslagen von Kindern und Jugendlichen in Österreich. Wien: Institut für Soziologie.

Till, Matthias; Baldaszti, Erika; Eiffe, Franz; Glaser, Thomas; Heuberger, Richard; Kafka, Elisabeth; Lamei, Nadja; Skina-Tabue, Magdalena, 2012: Armut und soziale Ausgrenzung. In: BMASK (Hg.), Sozialbericht 2011-2012. Wien: BMASK.

Townsend, Peter, 1979: Poverty in the United Kingdom. A Survey of Household Resources and Standards of Living. Harmondsworth: Penguin Books.

Townsend, Peter, 1983: A Theory of Poverty and the Role of Social Policy. In: Loney, Martin; Boswell, David; Clarke, John (eds.), Social Policy and Social Welfare. Milton Keynes: Open University Press, 58–84.

Townsend, Peter, 1985: A Sociological Approach to the Measurement of Poverty. Oxford Economic Papers, 1985, Vol. 37, No. 4, 659–668.

Troger, Tobias; Anibas, Gisela, 2011: Aufwachsen in deprivierten Lebenslagen. Struktur- und Trendanalysen zu den Determinanten von Armut bei Familien mit Kindern. In: Verwiebe, Roland (Hg.), Armut in Österreich. Bestandsaufnahme, Trends, Risikogruppen. Wien: Braumüller, 104-124.

Vandecasteele, Leen, 2010: Life Course Risks or Cumulative Disadvantage? The Structuring Effect of Social Stratification Determinants and Life Course Events on Poverty Transitions in Europe. European Sociological Review, Advance Access (doi: 10.1093/esr/jcq005): veröffentlicht am 11.03. 2010.

Verwiebe, Roland (Hg.), 2011a: Armut in Österreich. Wien: Braumüller.

Verwiebe, Roland, 2011b: Armut in Österreich – Bestandsaufnahme der sozialwissenschaftlichen Diskussion und Trends im europäischen Kontext. In: Verwiebe, Roland (Hg.), Armut in Österreich. Wien: Braumüller, 3–20.

Verwiebe, Roland; Fritsch, Nina-Sophie, 2011: Working Poor. Trotz Einkommen kein Auskommen. Trend- und Strukturanalysen für Österreich im europäischen Kontext. SWS-Rundschau, 2011, Jg. 51, Heft 1, 5–23.

Verwiebe, Roland; Troger, Tobias; Wiesböck, Laura; Teitzer, Roland; Fritsch, Nina-Sophie, 2013: Growing Inequalities and its Impacts. Country Report for Austria. Vienna: University of Vienna, Institute of Sociology.

Wiesböck, Laura, 2011: Migration – Exklusion – Armut. Trend- und Strukturanalysen zur Ausgrenzung von MigrantInnen in Österreich. In: Verwiebe, Roland (Hg.), Armut in Österreich. Wien: Braumüller, 209–231.

Zartler, Ulrike; Beham, Martina; Kromer, Ingrid; Leitgöb, Heinz; Weber, Christoph; Friedl, Petra, 2011: Alleinerziehende in Österreich. Lebensbedingungen und Armutsrisiken. Wien: BMASK.

3. Ausgewählte Fachzeitschriften

European Journal for Social Policy
European Sociological Review
Journal of Children & Poverty
Journal of Poverty
Journal of Poverty and Social Justice
Österreichische Zeitschrift für Soziologie
Social Indicators Research

Bildung

Franz Kolland, Anna Wanka

1 Einleitung

Bildung und lebenslanges Lernen sind Bestandteile des gesellschaftlichen Modernisierungsprozesses. In diesem Modernisierungsprozess, der mit der Entwicklung des wohlfahrtsstaatlichen Sicherungssystems seit dem Ende des 19. Jahrhunderts einhergeht, hat die zunehmende Freisetzung der Gesellschaftsmitglieder aus stabilen Zugehörigkeiten neue Handlungsoptionen eröffnet. Entstanden ist eine Bildungs- und Wissensgesellschaft, in der Aus- und Weiterbildung die langfristigen Lebenschancen der Mitglieder der Gesellschaft bestimmen. Da Bildung auch eine soziale Frage ist, hat die Bildungssoziologie einen starken Aufschwung erlebt. Dies lässt sich an der rasch wachsenden Zahl an einschlägigen Publikationen der letzten Jahre ablesen (Löw 2006; Brüsemeister 2008; Becker 2009; Kopp 2009; Kupfer 2011).

Die gegenwärtige Bildungsdebatte ist beeinflusst von international vergleichenden Studien, die Kompetenzen messen und auf Defizite in der Ausbildung hinweisen. Studien wie PISA (Programme for International Student Assessment) oder PIRLS (Progress in International Reading Literacy Study) kommen zu dem Schluss, dass die Schulsysteme z. B. in Österreich und Deutschland durch ein hohes Maß an sozialer Selektivität gekennzeichnet sind. Als eines der Instrumente zur Veränderung wird die gemeinsame Schule der 10- bis 14-Jährigen vehement diskutiert. Getragen wird die jüngste Bildungsdebatte auch vom neuen Begriff der „Kompetenz", der seine Wurzeln in der anglo-amerikanischen *literacy* hat und ebenfalls durch PISA popularisiert wird. Im Gegensatz zu Bildung wird Kompetenz als messbar beschrieben und in den Kontext des Konzepts des lebenslangen Lernens gestellt. In einer „Gesellschaft des langen Lebens" wird aus Sicht der Bildungspolitik Neuorientierung und Umlernen über die gesamte Lebensspanne verlangt. Wenn heute ein Großteil der Menschen in den OECD-Ländern bis zu einem Viertel ihrer Lebenszeit in Bildungseinrichtungen verbringt, dann stellen sich Fragen nach Übergängen und Effekten jeweils vorangegangener Bildungsprozesse. Diese Fragen stimulieren die Bildungssoziologie in Richtung längsschnittlicher Untersuchungszugänge. Die langen Bildungswege sind darüber hinaus auch in ihrer Tiefen- bzw. Breitenwirkung bedeutsam. Bildung und Kompetenzerwerb wirken in alle Lebensbereiche hinein, was sich darin ausdrückt, dass – ausgehend von der OECD bzw. der

„Europe 2020 Strategy for New Skills and Jobs" – Problemlösungsfähigkeit als eine der zentralen Kompetenzen sowohl in PISA als auch in PIAAC (Programme for the International Assessment of Adult Competencies) untersucht wird.

Vor diesem Hintergrund stellt sich die Frage nach dem Verständnis von Bildung. Aus soziologischer Perspektive lassen sich Vielfalt und Unschärfe des Bildungsbegriffs herausstellen. Die Vielfalt zeigt sich in Anlehnung an Martina Löw (2006) über vier Perspektiven (Übersicht 1):

Übersicht 1: Unterschiedliche Perspektiven von Bildung

1. **Bildung als Kulturgut:** In einem normativ-idealistischen Umfeld ist Bildung mit der Vorstellung verbunden, dass sich im Prozess des Sich-Bildens und durch das Resultat des Gebildet-Seins Kulturverständnis und Urteilsvermögen entwickeln. Bildung dient dem Wissenszuwachs, der Selbstformung und Persönlichkeitsentwicklung.

2. **Bildung als Ressource:** Wird Bildung als Ressource bestimmt, dann geht es um die Verwertung von Bildungsabschlüssen. Dann bedeutet Bildung nicht Ideal sondern Kapital. Bildung und Bildungsunterschiede sind in dieser Begriffsdefinition das Ergebnis von Investitionsentscheidungen.

3. **Bildung als Distinktionsmittel:** Bildung kann als Möglichkeit zur Distinktion verstanden werden, zur Unterscheidung von Eigenem und Fremden. Eingebunden in einen nationalistischen Diskurs erfüllt Bildung nicht nur die Aufgabe der Unterscheidung nach innen, sondern auch nach außen.

4. **Bildung als soziale Teilhabe:** Wird Bildung als Chance und Bedingung für soziale und politische Teilhabe bestimmt, dann ergeben sich daraus Fragen von Herrschaft und Macht bzw. Emanzipation und Demokratisierung.

Die Unschärfe des Bildungsbegriffs zeigt sich in den Abgrenzungsschwierigkeiten zu den Nachbarbegriffen Erziehung und Sozialisation. Antonia Kupfer (2011: 12) versucht eine Klärung über die Unterscheidung zwischen geplanter Beeinflussung (=Erziehung), unbewusster Aneignung des Gesellschaftlichen (= Sozialisation) und gezielter Förderung von geistigen Fähigkeiten (= Bildung). Beim Versuch, diese Begriffstriade wertfrei definitorisch zu bewältigen, darf aber nicht, wie Grundmann (2009) ausführt, der kritische Blick verloren gehen. Denn „mit der unkritischen Verwendung der Begriffe Erziehung und Bildung wird die Grenze zwischen Sozialisation und Selektion aufgeweicht" (Grundmann 2009: 64) und wird letztlich „die strukturelle Funktion von Bildung und Erziehung in ihrer Bedeutung für die Reproduktion sozialer Ungleichheit" (ebd.) übersehen.

Was versteht man nun unter Bildungssoziologie? Die Bildungssoziologie hat ihre Wurzeln bei den soziologischen Klassikern. Zu diesen gehört Emile Durkheim, der sich mit den gesellschaftlichen Mechanismen befasst hat, die Individuen in die Gesellschaft integrieren. Bildung gilt als „soziale Tatsache" und nicht als individuelle Angelegenheit. Dementsprechend analysiert die Bildungssoziologie die ökonomischen, kulturellen, politischen und sozialstrukturellen Rahmenbedingungen von Bildungsprozessen. Sie umfasst das Bildungsgeschehen im gesamten Bildungssystem vom Kindergarten über die allgemein- und berufsbildenden Schulen zu den Universitäten bis hin zu den Einrichtungen der Erwachsenenbildung. Ziel der Bildungssoziologie ist es, Bildungsstatus und Bildungsprozesse im Querschnitt und Längsschnitt zu beschreiben und in ihren Auswirkungen für Individuen, Institutionen und Gesellschaft zu erklären. Bildung ist sowohl unabhängige als auch abhängige Variable in einer Reihe von Nachbardisziplinen bzw. anderen speziellen Soziologien. Zu diesen Nachbardisziplinen gehören die Pädagogik, die Ökonomie, die Politikwissenschaft, die Psychologie. Die Bildungssoziologie ist interdisziplinär und praxisorientiert, indem sie Einflüsse und Auswirkungen auf ökonomische, soziale, ethische, politische, rechtliche, ökologische und technische Zusammenhänge analysiert und Interventionsstrategien herausarbeitet.

2 Historische Entwicklung der Bildungssoziologie

Die Expansion der schulischen Aus- und Weiterbildung ist eng mit der sich entfaltenden Industrialisierung verknüpft. In der vorindustriellen Gesellschaft waren die Möglichkeiten, die eigene soziale Position zu verbessern in der Regel auf jenen Lebensraum beschränkt, in den jemand hineingeboren wurde (vgl. Kopp 2009: 28). Mit der Industrialisierung entstanden prinzipiell Chancen, über Bildung den sozialen Status zu verändern. In einer arbeitsteiligen und beruflich differenzierten Gesellschaft wird Bildung zu einem wesentlichen Element gesellschaftlicher Positionierung. Programmatisch erfolgt die Zuteilung von Menschen auf die verschiedenen sozialen Positionen in der Gesellschaft auf der Basis von Qualifikationen und individuellen Leistungen.

In diesem Zusammenhang sind die frühen bildungssoziologischen Arbeiten zu nennen, zu denen jene von Emile Durkheim gehören. Durkheim versteht Bildung als Vergesellschaftungsprozess. Es geht um die Eingliederung des Individuums in die Gesellschaft. Bildung erfüllt dabei sowohl gesamtgesellschaftliche als auch gruppenspezifische Interessen (vgl. Kupfer 2011). Denn differenzierte Gesellschaften müssen sowohl einen gemeinsamen Kodex als auch gruppenspezifische Werte und Einstellungen vermitteln. Bildung hat als Folge zunehmender Arbeitsteilung in der Industriegesellschaft die Aufgabe, eine Vielzahl von Qualifikationen anzubieten und sie hat die Aufgabe, allen Heranwachsenden das Gemeinsame einer Kultur zu vermitteln. Damit war auch die Grundlage für die Differenzierung zwischen allgemeiner und berufsspezifischer Schulbildung geschaffen.

Eine weitere Etappe in der Entwicklung der Bildungssoziologie ergibt sich über den Einfluss des Struktur-Funktionalismus auf die Erklärung von Bildungsprozessen. Nach der strukturfunktionalistischen Schichtungstheorie von Kingsley E. Davis und Wilbert Moore (1945) sind in der Gesellschaft bestimmte Aufgaben zu erfüllen, die für diese funktional sind. Für diese funktional unterschiedlichen Aufgaben werden in der Regel mehr oder weniger spezielle Begabungen und Fertigkeiten benötigt. Da nur eine begrenzte Zahl von Menschen das Talent hat oder bereit ist, in eine entsprechende Ausbildung zu investieren, ist es notwendig, so Davis und Moore, ihnen mehr zu bezahlen oder ihnen zusätzliche Belohnungen wie Prestige, Macht oder angenehme Arbeitsbedingungen zu geben. Der Zusammenhang zwischen Bildung und sozialer Stratifikation basiert in der strukturfunktionalistischen Sichtweise normativ auf dem Leistungsprinzip (Meritokratie). Moderne Gesellschaften sind entsprechend der strukturfunktionalistischen Ideologie Leistungsgesellschaften. Wer mehr leistet, soll auch bessere Chancen in der Gesellschaft haben, also auch besser für seine Leistung entlohnt werden. Mit dieser Ausrichtung verknüpft der strukturfunktionalistische Ansatz Bildung mit den Erfordernissen des Arbeitsmarkts und schafft gleichzeitig Grundlagen für eine Theorie sozialer Schichtung. Letzterer Aspekt ist zentral in den meisten bildungssoziologischen Überlegungen. Bildung führt nicht nur zu Qualifikationen, sie beeinflusst und bestimmt über unterschiedliche Abschlüsse und Zertifikate die soziale Stratifikation in der Gesellschaft.

Während in der unmittelbaren Zeit nach dem Zweiten Weltkrieg Bildung in ihrer funktionalen Bedeutung für die Weiterentwicklung der Industriemoderne analysiert und theoretisch zu fassen versucht wurde, wird in den 1960er Jahren ein Paradigmenwechsel in der soziologischen Bildungsforschung sichtbar. Auslöser für diesen Paradigmenwechsel sind Untersuchungen zu den sozialen Effekten der sogenannten Bildungsexpansion (vgl. Hadjar/Becker 2006) und umfangreiche empirische Studien in den USA zu Chancengleichheit im Bildungssystem (u. a. Coleman 1966). Beide Untersuchungsstränge führen zu einer kritischen Einschätzung des Leistungs- bzw. meritokratischen Prinzips.

Die Bildungsexpansion ist über eine starke Erweiterung der Bildungsbeteiligung auf praktisch allen Stufen des Bildungssystems in Europa ab den 1960er Jahren zu beobachten. Die Bildungssoziologin Beate Krais (1996) erklärt diesen Einstellungs-wandel gegenüber Bildung folgendermaßen: Es ist „die Erfahrung des Verlustes von Hab und Gut, Haus und Hof im Verlaufe des Zweiten Weltkrieges und der unmittelbaren Folgezeit (…) und die Vorstellung von Bildung als einem zuneh-mend wichtigeren Vehikel sozialen Aufstiegs in einer allem Anschein nach mobiler gewordenen Gesellschaft" (Krais 1996: 120f.).

Die Politik suchte über die Expansion höherer Bildung dem zu dieser Zeit auftre-tenden Defizit an qualifizierten Arbeitskräften und dem Mangel an AbsolventIn-nen mittlerer und höherer Schulen entgegenzuwirken. Mit dem Ausbau des Bil-dungswesens sollte auch ein Abbau sozialer, geschlechtsspezifischer und regionaler Ungleichheiten in der Bildungspartizipation erreicht werden.

In Österreich zeigt sich die politische Grundentscheidung für den Expansionspro-zess in den 1962 verabschiedeten Schulgesetzen (Errichtung der AHS–Oberstufen-form mit einem deutlichen Anstieg der MaturantInnenzahlen, Ausbau des weiter-führenden Schulwesens). Mit Reformen wie der Abschaffung des Schulgeldes oder der Hochschultaxen, den Gratisschulbüchern oder dem Schulausbau im ländlichen Raum wurden Impulse in Richtung mehr Bildungsgleichheit gesetzt. Dieser Wandel ist im politischen Kontext der sozialdemokratischen Reformära der Regierung un-ter Bruno Kreisky in den 1970er Jahren zu sehen.

Die Impulse für Maßnahmen in Richtung mehr Chancengleichheit im Schulsystem kamen aus den USA, wo James S. Coleman in den 1960er Jahren in einer großange-legten Studie zur sozialen Ungleichheit von Bildungschancen die soziale Herkunft und Ressourcen des Elternhauses als stärksten Einfluss auf die schulische Leistung nachwies (Coleman 1966). Die soziale Herkunft ist der wichtigste Einflussfaktor für Leistungsunterschiede. An zweiter Stelle folgt die sozialstrukturelle Zusammen-setzung der SchülerInnen, d.h. sozial-heterogene Schulklassen führen zu besse-ren Schulleistungen von Minoritäten und sozial benachteiligten Schulkindern. Die Merkmale der LehrerInnen haben einen geringen Einfluss und – sehr überraschend – die materielle Ausstattung der Schulen hat praktisch keinen Einfluss.

3   Wichtige Fragestellungen, Themen, Theorien und Forschungsergebnisse

Bildungssoziologie ist ein facettenreiches Feld, das durch gesellschaftliche Verän-derungen immer neue Impulse erhält. In diesem Kapitel sollen daher zentrale Fra-gestellungen, die die Bildungssoziologie untersucht, prominente Erklärungsansätze und empirische Forschungsergebnisse dargestellt werden.

3.1 Zentrale Fragestellungen der Bildungssoziologie

Bildungssoziologische Fragestellungen unterscheiden sich von anderen Disziplinen, die Lern- und Bildungsprozesse erforschen (z.B. Pädagogik, Psychologie), vor allem dadurch, dass sie die Auswirkungen auf soziale Ungleichheiten und Ungleichbehandlungen immer mitberücksichtigen. Die Felder der Bildungssoziologie sollen hier auf drei Ebenen dargestellt werden, nämlich der Makro-, der Meso- und der Mikroebene.

Auf der *Makroebene* wird erforscht, wie Bildungssysteme soziale Ungleichheiten produzieren, reproduzieren oder aufbrechen. Soziale Ungleichheiten beziehen sich dabei zumeist auf Personenmerkmale. Aktuell werden verstärkt solche Unterschiede, die mit Geschlecht, Migrationshintergrund und Behinderung in Zusammenhang stehen, sowie Unterschiede, die das Zusammenspiel dieser Merkmale berücksichtigen (Intersektionalität), erforscht. Übergänge im Bildungssystem sowie zwischen Ausbildung und Arbeitsmarkteinstieg sind auf dieser Ebene interessant. Auch internationale Vergleiche und Längsschnittstudien (NEPS[1]; PIRLS & TIMSS[2]; PISA[3]) spielen eine zunehmende Rolle bei der Erforschung von sozialen Ungleichheiten im Bildungssystem (Bacher 2008). Methodische Zugänge sind hier vor allem quantitativ.

Auf der *Mesoebene* steht die Schule als Institution im Mittelpunkt bildungssoziologischer Forschung. Hier arbeiten Bildungs- und Organisationssoziologie zusammen. Aktuelle Themen sind Schul- und Lernkulturen und deren Vergleich zwischen einzelnen Schulformen (z.B. Hauptschule, Neue Mittelschule und Gymnasium), einzelnen Schulen oder Klassen. Auf dieser Ebene wird stärker auf die Interaktionen zwischen LehrerInnen, SchülerInnen und Eltern, auf die pädagogischen Konzepte und die Lehrmaterialien eingegangen. Methodische Zugänge sind dabei häufig triangulierend, d.h. es werden verschiedene Methoden (z.B. Dokumentenanalyse,

---

1 NEPS steht für National Education Panel Study, eine in Deutschland durchgeführte Längsschnittstudie, deren Ziel es ist, Kompetenzentwicklungen und Bildungsentscheidungen in formalen, non-formalen und informellen Kontexten über die gesamte Lebensspanne zu erheben (www.neps-data.de).

2 TIMSS steht für Trends in International Mathematics and Science Study, PIRLS für Progress in International Reading Literacy Study. Die Erhebungen werden seit 20 bzw. 15 Jahren regelmäßig durchgeführt und dienen dem internationalen Vergleich der Mathematik- und Lesekompetenz in der vierten bzw. achten Schulstufe (www.timssandpirls.bc.edu).

3 PISA steht für Programme for International Student Assessment und ist eine von der OECD (Organisation for Economic Co-operation and Development) international durchgeführte Schulleistungsstudie. Die PISA Studie wird seit dem Jahr 2000 alle drei Jahre durchgeführt. Untersucht werden die Leistungen von 15-jährigen SchülerInnen (www.oecd.org/pisa/).

Interviews, Videographien) angewandt (Ecarius/Miethe 2011). In der internationalen Bildungssoziologie sind auf dieser Ebene auch neo-institutionalistische Ansätze stark vertreten (Meyer 2005). Bei dieser organisationssoziologischen Perspektive stehen die Eigendynamiken in Bildungssystemen und -organisationen im Zentrum des Interesses.

Bildungssoziologie auf der *Mikroebene* beschäftigt sich vor allem mit dem Individuum. Handlungs- und entscheidungstheoretische Ansätze (z. B. *Rational Choice*-Theorien) werden häufig angewandt. Untersuchungsgegenstand sind Bildungsentscheidungen an den Übergängen zwischen den verschiedenen Schulstufen. Es wird also primär von individuellen Bildungsbiographien ausgegangen, in denen Personen Handlungsalternativen haben, die durch formelle und informelle Voraussetzungen (z. B. Bildungspräferenzen der Eltern, Peer-Group) eingeschränkt werden. Methodisch werden diese Fragestellungen qualitativ, vor allem durch (biographische) Interviews beforscht.

Insgesamt ist in der Bildungssoziologie eine Verlagerung der Forschung von der Makro- auf die Meso- und Mikroebene zu konstatieren (Solga/Becker 2012).

3.2   Theoretische Ansätze zu Bildung und sozialer Ungleichheit

Die soziologische Bildungsforschung ist durch einen Theorienpluralismus gekennzeichnet. Im Folgenden werden drei bildungstheoretische Ansätze einführend vorgestellt: die Humankapitaltheorie, *Rational Choice*-Modelle und die Theorie der kulturellen Reproduktion.

Die Humankapitaltheorie

Bildung wird im Rahmen der Humankapitaltheorie als Investition in menschliche Ressourcen gesehen. Der Nutzen von Humankapital wird in zukünftigen, langfristigen, monetären Erträgen gemessen, die die vorgeleisteten Kosten abdecken (Helberger/Palamidis 1989: 205). Bildung steigert in diesem Ansatz die Qualifikationen eines Individuums, die Grenzproduktivität seiner Arbeitskraft und führt damit langfristig zu höheren Entlohnungen auf dem Arbeitsmarkt.

Inwieweit kann nun der Faktor soziale Herkunft, der die Nachfrage nach Bildung nachweislich beeinflusst, in dieses Konzept integriert werden? Der Einfluss sozialer Herkunft auf Bildungsentscheidungen wird insofern berücksichtigt, als die Kosten von Bildung etwa bei niedrigem Familieneinkommen höher wiegen. Ist schulischer Erfolg unwahrscheinlicher, wie dies in sozial benachteiligen Bevölkerungsgruppen der Fall ist, reduziert sich die Nutzenerwartung von Bildung, da das Risiko eines

Versagens (und damit des Verlustes der eingesetzten Mittel) größer ist (ebd.: 216f.).
Die Humankapitaltheorie thematisiert also unterschiedliche Kostenbelastungen
und Erfolgserwartungen, die die Bildungsnachfrage in unteren sozialen Schichten
reduzieren. Die Humankapital-Theorie wird stark kritisiert, weil nachgewiesen werden konnte, dass hohe Qualifikation nicht mit hohem Einkommen einhergehen
muss und gleiche Qualifikationen zu unterschiedlicher Entlohnung führen können.
Neben dem Humankapital wirken noch andere Faktoren positionsbestimmend: Alter, Geschlecht, Ethnizität, regionale Unterschiede etc.
Die Kritik an der Humankapitaltheorie geht allerdings noch weiter. Sie ist eng
mit der Ökonomisierung von Bildung verknüpft. Gemeint ist damit, dass sich der
Wert von Bildung primär an der wirtschaftlichen Verwertbarkeit ausrichtet. Im Hu-
mankapitalansatz steht die Output-Orientierung im Vordergrund, d.h. relevant ist
nur jenes Wissen, welches wirtschaftskompatibel ist und damit hoch belohnt wird.
Aber nicht nur das Wissen unterliegt einer Ökonomisierung, sondern auch die Bildungsinstitutionen. An sie richtet sich der Anspruch, sie betriebswirtschaftlich zu
führen und wie Unternehmen zu steuern.

Rational Choice-Ansätze

Ungleichheiten in der Bildungsbeteiligung lassen sich nach *Rational Choice*-Ansät-
zen als Unterschiede in den antizipierten Kosten und dem Nutzen der Bildung in
Abhängigkeit von der Position im Statussystem erklären. Bildungsverläufe werden
somit als Ergebnis rationaler Bildungsentscheidungen auf der Basis von Kosten–
Nutzen–Kalkulationen angesehen. Aspekte der sozialen Herkunft sind in diesem
Ansatz mitberücksichtigt: „Wir wollen verstehen lernen, warum die Eltern der
Kinder aus unteren Schichten in der Tat gute Gründe haben, den riskanten Weg
der Aufwärtsmobilität über die schmale Leiter einer höheren Bildung eher nicht zu
wagen – auch wenn sich die Möglichkeiten dazu objektiv verbessern" (Esser 1999:
266).
Als klassischer *Rational Choice*-Ansatz der Bildungsforschung zur Erklärung her-
kunftsspezifischer Bildungsungleichheit gilt Raymond Boudons 1974 veröffentlich-
te Theorie. Boudon sieht herkunftsspezifische Bildungsungleichheit als Ergebnis
eines Zwei-Komponenten-Prozesses: Als primäre Effekte der Schichtzugehörigkeit
bezeichnet er die von vornherein geringere Erfolgswahrscheinlichkeit von Kindern
unterer sozialer Schichten im Bildungssystem aufgrund ihrer begrenzten kulturellen
Ausstattung. Sekundäre Effekte der Schichtzugehörigkeit ergeben sich durch Einflüsse der sozialen Herkunft auf Entscheidungsprozesse an den Bildungsübergängen. Dabei sind zwei Punkte entscheidend: Zum einen sind die monetären Kosten

für Bildung je nach Schicht unterschiedlich belastend. Zum anderen ist der soziale Wert von Bildung je nach sozialer Herkunft unterschiedlich. Für Angehörige höherer sozialer Herkunft bedeutet ein höherer Bildungsabschluss den Erhalt der Position in der gesellschaftlichen Hierarchie. Wer diesen Status nicht erreicht, dem droht der gesellschaftliche und ökonomische Abstieg. Für Familienmitglieder unterer gesellschaftlicher Schichten sind derlei Kosten für nicht erworbene Bildungsabschlüsse nicht gegeben, da für sie daraus kein gesellschaftlicher Statusverlust resultiert. Dagegen würde für sie höhere Bildung sogar mit Kosten in Form von Nichtakzeptanz durch Familienmitglieder und Freunde verbunden sein (Boudon 1974: 29f.). Also: Die Kosten eines gesellschaftlichen Abstieges sind für privilegierte Mitglieder der Gesellschaft höher als der Nutzen eines gesellschaftlichen Aufstieges für Mitglieder unterer Gesellschaftsschichten.

Die Theorie des kulturellen Kapitals / der kulturellen Reproduktion

Der Gedanke von Bildung als Kapital und als Faktor gesellschaftlicher und wirtschaftlicher Entwicklung wurde von Pierre Bourdieu und Jean-Claude Passeron weitergeführt. In der 1971 erschienen Untersuchung *Die Illusion der Chancengleichheit* befassen sich Bourdieu und Passeron mit dem Einfluss sozialer Herkunft auf universitäre Bildungsverläufe in Frankreich. Das wesentliche Ergebnis dieser Untersuchung ist, dass Schulerfolg und Bildungslaufbahnen nicht durch natürliche Begabungsunterschiede, sondern „vollständig soziologisch", nämlich als Resultat des Einflusses der sozialen Herkunft, erklärt werden können (Bourdicu/Passeron 1971).

Bourdieu entwirft einen systematischen Zusammenhang zwischen den gesellschaftlichen Positionen der Menschen und ihrer Lebensgestaltung. Die Lebensbedingungen der Gesellschaftsmitglieder sind als Ressourcen, als sogenannte Kapitalien zu sehen, die die Einzelnen zur Verfügung haben. Bourdieu beschreibt den Begriff Kapital als „akkumulierte Arbeit, entweder in Form von Materie oder in verinnerlichter, ‚inkorporierter' Form" (Bourdieu 1983: 183). Die Verfügbarkeit darüber bestimmt die Erfolgschancen der Menschen in der Praxis. Bourdieu unterscheidet kulturelles, ökonomisches und soziales Kapital.

In Zusammenhang mit Bildungslaufbahnen hat das kulturelle Kapital eine besondere Bedeutung, denn es bestimmt wesentlich über die schulischen Erfolgschancen eines Individuums. Es wird vor allem durch das Bildungsniveau der Eltern und des engsten Verwandtenkreises bestimmt, sowie vom Wohnort, der ebenfalls mit kulturellen Vor- und Nachteilen verbunden ist.

Die besseren schulischen Erfolgschancen für Kinder aus privilegierten Gesellschaftsschichten sind, laut Bourdieu, nicht auf ein höheres Ausmaß an Intelligenz und Begabung zurückzuführen, sondern hauptsächlich darauf, dass die schulische Kultur der Alltagskultur und Sprache der privilegierten Schichten am nächsten steht:

> Die Schulbildung orientiert sich aber so stark an der Elitekultur, dass ein Kind aus kleinbürgerlichem und mehr noch aus bäuerlichem oder Arbeitermilieu mühsam erwerben muss, was Kinder aus der gebildeten Klasse mitbekommen: Stil, Geschmack, Esprit – kurz: die Leichtigkeit und Lebensart, die dieser Klasse, da es ihre eigene Kultur ist, natürlich sind. Für die einen bedeutet Elitekultur eine teuer erkaufte Eroberung, für die anderen ein Erbe (…). (Bourdieu/Passeron 1971: 42)

Über das Bildungssystem werden gesellschaftliche Eigentums- und Herrschaftsverhältnisse reproduziert.

3.3 Bildungssoziologische Studien und empirische Ergebnisse

Zu welchen Schlussfolgerungen kommen nun bildungssoziologische Studien, die die oben dargestellten Fragestellungen untersuchen und dabei bildungssoziologische Theorien anwenden?

Aus der empirischen Untersuchung der Entwicklungen im Bildungsbereich in dreizehn industrialisierten Ländern ziehen Blossfeld und Shavit 1993 folgenden Schluss:

> Die Bildungsexpansion (ist) ein ubiquitäres und universelles Phänomen in allen industrialisierten Ländern (…). Das durchschnittliche Bildungsniveau hat sich in allen diesen Ländern über die Geburtsjahrgänge hinweg beträchtlich erhöht (…). Insgesamt scheint es so zu sein, als ob es ein unausgesprochenes, aber einheitliches Muster der Bildungsexpansionspolitik in den industrialisierten Ländern geben würde. (Blossfeld/Shavit 1993: 12ff.)

Und sie folgern, dass Frauen von der Bildungsexpansion in den industrialisierten Ländern besonders profitiert haben.

Doch ist durch die erhöhte Bildungsbeteiligung kein umfassender Abbau der sozialen Ungleichheit von Bildungs- und Lebenschancen entstanden, sondern zum Teil eine Vertiefung der Unterschiede. In der derzeitigen Ausgestaltung des Bildungssystems verfügen also nicht alle über die gleichen Chancen. Blossfeld und Shavit konstatieren in ihrer vielzitierten Studie eine hohe Stabilität des Zusammenhangs

von sozialer Herkunft und Bildungsübergängen in 11 von 13 untersuchten Ländern. Nur in zwei Ländern, Schweden und den Niederlanden, haben die Effekte
der sozialen Herkunft auf Bildungsübergänge und das erreichte Bildungsniveau
eindeutig abgenommen. Insgesamt zeige sich eine Gleichzeitigkeit von Bildungsexpansion und sozialer Ungleichheit in den Bildungschancen.

Nach Studien von Heike Solga und Sandra Wagner (2008) produziert das gegenwärtige Bildungssystem eine Gruppe von Personen, die sie als „Zurückgelassene"
bezeichnen. Die Lebenschancen dieser Gruppe sind durch Selektion und mangelnde Qualifizierung frühzeitig eingeengt. Die schulische Karriere von Kindern und
Jugendlichen hängt dabei nicht nur von ihrem Verhalten ab, sondern wesentlich
von den Möglichkeiten, die ihnen die Organisation Schule gibt. Vorausgesetzt wird
die „Mitarbeit" der Eltern bei den Lernprozessen ihrer Kinder, sodass Ungleichheiten in der sozialen und kulturellen Ressourcenausstattung von Kindern unterschiedlicher sozialer Herkunft kaum kompensiert werden. Es kommt während
der Schulzeit zu einer herkunftsabhängigen Kanalisierung, zu einer subkulturellen
Abschottung von Schülerkreisen und infolgedessen zu einer herkunftsspezifischen
Differenzierung von sozialen Lernumwelten.

Die herkunftsabhängige Kanalisierung zeigt sich darin, dass in der Hauptschule
(heute) überproportional viele Kinder aus sozial schwächeren Familien vertreten
sind und in Gymnasien häufiger Kinder aus bildungsnahen Schichten. Die Abwanderung der SchülerInnen aus bildungsnahen Schichten in die höheren Schulen wird
als *creaming out*-Prozess bezeichnet (Solga/Wagner 2008). Kommt es zu einer sozialen Entmischung in der Schule, dann kommt es auch zu einer sozialen Verarmung
des Lernumfeldes, welche negative Auswirkungen auf die schulischen Leistungen
sowie die Aneignung sozialer Kompetenzen hat. Die Schrumpfung der Hauptschule durch die Bildungsexpansion wurde im Wesentlichen durch eine Abwanderung
von Mädchen und insbesondere von Kindern, deren Eltern in qualifizierten Tätigkeiten beschäftigt sind, erzeugt. Zurückgeblieben sind überproportional Kinder,
deren Eltern in einfachen Tätigkeiten beschäftigt oder gar nicht erwerbstätig sind
und die in instabilen Familienverhältnissen aufgewachsen sind.

Die von der herkunftsabhängigen Kanalisierung von SchülerInnen produzierte soziale Ungleichheit wird dadurch verstärkt, dass in westlichen Gesellschaften Qualifikationen über Bildungsabschlüsse und entsprechende Zertifikate (z. B. Matura-
zeugnis) dargestellt werden müssen. Eine solche Orientierung an der Signalwirkung
von Zertifikaten bezeichnet man als „Kredentialismus" (Brown 2001). Als eine Alternative hierzu gilt die Kompetenzorientierung, die auf den ganzen Menschen fokussiert. Die Europäische Kommission hat acht Kompetenzbereiche definiert, die

als „Schlüssel" zu sozialer Inklusion führen sollen. Diese reichen von Grundkompetenzen in Mathematik und Naturwissenschaften über Lernkompetenzen bis hin zu sozialer oder unternehmerischer Kompetenz (Europäische Kommission 2007). Die PISA-Studie, die eine der einflussreichsten Definitionen von Kompetenz und ihrer Messung im europäischen Raum bereitstellt, unterscheidet zwischen Sach-, Selbst- und Sozialkompetenz. Kompetenz impliziert eine kontinuierliche Arbeit an sich selbst und Selbstkontrolle, ein „lebenslanges Lernen". Dies geht über die bloße berufliche Qualifizierung hinaus und erstreckt sich auch auf den Bereich der Freizeit und des Lebensstils.

4   Aktuelle Forschung in Österreich

Ein wichtiger Begründer der österreichischen Bildungssoziologie ist Paul Kellermann. Er verknüpft die Bildungssoziologie direkt mit den Ordnungsprinzipien von Gesellschaft, wie sie soziologische Klassiker herausgearbeitet haben, und liefert dadurch eine theoretische Anbindung der Bildungswissenschaft an die Soziologie. Er kritisiert das europäische Bildungssystem und insbesondere den „Bologna-Prozess" dahingehend, dass in diesem Bildung nicht mehr als Persönlichkeitsentwicklung, sondern als reine Ausbildung verstanden wird (Kellermann 1977).

Aktuelle bildungssoziologische Forschung befasst sich in Österreich hauptsächlich mit zwei Themenfeldern: einerseits mit der Produktion und Reproduktion sozialer Ungleichheit und der „Vererbung" von Bildungsabschlüssen, andererseits mit Veränderungen und Übergängen im Bildungssystem und den Bildungsinstitutionen. Dabei ist generell eine Differenzierung zwischen Forschung zur Sekundarstufe I und II sowie zur Hochschule zu erkennen. Kindergarten und Primarstufe werden von der österreichischen Bildungssoziologie eher randständig erforscht. Beispielhaft werden hier daher aktuelle Forschungsarbeiten zur Sekundarstufe I und II angeführt.

4.1   Sekundarstufe I und II

Bei der Beforschung der Sekundarstufe I und II sind vor allem die Übergänge zwischen Primarstufe (Volksschule) und Sekundarstufe I (Hauptschule oder AHS-Unterstufe) sowie zwischen Sekundarstufe I und weiterführenden Schulen (AHS Oberstufe, BHS, BMS, Lehre, Polytechnikum, etc.) von bildungssoziologischem Interesse. An dieser Stelle sind vor allem die PISA-Sekundärdatenanalysen zu nennen. Basierend auf den Daten von PISA 2003 wurden Länder mit Gesamtschulsystemen und solche mit differenzierten Schulsystemen anhand von fünf Indikatoren verglichen. Dabei zeigte sich, dass Länder mit Gesamtschulsystem eine geringere soziale Selektivität aufweisen und die SchülerInnen besser gefördert werden. Eine Nivellierung nach unten ist dagegen nicht feststellbar. Weiters wurde der „Sekundäre Schichteffekt" berechnet, der angibt, um wie viel besser die Leistung von Kindern aus sozial benachteiligten Schichten sein muss, um mit derselben Wahrscheinlichkeit eine höhere Schule (z. B. AHS, BHS) zu besuchen. Dabei ergeben sich sehr hohe Werte: Haben die Eltern keine Matura, müssen die Kinder durchschnittlich um 48 Punkte besser im PISA-Test abschneiden als Kinder von denen zumindest ein Elternteil eine Matura hat (Bacher 2007).

Solche Selektionsmechanismen, die vor allem an den Übergängen zwischen verschiedenen Schulstufen und Schultypen stattfinden, basieren allerdings nicht nur auf der sozialen Herkunft. Andere bedeutende Ungleichheitsfaktoren sind ethnische Herkunft und Geschlecht. Ergebnisse der PISA-Studien lassen etwa deutliche geschlechtsspezifische Unterschiede im Kompetenzerwerb (im Lesen schneiden Buben regelmäßig schlechter ab als Mädchen) und in den Bildungsverläufen erkennen. Diesen widmen sich Bacher et al. (2008) in einer Monographie zu Geschlechterunterschieden in der Bildungswahl in Österreich. Sie kommen dabei zu dem Ergebnis, dass Buben zwar weniger häufig eine maturaführende Schule besuchen als Mädchen, diese aber oft Schulen mit geringem Prestige und schlechteren Karrieremöglichkeiten wählen und insgesamt eher kurze Ausbildungen absolvieren.

4.2   Hochschulforschung

Paul Kellermann ist nicht nur ein Begründer der Bildungssoziologie, er liefert auch zur österreichischen Hochschulforschung wichtige Beiträge. Sein Schwerpunkt liegt dabei insbesondere auf der Verwertbarkeit von Hochschulabschlüssen (*employability*). Im EU-Projekt „Higher Education and Graduate Employment in Europe" (1997–2000) wurden die Beziehungen zwischen Hochschule und Arbeitsmarkt in zwölf Ländern und die sich daraus ergebenden neuen Anforderungen in einer Wissensgesellschaft thematisiert. Obwohl die Ergebnisse nicht auf eine mangelnde Verwertbarkeit von Hochschulabschlüssen hinweisen, werden sehr wohl Mängel im Passungsverhältnis zwischen im Berufsleben geforderten und im Studium erworbenen Kompetenzen, insbesondere im sozial-interaktiven Bereich, festgestellt (Kellermann 2002; 2006).

Eine wichtige Datengrundlage für die österreichische Hochschulforschung ist die seit den 1970er Jahren wiederholt durchgeführte Studierendensozialerhebung. Dabei handelt es sich um eine Online-Befragung von Studierenden zu ihrer Studien-

und Lebenssituation. Aus der Erhebung publiziert das Institut für Höhere Studien (IHS) regelmäßig den *Bericht zur Sozialen Lage der Studierenden* (ww2.sozialerhebung.at). Die Daten fließen auch in das europäische Pendant, die Befragung *EUROSTUDENT*, ein.

5 Anwendungsbezug

Bildungssoziologische Arbeiten weisen einen starken Anwendungsbezug auf und haben eine erhebliche Bedeutung in der bildungspolitischen Diskussion. Dazu zählen etwa die genannten Arbeiten von James Coleman. Der Coleman-Report ist beispielhaft für die Verwendung soziologischer Studien in der Politikgestaltung. Auf ihm beruht das System der *affirmative action*, das in den USA eingeführt wurde, um Ungleichheiten zwischen verschiedenen ethnischen Gruppen im Bildungsbereich entgegenzuwirken. Solche politischen Interventionen sind im Umkehrschluss auch wieder Ausgangspunkt bildungssoziologischer Forschung und Evaluation wie die Studie *The Shape of the River* (Bowen/Bok 1998) zeigt, in der die positiven Effekte der *affirmative action*-Strategie empirisch nachgewiesen werden konnten.

Auch in Österreich fließen die Ergebnisse bildungssoziologischer Studien in die Politikgestaltung ein. Das führende Forschungsinstitut der österreichischen Bildungsforschung ist das 2008 errichtete Bundesinstitut für Bildungsforschung, Innovation und Entwicklung des österreichischen Schulwesens (BIFIE). Es überprüft die nationalen Bildungsstandards, publiziert den nationalen Bildungsbericht (NBB) und führt internationale SchülerInnenleistungsstudien wie PISA in Österreich durch. Im Bereich der Berufsbildung sind das Österreichische Institut für Berufsbildungsforschung (öibf) und das Institut für Bildungsforschung der Wirtschaft (ibw) zu nennen. Beide liefern wichtige Beiträge an der Schnittstelle zwischen Bildungs- und Berufssoziologie, etwa in der Lehrlings- und Berufsschulforschung, zu Bildungsentscheidungen oder Qualität in der Berufsausbildung. Neben der nationalen Forschung nimmt Österreich auch an den Panelstudien PISA, PIRLS, TIMSS und TALIS (Teaching and Learning International Survey) teil. Das „Programme for International Student Assessment" (PISA) ist dabei wohl jene Studie, die die meiste Medienaufmerksamkeit genießt. Die von der Organisation für wirtschaftliche Zusammenarbeit und Entwicklung (OECD) organisierte Studie erhebt Leistungen von 15- und 16-jährigen SchülerInnen in den Bereichen Lesen, Mathematik und Naturwissenschaften für den internationalen Vergleich und leitet daraus Empfehlungen für die verschiedenen staatlichen Bildungspolitiken ab.

Anwendung finden bildungssoziologische Überlegungen in Österreich auch im Zusammenhang mit dem Zugang zu Universitäten und der Studienfinanzierung. Hier werden über die Studierenden-Sozialerhebungen in regelmäßigen Abständen Fragen der sozialen Selektion behandelt und die soziale Lage der Studierenden erkundet (Unger et al. 2012). Diese Forschungsergebnisse fließen in die Hochschulpolitik ein.

Literatur

1. Einführungsliteratur

Becker, Rolf, 2009: Lehrbuch der Bildungssoziologie. Wiesbaden: Verlag für Sozialwissenschaften.

Kopp, Johannes, 2009: Bildungssoziologie. Eine Einführung anhand empirischer Studien. Wiesbaden: Verlag für Sozialwissenschaften.

Kupfer, Antonia, 2011: Bildungssoziologie. Theorien-Institutionen-Debatten. Wiesbaden: Verlag für Sozialwissenschaften.

Löw, Martina, 2006: Einführung in die Soziologie der Bildung und Erziehung. Opladen: Budrich.

2. Weitere zitierte Literatur

Bacher, Johann, 2007: Die Wirkung von Gesamtschulsystemen auf Testleistungen und Chancengleichheit. WISO, 2007, Jg. 30, Heft 2, 16–34.

Bacher, Johann, 2008: Bildungsungleichheiten in Österreich – Basisdaten und Erklärungsansätze. Erziehung & Unterricht, 2008, Jg.158, Heft 7–8, 529–542.

Bacher, Johann; Lachmayr, Norbert; Beham-Rabanser, Martina, 2008: Geschlechterunterschiede in der Bildungswahl. Wiesbaden: Verlag für Sozialwissenschaften.

Blossfeld, Hans-Peter; Shavit, Yossi, 1993: Persistent Inequality – Changing Educational Attainment in Thirteen Countries. Boulder: Westview Press.

Boudon, Raymond, 1974: Education, Opportunity and Social Inequality. Changing Prospects in Western Society. New York: Wiley.

Bourdieu, Pierre, 1983: Die feinen Unterschiede. Kritik der gesellschaftlichen Urteilskraft. Frankfurt/M.: Suhrkamp.

Bourdieu, Pierre; Passeron, Jean-Claude, 1971: Die Illusion der Chancengleichheit. Untersuchungen zur Soziologie des Bildungswesens am Beispiel Frankreichs. Stuttgart: Klett.

Bowen, William G.; Bok, Derek, 1998: The Shape of the River. Long-Term Consequences of Considering Race in College and University Admissions. Princeton: Princeton University Press.

Brown, David K., 2001: The Social Sources of Educational Credentialism. Status Cultures, Labour Markets and Organisations. Sociology of Education, Sonderheft 2001, 19–34.

Brüsemeister, Thomas, 2008: Bildungssoziologie. Einführung in Perspektiven und Probleme. Wiesbaden: Verlag für Sozialwissenschaften.

Coleman, James S., 1966: Equality of Educational Opportunity. Washington, DC: U.S. Government Printing Office.

Davis, Kingsley; Moore, Wilbert E., 1945: Some Principles of Stratification. American Sociological Review, 1945, Jg. 10, Heft 2, 242–249.

Ecarius, Jutta; Miethe, Ingrid, 2011: Methodentriangulation in der qualitativen Bildungsforschung. Opladen: Budrich.

Esser, Hartmut, 1999: Soziologie. Allgemeine Grundlagen. Frankfurt/M.: Campus.

Europäische Kommission, 2007: Schlüsselkompetenzen für Lebensbegleitendes Lernen. Ein Europäischer Referenzrahmen. Luxemburg: Amt für Veröffentlichungen der Europäischen Gemeinschaften.

Grundmann, Matthias, 2009: Sozialisation – Erziehung – Bildung. Eine kritische Begriffsbestimmung. In: Becker, Rolf (Hg.), Lehrbuch der Bildungssoziologie. Wiesbaden: Verlag für Sozialwissenschaften, 63–85.

Hadjar, Andreas; Becker, Rolf, 2006: Die Bildungsexpansion. Wiesbaden: Verlag für Sozialwissenschaften.

Helberger, Christof; Palamidis, Helene, 1989: Der Beitrag der Humankapitaltheorie zur Erklärung der Bildungsnachfrage. In: Döring, Peter; Weishaupt, Horst; Weiß, Manfred (Hg.), Bildung in ökonomischer Sicht. Köln/Wien: Böhlau, 205–220.

Kellermann, Paul, 1977: Zur soziologischen Kritik gegenwärtiger Bildungspolitik. Klagenfurt: Kärntner Druck- und Verlags-Gesellschaft.

Kellermann, Paul, 2002: Motivation, Organisation, Administration – Über Arbeitsbedingungen in der Universitätswelt aus soziologischer Sicht. Soziologie – Forum der Deutschen Gesellschaft für Soziologie, 2002, Heft 4, 5–19.

Kellermann, Paul, 2006: Von Sorbonne nach Bologna und darüber hinaus – zur Ideologie derzeitiger europäischer Hochschulpolitik. Soziologie – Forum der Deutschen Gesellschaft für Soziologie, 2006, Heft 1, 56–69.

Krais, Beate, 1996: Bildungsexpansion und soziale Ungleichheit in der Bundesrepublik Deutschland. In: Bolder, Axel (Hg.), Jahrbuch Bildung und Arbeit 96. Die Wiederentdeckung der Ungleichheit. Aktuelle Tendenzen in Bildung und Arbeit, Opladen: Leske + Budrich, 118–146.

Meyer, John W., 2005: Weltkultur. Wie die westlichen Prinzipien die Welt durchdringen. Frankfurt/M.: Suhrkamp.

Solga, Heike; Wagner, Sandra, 2008: Die Zurückgelassenen. Die soziale Verarmung der Lernumwelt von Hauptschülern und Hauptschülerinnen. In: Becker, Rolf; Lauterbach, Wolfgang (Hg.), Bildung als Privileg? Ursachen von Bildungsungleichheit aus soziologischer Sicht. 3. Auflage, Wiesbaden: Verlag für Sozialwissenschaften, 189–217.

Solga, Heike; Becker, Rolf, 2012: Soziologische Bildungsforschung. Eine kritische Bestandsaufnahme. Kölner Zeitschrift für Soziologie und Sozialpsychologie, Sonderheft 52, 7–43.

Unger, Martin; Dünser, Lukas; Fessler, Agnes; Grabher, Angelika; Hartl, Jakob, 2012: Studierenden-Sozialerhebung 2011. http://ww2.sozialerhebung.at/Ergebnisse/, 15.3. 2013.

3. Ausgewählte Fachzeitschriften

British Journal of Sociology of Education
DIE: Zeitschrift für Erwachsenenbildung
International Studies in Sociology of Education
Journal of Educational Sociology
Zeitschrift für Bildungsforschung

Entwicklung und globale Ungleichheiten

Petra Dannecker

1 Einleitung

Die Bestimmung des Gegenstands der Entwicklungssoziologie ist eine Herausforderung, da ‚Entwicklung' als Begriff, als Prozess, als Diskurs und als Praxis nicht nur in der Entwicklungssoziologie, sondern auch in benachbarten Disziplinen seit Jahrzehnten kontrovers diskutiert wird. Der Gegenstand der Entwicklungssoziologie ist – wie Götze (2002: 9) es bereits vor zehn Jahren formulierte – ebenso in einer bis heute die Debatten dominierenden tiefgreifenden Umorientierung begriffen wie die theoretischen Argumentationsweisen und Konzeptualisierungen. Das bedeutet allerdings nicht, dass dieser Teilbereich der Soziologie damit seine Berechtigung verloren hätte. Im Gegenteil, denn gerade vor dem Hintergrund der unter dem Begriff der Globalisierung subsumierten Transformationen, Vernetzungen und Interaktionen stellen sich die Frage der Entwicklung, aber auch Fragen nach Vergesellschaftung, sozialem Wandel und sozialer Ungleichheit in der gesamten Soziologie neu. Die Entwicklungssoziologie, die sich zumindest zu Beginn ihrer Entstehung primär als Soziologie außereuropäischer bzw. nicht-westlicher Gesellschaften[1] verstanden und damit den theoretisch und empirisch auf europäische Nationalstaaten fokussierten Bezugsrahmen der allgemeinen Soziologie gesprengt hat, kann hier wichtige Anstöße liefern. Die theoretischen und empirischen Auseinandersetzungen mit diesen so definierten Gesellschaften haben gezeigt, dass innergesellschaftliche Transformationen ohne Berücksichtigung von Verflechtungen und verherrschaftlichten Interaktionen nicht erklärt werden können und damit deutlich gemacht, „dass die politischen, kulturellen usw. Grenzen einer Gesellschaft keine Erklärungsgrenzen sind" (Goetze 2002: 13). Auch die scheinbare Neutralität und Objektivität soziologischer Kategorien und Theorieansätze wurden ebenso früh in Frage gestellt wie die Übertragung von Konzepten und theoretischen Ansätzen, die vor dem Hintergrund der sogenannten westlichen Entwicklung entstanden sind.

Das bedeutet nicht, dass die Entwicklungssoziologie, historisch betrachtet, nicht zur Konstruktion der ‚Anderen' (siehe Modernisierungstheorien) oder zur Universalisierung des Modells ‚der Moderne' beigetragen hat. Dieses zeichnet sich nach Kößler durch einen enormen universalisierten Druck aus, „der ein Ausweichen von Impera-

---

1 Diese Begrifflichkeiten werden heute kaum mehr verwendet, stattdessen stehen globale und lokale Prozesse im Zentrum der Entwicklungssoziologie, die sich weltweit beobachten lassen und auch weltweit analysiert werden.

tiven des Nachholens ausgeschlossen erscheinen lässt" (Kößler 1998: 58). Dennoch hat die grenzüberschreitende Orientierung der Entwicklungssoziologie, insbesondere ihre Auseinandersetzung mit soziologischer Wissensproduktion und deren Verortung, zur Umorientierung der eigenen spezialisierten Soziologie beigetragen und könnte gerade im Zuge zunehmender Transnationalisierung[2] vielfältige Anknüpfungspunkte für eine „Soziologie in einer globalen Gesellschaft" (Kolland 2010: 29) bieten.

2 Historische Entwicklungen und Einbettungen

Die Soziologie begann sich in den 1950er Jahren als Teil und im Rahmen der Modernisierungstheorien mit den sogenannten Entwicklungsländern explizit zu beschäftigen. Die Erosion kolonialer Herrschaft und die Unabhängigkeit vieler ehemaliger Kolonien, die sich herausbildende Konkurrenz der beiden Weltmächte USA und UdSSR, Fragen der Nationalstaatenbildung sowie eine Verallgemeinerung und weltweite Durchsetzung einer Definition von ‚Entwicklung' und Fortschrittsglauben stellten, so Goetze (2002: 17), den ‚neuen' Kontext soziologischer Herangehensweisen dar. Sie erklären, warum die Entwicklungssoziologie sich zu Beginn als Entwicklungsländersoziologie herausgebildet und sich damit auch geographisch fixiert hat. Die dominanten Modernisierungstheorien teilten die grundlegende Annahme, dass die Entwicklungsländer den Entwicklungsprozess von der Tradition in die Moderne auf dem gleichen Weg durchlaufen würden wie zuvor die Industrieländer. Soziologische Theorien bzw. Theoriebausteine wie z. B. Funktionalismus und die für Modernisierung und sozialen Wandel als relevant definierten Teilprozesse Individualisierung und Rationalisierung wurden universalisiert und bildeten die Grundlage für Handlungsentwürfe und politische Programmatiken mit dem Ziel, Modernisierung und sozialen Wandel auch in Entwicklungsländern zu initiieren. Dabei ist wichtig, festzuhalten, dass Modernisierung als Prozess der Industrialisierung und Urbanisierung definiert wurde – und zwar mit dem Ziel, traditionelle Verhaltensweisen und statische gesellschaftliche und politische Ordnungen zu überwinden (Kolland 2010: 30f.). Modernität stellte dabei den Endpunkt gesellschaftlicher Entwicklung dar. Exogene Interventionen wurden als notwendig erachtet, da, wie Schrader (2008: 4) argumentiert, sozialer Wandel im Gegensatz zum Evolutionismus nicht als immanent zwingend betrachtet wurde, da endogene Faktoren in den sogenannten Entwicklungsländern diesen behindern. Auch wenn

---

2   Mit Bezug auf Pries (2008) wird unter Transnationalisierung im weitesten Sinne die Zunahme, Intensivierung und die Vielschichtigkeit grenzüberschreitender Beziehungen zwischen Menschen und Nationen verstanden.

in der Literatur zwischen soziologischen, ökonomischen oder politischen Modernisierungstheorien differenziert wird, so verstehen Modernisierungstheorien Entwicklung holistisch als ‚nachholende Modernisierung'.

Übersicht 1: Kritik an Modernisierungstheorien nach Goetze (2002)

1. **Eigenkulturelle Standards** werden zum Maßstab der Beurteilung der ‚Anderen' (Ethnozentrismus), d. h. auch alternative Entwicklungswege werden nicht in Betracht gezogen bzw. kommen ebenso wenig vor wie Nicht-Entwicklung (optimistische Sichtweise, d. h. es wird davon ausgegangen, dass sich alle Gesellschaften gemäß dem ‚westlichen' Vorbild entwickeln).

2. Die verschiedenen **Gehalte und Formen von ‚traditionell' und ‚modern'** werden verschleiert.

3. Die **Rolle von Werthaltungen und normativen Erwartungen** und Bedingungen bei Gruppen und Individuen wird überschätzt. Konflikte und Spannungen werden zwar erwähnt, aber sowohl nationale wie auch internationale Herrschaftsverhältnisse ignoriert.

4. **Methodische Kritik**: Die Argumentation ist abstrakt, ahistorisch und undifferenziert. Statistiken werden häufig als einzige Quelle herangezogen, historisches Material oder qualitative Methoden dagegen kaum angewendet.

Die gesellschaftspolitischen Dimensionen der modernisierungstheoretischen Positionen, insbesondere die negativen Auswirkungen der ökonomischen Strategien, führten vor allem in lateinamerikanischen Ländern zu Diskussionen und zur Herausbildung theoretischer Perspektiven, die unter dem Begriff der „dependencia" zusammengefasst werden können. Nicht endogene Entwicklungsmängel, sondern exogene Faktoren, wie die Wirkungen des Kolonialismus und die Integration in den Weltmarkt, wurden von den WissenschaftlerInnen aus den ehemaligen Kolonialländern als Ursache für die spezifische soziale Struktur der Gesellschaften angesehen. Die Abhängigkeit der peripheren Ökonomien und ihrer Staatsapparate von den Kapitalerfordernissen der Zentren ist eine Funktionsfolge des Weltsystems und führt zur „Entwicklung der Unterentwicklung" (Frank 1970). Dieser Gedanke wurde im Rahmen der Weltsystemtheorie[3] historisch eingebettet und weiterentwi-

---

3   Wallerstein (1974) analysiert, wie die kapitalistische Weltgesellschaft historisch entstand und zeigt in der Weltsystemtheorie die Gesetze der weltweiten kapitalistischen Entwicklung und Unterentwicklung auf. Besonders relevant ist hierbei die hierarchische Ordnung der Weltgesellschaft in Peripherie, Semiperipherie und Zentrum, die sich gegenseitig bedingen.

ckelt (Wallerstein 1974). Deformierte Sozialverhältnisse, die im Rahmen von Konzepten wie z. B. „strukturelle Gewalt" (Senghaas 1979) diskutiert wurden, sind das Resultat internationaler Herrschaftsverhältnisse und Strukturen der Ausbeutung. Die Ursachen sind die Folgen kolonialer und postkolonialer Abhängigkeiten. Die 1980 erhobene Forderung nach einer neuen Weltwirtschaftsordnung ist ein Resultat der Dependenztheorien.

Die Tatsache, dass die Dependenztheoretiker ‚Unterentwicklung' als ausschließlich exogen verursacht sahen und interne Probleme nur als abstrakte Größe berücksichtigten, führte zur Kritik insbesondere am immanenten Zentralismus und Ökonomismus der Dependenztheorien (Goetze 2002; Schrader 2008). Das Festhalten an der Zielvorstellung ‚Entwicklung' bzw. ‚moderne Gesellschaft' zeichnet sowohl die Modernisierungs- als auch die Dependenztheorien aus. Beide sind programmatische Theorieentwürfe, die immer mehr waren als sozialwissenschaftliche Theorien, nämlich auch gesellschaftliche Orientierungsentwürfe und Visionen, die Strategien und Vorstellungen diskutierten und für den Weg dorthin bereitstellten.

Inwieweit bis in die 1970er Jahre von einem eigenständigen Profil der Entwicklungssoziologie gesprochen werden kann, bleibt offen. Goetze (2002: 26) sieht zum Beispiel sowohl die Modernisierungstheorien als auch die Dependenztheorien als „große" programmatische Theorieentwürfe der Entwicklungssoziologie an, die stets auch gesellschaftliche Ordnungsentwürfe und Visionen gewesen sind. Neubert (2003: 113) argumentiert, dass sich erst in den ausgehenden 1970er Jahren, im Zuge der Betonung von handlungstheoretischen und verstehenden Ansätzen, ein eigenständigeres Profil entwickelt hat.

Die 1980er Jahren leiten das Ende der großen Theorien ein. Deutlich wurde, dass der Fortschrittsglaube der Modernisierung an seine Grenzen stößt, nicht nur in Anbetracht der Verschuldungskrisen in Lateinamerika, sondern auch der katastrophalen Auswirkungen auf die Umwelt. Hinzu kam, dass die Differenzierung der Länder, die als ‚Dritte Welt' konstruiert und kategorisiert wurden, nicht mehr haltbar war, d. h. die Homogenisierung zunehmend als Illusion entlarvt wurde. Menzel spricht deshalb 1992 vom „Ende der Dritten Welt und dem Scheitern der großen Theorien" und schlägt einen Rückgriff auf „Theorien mittlerer Reichweite" (Menzel 1992) vor. Dies führte zur sogenannten empirischen und handlungstheoretischen Wende in der Entwicklungssoziologie (Neubert 2003; Schrader 2008). Trotz dieser ist allerdings die Debatte um den Stellenwert von Theoriebildung im Sinne sogenannter großen Theorien im Bereich der Entwicklungssoziologie nie verebbt. Goetze (2002), aber auch Neubert und Daniel (2012) geben zu bedenken, dass die Kritik an und das Scheitern von sogenannten Ein-Faktor-Theorien (und damit mei-

nen sie auch modernisierungs- und dependenztheoretische Ansätze) nicht dazu
führen dürfe, Theoriebildung überhaupt zu verwerfen und fordern u. a. eine Auseinandersetzung mit allgemeinsoziologischen Theoriedebatten und eine vertiefte
Diskussion des Theorie-Praxis-Problems und des Verhältnisses zwischen Struktur
und Akteur. Bevor aber genau auf diese Entwicklungen und ihre aktuellen Wei-
terentwicklungen eingegangen wird, folgt nun eine Diskussion der Themen und
Zugänge der Entwicklungssoziologie nach der analysierten ‚Krise‘.

3 Forschungsschwerpunkte, Themenfelder und aktuelle Entwicklungen

3.1 Drei Kernbereiche der Entwicklungssoziologie

Das Selbstverständnis und die Forschungsschwerpunkte der letzten Dekaden lassen sich grob in drei Kernbereiche einteilen (vgl. Neubert 2003: 111f.; Schrader
2008: 2):

Entwicklungssoziologie als Soziologie nicht-westlicher Länder
Es werden oft in Kooperation mit anderen speziellen Soziologien (z. B. der Wirt-
schafts-, Bildungs-, Rechts- oder Politischen Soziologie) und/oder anderen Disziplinen (Politikwissenschaft, Agrarwissenschaft, Wirtschaftswissenschaft, Ethnologie)
Mikro- und Makroanalysen durchgeführt. Die empirische Wende ist gerade in diesem Bereich besonders sichtbar, da vor allem versucht wird, mit der Methode der
Feldforschung bzw. empirischer Sozialforschung Daten zu gesellschaftlichen Prozessen und Strukturen zu erheben.

Entwicklungssoziologie als gesellschaftsvergleichende Forschung
Es werden Entwicklungsprozesse im Gesellschaftsvergleich und/oder sozialer Wandel oder Formen der Ungleichheit vor dem Hintergrund globaler Integration, Vernetzungen und Interaktionen analysiert. Hierbei wird Entwicklung aufgrund unterschiedlicher politischer, ökonomischer und sozialer Kontexte sowie unterschiedlicher historischer Prozesse primär als kontinuierlicher Prozess des sozialen Wandels
definiert. Dieser Prozess ist offen, divers und ambivalent gerade durch Wechselwirkungen mit anderen Prozessen und Formen der ‚Entwicklung‘. Häufig wird hierbei
Bezug genommen auf Theorien der allgemeinen Soziologie zu gesellschaftlichem
Wandel, insbesondere um ihre Anwendbarkeit und Relevanz zu reflektieren.

Entwicklungssoziologie als Entwicklungspolitikforschung

Entwicklungspolitische Akteure, Organisationen und Institutionen der Entwicklungszusammenarbeit sowie ihr Selbstverständnis, ihre Agenden, Maßnahmen und Strategien stehen im Zentrum der Analyse. Daneben werden ethische Fragen von Interventionen ebenso diskutiert und analysiert wie wissenssoziologische Überlegungen zu Entwicklung und Entwicklungswissen (Lachenmann 1994; Nederveen Pieterse 2001). Einerseits wird Wissen *für* Entwicklung generiert, im Sinne von Projektevaluationen oder durch Politikberatung. Hier steht die Praxis im Zentrum. Andererseits wird auch *über* Entwicklung geforscht, im Sinne einer Kritik an der Entwicklungspolitik. So wurde auf der Grundlage empirischer Studien auf lokaler Ebene schon früh das Ignorieren lokaler Entwicklungsanstrengungen, Präferenzen und Wissen durch die entwicklungspolitischen Projekte und die fehlende Berücksichtigung von Geschlechterverhältnissen kritisiert. Insbesondere die Tatsache, dass diese Aktivitäten in lokale Machtstrukturen eingebettet sind, deren Nichtberücksichtigung zu widersprüchlichen Entwicklungen führt, wurde empirisch deutlich (Bierschenk et al. 1993). Ebenso standen Entwicklungsorganisationen und deren Organisationsdynamiken (Neubert 1997) sowie deren Inszenierung (Rottenburg 2002) im wissenschaftlichen Zentrum.

Diese drei skizzierten Kernbereiche der Entwicklungssoziologie verdeutlichen die Spanne und die Breite der Entwicklungssoziologie von einer „analytisch-theoretischen bis zur praxisbezogenen Dimension" (Schrader 2008: 2). Die Grenzen zwischen den hier beschriebenen Bereichen, aber auch zu anderen Disziplinen oder speziellen Soziologien, die sich mit ähnlichen Themenfeldern, Regionen oder Fragestellungen auseinandersetzen, sind oft fließend.

3.2 Vier zentrale Themenfelder der (deutschsprachigen) Entwicklungssoziologie

Im Folgenden sollen vier Themenschwerpunkte – Wirtschaftshandeln, Prozesse der Vergemeinschaftung, politische Soziologie und Zivilgesellschaft, Geschlechterforschung – herausgearbeitet werden, die im deutschsprachigen Bereich die wissenschaftlichen Debatten bestimmen und ganz erheblich zu der in der Einleitung schon erwähnten Hinterfragung von sogenannten objektiven Kategorien und Ansätzen der allgemeinen Soziologie und deren Erklärungsmöglichkeiten in außereuropäischen bzw. nicht-westlichen Gesellschaften beigetragen haben.

Wirtschaftshandeln war insbesondere in den 1980er und 1990er Jahren ein wichtiges Thema im Bereich der Entwicklungssoziologie. Einerseits wurde mit Bezug auf

Polanyi (1977) empirisch die Einbettung und Entbettung wirtschaftlichen Handels in soziale Strukturen analysiert und gerade in Bezug auf außereuropäische Länder (Evers 1987) und aus geschlechtsspezifischer Perspektive (Lachenmann/Dannecker 2001) reflektiert und weiterentwickelt. Es wurde gezeigt, dass wirtschaftliches Handeln nicht nur durch Markt- und Preismechanismen bestimmt wird, sondern auch durch soziale Normen. Das bedeutete auch eine Hinterfragung der in den Wirtschaftswissenschaften dominanten Definition von rationalem wirtschaftlichem Handeln und die Aufarbeitung der Relevanz z. B. von Vertrauensnetzwerken. Andererseits wurde insbesondere im sogenannten „Bielefelder Verflechtungsansatz" die Interdependenz von Subsistenzproduktion, Warenproduktion, Lohnarbeit und Hausarbeit innerhalb der kapitalistischen Ökonomie untersucht (Entwicklungssoziologen 1979; Evers 1987). Gezeigt wurde, dass Kapitalakkumulation, insbesondere in den sogenannten Entwicklungsländern, auch über Formen der Selbstständigkeit oder unbezahlte Hausarbeit stattfindet, die mit der Konstruktion und Übertragung des Bilds von Frauen als Hausfrauen und damit der Entwertung ihrer Tätigkeiten einhergeht (Werlhof et al. 1983).

Die Analysen der Logiken des Wirtschaftshandelns aus einer akteursorientierten Perspektive zeigten ferner die Verflechtung der unterschiedlichen Sektoren, wie formell oder informell (Elwert et al. 1983; Evers 1987). Über die Kategorie ‚Gemeinschaft' haben sich entwicklungssoziologische Arbeiten mit dem Bestreben, Logiken gesellschaftlicher Veränderungen zu erfassen und kategorial zu bestimmen, schon recht früh mit soziologischer Theoriebildung auseinandergesetzt (Goetze 2002: 137). Untersucht und analysiert wurden „Wir-Gruppen-Prozesse" (Elwert 1989), d.h. die Konstruktion von Gemeinschaften oder ethnischen Gruppen über postulierte Traditionen oder gemeinsame Erfahrungen, in der Annahme, dass die Möglichkeiten zur Herausbildung von Solidarität im globalen Süden als Folge postkolonialer Staatenbildung und der Integration in den Weltmarkt grundlegend andere sind. Es geht dabei, theoretisch gesehen, nicht um das Wesen von Gemeinschaften, sondern um **Prozesse der Vergemeinschaftung**, d.h. Grenzziehungen und Konstruktionen kollektiver Identitäten. Insbesondere die in der Interaktion konstruierten und praktizierten Grenzziehungen von ‚wir' und ‚die Anderen', die gerade in und über Ethnizitätsprozesse bzw. die Konstruktion von Ethnizität sichtbar werden, werden in Bezug auf Handlungsspielräume, Ressourcenmobilisierung, im Zuge von Migrationsprozessen oder im Rahmen von Staatsverfall, analysiert (Schlee/Werner 1996). Dass Vergemeinschaftungsprozesse sich nicht notwendigerweise auf ‚lokal' fixierte Sachverhalte beziehen müssen, haben Kößler et al. schon 1999 analysiert und damit Debatten im Rahmen der Produktion von Lokalität im

Zuge und als Teil von Globalisierungsprozessen vorgegriffen. Als Beispiel kann hier die Konstruktion ‚kultureller‘, ‚ethnischer‘ oder ‚religiöser‘ Identitäten angeführt werden, die weltweit zu beobachten ist und die Wechselwirkung zwischen globalen und lokalen Prozessen veranschaulicht.

Unter dem Terminus **politische Soziologie und Zivilgesellschaft** können Beiträge und Konzepte zusammengefasst werden, die sich mit dem Prozess der Bildung postkolonialer Staaten auseinandersetzen (Brandstetter/Neubert 2002). Da der territoriale Nationalstaat, der zum festen Bestandteil des Begriffs von ‚Entwicklung‘ geworden ist, weltweit durchgesetzt wurde, standen die Verbindungen zu den Gesellschaften (Kößler/Schiel 1996), das Staatswesen und Strategien der Machtausübung (Bierschenk/Elwert 1993) sowie strategische Gruppen (Evers/Schiel 1988) im Prozess der Staatenbildung im wissenschaftlichen Interesse. Das dynamische Konzept der strategischen Gruppen verbindet sozio-ökonomische Analysen mit handlungsorientierten Ansätzen und arbeitet die strategisch-politische Bedeutung und Entwicklung dieser ‚Klasse‘ in Gesellschaften heraus, in denen der Prozess der Klassenbildung noch nicht abgeschlossen ist. Strategische Gruppen können bestehende Herrschaftsorganisationen sein, wie Bürokratie oder Militär, aber auch religiöse Spezialisten oder Unternehmer, die ein gemeinsames Interesse entweder an der Erhaltung oder Erweiterung ihrer gemeinsamen Aneignungschancen haben.

Aber auch das Konzept der Zivilgesellschaft wurde schon früh problematisiert. Insbesondere das normative Element des Zivilgesellschaftsbegriffs wurde nicht nur in der theoretischen Debatte, sondern vor allem auch in der entwicklungspolitischen Praxis kritisiert. Trotzdem etablierte sich Zivilgesellschaft als eine Formel für eine Gesellschaft, die ein Gegengewicht zum Staat bietet (Neubert 2003: 115) und stellte einen analytischen Rahmen für die meist empirischen Forschungen zu Selbstorganisation und Partizipation, sozialen Bewegungen und politischen Freiheitsrechten dar (Lachenmann 1997). Damit bekam Zivilgesellschaft eine neue gesellschaftstheoretische Bedeutung, indem sie handlungstheoretisch gefasst und empirisch gefüllt wurde. Die andauernden Spannungen und Konflikte zwischen staatlichen und lokalen Strukturen und Akteuren, die auf ‚Traditionen‘ oder Religion verweisen, zeigen allerdings, dass die Idee der Zivilgesellschaft zunehmend mit anderen Gesellschaftsmodellen konkurriert (Neubert 2010).

Auch die **Geschlechterforschung** ist ein wichtiges Themenfeld und fest in der Entwicklungssoziologie verankert. Die Frage, wie Gender in den verschiedenen Feldern und Arenen, aber auch im wissenschaftlichen Diskurs produziert und reproduziert wird, zieht sich als roter Faden durch die Forschungen. Neben der feministischen Subsistenzperspektive, die die Relevanz von unbezahlter Reproduktionsarbeit und Subsistenzproduktion für die Warenproduktion analysiert, sind die Arbeiten hervorzuheben, die zeigten, dass die sozio-kulturelle Einbettung der Ökonomie meist einen sehr klaren geschlechtsspezifischen Charakter aufweist, mehr noch, Geschlechterbeziehungen strukturiert. Daher wird untersucht, wie Arbeits- und Lebensbereiche von Frauen und Männer verflochten sind und sich durch Konflikte, aber auch Kooperationen auszeichnen (Lachenmann/Dannecker 2001). Das gilt auch für den Bereich der Entwicklungspolitik und -zusammenarbeit (Lachenmann 1998; Rodenberg 2004). Dass Gender eine wichtige Analyseperspektive darstellt, um globale Transformationen und Phänomene zu analysieren und um zu zeigen, wie Diskurse und Lebenswelten verbunden sind und verflochten mit anderen sozialen Kategorien wie Klasse oder Nationalität, zeigen neuere Arbeiten, insbesondere zu Gender, Arbeit und Migration (siehe Dannecker 2005, 2010; Lenz et al. 2007).

3.3 Neuere Entwicklungen und Perspektiven der Entwicklungssoziologie

Eine Debatte, die auch im Bereich der Entwicklungssoziologie aufgegriffen wird, ist die Neubestimmung von Entwicklung. Neben begriffsanalytischen Untersuchungen zu den Hintergründen der Vorstellung über Entwicklung (Kößler 1998) werden der Entwicklungsdiskurs, dessen historische Hervorbringung, Machtverhältnisse, aber auch die Umsetzung des Entwicklungsdiskurses in spezifische entwicklungspolitische Praktiken diskutiert und problematisiert. Dazu hat insbesondere die postkoloniale Kritik an der Soziologie und der Entwicklungssoziologie beigetragen (Costa 2007: 117). Aber auch die *Postdevelopment*-Ansätze (Escobar 1995; Ziai 2007) sind zu erwähnen, die den Blick u. a. auf die institutionelle Entstehung des Handlungsfelds ‚Entwicklung' lenkten und theoretisch die Selbstverständlichkeit und die Grundannahmen dieses Forschungs- und Politikfeldes und damit explizit auch die Normativität der Entwicklungsforschung und den immanenten Eurozentrismus in Frage stellten. In Auseinandersetzung mit diesen Ansätzen plädiert Goetze (2002) für eine selbstreflexive Soziologie von Entwicklungsvorstellung und eine Analyse von deren Inhalten und Entstehungsbedingungen.

Aus einer akteursorientierten Perspektive sind des Weiteren wissenschaftliche Untersuchungen zu nennen, die sich mit neuen Formen sozialer Vernetzungen, Migrationsbewegungen, neuen Medien und Kommunikationsformen oder transnationalen Prozessen im Zuge von Globalisierungs- und Lokalisierungsprozessen auseinandersetzen (Lachenmann/Dannecker 2001; Faist 2000; Pries 2008). Ausgangspunkt ist dabei die Annahme, dass soziale Akteure zugleich Objekte und Subjekte von globalen Prozessen sind. Dieses Spannungsverhältnis aus Sicht der involvierten

Akteure empirisch zu untersuchen und dabei unterschiedliche Handlungsebenen zu verbinden, steht dabei im Mittelpunkt. Daran schließen sich Fragen der methodologischen Herangehensweise mit dem Ziel an, die Handlungsrationalität und die Lebenswelten der Akteure zu interpretieren sowie deren Möglichkeiten und Grenzen zur Aushandlung von wirtschaftlichen, sozialen, politischen und kulturellen Strukturen zu analysieren (Long/Long 1992; Lachenmann 2010). Auch Fragen der empirischen Fundierungen globaler und transnationaler Prozesse und Entwicklungen werden zunehmend diskutiert (Lachenmann 2010).

Hieran schließen sich theoretische Überlegungen über mögliche Konzeptualisierungen von Struktur und Akteur an (Neubert/Daniel 2012; Goetze 2002). Auch das in der Soziologie dominante normative Konzept der (westlichen) Moderne wird wieder verstärkt diskutiert. So spricht z. B. Randeria (2005) von „verwobenen Modernen", d. h. es gibt nicht *die* westliche Moderne, sondern eine Vielzahl von Modernisierungsprozessen, die zueinander in Austausch und Konflikten stehen und sich bedingen.

4   Forschung in Österreich

In den 1980er und 1990er Jahren wurden an deutschsprachigen Universitäten Lehrstühle für Entwicklungssoziologie eingerichtet; davon sind aktuell nur noch wenige erhalten. In Deutschland sind stattdessen an verschiedenen Standorten regional orientierte Forschungszusammenhänge entstanden, wo Lehre und Forschung auch im Bereich der Entwicklungssoziologie stattfindet. In Österreich gibt es an der Universität Linz am Institut für Soziologie eine Abteilung für Politik- und Entwicklungsforschung, wo vor allem die Wirkungen von sozialen Bewegungen auf politische Systeme sowie ungleiche Entwicklungen aus historischer und transnationaler Perspektive mit dem Schwerpunkt auf Osteuropa und Lateinamerika untersucht werden. Eine Professur für Entwicklungssoziologie, die als solche ausgewiesen ist, gibt es formal am Institut für Soziologie der Universität Wien, allerdings angesiedelt am Institut für Internationale Entwicklung. Das Institut verfolgt einen transdisziplinären Ansatz. Das Ziel ist, den Gegenstand ‚Entwicklung' an und mit den Grenzen von Disziplinen, von Wissenschaft sowie von Theorie und Praxis zu fassen und entsprechende methodologische und theoretische Instrumentarien, Konzepte und Zugänge für dessen Analyse weiterzuentwickeln. Im Zentrum der Lehre und Forschung stehen daher Theorien und Ansätze sozialer, politischer, historischer, kultureller und wirtschaftlicher Transformationen und Ungleichheiten und deren Reflexion, aber auch eine kritische Auseinandersetzung mit Strukturen,

Institutionen, Akteuren, Praxen und Konzepten der Entwicklungszusammenarbeit. Soziologische und entwicklungssoziologische Forschungen finden insbesondere im Bereich Transnationalisierung, Migration (insbesondere den Debatten um den Zusammenhang von Entwicklung und Migration) und Geschlechterforschung statt. In der Lehre werden daneben besonders auf qualitative Methoden der Entwicklungsforschung und wissenssoziologische Ansätze in Bezug auf die Aushandlung von Entwicklungsvisionen Schwerpunkte gelegt.

In Österreich wird der Begriff der Entwicklungsforschung verwendet, um auf universitäre und außeruniversitäre Forschungseinrichtungen zu verweisen, die sich mit globalen Problemstellungen und sozialen Ungleichheiten beschäftigen. Thematisch finden sich Überschneidungen zu den Themen, die auch in der Entwicklungssoziologie immer relevant waren, allerdings prägt eine sehr ausdifferenzierte, multiparadigmatische Struktur dieses Feld (Witjes et al. 2012). Soziologische Ansätze und Methoden finden hierbei unterschiedliche Berücksichtigung. An der Universität für Bodenkultur in Wien, insbesondere am Centre for Development Studies, findet Entwicklungsforschung mit einem sehr expliziten Fokus auf ländliche Entwicklung, Nachhaltigkeit und Ressourcenmanagement statt. An der Universität Salzburg und an der Universität Graz gibt es vor allem im Bereich der Lehre *Global Studien*, also Studiengänge, die ein integratives Verständnis für globale Gesellschaft, ihre Interdependenzen und Entwicklungen vermitteln. Unterschiedliche ökonomische, ökologische, politische und soziale Transformationsprozesse stehen dabei im Zentrum. Zu nennen sind hier auch das Forum Entwicklungs-Forschung an der Universität Innsbruck, welches die verschiedenen Aktivitäten und Perspektiven auf Entwicklung und Entwicklungsforschung aus verschiedenen Blickwinkeln thematisiert, oder das Forschungsinstitut für Entwicklungszusammenarbeit an der Universität Linz. Im außeruniversitären Bereich ist die Österreichische Forschungsstiftung für Internationale Entwicklung hervorzuheben, die sich mit Fragen der internationalen Entwicklung, der Entwicklungszusammenarbeit und Entwicklungspolitik in Österreich wissenschaftlich auseinandersetzt und Studien, Analysen und Grundlagenpapiere, Politik- und Strategieberatung für Akteure der Entwicklungszusammenarbeit erstellt.

5   Anwendungsbezug

Wichtige Anwendungsbezüge der Entwicklungssoziologie sind zweifelsfrei die Entwicklungspolitik und Entwicklungszusammenarbeit, auch wenn diese nicht immer sichtbar sind, bzw. der Anwendungsbezug in unterschiedlichen Formen stattfindet. Nicht erst seit den Debatten und Diskussionen über Relevanz von Wissen für Entwicklung haben entwicklungssoziologische Arbeiten zu kontroversen Diskussionen und Debatten im Bereich der Entwicklungspolitik und Entwicklungszusammenarbeit geführt. So haben z. B. die handlungs- und akteursorientierten Ansätze deutlich gemacht, dass sowohl historische Prozesse als auch gesellschaftliche Kontexte wichtig sind für die Planung und Durchführung von Projekten und Programmen der Entwicklungspolitik und Entwicklungszusammenarbeit. Die daraus abgeleiteten Programme und die Definition von Entwicklungszielen sind allerdings politische Entscheidungen, die zwar häufig in Bezug gesetzt werden zu wissenschaftlichen Ansätzen, aber nicht deren Ergebnis sind. D. h. hierbei handelt es sich um einen indirekten Anwendungsbezug, der auch immer wieder kritisch reflektiert wird, z. B. in Bezug auf die praktische Umsetzung und damit Transformation von Konzepten wie Gender, Empowerment oder Partizipation durch die entwicklungspolitische Praxis. Neben diesem indirekten Anwendungsbezug gibt es natürlich auch den direkten Anwendungsbezug an der Schnittstelle zwischen Theorie und Praxis. So arbeiten (Entwicklungs-)SoziologInnen z. B. in Organisationen wie dem Deutschen Institut für Entwicklungspolitik oder der Österreichischen Forschungsstiftung für Internationale Entwicklung, um nur zwei Institutionen herauszugreifen, wo auch angewandte Entwicklungsforschung stattfindet und wissenschaftliches und entwicklungssoziologisches Wissen in konkrete Entwicklungsmaßnahmen übersetzt wird. Hierbei handelt es sich explizit um das Generieren von Wissen für Entwicklung.

Literatur

1. Einführungsliteratur

Dannecker, Petra; Englert, Birgit (Hg.) 2013: Qualitative Methoden in der Entwicklungsforschung. Wien: Mandelbaum Verlag.

Goetze, Dieter, 2002: Entwicklungssoziologie. Eine Einführung, Weinheim: Juventa-Verlag.

Kolland, Franz; Dannecker, Petra; Gächter, August; Suter, Christian (Hg.), 2010: Soziologie der globalen Gesellschaft. Eine Einführung. Wien: Mandelbaum-Verlag.

Neubert, Dieter, 2003: Entwicklungssoziologie. Empirische Wende und Ansätze zur neuen Theoriebildung. In: Orth, Barbara; Schwiertring, Thomas; Weiß, Johannes (Hg.), Soziologische Forschung. Stand und Perspektiven. Opladen: Leske + Budrich, 111–124.

Schrader, Heiko, 2008: Entwicklungssoziologie. Eine Begriffsbestimmung. Arbeitsbericht Nr. 48. Magdeburg: Otto-van-Guericke-Universität.

2. Weitere zitierte Literatur

Bierschenk, Thomas; Elwert, Georg, 1993: Entwicklungshilfe und ihre Folgen. Frankfurt/M.: Campus-Verlag.

Brandstetter, Anna-Maria; Neubert, Dieter, 2002: Postkoloniale Transformation in Afrika. Zur Neubestimmung der Soziologie der Dekolonisation. Münster: LIT Verlag.

Costa, Sérgio, 2007: Vom Nordatlantik zum ‚Black Atlantic'. Postkoloniale Konfigurationen und Paradoxien transnationaler Politik. Bielefeld: transcript.

Dannecker, Petra, 2005: Transnational Migration and the Transformation of Gender Relations. The Case of Bangladeshi Labour Migrants. Current Sociology, 2005, Vol. 53, No. 4, 655–674.

Dannecker, Petra, 2010: Gender, Entwicklung und Globalisierung. Ein Überblick. In: Kolland, Franz; Dannecker, Petra; Gächter, August; Suter, Christian (Hg.), Soziologie der globalen Gesellschaft. Eine Einführung. Wien: Mandelbaum-Verlag, 263–293.

Elwert, Georg; Evers, Hans-Dieter; Wilkens, Werner, 1983: Die Suche nach Sicherheit. Kombinierte Produktionsformen im sogenannten informellen Sektor. Zeitschrift für Soziologie, 1983, Jg. 12, Heft 4, 281–296.

Elwert, Georg, 1989: Nationalismus und Ethnizität. Über die Bildung von Wir-Gruppen. Kölner Zeitschrift für Soziologie und Sozialpsychologie, 1989, Jg. 41, Heft 3, 440–464.

Entwicklungssoziologen, AG Bielefeld (Hg.), 1979: Subsistenz und Akkumulation. Saarbrücken: Breitenbach.

Escobar, Arturo, 1995: Encountering Development. The Making and Unmaking of the Third World. Princeton: Princeton University Press.

Evers, Hans-Dieter, 1987: Subsistenzproduktion, Markt und Staat. Der sog. Bielefelder Verflechtungsansatz. Geographische Rundschau, 1987, Jg. 39, 136–140.

Evers, Hans-Dieter; Schiel, Tilman, 1988: Strategische Gruppen. Vergleichende Studien zu Staat, Bürokratie und Klassenbildung in der Dritten Welt. Berlin: Dietrich Reimer Verlag.

Faist, Thomas, 2000: The Volume and Dynamics of International Migration. New York: Oxford University Press.

Frank, André Gundar, 1970: The Development of Underdevelopment. In: Rhodes, Roderick I. (ed.), Imperialism and Underdevelopment. New York: Monthly Review Press, 4–17.

Kolland, Franz, 2010: Grundlagen einer Soziologie der Globalisierung. In: Kolland, Franz; Dannecker, Petra; Gächter, August; Suter, Christian (Hg.), Soziologie der globalen Gesellschaft. Eine Einführung. Wien: Mandelbaum-Verlag, 13–49.

Kößler, Reinhart, 1998: Entwicklung. Münster: Westfälisches Dampfboot.

Kößler, Reinhart; Schiel, Tilman, 1996: Auf dem Weg zu einer kritischen Theorie der Modernisierung. Frankfurt/M.: IKO.

Lachenmann, Gudrun, 1994: Systeme des Nichtwissens. Alltagsverstand und Expertenbewußtsein im Kulturvergleich. In: Hitzler, Roland; Honer, Anne; Maeder, Christof (Hg.), Expertenwissen. Opladen: Leske + Budrich, 285–305.

Lachenmann, Gudrun, 1997: Zivilgesellschaft und Entwicklung. In: Schulz, Manfred (Hg.), Entwicklung. Perspektiven der Entwicklungssoziologie. Opladen: Westdeutscher Verlag, 187–212.

Lachenmann, Gudrun, 1998: Strukturanpassung aus Frauensicht. Entwicklungskonzepte und Transformationsprozesse. In: Klingebiel, Ruth; Randeria, Shalini (Hg.), Globalisierung aus Frauensicht. Bilanzen und Visionen, Bonn: J.H.W. Dietz, 294–319.

Lachenmann, Gudrun, 2010: Methodische/methodologische Herausforderungen im Globalisierungskontext. Komplexe Methoden zur Untersuchung von Interfaces von Wissenssystemen. Working Paper 364, Bielefeld: Universität Bielefeld.

Lachenmann, Gudrun; Dannecker, Petra (Hg.), 2001: Die geschlechtsspezifische Einbettung der Ökonomie. Münster: LIT Verlag.

Lenz, Ilse; Ullrich, Charlotte; Fersch, Barbara (eds.), 2007: Gender Orders Unbound. Globalisation, Restructuring and Reciprocity. Opladen: Leske + Budrich.

Long, Norma; Long Anne (eds.), 1992: The Battlefields of Knowledge. The Interlocking of Theory and Practice in Social Research and Development. London: Routledge.

Menzel, Ulrich, 1992: Das Ende der Dritten Welt und das Scheitern der großen Theorien. Frankfurt/M.: Suhrkamp.

Nederveen Pieterse, Jan, 2001: Development Theory. London: Sage.

Neubert, Dieter, 1997: Entwicklungspolitische Herausforderungen und gesellschaftliche Wirklichkeit. Eine vergleichende Länderstudie von Nichtregierungsorganisationen in Kenia und Ruanda. Frankfurt/M.: Campus-Verlag.

Neubert, Dieter, 2010: Zivilgesellschaft in Afrika? Formen gesellschaftlicher Selbstorganisation im Spannungsfeld zwischen Globalisierung und soziopolitischer Organisation. In: Paul, Axel (Hg.); Globalisierung Süd. Leviathan Sonderheft, Jg. 26, 185–204.

Neubert, Dieter; Daniel, Antje, 2012: Introduction. Translating Globalizations, World Society and Modernity in Everyday Life – Theoretical Reflections and Empirical Perspectives. Sociologus, 2012, Vol. 62, No. 1, 1–23.

Polanyi, Karl, 1977: The Great Transformation. Frankfurt/M.: Suhrkamp.

Pries, Ludger, 2008: Die Transnationalisierung der sozialen Welt. Frankfurt/M.: Suhrkamp.

Randeria, Shalini, 2005: Verwobene Moderne. In: Brunkhorst, Hauke; Costa, Sergio (Hg.), Jenseits von Zentrum und Peripherie. Zur Verfassung der fragmentierten Weltgesellschaft. München: Rainer Hampp, 169–196.

Rodenberg, Birte, 2004: Das Recht auf Geschlechtergleichheit in der Armutsbekämpfung der Entwicklungsinstitutionen. Ansätze für ein neues entwicklungspolitisches Paradigma. Femina Politica, 2004, Jg. 13, Heft 2, 72–84.

Rottenburg, Richard, 2002: Weit hergeholte Fakten. Eine Parabel der Entwicklungshilfe. Stuttgart: Lucius & Lucius.

Schlee, Günther; Werner, Karin, 1996: Inklusion und Exklusion. Die Dynamik von Grenzziehungen im Spannungsfeld von Markt, Staat und Ethnizität. Köln: Köppe.

Senghaas, Dieter, 1979: Dissoziation und autozentrierte Entwicklung. In: Senghaas, Dieter (Hg.), Kapitalistische Weltökonomie. Frankfurt/M.: Suhrkamp, 376–412.

Wallerstein, Immanuel, 1974: The Modern World System. Vol. 1, New York: Academic Press.

Werlhof, Claudia; Mies, Maria; Bennholdt-Thomsen, Veronika, 1983: Frauen, die letzte Kolonie. Reinbek: Rowohlt.

Witjes; Nina; Novy, Andreas; Schlögl, Matthias; Obrecht, Andreas, 2012: Wissensallianzen für Entwicklung. Wien: Österreichische Forschungsstiftung für Internationale Entwicklung.

Ziai, Aram, 2007: Development Discourse and Its Critics. An Introduction to Postdevelopment. In: Ziai, Aram (ed.), Exploring Post-Development. London: Routledge, 3–17.

3. Ausgewählte Fachzeitschriften

Development and Change
Development Cooperation Report
Development Dialogue
Development Policy Review
Journal für Entwicklungspolitik
Journal of Development Studies
Peripherie
Sociologus
World Development

Familie

Ulrike Zartler

1 Einleitung

Familie ist zunächst ein individueller, persönlicher Bereich: Fast alle sind in einer Familie aufgewachsen und verfügen über Erfahrungen mit dieser Lebensform. Gleichzeitig ist die Gestaltung von Familien zutiefst von gesellschaftlichen Rahmenbedingungen geprägt. In diesem Spannungsbogen bewegt sich die Familiensoziologie, deren Gegenstand sich seit Beginn der Forschungsarbeiten in der Mitte des 19. Jahrhunderts stark verändert hat.

Historisch existierten unterschiedliche Familienformen nebeneinander, mit erheblichen regionalen, schicht- und berufsspezifischen Unterschieden (Mitterauer 2009). Erst in der Mitte des 20. Jahrhunderts wurde das Modell der bürgerlichen Kernfamilie (verheiratetes Elternpaar mit gemeinsamen Kindern) von einem großen Teil der Bevölkerung gelebt. Dieses sogenannte „Goldene Zeitalter der Familie", gekennzeichnet durch hohe Eheschließungs- und Geburtenraten sowie niedriges Heiratsalter und niedrige Scheidungsraten, umfasste eine historisch sehr kurze Zeitspanne (1950er bis 1970er Jahre). Seit den 1970er Jahren kam es im Zuge von Individualisierungsprozessen und veränderten Werthaltungen (wieder) zu einer stärkeren Ausdifferenzierung unterschiedlicher Familienformen, begleitet von sinkenden Eheschließungs- und Geburtenraten sowie einem Ansteigen von Scheidungen und Kohabitationen (uneheliches Zusammenleben). Dies führte zu heftigen Diskussionen um eine Pluralisierung oder sogar Auflösung der Familie. Die genannten Tendenzen sind aber nur dann als Indikatoren für eine Auflösung zu sehen, wenn das „Goldene Zeitalter der Familie" als Referenz gewählt wird. In größeren historischen Zeiträumen sind die Veränderungen nicht so markant.

Standen seit der Mitte des 20. Jahrhunderts Kernfamilien und Ehen im Mittelpunkt des Interesses, so wird Familienforschung nun in einem wesentlich breiteren Kontext gesehen und entwickelt sich zu einer Soziologie der Lebensformen. Häufig ist nicht „die Familie" im Fokus, sondern der Begriff „Familien" wird im Plural verwendet. Zentrale Fragen für eine Begriffsbestimmung sind, ob Familien durch a) das Vorhandensein mehrerer Generationen, b) das Zusammenleben im gemeinsamen Haushalt, bzw. c) einen Geschlechtsunterschied (gegengeschlechtliches Paar) konstituiert werden. Enge Definitionen gehen davon aus, dass in einer Familie ein heterosexuelles Elternpaar mit gemeinsamen Kindern zusammenlebt. Andere betonen ebenfalls die Generationendifferenzierung und die biologisch-sozialen Funktionen von Familie (Reproduktion, Sozialisation), halten aber nicht das Zusammenleben im Haushalt, sondern das Vorhandensein eines besonderen Kooperations- und Solidaritätsverhältnisses für zentral. Weiter gefasste Konzepte fokussieren auf Verwandtschaftsverhältnisse oder beinhalten die Möglichkeit einer Wahlfamilie (*family by choice*). Die statistische Definition[1] betont das Zusammenleben in einem gemeinsamen Haushalt. Familien sind „Ehepaare oder Lebensgemeinschaften mit oder ohne Kinder bzw. Elternteile mit Kindern. (…) Kinder sind alle mit ihren beiden Eltern oder einem Elternteil im selben Haushalt lebenden leiblichen Kinder sowie Stief- und Adoptivkinder, die ohne eigenen Partner im Haushalt leben und selbst noch keine Kinder haben." (Statistik Austria 2013a: 22). Demnach gibt es in Österreich 2,35 Millionen Familien. Drei Viertel davon sind Ehepaare (32% ohne Kinder, 41% mit Kindern im Haushalt), jede sechste Familie ist eine Lebensgemeinschaft (8% ohne Kinder, 6% mit Kindern im Haushalt), die verbleibenden sind die Familien alleinerziehender Mütter (11%) bzw. Väter (2%) (vgl. Abbildung 1). Diese Definition entspricht nicht unbedingt dem Alltagsverständnis und muss für die Erforschung von Familien teilweise verändert werden[2].

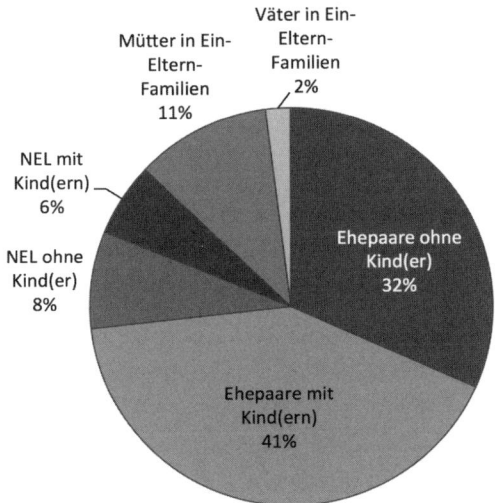

Quelle: Statistik Austria (2013a: 22)

Abbildung 1: Familienformen in Österreich (2012)

1 gemäß EU Census Recommendations
2 Werden beispielsweise nur Familien mit mindestens einem Kind unter 18 Jahren berücksichtigt, so sind in 70% die Eltern verheiratet, 15% sind Lebensgemeinschaften, 14% sind alleinerziehende Mütter und 1% alleinerziehende Väter (Statistik Austria 2013a: 68).

2 Historische Entwicklung der Familiensoziologie

Die Familienforschung bildete sich im Lauf des 19. Jahrhunderts heraus, als in den Werken von Wilhelm Heinrich Riehl (*Die Familie*, 1855) und Frédéric Le Play (*Les Ouvriers Européens*, 1855) erstmals die Familie als eigenständige Gruppe untersucht wurde. Diese ersten Arbeiten waren von einem ideologisch-konservativen Verständnis von Familie geprägt und betrachteten eine patriarchale Autoritätsstruktur als Ideal. Sie warnten vor einem drohenden Verfall der Familie im Zuge der frühen Industrialisierung und den damit einhergehenden sozialen Problemen. Emile Durkheim (*Introduction à la Sociologie de la Famille*, 1888) gilt als eigentlicher Begründer der Familiensoziologie.

Darüber hinaus beschäftigte sich ein Großteil der soziologischen Klassiker in ihren Analysen auch mit Familien. Bis Mitte der 1930er Jahre entwickelte sich im deutschen Sprachraum zunehmend eine empirische Familiensoziologie, die den familialen Wandel analysierte. Beispielsweise gab es als Reaktion auf die Erste Frauenbewegung eine verstärkte Beschäftigung mit der sozialen Rolle der Frau. Während des Nationalsozialismus mussten viele SoziologInnen, die sich mit familiensoziologischen Fragestellungen beschäftigt hatten, Deutschland bzw. Österreich verlassen. In der Nachkriegszeit etablierte sich die Familiensoziologie zunehmend. Aktuelle Forschungsthemen und -ergebnisse werden in den folgenden Abschnitten vorgestellt, teilweise unter Bezugnahme auf klassische familiensoziologische Arbeiten.

3 Zentrale Forschungsbereiche, Theorien und Ergebnisse

Im Folgenden wird dargestellt, welche zentralen Forschungsbereiche für die Familiensoziologie kennzeichnend sind. Dabei werden zunächst theoretische Ansätze im Überblick dargestellt (3.1) und methodische Zugänge präsentiert (3.2). Schließlich werden Charakteristika von Familien sowie Forschungsergebnisse zu einzelnen Bereichen dargestellt (3.3).

3.1 Theoretische Zugänge in der Familiensoziologie

Die Analyse gesellschaftlicher Phänomene ist abhängig von der theoretischen Perspektive, aus der sie betrachtet werden. Zentrale Ansätze in der Familiensoziologie sind folgende:

Strukturfunktionalismus

Der strukturfunktionalistische Ansatz wurde in den 1950er Jahren entwickelt (Parsons/Bales 1956) und seit Ende der 1970er Jahre zunehmend kritisiert. Er betrachtet Familie als relativ geschlossene soziale Gruppe mit klarer Struktur und Rollenteilung: Der Mann ist für die materielle Versorgung der Familie, die Frau für Haushalt und Kind(er) zuständig (traditionelles männliches Ernährermodell). Die so organisierte Familie übernimmt wesentliche Funktionen für den Erhalt der Gesellschaft. Strukturfunktionalistisch orientierte Familiensoziologie untersucht, welche strukturellen Gemeinsamkeiten Familien kennzeichnen und welche Normen, Regeln und Rollenerwartungen sie bestimmen.

Interaktionistische und (sozial-)konstruktivistische Ansätze

Interaktionistische Ansätze stellen das Individuum als sozial Handelndes in den Mittelpunkt (Blumer 1969). Soziales Handeln erfolgt aufgrund von Bedeutungen und Werten, die man den Dingen beimisst. Interaktionen zwischen den Familienmitgliedern stehen im Mittelpunkt des Forschungsinteresses. Aus dieser Forschungsperspektive wird analysiert, wie Bedeutungen, Regeln, Routinen und Rituale entstehen oder wie Rollenverteilungen ausgehandelt werden.

Systemtheorie

Die Systemtheorie betrachtet die Familie als soziales System, das sich gegenüber der (sozialen) Umwelt abgrenzen muss (Luhmann 1988). Es wird als charakteristisch für die Familie betrachtet, dass eine Vielzahl auch intimer Dinge zur Sprache kommen kann und Menschen hier ihre Eigenarten zeigen können. Familie organisiert Intimität und ist das einzige gesellschaftliche Subsystem, in dem Menschen als Gesamtperson wahrgenommen und behandelt werden („Inklusion der Vollperson") – im Gegensatz zu anderen Systemen wie z. B. Wirtschafts- oder Rechtssystem. Die systemtheoretische Perspektive hat vor allem in die Familientherapie und -beratung Eingang gefunden.

Rational Choice- und Austauschtheorie

Rational Choice-Theorien gehen davon aus, dass Individuen rational handeln und Kosten-Nutzen-Rechnungen anstellen, um zu einem Ziel zu gelangen bzw. ihren Nutzen zu maximieren (Becker 1981). In der Familie können Grundbedürfnisse wie physisches Wohlergehen, soziale Wertschätzung oder emotionale Sicherheit befriedigt werden. Dabei werden unterschiedliche Ressourcen (z. B. Liebe, Status, Information, Geld, Güter, Hilfs- und Versorgungsleistungen) ausgetauscht. Austauschtheoretisch orientierte Familiensoziologie erforscht Machtstrukturen in Familie und Partnerschaft, Entscheidungsmotivationen und -prozesse.

Neuere Ansätze

Die Theorie der Postmoderne und andere neuere Ansätze verfolgen das Ziel, Familien in ihren Ambivalenzen und Vielfältigkeiten zu erfassen. Sie sehen die Familie nicht als eine Struktur, der Menschen angehören, sondern eher als Handlungsgeflecht und Beziehungsnetzwerk (Lüscher et al. 1988). ForscherInnen beschäftigen sich mit den Praktiken und Handlungen, die das Familienleben konstituieren (Morgan 2011) und untersuchen, wie Familien im alltäglichen Handeln permanent hergestellt werden. Das wird unter den Schlagworten *Doing Family* und *Displaying Family* diskutiert (Dermott/Seymour 2011; Finch 2007).

3.2   Methodische Zugänge und Daten

Familiensoziologische Fragestellungen werden mit qualitativen, quantitativen oder *mixed methods*-Designs erforscht. In der qualitativen Forschung wird eine breite Palette von Methoden verwendet, so zum Beispiel ethnographische Zugänge, visuelle Methoden oder unterschiedliche Arten von Interviews. Die quantitative Familienforschung basiert auf der Analyse großer Datensätze. In Österreich sind zwei Erhebungen mit detaillierten Informationen zu zahlreichen familienbezogenen Themen verfügbar, nämlich der „Family and Fertility Survey" (FFS) aus 1995/96 und die Nachfolgestudie, der „Generations and Gender Survey" (GGS) aus 2008/09. Mit der zweiten Welle des GGS (2012/13) verfügen wir erstmals über quantitative österreichische Paneldaten (mehrmalige Befragung der gleichen Individuen zu unterschiedlichen Zeitpunkten) im Bereich der Familienforschung. Weiters gibt es einige querschnittliche Mehrthemenumfragen, die auch familienrelevante Themen beinhalten, wie „International Social Survey Programme" (ISSP), „European Value Survey" (EVS) oder ad-hoc-Module des Mikrozensus.

3.3   Familien heute: Charakteristika und Forschungsergebnisse

Familien und Familienleben haben sich im Verlauf der letzten Jahrzehnte stark verändert, ebenso wie die soziologische Forschung in diesem Themenbereich. Im Folgenden werden einige wesentliche Merkmale von Familien sowie, darauf aufbauend, Fragestellungen und Forschungsfelder präsentiert. Die dargestellten Charakteristika sind in vielen (westlichen) Ländern festzustellen. Im Folgenden liegt der Fokus auf Österreich, es wird jedoch auch auf internationale Befunde Bezug genommen.

Familie wird zur Mehrgenerationenfamilie

Aufgrund steigender Lebenserwartung werden vertikale Familienbeziehungen, also jene zwischen den Generationen, häufiger. So leben in Österreich rund 80 % der Bevölkerung in multilokalen Drei- oder Viergenerationenfamilien, zumeist in geringer räumlicher Distanz (erreichbar in weniger als einer Stunde), und noch nie kannten so viele Kinder ihre (Ur-) Großeltern. Kontakte und Hilfeleistungen zwischen den Generationen sind zahlreich. Sie beinhalten finanzielle und alltagspraktische Unterstützung (Betreuung, Pflege) ebenso wie emotionale Zuwendung (Hörl 2008).

Die Anzahl der Generationen innerhalb einer Familie nimmt also zu, gleichzeitig haben Kinder heute weniger Seitenverwandte (Onkel, Tanten, Cousins, Cousinen) und weniger Geschwister. Dennoch wächst die überwiegende Mehrzahl mit Geschwistern auf: Die Hälfte aller Kinder im Grundschulalter lebt mit einem Geschwister im Haushalt, ein Viertel mit zwei, jedes zehnte Kind mit drei oder mehr Geschwistern, und nur 16 % sind Einzelkinder (Statistik Austria 2013a: 82).

Die Zunahme vertikaler bei gleichzeitiger Abnahme horizontaler Verwandtschaftsbeziehungen wird mit dem Schlagwort „Bohnenstangenfamilie" beschrieben. In diesen Familien verändern sich die Verhältnisse zwischen den Generationen und die Bedingungen des Aufwachsens für Kinder. Die Auseinandersetzung mit Gleichaltrigen bzw. Gleichrangigen findet seltener in der Familie statt, sondern eher in Kindergarten, Schule, Vereinen oder teilweise in der Nachbarschaft.

Alternative Lebensformen werden häufiger

Noch in der Mitte des 20. Jahrhunderts waren Ehe und Familie stark aufeinander bezogen. Die Geburt von Kindern ohne vorherige Eheschließung war normativ nicht akzeptiert, Eheschließung ohne den Wunsch, Kinder zu haben, ebenso wenig. Heute sind Partnerbeziehung, Familie und Ehe weitgehend entkoppelt, und alternative Lebensformen können sozial akzeptiert gelebt werden (Schulz/Hummer 2005; Zartler 2010). Ehen werden seltener und später geschlossen: Das mittlere Erstheiratsalter stieg seit den 1970er Jahren um fast acht Jahre an[3]. Diese Erhöhung verweist nicht, wie oft vermutet, auf eine Ablehnung der Ehe, sondern ist eher in verlängerten Ausbildungszeiten und ökonomisch-beruflichen Unsicherheiten begründet.

---

3   Aktuell (2012) heiraten Frauen im Schnitt mit 29,8 und Männer mit 32,2 Jahren.

Kohabitationen oder Nichteheliche Lebensgemeinschaften (NEL) sind in den letzten Jahrzehnten quantitativ markant angestiegen und haben sich zu einer Standardpassage in Beziehungsbiographien entwickelt. Fast drei Viertel aller Eheschließenden leben bereits vor der Trauung an einer gemeinsamen Wohnadresse (Statistik Austria 2012: 29). Nichteheliche Lebensgemeinschaften werden besonders häufig in der Postadoleszenz gelebt und haben sich auch als Lebensform mit Kindern etabliert: 40 % aller österreichischen Kinder werden unehelich geboren (Statistik Austria 2012: 24). Die Kohabitation gilt heute als eigenständige, von der Ehe unabhängige Lebensform, welche dieselben Funktionen erfüllen kann (Befriedigung emotionaler Bedürfnisse, Positionierung des Paars in der Gesellschaft, Legitimierung von Elternschaft).

Auch gesellschaftliche Mobilitätsanforderungen führen zur Ausbildung alternativer Lebensformen. Sogenannte LAT (*living apart together*) Beziehungen, in denen die Partner in verschiedenen Haushalten wohnen, sich aber trotzdem als Paar sehen, werden häufiger. In Österreich lebt jede/r Fünfte zwischen 18 und 45 Jahren in einer LAT-Partnerschaft (Buber/Neuwirth 2009). Überwiegend sind äußere Umstände (Beruf, Ausbildung) die Ursache für das getrennte Wohnen. Lebensformen, die Mobilität einschließen, entstehen auch aufgrund von Migration. Dabei haben die Partner unterschiedliche Staatsbürgerschaften (binationale Partnerbeziehungen) und/oder kommen aus unterschiedlichen kulturellen Herkunftsgruppen (interethnische Partnerbeziehungen). Mitunter entstehen transnationale Beziehungen, wo die Partner bzw. andere Familienmitglieder (vorübergehend) in verschiedenen Ländern leben. Diese Familien sind von besonderen Herausforderungen in rechtlicher, alltagspraktischer, finanzieller und emotionaler Hinsicht geprägt.

Auch der lange Zeit als selbstverständlich betrachtete normative Zusammenhang zwischen Familie und Heterosexualität wird aufgeweicht. Homosexuelle Paarbeziehungen werden zunehmend, wenn auch zögerlich, in der Bevölkerung akzeptiert (Hamachers-Zuba et al. 2009), und seit 2010 können homosexuelle Paare eine eingetragene Partnerschaft eingehen. Dieses Rechtsinstitut gibt gleichgeschlechtlichen Paaren mehr Rechtssicherheit, sieht aber keine Eltern-Kind-Beziehungen vor: Weder Adoption noch reproduktionsmedizinische Behandlungen sind möglich.

Familienplanung und -gründung verändern sich

Während normativ die Familie mit zwei Kindern als Ideal gilt, leben in österreichischen Familien im Schnitt 1,67 Kinder (Statistik Austria 2013a: 23). Die realisierte Kinderzahl ist nicht nur von persönlichen Wünschen, sondern auch von sozialen, ökonomischen und gesellschaftlichen Rahmenbedingungen abhängig.

Die Geburt von Kindern verschiebt sich biographisch nach hinten: 2001 bekamen Frauen ihr erstes Kind im Schnitt mit 26,5 Jahren, 2011 mit 28,5 (Statistik Austria 2012: 27). Diese Verschiebung entsteht meist, weil Paare zunächst die gewünschten Voraussetzungen (materiell, finanziell, zeitlich, emotional) schaffen möchten; sie kann aber zu einer dauerhaften, medizinisch-biologisch bedingten Kinderlosigkeit führen. Eine Realisierung des Kinderwunsches kann dann mittels Reproduktionsmedizin (pränatale Diagnostik, künstliche Befruchtung) erreicht werden. So wird Familienplanung zunehmend eine Frage der Regulierung biologischer Vorgänge, was individuelle und familiale Belastungen nach sich zieht (Onnen-Isemann 2004). Die steigende Verbreitung von Elternschaft im höheren Alter hat auch gesellschaftliche Implikationen. Darüber hinaus führen reproduktionstechnische Möglichkeiten zu einem Auseinanderfallen („Segmentierung") einzelner Elemente von Elternschaft: Ein Kind kann unterschiedliche genetische, biologische, rechtliche und soziale Elternteile haben. Wie sich solche Konstellationen auf alle Beteiligten auswirken und welche gesellschaftlichen Folgen daraus resultieren, ist derzeit ein wichtiges Forschungsthema in der Familiensoziologie.

Fragen nach den Möglichkeiten einer Realisierung des Kinderwunsches stellen sich besonders in Familien mit homosexuellen Elternteilen („Regenbogenfamilien"). Rechtlich ist in Österreich für diese Familien lediglich die Betreuung eines Pflegekindes erlaubt, nicht aber Adoption. Faktisch wird Elternschaft manchmal auch mit Kindern aus früheren, heterosexuellen Beziehungen oder mit Hilfe der Nutzung reproduktionsmedizinischer Möglichkeiten im Ausland gelebt. Diese Familien stellen zwar keine häufige Lebensform dar (Rupp 2011), sind allerdings aufgrund ihrer symbolischen Tragweite von gesellschaftlicher Bedeutung.

Die Gestaltung familialer Beziehungen wird zu einer komplexen Aufgabe

Die Gestaltung des Familienlebens und der familialen Beziehungen basierte bis vor einigen Jahrzehnten auf normativen Selbstverständlichkeiten: Familie war vorhanden, weil man in sie hineingeboren wurde oder sie gegründet hatte. Heute hingegen gilt Familie als Herstellungsleistung (Schier/Jurczyk 2007): Sie muss von ihren Mitgliedern aktiv hergestellt und damit auch gewollt oder gewählt werden. Diese Entwicklung birgt einerseits Freiheiten und Chancen: Wer zur Familie gehört und wie das Familienleben gestaltet werden soll, wird vom Individuum bestimmbar. Andererseits bringt dies aber auch Unsicherheiten mit sich und macht individuelle Kompetenzen erforderlich, um die nötigen Gestaltungsleistungen zu erbringen und Aushandlungsprozesse befriedigend zu gestalten.

Ausgeprägte Veränderungen zeigen sich in der Gestaltung der Eltern-Kind-Beziehung. Kinder bekommen u. a. durch die geringere Kinderzahl einen anderen Stellenwert und werden als Sinnstifter für das Leben ihrer Eltern betrachtet. Das Verhältnis zwischen Eltern und Kindern ist gekennzeichnet durch eine gestiegene Kindorientierung, die Abnahme von Kontrolle und die Zunahme von Emotionalität und Kommunikation (Hofer et al. 2003). Veränderte Erziehungsansprüche und -praktiken erfordern Kompetenzen: Rollen- und Aufgabenverteilungen müssen ausgehandelt, Konflikte produktiv bearbeitet, Interessen ausbalanciert und Beziehungen stets neu verhandelt werden. Weitere Veränderungen ergeben sich durch das gewandelte Verständnis von Vaterschaft. „Neue" Väter haben den Wunsch, zu ihren Kindern eine enge emotionale Beziehung aufzubauen und an ihrem Alltagsleben und ihrer Entwicklung intensiv teilzuhaben (Jurczyk/Lange 2009). Diese Veränderungen sind besonders stark im Einstellungsbereich, seltener auf der konkreten Handlungsebene zu beobachten: Die Sorgearbeit im Alltag wird nach wie vor überwiegend von Müttern geleistet (Beham/Zartler 2010).

Auch die Gestaltung von Geschlechterrollen und Vereinbarkeitsmodellen innerhalb einer Familie ist als Herstellungsleistung und Aushandlungsprozess zu sehen. In Österreich spiegeln die Bemühungen, Beruf und Familienleben zu organisieren, traditionelle Rollenteilungsmuster wider, in welchen Frauen nicht oder in reduziertem Ausmaß erwerbstätig sind. Die Erwerbstätigenquote österreichischer Frauen hängt in erster Linie von Alter und Anzahl der zu betreuenden Kinder ab, für Männer zeigt sich kein solcher Zusammenhang. Am weitesten verbreitet sind in Österreich in Familien mit schulpflichtigen Kindern das modifizierte und das traditionelle männliche Ernährermodell.

Übersicht 1: Modelle familiärer Arbeitsteilung und ihre Verteilung in Österreich (Statistik Austria 2013a: 32)

Modifiziertes männliches Ernährermodell: Vollzeit-Erwerbstätigkeit des Vaters, Teilzeit-Erwerbstätigkeit der Mutter (43 %)

Traditionelles männliches Ernährermodell: Vollzeit-Erwerbstätigkeit des Vaters, Mutter ist nicht erwerbstätig (20 %)

Doppelversorgermodell: Vollzeit-Erwerbstätigkeit beider Elternteile (16 %)

Elternkarenz: Mutter oder Vater in Elternkarenz (11 %)

Andere Rollenteilungsmodelle (beide Eltern in Teilzeit, beide nicht erwerbstätig, nur Mutter erwerbstätig) sind nur gering verbreitet.

Auch wenn traditionelle Rollenvorstellungen vor allem in den jüngeren Alterskohorten langsam aufgeweicht werden, entspricht diese Aufteilung normativen Haltungen: Einstellungsbefragungen zeigen, dass eine Vollzeit-Erwerbstätigkeit für Frauen nach wie vor lediglich in zwei Lebensphasen mehrheitlich für wünschenswert gehalten wird: Wenn sie (noch) keine Kinder haben, und wenn das jüngste Kind das Elternhaus verlassen hat (Beham/Zartler 2010). Aus einer traditionellen Rollenteilung und der Konnotation von Haushalts- und Sorgearbeit als „weiblich" resultieren nicht nur ökonomische Abhängigkeit von Frauen, sondern auch ungleiche Machtverhältnisse in Familien (Ostner 2008).

Scheidungen und ihre Folgen erfordern eine Reorganisation familialer Beziehungen

Der Wunsch nach einer befriedigenden und stabilen Partnerbeziehung stellt einen wichtigen Bestandteil der Lebensplanung von Frauen und Männern dar. Dennoch ist die Wahrscheinlichkeit, eine Trennung oder Scheidung zu erleben, relativ hoch. Die Gesamtscheidungsrate stieg in Österreich seit der Mitte des 20. Jahrhunderts von niedrigem Niveau ausgehend an (1957: 14 %), erreichte 2007 den Höchststand (50 %) und nahm seither wieder ab. Sie beträgt aktuell (2012) 43 % (Statistik Austria 2013b). Das bedeutet, dass 43 von 100 aktuell geschlossenen Ehen voraussichtlich durch eine Scheidung beendet werden. Das „Scheidungsrisiko" aus Sicht der Kinder, d. h. die Wahrscheinlichkeit, bis zum 18. Geburtstag eine Scheidung der Eltern zu erleben, beträgt 20 %.

Der Anstieg der Scheidungsraten kann mit einem Zusammenspiel aus gesellschaftlichen Entwicklungen, soziodemographischen und individuellen Faktoren erklärt werden. Der Funktions- und Bedeutungswandel der Ehe von der vorindustriellen Wirtschafts- und Arbeitsgemeinschaft hin zu einer „Gefühlsgemeinschaft" (Beck-Gernsheim 1986) sowie der Werte- und Normenwandel machte die Auflösung unbefriedigender Partnerbeziehungen zu einer normativ akzeptierten Alternative. Weiters zeigen sich Zusammenhänge des Scheidungsrisikos mit Variablen wie Heiratsalter (früh geschlossene Ehen werden früh beendet), Ehedauer (U-förmiger Zusammenhang) oder Rangzahl der Ehe (höheres Scheidungsrisiko von Zweit- oder Drittehen). Daneben gibt es eine Reihe subjektiver Trennungsursachen auf individueller Ebene, wie beispielsweise stressreiche Alltagsanforderungen in Kombination mit geringen Kommunikations- und Konfliktlösungskompetenzen.

Scheidung wird heute nicht als Auflösung, sondern als Umgestaltung und Neuorganisation der Familie betrachtet (siehe im Überblick Zartler/Wilk 2010). Nach einer Scheidung bleibt grundsätzlich die Obsorge beider Elternteile aufrecht. Die häufigste Lebensform nach einer Scheidung ist die (mütterliche) Einelternfamilie. 15 % aller österreichischen Familien mit Kindern unter 18 Jahren sind Einelternfamilien, und 13 % der Kinder dieser Altersgruppe leben in diesen Familien, davon 92 % bei der Mutter und 8 % beim Vater (Statistik Austria 2013a: 68). Die Lebenssituation Alleinerziehender und ihrer Kinder ist häufig von einer Vielzahl stressauslösender und belastender Faktoren, insbesondere einer stark erhöhten Armutsgefährdung, gekennzeichnet (Fux 2011; Zartler/Beham 2011). Die hohe Bereitschaft, sich nach der Beendigung einer Beziehung erneut zu binden, und die erhöhte soziale Akzeptanz alternativer Lebensform führen zum Entstehen von Stief- bzw. Patchworkfamilien. Ihr Anteil an allen Familien mit Kindern unter 18 Jahren beträgt 9 %, und 9 % der Kinder dieser Altersgruppe leben in Stieffamilien (Statistik Austria 2013a: 78). Eine Reihe von Faktoren erschwert die Gestaltung einer Stieffamilie, so z. B. negative Klischeebilder, diffuse Rollenerwartungen, die Komplexität des Familiensystems und die Schwierigkeiten der Gestaltung multipler Elternschaft (Sieder 2008; Wilk 2002).

Gesellschaftliche Rahmenbedingungen beeinflussen das Familienleben

Trotz zahlreicher Veränderungen ist die Gestaltung des Familienlebens nach wie vor zutiefst von gesamtgesellschaftlichen Rahmenbedingungen bestimmt, wie der folgende Überblick zeigt.

Familie und Bildung

Schul- und Familienleben beeinflussen sich gegenseitig (Beham et al. 2010). Angesichts der sozialen Platzierungsfunktion von Schulen und der Bedeutung internationaler Leistungstests (PISA, TIMMS, PIRLS[4]) wird den Bildungsbiographien von Kindern ein hoher Stellenwert zugeschrieben. Darüber hinaus sind schulische Belange ein wichtiges (Konflikt-)Thema innerhalb der Familie, und der Familienalltag wird durch die Schule weitgehend zeitlich und organisatorisch bestimmt.

Familie, Beruf und Kinderbetreuung

Berufs- und Familienleben sind zwei stark zusammenhängende Bereiche, deren Balance wesentlich zur befriedigenden Gestaltung von Familienbeziehungen bei-

---

4   Die PISA-Studie (Programme for International Student Assessment) erhebt mittels Tests aus den Bereichen Lesen, Mathematik und Naturwissenschaft bei 15- bis 16-Jährigen Daten zur Qualität und Effektivität der verschiedenen Schulsysteme in 60 Ländern. TIMMS (Trends in International Mathematics and Science Study) testet die Mathematik- und Naturwissenschaftskompetenz von SchülerInnen der 4. und 8. Schulstufe, PIRLS (Progress in International Reading Literacy Study) die Lesekompetenz von SchülerInnen der 4. Schulstufe.

tragen kann. Erwerbsverhältnisse wurden im Lauf der letzten Jahrzehnte zeitlich und räumlich flexibler und unregelmäßiger. Im Umgang mit diesen veränderten Bedingungen sind Familien gefordert, unterschiedliche Zeitlogiken zu integrieren und Vereinbarkeitsmodelle zu entwickeln. Eine wesentliche Voraussetzung für gelingende Vereinbarkeit von Beruf und Familie ist ein quantitativ ausreichendes, qualitativ hochwertiges und leistbares Angebot an außerfamilialer Kinderbetreuung. Während in Österreich (besonders in Wien) das Betreuungsangebot für Kinder im Kindergartenalter ausgeweitet wurde, besteht nach wie vor eine Betreuungslücke für unter Dreijährige und für Kinder im Schulalter (Fuchs/Kränzl-Nagl 2010).

Familie und ökonomische Situation
Bestimmte Personengruppen und Lebensformen sind in Österreich überdurchschnittlich stark von Armut betroffen, u. a. Kinder und Jugendliche, Einelternfamilien, kinderreiche Familien oder MigrantInnen (ÖGPP 2008). Eine dauerhafte Reduktion der Armut von Familien ist in erster Linie über (elterliche) Erwerbsbeteiligung und weiterführende Bildung zu erreichen. Untersuchungen zeigen, dass die schulische Laufbahn eines Kindes stark vom familiären Hintergrund, insbesondere den sozio-ökonomischen Merkmalen und dem Bildungsstatus der Eltern, abhängt (Bacher 2008).

Familie und rechtliche Situation
Rechtliche Regelungen schaffen Rahmenbedingungen für Familienleben und legen fest, welche Lebensform als Familie anerkannt und zivilrechtlich, sozial(versicherungs-)rechtlich oder steuerrechtlich berücksichtigt, begünstigt oder benachteiligt wird. Bis zur Mitte der 1970er Jahre basierte das österreichische Familienrecht auf einem patriarchalen Modell und ging von einer umfassenden Autoritätsgewalt des Mannes aus: Der Ehemann galt als Haupt der Familie, die Frau hatte ihm zu folgen und wurde von ihm in allen Angelegenheiten vertreten. So bestimmte beispielsweise der Mann den Wohnsitz seiner Familie, und eine verheiratete Frau durfte nur mit Zustimmung ihres Ehemannes berufstätig sein. Auch Kinder unterstanden der „väterlichen Gewalt". In den 1970er Jahren wurde eine umfassende Familienrechtsreform durchgeführt und ein partnerschaftliches Familienmodell verankert, das auf der Gleichberechtigung von Mann und Frau beruht und die rechtliche Position des Kindes aufwertet. Trotz dieser Reformschritte und weiterer Modernisierungen löst sich das österreichische Rechtssystem nur langsam von der bestehenden Ehezentrierung und Fokussierung auf die Kernfamilie (Zartler 2012).

Familie und Politik

Familienpolitische Leistungen umfassen sowohl Geldleistungen (finanzielle Transfers) als auch Sachleistungen (z. B. Kinderbetreuungseinrichtungen). Österreichische Familienpolitik fokussiert, im Gegensatz zu anderen europäischen Ländern, auf Geldleistungen, deren Wirksamkeit höchst umstritten ist. Das hauptsächliche Instrument dafür ist der Familienlastenausgleichsfonds (FLAF), der seit 1967 gesetzlich verankert ist und einen Ausgleich schaffen soll zwischen jenen, die Kinder großziehen, und jenen, die keine Kinder versorgen. Zentrale Leistungen des FLAF sind Familienbeihilfe bzw. Kinderbetreuungsgeld. Darüber hinaus werden Schüler- und Lehrlingsfreifahrten, Lehrmittel (Schulbuchaktion), Familienberatungsstellen und Unterhaltsvorschüsse finanziert.

4 Aktuelle Forschung in Österreich

In der österreichischen Soziologie der Nachkriegszeit war Familie ein zentrales Thema, das eng mit Leopold Rosenmayr (Sozialwissenschaftliche Forschungsstelle, Universität Wien) und Laszlo Vaskovics (Universität Linz) verbunden war. 1969 wurde, eingefordert von FamiliensoziologInnen, der Erste Österreichische Familienbericht erstellt, der seither im Zehnjahresintervall eine umfassende wissenschaftliche Aufarbeitung familienspezifischer Themen und Entwicklungen bietet.

Aktuell findet familiensoziologische Forschung vor allem an den Universitäten Wien, Linz, Graz und Salzburg statt, in Wien außerdem am Österreichischen Institut für Familienforschung (als Teil der Universität Wien) sowie am Vienna Institute of Demography. Familienforschung stellt eine Querschnittsmaterie dar, und so wird auch in anderen Disziplinen relevante Forschung durchgeführt, bspw. in der Psychologie, Pädagogik, Geschichte, Demographie, Ökonomie, Medizin, Politikwissenschaft, Rechtswissenschaft, Genderforschung oder Kindheits- und Jugendforschung. Eine Kombination sozialwissenschaftlichen Wissens mit den Erkenntnissen anderer Disziplinen erscheint nicht nur im Sinne der Optimierung von Berufschancen für FamiliensoziologInnen, sondern auch aus inhaltlichen Gründen zielführend.

Trotz kontinuierlicher und umfassender Aktivitäten gibt es weiterhin Forschungsbedarf in inhaltlicher und methodischer Hinsicht: Zu etlichen Fragestellungen und Teilbereichen fehlen Analysen, und mit Ausnahme des GGS (Generations and Gender Survey) verfügen wir über keine längsschnittlichen Primärerhebungen. In Österreich gibt es auch kein eigenes Publikationsorgan für Familienforschung.

5 Anwendungsbezug

Familiensoziologisches Wissen wird in unterschiedlichen Bereichen nachgefragt und ist für verschiedene gesellschaftliche Bereiche relevant. So orientiert sich die Erarbeitung familienpolitischer Maßnahmen an den Ergebnissen soziologischer Forschung, wie sie etwa in den Familienberichten oder in eigens beauftragten Studien erarbeitet werden. Sozialwissenschaftliches Wissen spielt auch eine wichtige Rolle bei der Entwicklung, Implementierung und Evaluierung unterschiedlicher (familien-)rechtlicher Entwicklungen. Auch in der Beratung von Unterstützungssystemen (Kinder- und Jugendwohlfahrt, öffentliche Verwaltung), in der Familienberatung oder der Sozialen Arbeit mit Familien und Kindern werden Ergebnisse der Familienforschung als Handlungsbasis herangezogen.

Die Erforschung von Familien bewegt sich zwischen Kontinuität und Wandel. Manche Konstanten bleiben bestehen; so etwa bestätigen Wertestudien stets die hohe Priorität eines zufriedenstellenden Familienlebens in jedem Lebensalter. Gleichzeitig gehören Familien zu jenen Bereichen, die sich in permanentem Wandel befinden und gesellschaftliche Entwicklungen anregen, aufnehmen oder verarbeiten. Soziologische Forschung kann wertvolles Grundlagenwissen zur Verfügung stellen, um diese Veränderungsprozesse aufzuzeigen und zu interpretieren. Ergebnisse und Themen der Familienforschung erscheinen somit auch abseits der akademischen Wissensproduktion interessant. Die Analyse der Bedingungen, unter denen sich Familienleben gestaltet, und der Versuch, den Einfluss gesellschaftlicher Rahmenbedingungen auf Familien sichtbar zu machen, ist eine der Herausforderungen für soziologische Familienforschung.

Literatur

1. Einführungsliteratur

Bengtson, Vern L.; Acock, Alan C., 2005: Sourcebook of Family. Theory & Research. Thousand Oaks: Sage.

Burkart, Günter, 2008: Familiensoziologie. Konstanz: UVK, UTB.

Ecarius, Jutta (Hg.), 2007: Handbuch Familie. Wiesbaden: Verlag für Sozialwissenschaften.

Hill, Paul B.; Kopp, Johannes, 2006: Familiensoziologie. Grundlagen und theoretische Perspektiven. Wiesbaden: Verlag für Sozialwissenschaften.

Huinink, Johannes; Konietzka, Dirk, 2007: Familiensoziologie. Eine Einführung. Frankfurt/M./New York: Campus.

Nave-Herz, Rosemarie, 2006: Ehe- und Familiensoziologie. Eine Einführung in Geschichte, theoretische Ansätze und empirische Befunde. München: Juventa.

Peuckert, Rüdiger, 2008: Familienformen im sozialen Wandel. Wiesbaden: Verlag für Sozialwissenschaften.

Schmidt, Uwe; Moritz, Marie-Theres, 2009: Familiensoziologie. Bielefeld: transcript.

Schneider, Norbert (Hg.), 2008: Lehrbuch Moderne Familiensoziologie. Opladen/Farmington Hills: Barbara Budrich.

Steel, Liz; Kidd, Warren; Brown, Anne, 2012: The Family. Houndmills: Palgrave Macmillan.

2. Weitere zitierte Literatur

Bacher, Johann, 2008: Bildungsungleichheiten in Österreich. Basisdaten und Erklärungsansätze. Erziehung und Unterricht, 2008, Jg. 158, Heft 7/8, 529–542.

Beck-Gernsheim, Elisabeth, 1986: Von der Liebe zur Beziehung? Veränderungen im Verhältnis von Mann und Frau in der individualisierten Gesellschaft. In: Johannes Berger, Die Moderne – Kontinuitäten und Zäsuren. Göttingen: Schwartz, 209–233.

Becker, Gary S., 1981: A Treatise on the Family. Cambridge, London: Harvard University Press.

Beham, Martina; Bacher, Johann; Weber, Christoph, 2010: Familie und Schule als Kooperationspartner. In: Bundesministerium für Wirtschaft, Familie und Jugend, 5. Österreichischer Familienbericht 1999–2009. Die Familie an der Wende zum 21. Jahrhundert. Wien: BMWFJ. I, 571–614.

Beham, Martina; Zartler, Ulrike, 2010: Eltern und Kinder. Ansprüche, Anforderungen und Ambivalenzen in betreuungsintensiven Lebensphasen. In: Bundesministerium für Wirtschaft, Familie und Jugend, 5. Österreichischer Familienbericht 1999-2009. Die Familie an der Wende zum 21. Jahrhundert. Wien: BMWFJ. I, 363–402.

Blumer, Herbert, 1969: Symbolic Interactionism. Perspective and Method. Englewood Cliffs: Prentice-Hall.

Buber, Isabella; Neuwirth, Norbert, 2009: Familienentwicklung in Österreich. Erste Ergebnisse des Generations and Gender Survey (GGS) 2008/09. Wien, Vienna Institute of Demography und Österreichisches Institut für Familienforschung.

Dermott, Esther; Seymour, Julie (Hg.), 2011: Displaying Families. A New Concept for the Sociology of Family Life. Basingstoke: Palgrave Macmillan.

Durkheim, Emile, 1888: Introduction à la Sociologie de la Famille. Annales de la Faculté des Lettres de Bordeaux, 1888, 3/4, 257–281.

Finch, Janet, 2007: Displaying Families. Sociology, 2007, Vol. 41, No. 1, 65–81.

Fuchs, Michael; Kränzl-Nagl, Renate, 2010: Zur Realität außerfamiliärer Kinderbetreuung im Spannungsfeld gesellschaftlicher und familialer Ansprüche. In: Bundesministerium für Wirtschaft, Familie und Jugend, 5. Österreichischer Familienbericht 1999-2009. Die Familie an der Wende zum 21. Jahrhundert. Wien: BMWFJ. I, 507–570.

Fux, Beat, 2011: Sozioökonomische Situation und soziale Beziehungen von Alleinerziehenden. Würzburg: Ergon.

Hamachers-Zuba, Ursula; Lehner, Erich; Tschipan, Claudia, 2009: Partnerschaft, Familie und Geschlechterverhältnisse in Österreich. In: Friesl, Christian; Hamachers-Zuba, Ursula; Polak, Regina, Die ÖsterreicherInnen. Wertewandel 1990-2008. Wien: Czernin, 87–142.

Hofer, Manfred; Wild, Elke; Noack, Peter (Hg.), 2003: Lehrbuch Familienbeziehungen. Eltern und Kinder in der Entwicklung. Göttingen: Hogrefe.

Hörl, Josef, 2008: Pflege und Betreuung. In: Hörl, Josef; Kolland, Franz; Majce, Gerhard, Hochaltrigkeit in Österreich. Eine Bestandsaufnahme. Wien: Bundesministerium für Soziales und Konsumentenschutz, 355–372.

Jurczyk, Karin; Lange, Andreas (Hg.), 2009: Vaterwerden und Vatersein heute. Neue Wege – neue Chancen. Gütersloh: Bertelsmann-Stiftung.

Le Play, Frédéric, 1855: Les Ouvriers Européens – Etudes sur les Travaux, la Vie Domestique, et la Condition Morale des Populations Ouvriéres de l'Europe. Paris: Alfred Mame.

Luhmann, Niklas, 1988: Sozialsystem Familie. System Familie, 1988, Jg. 1, Heft 1, 75–91.

Lüscher, Kurt; Schultheis, Franz; Wehrspaun, Michael, 1988: Die „postmoderne" Familie. Konstanz: UVK.

Mitterauer, Michael, 2009: Sozialgeschichte der Familie. Kulturvergleich und Entwicklungsperspektiven. Wien: Braumüller.

Morgan, David, 2011: Rethinking Family Practices. Basingstoke: Macmillan.

ÖGPP, 2008: Zweiter Armuts- und Reichtumsbericht für Österreich. Wien, Österreichische Gesellschaft für Politikberatung und Politikentwicklung.

Onnen-Isemann, Corinna, 2004: Ungewollte Kinderlosigkeit als Krise – Reproduktionsmedizin als Hilfe? In: Junge, Matthias, Scheitern. Aspekte eines sozialen Phänomens. Wiesbaden: Verlag für Sozialwissenschaften, 123–140.

Ostner, Ilona, 2008: Familie und Geschlechterverhältnis. In: Schneider, Norbert F., Lehrbuch Moderne Familiensoziologie. Opladen/Farmington Hills: Barbara Budrich, 219–236.

Parsons, Talcott; Bales, Robert F., 1956: Family, Socialization, and Interaction Process. London: Routledge.

Riehl, Wilhelm Heinrich, 1855: Die Familie. Stuttgart: Cotta.

Rupp, Marina (Hg.), 2011: Partnerschaft und Elternschaft bei gleichgeschlechtlichen Paaren. Verbreitung, Institutionalisierung und Alltagsgestaltung. Opladen: Budrich.

Schier, Michaela; Jurczyk, Karin, 2007: Familie als Herstellungsleistung in Zeiten der Entgrenzung. Aus Politik und Zeitgeschichte, 2007, B 34, 10–17.

Schulz, Wolfgang; Hummer, Christian, 2005: Veränderungen in den Formen des Zusammenlebens und Wandel der Einstellungen zu Ehe und Familie. In: Schulz, Wolfgang; Haller, Max; Grausgruber, Alfred (Hg.), Österreich zur Jahrhundertwende. Gesellschaftliche Werthaltungen und Lebensqualität 1986-2004. Wiesbaden: Verlag for Sozialwissenschaften, 343–366.

Sieder, Reinhard, 2008: Patchworks – das Familienleben getrennter Eltern und ihrer Kinder. Stuttgart: Klett-Cotta.

Statistik Austria, 2012: Demographisches Jahrbuch 2011. Wien: Verlag Österreich.

Statistik Austria, 2013a: Familien- und Haushaltsstatistik 2012. Wien: Verlag Österreich.

Statistik Austria, 2013b: Ehescheidungen seit 2012 nach ausgewählten Merkmalen. http://www.statistik.at/web_de/statistiken/bevoelkerung/scheidungen/022912.html, letzter Zugriff 3.8.2013.

Wilk, Liselotte, 2002: Stieffamilien in Österreich. In: Bien, Walter; Hartl, Angela; Teubner, Markus, Stieffamilien in Deutschland. Eltern und Kinder zwischen Normalität und Konflikt. Opladen: Leske + Budrich, 245–284.

Zartler, Ulrike, 2010: Vielfalt und Dynamik von Partnerbeziehungen. In: Bundesministerium für Wirtschaft, Familie und Jugend, 5. Österreichischer Familienbericht 1999-2009. Die Familie an der Wende zum 21. Jahrhundert. Wien: BMWFJ. I, 325–362.

Zartler, Ulrike, 2012: Das Familienbild des ABGB und die Lebenssituation von Scheidungs- und Nachscheidungsfamilien. Beiträge zur Rechtsgeschichte Österreichs 1/2012: Eherecht 1811 bis 2011 – Historische Entwicklungen und aktuelle Herausforderungen, 44–56.

Zartler, Ulrike; Beham, Martina, 2011: Alleinerziehen. Alltägliche Herausforderungen im Umgang mit knappen Ressourcen. SWS-Rundschau, 2011, Jg. 51, Heft 4, 383–404.

Zartler, Ulrike; Wilk, Liselotte, 2010: Dynamiken und Veränderungen im Familienverlauf. Scheidung und Trennung. In: Bundesministerium für Wirtschaft, Familie und Jugend, 5. Österreichischer Familienbericht 1999-2009. Die Familie an der Wende zum 21. Jahrhundert. Wien: BMWFJ. I, 443–502.

3. Ausgewählte Fachzeitschriften

Childhood
Children & Society
European Journal of Women's Studies
Family Matters
Family Process
Family Relations
Family Science
Fathering
Gender & Society
Interdisziplinäre Zeitschrift für Familienrecht
Journal of Comparative Family Studies
Journal of Family Theory & Review
Journal of Family Issues
Journal of Marriage and Family
Men and Masculinities
Zeitschrift für Familienforschung
Zeitschrift für Sozialisationsforschung und Erziehungssoziologie

Gender

Roswitha Breckner, Agnes Raschauer

1 Einleitung

Die Beziehungen und Verhältnisse der Geschlechter unter- und zueinander sind ein gesellschaftlich anhaltendes und in politischen Debatten präsentes Thema, mit dem sich die Soziologie in zentraler Weise beschäftigt. Soziologische Geschlechterforschung umfasst ein breites Feld der Entwicklung Feministischer Theorie ebenso wie eine stärker empirisch orientierte Frauen- und Männerforschung. Diese Felder sind – ähnlich wie die gesamte Soziologie – sehr verzweigt. Wir können also nicht von ‚der‘ soziologischen Geschlechterforschung sprechen, wenn es darum geht, einen Überblick zu diesem Forschungs- und gesellschaftlichen Praxisfeld zu vermitteln.[1] Neben der fachinternen Vielfalt theoretischer Perspektiven, empirischer Zugänge und konkreter Forschungsfelder hat sich die Geschlechterforschung auch als inter- und transdisziplinäres Feld entwickelt. Fragestellungen, Theorien, Methoden und empirische Ergebnisse aus verschiedenen akademischen Disziplinen[2] werden hier ausgetauscht und aufeinander bezogen.

Im Folgenden sollen durch einen Einblick in die Entstehungsgeschichte der Geschlechterforschung zunächst ihre gemeinsamen Wurzeln in sozialen Bewegungen sichtbar gemacht werden. Zum zweiten wird am Beispiel eines konkreten Themenbereiches, der sozialen Ungleichheit im Hinblick auf ‚Arbeit‘, gezeigt, mit welchen Fragestellungen sich Geschlechterforschung beschäftigt und welche Forschungsfelder daraus entstanden sind. Abschließend werden universitäre wie außeruniversitäre Forschungszusammenhänge sowie soziale, politische und administrative Handlungsfelder in Österreich, in denen Wissensbestände der Geschlechterforschung zur Anwendung kommen, skizziert.

2 Historische Entwicklung der Geschlechterforschung

Die soziologische Geschlechterforschung ist mit den politischen Frauenbewegungen seit dem 18. Jahrhundert eng verbunden. Gemeinsam war allen Frauenbewe-

---

1 Siehe Einführungsliteratur.
2 Hier wären, ohne Anspruch auf Vollständigkeit, neben der Soziologie Literaturwissenschaft und Philosophie, Geschichts-, Politik- und Rechtswissenschaften sowie naturwissenschaftliche Ansätze zu nennen.

gungen, Erklärungen für die Struktur der Geschlechterbeziehungen und -verhältnisse in der jeweiligen Gesellschaft zu finden. Ihr Anliegen war es, Kritik an Macht- und Herrschaftsverhältnissen als Basis zur Veränderung gesellschaftlicher Ungleichheit zu entwickeln. Eine fundamentale Kritik am sogenannten androzentrischen Weltbild, also einem Weltbild, welches das männliche Geschlecht als ‚Normalität‘ und das weibliche als ‚Abweichung‘ und dadurch ‚zweitranging‘ begreift, entwickelte sich insbesondere in zwei historischen Umbruchphasen: während der Aufklärung und der Französischen Revolution im 18. Jahrhundert sowie im Zuge der Industriellen Revolution im 19. und 20. Jahrhundert (Becker-Schmidt/Knapp 2011: 14–38).

Die erste Frauenbewegung formierte sich noch während der Französischen Revolution als eine Frauenrechtsbewegung mit Olympe de Gouges als zentraler Figur. Ihr Ziel war es, rechtliche Gleichheit nicht nur für die verschiedenen Stände der bisherigen Feudalgesellschaft, sondern auch für Frauen durchzusetzen. Zur Begründung dieses Vorhabens deckte Olympe de Gouges die Widersprüche im (männlichen) Konzept vom Menschen, welches sich während der Französischen Revolution etablierte, auf: Es ging zwar von der Gleichheit aller Menschen aus, ‚Mensch‘ wurde jedoch gleichgesetzt mit ‚Mann‘ (homme). Dadurch wurde die Freiheit und Gleichheit für alle ‚Männer‘ bzw. ‚Brüder‘ (*Liberté, Egalité, Fraternité*), nicht aber die der Frauen gefordert und erkämpft. Die Tatsache, dass die Ungleichheit der Frauen während dieser Revolution unangetastet blieb (Frauen hatten z. B. kein Wahlrecht), wurde von den Revolutionären damit begründet, dass Frauen ‚ins Haus‘, aber nicht in die Öffentlichkeit und schon gar nicht in die Politik gehörten. Im Verständnis der Revolutionäre waren zwar alle Menschen ‚von Natur aus‘, also abgesehen von der sozialen Stellung, in die sie hineingeboren werden, gleich. Da aber – so die zunehmend biologisch begründete Auffassung – Mann und Frau in ihrer ‚Natur‘ unterschiedlich seien, seien sie eben doch nicht gleich. Das „Paradox der ‚natürlichen‘ Ungleichheit in der naturrechtlichen Gleichheit“ (Becker-Schmidt/Knapp 2011: 21) entstand.

Die erste Frauenrechtsbewegung wurde noch während der Französischen Revolution niedergeschlagen, Olympe de Gouges als ‚Verräterin an der Revolution‘ verurteilt und durch die Guillotine getötet. Es sollte bis zum Beginn des 20. Jahrhunderts dauern, dass das passive und aktive Frauenwahlrecht, also das Recht zu wählen wie das Recht, gewählt zu werden und politische Funktionen zu übernehmen, in den meisten europäischen Gesellschaften durchgesetzt war (in Österreich 1918, in Deutschland 1919). Ende des 18. und im 19. Jahrhundert entwickelten sich die Wissenschaften in schnellem Tempo, unter ihnen Anthropologie und Biologie, welche den ‚natürlichen‘ Unterschied zwischen Männern und Frauen als wissenschaftliche Tatsache hervorbrachten. Das seit der Antike bis ins Mittelalter vorherrschende Ein-

Statusdifferenz: Hausvater u. mutter näher, differenzieren sich per [...] gegenüber Knechten u. Mägden u. Feudalherrn bis zur [...] Geschlechterdifferenz

Gender   127

Geschlecht-Modell wurde vom Zwei-Geschlechter-Modell abgelöst. Im Ein-Ge-schlecht-Modell fasste man das biologische Geschlecht von Mann und Frau als Variationen nur eines Geschlechtes auf, nämlich das der Frau als nach innen ge-stülptes männliches. Erst im Zwei-Geschlechter-Modell entstand die Vorstellung, dass es sich beim männlichen und weiblichen Geschlecht biologisch nicht nur um Variationen, sondern um zwei Geschlechter handelt, die sich grundsätzlich vonei-nander unterscheiden (Laqueur 1992). Damit entstand eine neue Grundlage, die Geschlechterdifferenz nicht mehr vorwiegend als eine Statusdifferenz zwischen Männern und Frauen zu bestimmen, also durch unterschiedliche Tätigkeitsberei-che, Rechte und Pflichten, sondern vor allem biologisch durch die Unterschiede ihres körperlichen Geschlechts. Aus dieser Neubestimmung der Geschlechterdif-ferenz sind zwei grundlegende Annahmen bis heute aktuell geblieben: die Auffas-sung, nach der sich Mann- und Frau-Sein gegenseitig ausschließen (man kann nur entweder Mann oder Frau sein) und die Begründung und Legitimation sozialer Un-gleichheit zwischen Männern und Frauen mit ihrem biologisch unterschiedlichen Geschlecht (Becker-Schmidt/Knapp 2011: 29f.).

Mit der Industriellen Revolution entstand im 19. Jahrhundert ein neuer gesellschaft-licher Produktions- und Lebenszusammenhang, durch den sich auch die Beziehun-gen und gesellschaftlichen Verhältnisse zwischen Männern und Frauen grundle-gend veränderten. Die Lohnarbeit löste die ‚Ökonomie des ganzen Hauses‘, in der die Tätigkeitsbereiche von Männern und Frauen zwar unterschieden, aber als Be-standteile ein und derselben Ökonomie definiert worden waren, allmählich ab. Die Erwerbsarbeit löste sich von der Sphäre der Hausarbeit. Erstere wurde zur wert-schöpfenden ‚produktiven‘ Arbeit, letztere zur werterhaltenden ‚reproduktiven‘ Arbeit. Durch die Konkurrenz um entlohnte Arbeit wurden Frauen zunehmend aus dieser verdrängt und in die ‚private‘ Sphäre reproduktiver Arbeit verwiesen. Als Begründung diente die Auffassung von der Polarität der Geschlechtscharak-tere (Hausen 1976), die sich seit dem 18. Jahrhundert entwickelt hatte. Ihr zufolge wurden Frauen – in polarer Abgrenzung gegenüber Männern – bestimmte Eigen-schaften bzw. Charaktermerkmale zugeschrieben. Männer seien ‚aktiv‘, Frauen da-gegen ‚passiv‘; Männer ‚rational‘, Frauen ‚emotional‘; Männer ‚erobernd‘, Frauen ‚empfangend‘ etc. Mit diesen in der jeweiligen ‚Natur‘ von Männern und Frauen verankerten ‚Charaktereigenschaften‘ wurde legitimiert, warum Frauen sich besser für Tätigkeiten im Haushalt, im Familienleben und in der Kindererziehung eignen, während Männer für die Erwerbsarbeit ‚von Natur aus‘ besser ausgestattet seien. Es entstand ein neuer Männertypus, der ‚Familienernährer‘, komplementär dazu auch ein neuer Frauentypus, die ‚Nur-Hausfrau‘ sowie ein neuer Familientypus, die

[Handwritten annotations in running text:]
Kapitalismus+Gewinn → Subsistenzwirtschaft, selbsterhaltung

[Handwritten annotations at bottom:]
nur zwei Geschlechter politisch anerkannt! (Argentinien z.B: drei Geschlechter (neutral)   ↓ → entweder Frau o. Mann! dichotomes Geschlechtermodell

‚Kleinfamilie' (Becker-Schmidt/Knapp 2011: 26f.). In diesem *bread winner*-Modell ist der Mann dafür verantwortlich, ein ausreichendes Familieneinkommen zu sichern, während die Frau allenfalls als ‚Zuverdienende' für den Haushalt, die Pflege der Beziehung zu ihrem Mann, die Erziehung der Kinder sowie das Wohlergehen der gesamten Familie zuständig ist. Dieses neue gesellschaftliche Leitbild setzte sich zunächst nur in den bürgerlichen Schichten und im 20. Jahrhundert dann auch zunehmend in den Arbeiterschichten durch.

An der Wende vom 19. zum 20. Jahrhundert hatten sich proletarische wie bürgerliche Frauenbewegungen etabliert, die das allgemeine Wahlrecht für Frauen durchsetzten. Die Lebensverhältnisse von Frauen und Männern veränderten sich vor allem auch im Zuge der Frauenbewegung, die sich nach dem Zweiten Weltkrieg entwickelte. Frauen sind zunehmend in die Erwerbssphäre eingetreten; die Zuweisung von Tätigkeitsbereichen aufgrund zugeschriebener ‚Charaktereigenschaften' ist einer grundlegenden Kritik unterzogen worden. Dennoch ist der Kern mancher Konflikte gleich geblieben: Spannungen bezüglich der Verteilung von Erwerbs- und Hausarbeit sind nach wie vor ein Problem in Beziehungen, Partnerschaften und Familien (Wetterer 2002). Frauen sind in bestimmten gesellschaftlichen Bereichen immer noch marginalisiert (z. B. in der Wirtschaft und Technik, Medizin, Rechtsprechung, Politik u. a. m.). Generell sind Frauen in Führungspositionen und in den gesellschaftlich mit dem höchsten Prestige und Einkommen ausgestatteten Bereichen immer noch unterrepräsentiert (Goldberg/Rosenberger 2002). Die soziale Ungleichheit zwischen Männern und Frauen hat sich (noch) nicht aufgelöst (Cyba 2000).

In ihrer Analyse und Kritik der geschlechtsspezifischen sozialen Ungleichheiten hat die soziologische Geschlechterforschung ein breites Spektrum an Themen entwickelt. Im Folgenden sollen anhand des konkreten Themenfeldes ‚Arbeit' unterschiedliche Forschungsansätze dieser Forschungsspezialisierung vorgestellt werden.

3   Forschungsansätze am Beispiel Soziale Ungleichheit und Arbeitswelt

Durch Erwerbsarbeit sichern Gesellschaftsmitglieder nicht nur das eigene Überleben. Über die Art der Einbindung in Erwerbsarbeit – welchen Beruf Individuen ausüben, welche Stellung in der beruflichen Hierarchie sie einnehmen, wie sie entlohnt werden – erfolgt auch die Zuweisung von Status und gesellschaftlicher Anerkennung (Scheele 2009: 182). Inwiefern kann gegenwärtig davon gesprochen werden, dass Arbeitsmärkte durch geschlechtsspezifische Ungleichheit strukturiert sind? Lassen sich Unterschiede in den Beschäftigungsverhältnissen und Berufskarrieren von Frauen und Männern auffinden? Wie erklären unterschiedliche Forschungsansätze systematische Lohndifferenzen zwischen Frauen und Männern? Diese Fragen sollen im Folgenden auf Österreich bezogen exemplarisch diskutiert werden.

„Frauen verdienen nach wie vor und in allen Beschäftigtengruppen deutlich weniger als Männer: 2011 betrug das mittlere Einkommen der Frauen 60% des mittleren Männereinkommens." (Rechnungshof 2012: 5)[3] Aktuelle Studien weisen Geschlecht durchgängig zentrale Bedeutung für die Strukturierung des österreichischen Arbeitsmarkts zu. So sind nicht nur einzelne Berufe, sondern ganze Wirtschaftssektoren in überwiegendem Maße in männlicher oder weiblicher Hand. Frauen sind z.B. im Gesundheitswesen und in der Gastronomie überrepräsentiert, Männer in Energieversorgung und Verkehr. ‚Frauenberufe' bzw. im beruflichen Alltag vorrangig von Frauen ausgeübte Tätigkeiten gehen dabei tendenziell mit geringerer Entlohnung, niedrigerem Status und geringeren Aufstiegschancen einher. Gleichzeitig sind die Gehaltsunterschiede auch von anderen Ungleichheiten beeinflusst, wie von Ethnizität oder sozialer Stellung (Mairhuber 2011, Geisberger/Till 2009 und Rechnungshof 2012)[4]. Der österreichische Arbeitsmarkt lässt sich auch durch eine geschlechtshierarchische Struktur charakterisieren, wie sich bei einem Blick auf die Verteilung von Frauen und Männern in unterschiedlichen beruflichen Hierarchieebenen zeigt. Obwohl Frauen etwa 45,7% aller Erwerbstätigen ausmachen, sind nur 28,3% aller Führungskräfte weiblich (Eichwalder/Moser (CD-ROM) 2010: 145–146)[5].

3   Die Dokumentation und Analyse der Entwicklung von geschlechtsspezifischen Lohnunterschieden wird mittlerweile von verschiedenen Forschungseinrichtungen und Institutionen in regelmäßigen Abständen publiziert: in Österreich vgl. etwa Bundesministerin für Frauen und Öffentlichen Dienst (CD-ROM) 2010; Geisberger 2011 und Rechnungshof 2012; EU-weit vgl. Geisberger/Till 2009 sowie im globalen Maßstab vgl. Hausmann et al. 2011. Dabei werden unterschiedliche Datengrundlagen und Berechnungsmethoden herangezogen, weswegen das Ausmaß der Lohndifferenzen in den Studien variiert; insofern können auf Basis der Studien jeweils unterschiedliche Aussagen gemacht werden.

4   Systematische Lohndifferenzen korrelieren mit Mustern geschlechtsspezifischer Arbeitsteilung in Ehen oder Partnerschaften und können auch durch die geschlechtsspezifisch unterschiedliche Struktur von Beschäftigungsverhältnissen erklärt werden. Frauen mit Kindern, die in Partnerschaften leben, weisen z.B. eine deutliche geringere Erwerbsquote auf als Frauen ohne Kinder oder Alleinerzieherinnen (Biffl (CD-ROM) 2010: 469). Auch arbeiten Frauen deutlich häufiger Teilzeit und die durchschnittliche Wochenarbeitszeit von vollbeschäftigten Frauen ist geringer als die von vollbeschäftigten Männern (Mairhuber 2011: 25–28, 42–55).

5   Diese Berechnungen basieren auf der Mikrozensus Arbeitskräfteerhebung 2008. Dabei werden ‚Angehörige gesetzgebender Körperschaften, leitende Verwaltungsbedienstete und Füh-

Lohndifferenz: bei Beamtinnen gering → Gesetze zur Gleichbe-zahlung | bei Arbeiterinnen hoch
↳ Frauen arbeiten mehr in schlechter bezahlten Arbeiten
→ aber auch in genau gleichen Positionen schlechter bezahlt

130   Roswitha Breckner, Agnes Raschauer

auf Unis mehr Studentinnen
↓
gleiche Ausbildung
↓
keine Führungs-Positionen ???

Als Erklärung für die vorgefundenen geschlechtsspezifischen Lohndifferenzen werden in der Regel die dargestellten Unterschiede in den Beschäftigungsverhältnissen angeführt. Frauen finden sich überwiegend in niedrigeren Hierarchieebenen als Männer, arbeiten in viel größerem Maße Teilzeit oder in atypischen Beschäftigungsverhältnissen mit geringerer sozialer Sicherung. Das Feststellen dieser Tendenzen genügt jedoch nicht als ursächliche Erklärung, da sie selbst bereits als Ergebnis diskriminatorischer Praxen interpretiert werden können. Wie erklären verschiedene Forschungsansätze die empirisch feststellbaren Unterschiede in der Positionierung von Männern und Frauen in der Arbeitswelt?

Im Folgenden werden drei Forschungsansätze dargestellt, die in Übersicht 1 zusammengefasst sind.

Übersicht 1: Drei Forschungsansätze der Geschlechterforschung

Frauenforschung
- Ziel: Sichtbarmachung der Lebensrealitäten von Frauen als emanzipatorisches Projekt
- Aufschwung in der Frauenbewegung nach dem Zweiten Weltkrieg
- akademische Etablierung in den 1960/70er Jahren

Geschlechterverhältnisforschung
- Ziel: Untersuchung systematischer Relationen (Fokus: Asymmetrie- und Machtverhältnisse) zwischen den Genusgruppen in gesamtgesellschaftlicher und historischer Perspektive

Gender Studies[6] *| Geschlechterforschung*
- Ziel: Untersuchung der Beziehungen/Interaktionen zwischen Männern und Frauen in sozialen Institutionen (Familie, Betrieb, Medien, und andere)
- Frauen- *und* Männerforschung, Männlichkeits-/Weiblichkeitsforschung

heute: Intersektionalitätsforschung

rungskräfte in der Privatwirtschaft' (Statistik Austria 2009: 132, ISCO-88) als Führungskräfte kategorisiert. Einen weitaus geringeren Frauenanteil konstatieren Untersuchungen, die auf die Verteilung von Frauen und Männern in den Geschäftsführungen der 200 umsatzstärksten Unternehmen Österreichs fokussieren. 2013 sind 5,6 % dieser Führungspositionen von Frauen besetzt (Ahmad et al. 2013: 16).

6 Diese Unterscheidung der Forschungsbereiche wurde im englischsprachigen Forschungsraum zugunsten des Sammelbegriffs *Gender Studies* aufgegeben. *Gender Studies* umfassen als *umbrella term* alle drei hier genannten Forschungsbereiche einschließlich LGBTQ-Forschung (*lesbian, gay, bisexual, transgender, queer*) sowie Intersektionalitätsforschung und *Gender* in Institutionen.

3.1 Frauenforschung

Frauenforschung, die sich mit Ungleichheiten in zentraler Weise beschäftigte, begann sich in den 1960er und 70er Jahren als akademisches Feld zu etablieren. Sie fokussierte nicht nur auf die ungleichen Löhne, sondern machte viel grundlegender gesellschaftliche Vorstellungen und Bewertungsmuster von Arbeit zum Thema. FrauenforscherInnen unterzogen etwa die soziologische Ungleichheitsforschung einer substantiellen Kritik und problematisierten ihre ‚Geschlechtsblindheit'. Sie befragten ihre theoretischen Grundlagen und stellten den Fokus auf Erwerbsarbeit für die Analyse von Ungleichheiten in Frage. Die Bestimmung der Position, die eine Person im sozialen Gefüge einnimmt, über ihre Integration in die Erwerbsarbeit, hat zur Folge, dass jene, die nicht oder nur wenig am Erwerbsleben Teil haben – damals vorrangig Frauen – per definitionem aus der Theoretisierung sozialer Ungleichheit ausgeschlossen werden (Cyba 2000: 13–64).

Aus dieser Perspektive wurde auch der Arbeitsbegriff in den Sozialwissenschaften, der Arbeit mit Lohnarbeit gleichsetzte, kritisch diskutiert. ‚Arbeit' ausschließlich als Erwerbsarbeit zu definieren heißt nicht nur, eine Vielzahl von Arbeitsformen aus der Analyse auszuschließen, die tendenziell von Frauen verrichtet wurden, wie Hausarbeit oder Pflege von Angehörigen. Durch die Ausgrenzung aus dem gesellschaftlichen Bedeutungsspektrum von ‚Arbeit' wird diesen Tätigkeiten ihre Relevanz für die Organisation von Gesellschaft abgesprochen. Dieses Missverhältnis griffen FrauenforscherInnen auf und forderten provokant „Lohn für Hausarbeit", was weitreichende Diskussionen über den Status von Hausarbeit auslöste (Aulenbacher 2010: 142).

Neben der Kritik an gängigen wissenschaftlichen Theorien richtete sich der Blick auch auf Geschlechterbilder, die im Alltagswissen vorherrschten, wie die Vorstellung, Frauen seien aufgrund von Sozialisation oder körperlicher Konstitution für bestimmte Berufe nicht geeignet. Die verstärkte Integration von Frauen in höhere Bildung und den Arbeitsmarkt galt FrauenforscherInnen dabei als vielversprechender Weg, Gleichstellung zwischen den Geschlechtern voranzutreiben (Scheele 2009: 185).

Diese Analysen der soziologischen Frauenforschung trugen wesentlich dazu bei, dass sich ‚Geschlecht' zu einer zentralen Analysedimension der Soziologie entwickelte. ‚Geschlecht' gilt heute in der soziologischen Forschung standardmäßig als relevante Sozialkategorie. Durch die Dokumentation von sozialen Ungleichheiten und geschlechtsspezifischen Diskriminierungen wurde außerdem ein öffentliches Bewusstsein für Ungleichheiten zwischen den Geschlechtern geschaffen.

3.2   Geschlechterverhältnisforschung

Dieser Forschungsansatz zielt darauf, gesellschaftstheoretische Konzepte zu entwickeln, mit denen das Geschlechterverhältnis als gesellschaftliche Struktur erfasst
und erklärt werden kann. Dabei wird „die strukturierende Wirkung, die von der
sozialen (Unter-)Scheidung der Geschlechter unter dem Aspekt ihrer gesellschaftlichen Ungleichheit ausgeht" (Becker-Schmidt/Knapp 2011: 36) in den Blick genommen. Das Geschlechterverhältnis als theoretisches Konzept ermöglicht es, zu
analysieren, auf welche Weise Frauen und Männer als ‚soziale Größen' in einzelnen
gesellschaftlichen Bereichen sowie in ihrer Gesamtheit zueinander ins Verhältnis
gesetzt werden – als gleich, ungleich, ebenbürtig, über-/untergeordnet (Becker-
Schmidt/Krüger 2009: 17). Die Geschlechterverhältnisforschung fasst die Unterscheidung zwischen Frauen und Männern mit dem Begriff Genus-Gruppen[7]. Die
Relationen zwischen den Genus-Gruppen gestalten sich in einzelnen gesellschaftlichen Bereichen (Arbeit, Bildung, Recht etc.) durchaus unterschiedlich, die spezifische Form der Verkettung der Bereiche formt dabei die Struktur des Geschlechter-
verhältnisses (Becker-Schmidt/Krüger 2009: 17–18).

Für diesen Ansatz ist die Einsicht zentral, dass zwischen der Organisation gesamtgesellschaftlicher Arbeitsteilung und der Strukturierung des Geschlechterverhält-
nisses ein Zusammenhang besteht. Die Spaltung von Produktion und Reproduktion in industrialisierten Gesellschaften geht mit einer Hierarchisierung der beiden
Sphären einher, die sich in divergierenden gesellschaftlichen Bewertungen genauso
zeigt wie im Ausmaß der Entlohnung der in den einzelnen Sphären geleisteten Arbeit. Obwohl voneinander getrennt und unterschiedlichen Logiken verschrieben,
sind Erwerbs- und Reproduktionssphäre grundlegend aufeinander angewiesen. Die
Zuweisung von Frauen und Männern zu einer der voneinander getrennten Sphären
greift die Schlechterstellung reproduktiver Arbeit gegenüber produktiver auf, sodass das Verhältnis zwischen den beiden Geschlechtern als hierarchisches gestaltet
wird. Die Verknüpfung der beiden Sphären, die im gesellschaftlichen Alltag geleistet werden muss, obliegt den Einzelnen, die individuelle Lösungen für strukturelle
Widersprüche entwickeln müssen (Becker-Schmidt/Knapp 2011: 39–64 und Be-
cker-Schmidt/Krüger 2009).

7   Mit dem Begriff Genus-Gruppe wird die Vorstellung offen gehalten, dass sich diese nicht entlang der (biologischen) Differenz von Männern und Frauen bilden müssen, sondern auch andere kategoriale Zuordnungen (etwa in Bezug auf ein drittes oder viertes Geschlecht) als gesellschaftliches Ordnungsprinzip denkbar sind.

Geschlechtsspezifische Lohndifferenzen können in diesem Ansatz als Elemente der übergreifenden Strukturierung des gesellschaftlichen Verhältnisses der Geschlechter interpretiert werden. Die Unterschiede in den Beschäftigungsverhältnissen oder die tendenziell niedrigere Entlohnung in Frauenberufen stehen in Zusammenhang mit der spezifischen Organisation geschlechtsspezifischer Arbeitsteilung und der Hierarchisierung von Erwerbs- und Reproduktionsarbeit (Becker-Schmidt/Krüger 2009: 14–17).

3.3 *Gender Studies*

Suche nach Konzepten zum undoing gender! wie werden Geschlechtergrenzen erzeugt? wo ist Veränderungspotenzial?

Während in der gesellschaftstheoretischen Perspektive der Geschlechterverhältnisforschung Frauen und Männer als ‚soziale Größen', die im gesellschaftlichen Alltag aufeinander treffen, vorausgesetzt werden, fokussieren Arbeiten aus dem Forschungsansatz der *Gender Studies* stärker auf Interaktionsbeziehungen zwischen Männern und Frauen. Unter dem Stichwort „doing gender while doing work" (West/Zimmerman 1987) gerät die Interaktionsarbeit in den Blick, die Frauen und Männer in beruflichen Settings leisten, um Geschlechtergrenzen in der Arbeitswelt aufzubauen, etwa indem bestimmte Tätigkeiten als genuin ‚männliche' oder ‚weibliche' konstruiert werden.

Aus einer sozialkonstruktivistischen Perspektive wird dabei die Ansicht verworfen, Geschlecht sei eine naturhafte, im biologischen Substrat verankerte Eigenschaft von Personen. Stattdessen wird davon ausgegangen, dass Geschlecht erst das Ergebnis von interaktiver Praxis darstellt, also in alltäglichen Situationen immer wieder aufs Neue hervorgebracht wird. Geschlechterdifferenz folgt somit aus potentiell veränderlicher sozialer Praxis, ihre Konstruktion in Interaktionssituationen kann beobachtet und rekonstruiert werden. Die konkrete Welt der Geschlechter erscheint in diesem Ansatz als eine von Frauen wie Männern gleichermaßen hergestellte.

Die Aufmerksamkeit richtet sich dabei auf das Handeln, auf jene Alltagspraktiken, Routinen und Inszenierungen des Körpers, in denen Gesellschaftsmitglieder Geschlecht ‚tun'. Beispielsweise dienen die Art der Kleidung oder räumliche Arrangements, wie getrennte Toiletten, als Ressourcen, um Geschlechtszugehörigkeit darzustellen (Gildemeister 2004). In empirischen Studien konnte gezeigt werden, dass prinzipiell jede Tätigkeit auch im beruflichen Alltag vergeschlechtlicht, sprich als Ausdruck von ‚Weiblichkeit' oder ‚Männlichkeit' interpretiert werden kann. Aber nicht nur Tätigkeiten, vielmehr auch ganze Berufe haben in den letzten 150 Jahren ihr Geschlecht gewechselt. Sie wurden von typischen Männerdomänen in Berufe transformiert, die nun mit Frauen assoziiert werden – der ‚Sekretär' wurde zur ‚Sekretärin' oder der ‚Friseur' zur ‚Friseurin' (Wetterer 2002: 75-79). Nach Angelika Wetterer entspringt die Arbeitsteilung zwischen den Geschlechtern nicht quasi naturwüchsig individuellen Vorlieben, sondern ist vielmehr als „ein zentraler, möglicherweise sogar der zentrale Modus der sozialen Konstruktion von Geschlecht" zu verstehen (ebd.: 26).

In klassischen Arbeiten wird davon ausgegangen, dass *Doing Gender* eine Aktivität darstellt, die nicht umgangen werden kann und jede Interaktionssituation auf grundlegende Art und Weise strukturiert. Heute diskutieren ForscherInnen jedoch, ob es möglich ist, aus dem *Doing Gender* auszusteigen und Geschlecht in Interaktionssituationen irrelevant zu machen. Zunehmend richtet sich das Interesse auch auf die Verschränkung von Geschlecht mit anderen sozial hergestellten Formen von Ungleichheit, wie z. B. Alter oder Ethnizität und die konkrete Gestaltung dieser Verschränkungen in der interaktiven Praxis (Gildemeister 2004: 135-139).

rassistische Diskriminierung schlimmer als gender?

3.4   Konzeptionelle Weiterentwicklungen

von black feminists in den USA ausgegangen

Studien aus dem Bereich der Arbeitssoziologie konstatieren, dass die Organisation von Erwerbsarbeit in den letzten 20 Jahren durch gravierende Wandlungsprozesse gekennzeichnet ist. Diese haben auch das Potential, die Struktur ungleicher Geschlechterbeziehungen zu transformieren. Unsichere Beschäftigungsverhältnisse und unterbrochene Erwerbsbiographien kennzeichnen in zunehmendem Maße auch männliche Karrieren (Aulenbacher 2010: 151-154), Differenzen nehmen vor allem innerhalb der Genus-Gruppen zu. Die Schlechterstellung von Frauen gegenüber Männern am Arbeitsmarkt ist hochgradig abhängig von sozialer Schichtung (Gottschall 2009: 133). Helma Lutz skizziert, dass die verstärkte Erwerbsbeteiligung von gut ausgebildeten Frauen und ihr Freispielen von Hausarbeit und Kindererziehung auch darauf basiert, dass migrantische Hausarbeiterinnen diese Tätigkeiten in oft nicht-legalisierten, ungesicherten Arbeitsverhältnissen übernehmen (Lutz 2007). *→neue Dienstmädchenordnung wie im 19 Jhdt? → Ungleichheit weitergegeben*

Unter dem Stichwort Intersektionalität (Crenshaw 1989) richtet sich die Aufmerksamkeit in der Folge auf die Verknüpfung von Geschlecht mit anderen sozial bedeutsamen Kategorien der Ungleichheit. Intersektionelle Ansätze zielen auf die integrierte Analyse mehrerer Macht- und Ungleichheitsdimensionen, ihre Wechselwirkungen in Biographien, Interaktionssituationen und auf gesamtgesellschaftlicher Ebene (Knapp 2012: 385-397). Es bleibt in empirischen Untersuchungen zu klären, in welchen Kontexten Geschlecht bedeutsam wird, wo sich geschlechtsspezifische Diskriminierungen mit anderen Benachteiligungen, z. B. auf Basis von

Sexualität, Ethnizität oder Klasse verbinden, und in welchen Bereichen sozialen Lebens ein Rückgang sozialer Ungleichheiten nach Geschlecht festgestellt werden kann.

4   Aktuelle Forschung in Österreich

Mit den dargestellten Ansätzen der Geschlechterforschung sind – über das gewählte Beispiel soziale Ungleichheit mit Bezug auf Arbeit hinausgehend – eine Vielzahl von Forschungsfeldern, beruflichen Praxisfeldern und gesellschaftlichen Handlungsansätzen verbunden. Diese können im Rahmen dieser Überblicksdarstellung nur sehr kursorisch angeführt werden. Geschlechterforschung ist in Österreich – ähnlich wie in anderen ‚westlichen' Ländern – in ihrer internationalen, inter- und transdisziplinären Ausrichtung sehr vielfältig. Um dennoch eine konkretere Vorstellung von *gender*fokussierten Praxisfeldern vermitteln zu können, werden im Folgenden exemplarisch Forschungszusammenhänge sowie berufliche Kontexte an der Schnittstelle zwischen Forschung, Politik, staatlicher Administration, Planungsprozessen sowie privaten Unternehmen kurz skizziert.

Zunächst sei festgehalten, dass Universitäten vor allem in Wien, Graz, Linz und Salzburg auf eine lange und innovative Tradition der Geschlechterforschung, der Feministischen Theoriebildung sowie auf Initiativen und Maßnahmen zur Förderung von Frauen und ihrer Gleichstellung innerhalb wie außerhalb von Universitäten zurückblicken können.[8] Hier sind zahlreiche Arbeiten entstanden, die auch im internationalen Zusammenhang eine wichtige Rolle in den einschlägigen akademischen Debatten spielen. Die institutionelle Absicherung der *Gender Studies* entspricht dagegen nicht der inhaltlich hervorragenden Bilanz. Sie unterliegt zudem den Wandlungsprozessen der Universitäten.

Gender-Themen und -schwerpunkte können derzeit in Wahlfachkombinationen bzw. in neu eingerichteten Erweiterungscurricula in verschiedenen Studiengängen auf Bachelor-Ebene, in Masterstudiengängen für *Gender Studies* (siehe Referat für Genderforschung der Universität Wien; Historisch-Kulturwissenschaftliche Fakultät der Universität Wien; Institut für Soziologie der Universität Graz, Institut für Frauen- und Geschlechterforschung der Universität Linz; gendup der Universität

8   Ausführliche Dokumentationen zur Frauen- und Geschlechterforschung finden sich u. a. im Archiv der Frauen- und Lesbenbewegung (STICHWORT), in der Serviceeinrichtung der Österreichischen Nationalbibliothek für Literatur zu Frauen-, feministischer und Genderforschung (Ariadne) sowie im Verein zur Förderung und Vernetzung Frauenspezifischer Informations- und Dokumentationseinrichtungen (frida).

Salzburg) studiert werden. Weiters gibt es eine Vielzahl von Forschungsprojekten mit *gender*spezifischem Fokus, die hier nicht einzeln aufgeführt werden können. Verschiedenste Fragestellungen zu Geschlechterverhältnissen und -beziehungen werden auch an außeruniversitären Instituten beforscht. Geistes- und kulturwissenschaftlich orientierte Projekte sind in Wien vorwiegend am Institut für die Wissenschaft vom Menschen (IWM), am Institut für Wissenschaft und Kunst (IWK) sowie am Internationalen Forschungszentrum für Kulturwissenschaften (IFK) zu finden. Sozial-, politik- und wirtschaftswissenschaftlich orientierte *Gender*forschung wird vor allem am Institut für Höhere Studien, am Zentrum für Soziale Innovation, L&R Sozialforschung, in der Forschungs- und Beratungsstelle Arbeitswelt Wien (FORBA), am Österreichischen Institut für Wirtschaftsforschung (WIFO) sowie am Österreichischen Institut für Familienforschung, welches an die Universität Wien angegliedert ist, betrieben. Im Rahmen universitärer wie außeruniversitärer (Auftrags-)Forschung unterschiedlichster Art können SoziologInnen in der konzeptionellen Entwicklung und Evaluation von *gender mainstreaming*-Maßnahmen[9] vielfältige Forschungsfelder finden.[10] Aufträge zur Erhebung und Auswertung quantitativer wie qualitativer Daten zur Situation spezifischer Gruppen und Problemlagen mit *gender*spezifischem Fokus sind ebenfalls ein breites Tätigkeitsfeld für SoziologInnen mit Kompetenzen in der empirischen Geschlechterforschung.

○ Krise der Männer (Männlichkeit muss neu definiert werden)

5   Anwendungsbezug

Aus dem professionalisierten politischen Engagement von Frauen (und z. T. auch Männern) im Zuge der Zweiten Frauenbewegung der 1970er und 1980er sind zahlreiche Einrichtungen zur Unterstützung von Frauen hervorgegangen. Hier sind eine Vielzahl von Beratungsstellen für Frauen zu nennen: z. B. der Verein LEFÖ zur Beratung, Bildung und Begleitung für Migrantinnen; Verein Autonome Österreichische Frauenhäuser, Informationsstelle gegen Gewalt; FrauenBeratenFrauen; Frauenhetz – feministische Bildung, Kultur und Politik u. a. m. Gesprächs- und Beratungskompetenzen wie auch methodisches *know how* bezüglich der Recherche und Dokumentation von Wissensbeständen, der Erhebung und Auswertung von

9   *Gender Mainstreaming* ist die durch EU und nationale Gesetzgebung abgesicherte Durchsetzung von Maßnahmen zur Umsetzung der Geschlechtergleichheit in allen gesellschaftlichen Bereichen.

10   Als Beispiel sei hier die Expertise „Gendermainstreaming – ein Mittel zur Verbesserung weiblicher Partizipation in Entscheidungsprozessen?" Wien: Verein Autonome Österreichische Frauenhäuser, Informationsstelle gegen Gewalt, 2005 (http://www.aoef.at/projekte/Sister-Expertise-Deutsch.pdf) genannt. Hier finden sich auch detaillierte Informationen zu ExpertInnen an universitären Einrichtungen sowie in Regierungs- und Verwaltungsstellen.

Daten zu spezifischen Fragen, die für eine gute Beratung benötigt werden, kommen in diesen Arbeitszusammenhängen zur Anwendung und werden weiterentwickelt. Auch die Evaluation von Beratungsstellen wird in der Regel von SoziologInnen mit *Gender*-Kompetenzen durchgeführt.

Die Relevanz von *Gender*fragen und -konzepten in Planungsprozessen (z. B. von öffentlichen wie nicht-öffentlichen Gebäuden im Rahmen von Architektur, Stadt- und Regionalplanung) kann ebenfalls als Resultat der Verbindung zwischen akademischem und praktischem Wissen betrachtet werden. Auch die Tatsache, dass das Bundeskanzleramt eine eigene Abteilung für „Frauenangelegenheiten und Gleichstellung" eingerichtet hat, ebenso wie etliche Ministerien und die Stadt Wien (MA 57) Frauenabteilungen zur Förderung von Fraueneinrichtungen und *Gender*-projekten unterhalten, zeugt davon, dass *Gender*-Fragen und Geschlechterforschung in politische und administrative Planungsprozesse Eingang gefunden haben. Nicht zuletzt werden in Großunternehmen und mittleren Betrieben Konzepte zur besseren Verbindung von Familie und Beruf (*work-life-balance*) und zur Frauenförderung im Rahmen des so genannten *diversity management* entwickelt und umgesetzt. Auch wenn diese Maßnahmen und -konzepte kritisch zu betrachten sind, sind sie potentielle berufliche Tätigkeitsfelder für SoziologInnen.

Nicht zuletzt sind noch einige Bereiche politischen Handelns zu nennen, ohne die eine breitere Durchsetzung *gender*sensibler Perspektiven und Kriterien für die Gleichstellung der Geschlechter nicht möglich wäre. Zum einen gibt es in den politischen Parteien Gruppen von ExpertInnen, die auf der Grundlage von Recherchen Positionen zu *gender*relevanten Fragen in parteiinternen wie -externen Entscheidungs- wie Durchsetzungsprozessen entwickeln. Des Weiteren achten Gleichstellungsstellen auf verschiedenen Regierungsebenen (z. B. Büros für Frauenfragen in Landesregierungen, Städten und Gemeinden) auf die Einhaltung der Gesetze zur Geschlechtergleichstellung und von Anti-Diskriminierungsmaßnahmen. Außerdem gibt es eine Vielzahl von internationalen Organisationen mit *gender*spezifischen Aufgabenstellungen (z. B. WIDE – Netzwerk Women in Development: Verein zur Förderung *gender*bewusster entwicklungspolitischer Informations-, Bildungs- und Projektarbeit; Verein Frauensolidarität, der feministische und entwicklungspolitische Konzepte verbindet; Projekt *Gender*glokal – *gender*sensible Bildung für Nachhaltigkeit, u. a. m.).

Abschließend sei noch erwähnt, dass die Praxis der Theoriebildung und der empirischen Forschung ebenso wie die gesellschaftlichen Handlungsansätze – historisch gesehen – nicht zuletzt vom Einfallsreichtum und Engagement sowie von der Beharrlichkeit und dem Mut der Akteurinnen und Akteure gelebt und sich durch sie wesentlich weiterentwickelt haben.

Literatur

1. Einführungsliteratur

Aulenbacher, Brigitte; Bereswill, Mechthild; Löw, Martina; Meuser, Michael; Mordt, Gabriele; Schäfer, Reinhild; Scholz, Sylka (Hg.), 2006: Frauen-Männer-Geschlechterforschung. State of the Art. Münster: Westfälisches Dampfboot.

Becker, Ruth; Kortendiek, Beate (Hg.), 2004: Handbuch Frauen- und Geschlechterforschung. Theorie, Methoden, Empirie. Wiesbaden: Verlag für Sozialwissenschaften.

Becker-Schmidt, Regina; Knapp, Gudrun-Axeli, 2011: Feministische Theorien zur Einführung. 5., ergänzte Auflage, Hamburg: Junius.

Hark, Sabine, 2001: Dis/Kontinuitäten. Feministische Theorie. Opladen: Leske + Budrich.

Heintz, Bettina (Hg.), 2001: Geschlechtersoziologie. Sonderheft 41 der Kölner Zeitschrift für Soziologie und Sozialpsychologie. Wiesbaden: Westdeutscher Verlag.

Lenz, Ilse (Hg.), 2000: Frauenbewegungen weltweit. Aufbrüche, Kontinuitäten, Veränderungen. Opladen: Leske + Budrich.

Löw, Martina (Hg.), 2004: Schlüsselwerke der Geschlechterforschung. Wiesbaden: Verlag für Sozialwissenschaften.

2. Weitere zitierte Literatur

Ahmad, Soma; Hudelist, Simone; Wieser, Christina, 2013: Frauen.Management.Report.2013. Frauen in Geschäftsführung und Aufsichtsrat in den Top 200 und börsennotierten Unternehmen. Kammer für Arbeiter und Angestellte für Wien. http://www.arbeiterkammer.at/bilder/d167/Frauen_Management_Report_2013.pdf, 6.4. 2013.

Aulenbacher, Brigitte, 2010: Arbeit und Geschlecht – Perspektiven der Geschlechterforschung. In: Dies.; Meuser; Michael; Riegraf, Birgit, Soziologische Geschlechterforschung. Wiesbaden: Verlag für Sozialwissenschaften, 141–155.

Becker-Schmidt, Regina; Krüger, Helga, 2009: Krisenherde in gegenwärtigen Sozialgefügen. Asymmetrische Arbeits- und Geschlechterverhältnisse – vernachlässigte Sphären gesellschaftlicher Reproduktion. In: Aulenbacher, Brigitte; Wetterer, Angelika (Hg.), Arbeit. Perspektiven und Diagnosen der Geschlechterforschung. Münster: Westfälisches Dampfboot, 12–41.

Biffl, Gudrun, CD-ROM, 2010: Die ökonomische Situation der Frauen in Österreich. In: Bundesministerin für Frauen und Öffentlichen Dienst im Bundeskanzleramt Österreich (Hg.), Frauenbericht 2010. Wien, 465–502.

Bundesministerin für Frauen und Öffentlichen Dienst im Bundeskanzleramt Österreich, CD-ROM (Hg.), 2010: Frauenbericht 2010. Bericht betreffend die Situation von Frauen in Österreich von 1998 bis 2008. Wien.

Crenshaw, Kimberlé, 1989: Demarginalizing the Intersections of Race and Sex. A Black Feminist Critique of Antidiscrimination Doctrine, Feminist Theory and Antiracist Politics. University of Chicago Legal Forum, 1989, 139–167.

Cyba, Eva, 2000: Geschlecht und soziale Ungleichheit. Konstellationen der Frauenbenachteiligung. Opladen: Leske + Budrich.

Eichwalder, Reinhard; Moser, Cornelia, CD-ROM, 2010: Aspekte der geschlechtsspezifischen Arbeitsmarktsegregation. In: Bundesministerin für Frauen und Öffentlichen Dienst im Bundeskanzleramt Österreich (Hg.), Frauenbericht 2010. Wien, 141–152.

Geisberger, Tamara, 2011: The Gender Pay Gap. Evidence from Austria. http://www.statistik. at/web_de/Redirect/index.htm?dDocName=062504, 6.4. 2013.

Geisberger, Tamara; Till, Matthias, 2009: Der neue EU-Strukturindikator „Gender Pay Gap". Statistische Nachrichten 1/2009, 64–70. http://www.statistik.at/web_de/Redirect/index. htm?dDocName=043945, 6.4. 2013.

Gildemeister, Regine, 2004: Doing Gender. Soziale Praktiken der Geschlechterunterscheidung. In: Becker, Ruth; Kortendiek, Beate (Hg.), Handbuch Frauen- und Geschlechterforschung. Theorie, Methoden, Empirie. Wiesbaden: Verlag für Sozialwissenschaften, 132–140.

Goldberg, Christine; Rosenberger, Sieglinde K. (Hg.), 2002: KarrierenFrauenKonkurrenz, Innsbruck. Wien: Studienverlag.

Gottschall, Karin, 2009: Arbeitsmärkte und Geschlechterungleichheit – Forschungstraditionen und internationaler Vergleich. In: Aulenbacher, Brigitte; Wetterer, Angelika (Hg.), Arbeit. Perspektiven und Diagnosen der Geschlechterforschung. Münster: Westfälisches Dampfboot, 120–137.

Hausen, Karin, 1976: Die Polarisierung der „Geschlechtscharaktere". Eine Spiegelung der Dissoziation von Erwerbs- und Familienleben. In: Conze, Werner (Hg.), Sozialgeschichte der Familie in der Neuzeit Europas. Stuttgart: Klett Cotta, 363–393.

Hausmann, Ricardo; Tyson, Laura D.; Zahidi, Saadia, 2011: The Global Gender Gap Report 2011. World Economic Forum. http://www3.weforum.org/docs/WEF_GenderGap_Report_2011.pdf, 6.4. 2013.

Knapp, Gudrun-Axeli, 2012: Im Widerstreit. Feministische Theorie in Bewegung. Wiesbaden: Verlag für Sozialwissenschaften.

Laqueur, Thomas, 1992: Auf den Leib geschrieben. Die Inszenierung der Geschlechter von der Antike bis Freud. Frankfurt/M./New York: Campus.

Lutz, Helma, 2007: „Die 24-Stunden-Polin" – Eine intersektionelle Analyse transnationaler Dienstleistungen. In: Klinger, Cornelia; Knapp, Gudrun-Axeli; Sauer, Birgit (Hg.), Achsen der Ungleichheit. Zum Verhältnis von Klasse, Geschlecht und Ethnizität. Frankfurt/M.: Campus, 210–234.

Mairhuber, Ingrid, 2011: Übergänge im Lebenserwerbsverlauf von Frauen und Männern. Herausforderungen und geschlechterdemokratische Perspektiven für Österreich. FORBA-Forschungsbericht 1/2011. http://www.forba.at/data/downloads/file/665-FB-01-2011. pdf, 6.4. 2013.

Rechnungshof, Österreich, 2012: Allgemeiner Einkommensbericht 2012. Wien. http://www. rechnungshof.gv.at/fileadmin/downloads/2012/berichte/einkommensbericht/Einkommensbericht_2012.pdf, 6.4. 2013.

Scheele, Alexandra, 2009: Jenseits von Erwerbsarbeit? Oder: Ein erneuter Versuch, die richtigen Fragen zu finden. In: Kurz-Scherf, Ingrid; Lepperhoff, Julia; Dies. (Hg.), Feminismus. Kritik und Intervention. Münster: Westfälisches Dampfboot, 180–196.

Statistik Austria (Hg.), 2009: Arbeitskräfteerhebung 2008. Ergebnisse des Mikrozensus. Wien 2009. http://www.statistik.at/dynamic/wcmsprod/idcplg?IdcService= GET_NATIVE_FILE&dID=57149&dDocName=041730, 6.4. 2013.

West, Candace; Zimmerman, Don H., 1987: Doing Gender. Gender and Society, 1987, Vol. 1, No. 2, 125–151.

Wetterer, Angelika, 2002: Arbeitsteilung und Geschlechterkonstruktion. »Gender at Work« in theoretischer und historischer Perspektive. Konstanz: UVK.

3. Ausgewählte Fachzeitschriften

differences: A Journal of Feminist Cultural Studies
European Journal of Women's Studies
Femina Politica. Zeitschrift für feministische Politikwissenschaft
Feministische Studien
Gender & Society
L'HOMME. Europäische Zeitschrift für Feministische Geschichtswissenschaft
Men and Masculinities
Sexualities
SIGNS: Journal of Women in Culture and Society

Gesundheit und Medizin

Rudolf Forster, Karl Krajic

1 Einleitung

Gesundheit ist in der spätmodernen Gesellschaft ein allgegenwärtiges Thema. Sie gilt vielen als wesentlicher Aspekt von Lebensqualität und wird zunehmend zum Entscheidungskriterium beim Konsum von Waren und Dienstleistungen. Die Massenmedien beobachten Gesundheitsthemen intensiv, berichten darüber, halten das Interesse wach. Schwere Krankheit oder lange Pflegebedürftigkeit gehören zu den vorrangigen Lebensängsten der spätmodernen Individuen. Abhilfe versprechen hoch komplexe „Gesundheitssysteme" (eigentlich: Krankenbehandlungssysteme), die gekoppelt sind an Fortschritte der medizinischen Wissenserzeugung und an ständige Innovationen im Bereich kurativer Technologien. Auch wenn die Debatten über die Finanzierbarkeit der Krankenversorgung heftiger werden, gilt unverändert: Je reicher Gesellschaften sind, desto höher werden ihre relativen Aufwendungen für Krankheiten. Mittlerweile liegen die öffentlichen und privaten Ausgaben für die Krankenversorgung in den meisten EU-15-Staaten[1] bei knapp über 10 % des Bruttoinlandsprodukts und damit etwa doppelt so hoch wie vor ca. 50 Jahren. Gesundheitssysteme gehören zu den Sektoren mit besonders großen Chancen für Gewinne und Beschäftigung; ihre Organisationen sind sehr wichtige und auch sehr stabile Arbeitgeber; die dort tätigen Berufsangehörigen, allen voran Ärztinnen und Ärzte, sind an der Spitze der Berufsprestige-Ranglisten prominent vertreten.

Die zunehmende gesellschaftliche Bedeutung von Gesundheit und Krankheit äußert sich auch in steigender wissenschaftlicher Aufmerksamkeit. Sozialwissenschaftliche Analysen belegen, dass Gesundheit und Krankheit kulturell und sozial geprägt sind, und ihr Verständnis ständigen Wandlungen unterliegt (Stollberg 2012). In den hoch entwickelten Gesellschaften beeinflusst primär die von einem biomedizinischen Modell geprägte „Schulmedizin" auch die Laienkonzepte von Gesundheit und Krankheit. Zentrale Annahmen dieses Modells sind aber auch der Kritik ausgesetzt. Schulmedizinische Denkansätze stehen daher heute neben anderen Konzepten, die die Medizin ergänzen (wie Akupunktur) oder sich als bessere Alternative positionieren und mit ihr konkurrieren (wie Homöopathie). Das hat – auch in Teilen der Krankenversorgung – zu einem komplexeren, bio-psycho-sozialem Ver-

---

1   EU-Staaten ohne die ehemals kommunistischen mittel- und osteuropäischen Staaten sowie Malta und Zypern.

ständnis von Gesundheit und Krankheit geführt und zur (Weiter-)Entwicklung von Interventionen in Richtung von Prävention, Gesundheitsschutz und Gesundheitsförderung (*public health*). Human- und sozialwissenschaftliche Forschung (neben der Soziologie vor allem Psychologie, Wirtschafts- und Managementwissenschaften, Politikanalysen und Kulturwissenschaften) spielt eine zunehmend wichtige Rolle bei der gesellschaftlichen Beobachtung und Thematisierung von Gesundheit und Krankheit und bei der Entwicklung von Strategien zu deren Beeinflussung.

2   Historische Entwicklung der Gesundheits- und Medizinsoziologie

Bis zum Beginn der europäischen Moderne waren die Thematisierung von Gesundheit und der praktische Umgang mit Krankheiten stark von religiösen Bezügen geprägt. Erst dann setzt sich die Vorstellung durch, dass Krankheit auf der Basis von wissenschaftlich gewonnenem Wissen behandelbar und verhinderbar wird, und dass es Aufgabe der Nationalstaaten und ihrer Bürger/innen sei, daran mitzuwirken. Nach Kickbusch (2006) findet die Vorstellung von der „Machbarkeit von Gesundheit" ihren Ausdruck in drei „Gesundheitsrevolutionen".

Drei „Gesundheitsrevolutionen"
 (1) Im 19. Jahrhundert reagierten die Nationalstaaten auf die durch Industrialisierung, exzessive Ausbeutung von Arbeitskraft, rasche Urbanisierung und massenhaftes Elend virulent gewordenen Gesundheitsgefährdungen der breiten Bevölkerung durch Infektionskrankheiten vor allem mit Maßnahmen zur Verbesserung der öffentlichen Infrastruktur (z.B. Wasserversorgung, Abfallbeseitigung, Nahrungsmittelhygiene) und durch Regulierungen der industriellen Produktion (z.B. Begrenzung der Arbeitszeit, Einschränkung von Kinderarbeit). Diese „erste Gesundheitsrevolution", die auf noch wenig gesichertem medizinischen Wissen über die Erkrankungsursachen und -wege (Pathogenese) und auf einigen wirksamen, spezifischen Präventions- und Behandlungstechnologien beruhte, schuf die Grundlagen für eine starke Erhöhung der durchschnittlichen Lebenserwartung seit etwa Mitte des 19. Jahrhunderts.
(2) Während es im 19. Jahrhundert vorrangig um die „öffentliche Gesundheit" ging, trat im 20. Jahrhundert die Behandlung der einzelnen Individuen im Krankheitsfall in den Vordergrund. Ausschlaggebend dafür waren der rasante medizinische Fortschritt, der Aufstieg der ärztlichen Profession zu Macht und Ansehen und

die Entstehung umfassender wohlfahrtsstaatlicher Systeme, die den breiten Zugang der Bevölkerung zur medizinischen Versorgung ermöglichten.

(3) Parallel zur ständigen Expansion der Versorgungssysteme und zur Verbesserung der medizinischen Behandlung nahmen in den letzten Jahrzehnten die chronischen Krankheiten immer mehr zu. Allmählich tritt daher die Sorge um die gesundheitliche Lebensqualität gleichberechtigt neben das Streben nach einer bloßen Verlängerung der Lebensdauer. Gleichzeitig gilt das Interesse zunehmend den gesellschaftlichen Verursachungsfaktoren der neuen Volkskrankheiten, die in den spätmodernen Lebens- und Arbeitsbedingungen sowie den damit verbundenen individuellen Lebensweisen zu finden sind. Mit der aktuellen, „dritten Gesundheitsrevolution" tritt daher die Vorbeugung von Krankheiten (Prävention) und der Schutz und die Förderung von „positiver" Gesundheit (Funktionsfähigkeit, Wohlbefinden) programmatisch – aber bei weitem noch nicht hinsichtlich der dafür tatsächlich eingesetzten Ressourcen – gleichwertig neben die Versorgung im Krankheitsfall.

Die Entwicklung des sozialwissenschaftlichen Zugangs zu Krankheit, Gesundheit und Medizin steht in engem Zusammenhang mit den drei „Gesundheitsrevolutionen" (Tabelle 1):

Tabelle 1: Die drei „Gesundheitsrevolutionen" nach Kickbusch (2006) und die Entwicklung sozialwissenschaftlicher Forschungsstränge

Gesundheits-revolution	Gesellschaftspolitischer Fokus	Sozialwissenschaftlicher Fokus
1. Revolution (19. Jh.)	Sanitätsgesetze und Infrastrukturaufbau	Soziale Verteilung und soziale Ursachen von Krankheit
2. Revolution (20. Jh.)	Sozialversicherung und medizinisches Versorgungssystem	System der Krankenbehandlung: Rollen, Interaktionen, Berufe, Organisationen, Vernetzung und Interdependenzen
3. Revolution (21. Jh.)	Gesundheitsförderung und Prävention	Gesunde Lebensverhältnisse und Lebensweisen; Gesundheitsförderung als Intervention

Sozialwissenschaftliche Forschungsstränge

(1) Bereits vor der Entstehung der akademischen Soziologie hatten politisch und sozial engagierte Intellektuelle auf die gesellschaftlichen Ursachen von Krankheit und Sterblichkeit im Gefolge der Industrialisierung verwiesen. So etwa beschrieb

der Philosoph und Revolutionär Friedrich Engels (1820–1895) in seinem Werk *Die Lage der arbeitenden Klasse in England* (1845) auf Basis von Statistiken und Fallstudien eindringlich den Kreislauf von industrieller Ausbeutung, Armut und elenden Wohnverhältnissen auf der einen und Krankheit, Alkoholmissbrauch und Gewalt auf der anderen Seite. Der Soziologe Emile Durkheim (1858–1917) nutzte die sich ergebenden neuen Möglichkeiten der Bevölkerungsstatistik, um der sozialen Dynamik hinter einem scheinbar höchst persönlichen Akt, dem Selbstmord, nachzugehen (Durkheim 1973 [1897]). Sein Erklärungsansatz stellt Faktoren wie soziale (Des-)Integration und sozialen Zusammenhalt in den Mittelpunkt und gilt heute als eine der Pionierarbeiten für die Erforschung der gesundheitlichen Relevanz sozialer Unterstützung. Große, auch methodisch ausgereifte Studien über die sozial ungleiche Verteilung von Krankheiten und deren Ursachen entstanden erst im 20. Jahrhundert. So belegten etwa Forschungen in den USA vor und nach dem zweiten Weltkrieg das gehäufte Auftreten von psychischen Krankheiten in den sozial benachteiligten Vierteln von Großstädten und in den unteren sozialen Schichten.

(2) Die Herausbildung moderner Krankenversorgung hatte einst mit der Neukonzeption des Krankenhauses als Anstalt für heilbare Kranke (statt als Asyl für diverse „Randgruppen") seinen Anfang genommen (Foucault 1973). Der unübersehbare Aufschwung der modernen Medizin im 20. Jh. zog auch die Aufmerksamkeit der Soziologie auf sich und führte zur Begründung einer speziellen Medizinsoziologie. Diese beinhaltete von Anfang an eine nicht immer einfache Beziehung zwischen Medizin und Soziologie. Robert Straus (1957) trug mit der Unterscheidung einer „Soziologie in der Medizin" und einer „Soziologie der Medizin" zwei idealtypischen Beziehungsmustern Rechnung. Das erste setzt eher komplementär an, und die Soziologie versucht, mit ihren Mitteln zur Lösung praktischer Probleme beizutragen, z. B. zur Verbesserung der Information von PatientInnen. Das zweite Verständnis ist distanzierter und oft auch skeptisch-kritisch gegenüber der Medizin und problematisiert z. B. die zunehmende Definition von Lebensphasen (z. B. Menopause) und Verhaltensauffälligkeiten (z. B. kindliche Hyperaktivität) unter rein medizinischen Gesichtspunkten („Medikalisierung").

Als Pionierwerk der Medizinsoziologie gilt ein Text von Talcott Parsons (1902–1979) zur Struktur und Funktion der modernen Medizin (Parsons 1951). Parsons' Interesse galt der Funktion der Medizin für die Erhaltung sozialer Ordnung in arbeitsteilig organisierten Gesellschaften, in denen Krankheit als soziale Abweichung das komplexe Gefüge von Rollenerwartungen und -ausführungen bedroht. Moderne Gesellschaften entwickeln daher, so Parsons, spezifische Normen und Institutionen, um Krankheiten zu kontrollieren bzw. zu regulieren und eine möglichst rasche Rückkehr zur Normalität zu unterstützen. Erreicht wird dies vor allem durch die Ausdifferenzierung komplementär aufeinander bezogener Rollen von ÄrztInnen und Kranken, die es den ÄrztInnen erlaube, gleichzeitig Kontrolle auszuüben und den PatientInnen wirksam zu helfen. Mit Parsons' Analyse wurden das Verhältnis von Medizin und Gesellschaft auf der Makroebene (Medizin als System sozialer Kontrolle) und von medizinischen ExpertInnen und Laien auf der Mikroebene (Arzt-Patient-Verhältnis) als zentrale Forschungsthemen etabliert.

(3) Die „dritte Gesundheitsrevolution" ist ein aktuelles und junges Phänomen. Sie geht wesentlich zurück auf die kritische gesellschaftliche Thematisierung der Grenzen, Schattenseiten und blinden Flecken der vorherrschenden Schulmedizin, für die soziologische Forschung wesentliche Argumente bereitstellte (Ruckstuhl 2011). Gleichzeitig schließt sie thematisch wieder am Interesse an den Lebensumständen und -weisen unter spätmodernen Verhältnissen an. Damit entsteht ein Bedarf nach soziologischem Wissen nicht nur über die gesellschaftlichen Einflussfaktoren des Gesundbleibens und Krankwerdens, sondern auch über Möglichkeiten nachhaltig wirksamer Maßnahmen für gesündere Lebensverhältnisse und -weisen. Gesundheitssoziologie ist gefordert, ein breites Spektrum des gesellschaftlichen Umgangs mit Gesundheit in den Blick zu nehmen.

3 Zentrale Forschungsbereiche, Theorien und Ergebnisse

Der skizzierten Logik der historischen Entwicklung folgend, werden drei zentrale Forschungsgebiete dargestellt: gesellschaftliche Determinanten und sozial ungleiche Verteilung von Krankheiten und Gesundheitschancen, das soziale System zur Bewältigung von Krankheiten, und neue Strategien der Gesundheitsförderung und Prävention.

3.1 Gesellschaftliche Determinanten und gesundheitliche Ungleichheit

Ungleichheiten in der Lebenserwartung, bei manifesten Krankheiten oder bei subjektivem Wohlbefinden in Abhängigkeit von der sozialen Schicht-Position haben zuletzt große Aufmerksamkeit gefunden.[2] Trotz kontinuierlicher Steigerung der durchschnittlichen Lebenserwartung und der Aufwendungen für die Krankenver-

---

2   Grundlegende Überlegungen und Konzepte der Erforschung „vertikaler" Ungleichheit sind auch für die Erforschung „horizontaler" gesundheitlicher Ungleichheiten (z. B. nach Geschlecht oder ethnischer Zugehörigkeit) relevant.

sorgung in den hoch entwickelten Gesellschaften besteht weiterhin ein deutlicher Zusammenhang zwischen Gesundheit und sozialer Lage: Wer weniger gebildet ist, weniger Vermögen und Einkommen hat oder eine niedrigere berufliche Position einnimmt, stirbt nicht nur früher[3], sondern leidet auch häufiger und länger an gesundheitlichen Beeinträchtigungen. Vieles spricht dafür, dass dieses soziale Gefälle derzeit sogar zunimmt (Siegrist 2007).

Die internationale Forschung hat zuletzt große Fortschritte gemacht, den Zusammenhang von sozialer Ungleichheit und Gesundheit differenziert zu beschreiben, Erklärungsmodelle zu entwickeln und Vorschläge zur Verringerung vorzulegen. Wesentliche Erkenntnisse aus vielen Studien über gesundheitliche Ungleichheit sind in Übersicht 1 zusammengefasst:

Übersicht 1: International gesicherte Ergebnisse der Forschung zur gesundheitlichen Ungleichheit (nach Siegrist/Marmot 2008: 16f.):

- Gesundheitliche Ungleichheit tritt **in allen modernen Gesellschaften** auf, ist aber nicht überall gleich stark ausgeprägt.

- Gesundheitliche Ungleichheit bezieht sich nicht nur auf Unterschiede zwischen arm vs. reich oder „unten vs. oben", sondern meint einen **durchgängigen Zusammenhang zwischen Sozialstatus und Gesundheitszustand** („sozialer Gradient").

- Dieser Zusammenhang gilt nicht nur für die **Lebenserwartung**, sondern auch für **viele spezifischen Krankheiten** (insbes. koronare Herzkrankheiten, Depressionen, gewaltsame Todesursachen u. a. m.).

- Die Unterschiede zwischen sozialen Statusgruppen bestehen **über den gesamten Lebenslauf** hinweg, besonders ausgeprägt sind sie aber in der frühen Kindheit (besondere „Vulnerabilität") und im mittleren Erwachsenenalter (Verfestigung der sozialen Position).

- Gesundheitliche Ungleichheit ist **bei Männern stärker** ausgeprägt als bei Frauen.[4]

---

3   Zum Bespiel beträgt die Differenz in der Lebenserwartung der obersten und untersten sozialen Schicht in England ca. 7 Jahre, die Differenz in der Lebenserwartung bei guter Gesundheit sogar 17 Jahre (Marmot 2010: 37).

4   Die Ursachen dieses Unterschieds sind komplex; letztlich bedeuten sie, dass das gesundheitlichen Befinden von Männern stärker von ihrem sozialen Status abhängt (siehe dazu z. B. die dramatischen gesundheitlichen Folgen des gesellschaftlichen Umbruchs in der ehemaligen Sowjetunion, die sich viel stärker auf Männer auswirken).

Für die Erklärung des Zusammenhangs von Sozialstatus und Gesundheitszustand stellt sich die Frage: Bestimmt der gesundheitliche Status den sozialen Status (gesundheitliche Ungleichheit als Ergebnis sozialen Abstiegs durch Krankheit) oder umgekehrt der soziale Status das gesundheitliche Befinden (soziale Verursachung)? Zwar kann chronische Krankheit oder Behinderung zu sozialem Abstieg führen, insgesamt erklärt der diesbezügliche Effekt aber nur einen kleinen Teil des Zusammenhangs (Richter/Hurrelmann 2009: 20f.). Wenn also der soziale Status wesentlich die Gesundheit bestimmt (soziale Verursachung), welche konkreten Mechanismen sind dann dafür verantwortlich?

Mielck (2005) führt die bisher belegten Erklärungsfaktoren in drei Bündeln zusammen. Demnach beeinflusst die soziale Lage verschiedene Gesundheitsdeterminanten: (1) die Art und das Ausmaß von gesundheitlichen Belastungen, sei es physischer Art (z. B. Lärm, Hitze, Kälte am Arbeitsplatz) oder psychosozialer Art (z. B. Arbeitsplatzunsicherheit), ebenso wie die verfügbaren Ressourcen, um sie auszugleichen oder abzufedern (z. B. finanzielle Ressourcen, soziale Unterstützung); (2) die gesundheitsrelevanten Verhaltensweisen (z. B. Ernährung, Bewegung); (3) den Zugang zu und die Qualität der gesundheitlichen Versorgung. In all diesen Faktorenbündeln haben sozial schlechter Gestellte jeweils ungünstigere Voraussetzungen. In Summe und im Zusammenwirken der Faktorenbündel entsteht das aufgezeigte Muster gesundheitlicher Ungleichheit. Die Forschung zeigt, dass gesundheitsschädigendes Verhalten in seiner sozialen und kulturellen Einbettung verstanden werden muss und nicht den sozial schlechter Gestellten als freie Entscheidung schuldhaft zugerechnet werden darf (Siegrist/Marmot 2008: 22).

Für ausgewählte Zusammenhänge liegen mittlerweile auch theoretische Erklärungsmodelle vor (Siegrist 2007). Besondere Beachtung haben dabei Unterschiede in der psychosozialen Qualität der Erwerbsarbeit gefunden. Zwei Modelle haben sich dabei in verschiedenen Studien als besonders aussagekräftig erwiesen: Das „Anforderungs-Kontrollmodell" von Karasek und Theorell (ebd.: 18f.) nimmt an, dass Umfang und Intensität von Stresserfahrungen vom Zusammentreffen von hoher Arbeitsbelastung und geringen Entscheidungsspielräumen abhängen. Diese Konstellation ist für niedrige Statusgruppen sowohl im industriellen als auch im Dienstleistungssektor charakteristisch. Das Modell „sozialer Gratifikationskrisen" von Siegrist (ebd.: 20f.) fokussiert dagegen auf ein dauerhaft ungünstiges Verhältnis von hoher Verausgabung und fehlender angemessener Belohnung (Bezahlung, Anerkennung, Aufstieg). Auch diese Erfahrung tritt gehäuft in niedrigen Berufspositionen auf. Empirisch wurden Zusammenhänge mit diversen Erkrankungen und Risiken, insbesondere bezüglich koronarer Herzerkrankungen, der Todesursache Nr. 1, nachgewiesen.

Umfassende, wissenschaftlich begründete Strategien zur Reduktion gesundheitlicher Ungleichheit wurden bislang erst in einzelnen Ländern entwickelt. Führend ist England, wo zuletzt ein von der Regierung beauftragtes Gutachten (Marmot 2010) eine kritische Bilanz über bisherige Programme zog und eine konsequentere, an den gesellschaftlichen Determinanten und am Lebenslauf orientierte Strategie vorschlug.

3.2 Soziologie der Krankenversorgung („Medizinsoziologie")

Arzt-Patient-Beziehung, neue PatientInnenrollen und die Rolle von PatientInnengruppen

Parsons (1951) charakterisierte die Krankenrolle durch gesellschaftliche Erwartungen: Erwartet wird von Kranken, dass sie wieder gesund werden wollen, kompetente Hilfe in Anspruch nehmen und in der Behandlung mit den ExpertInnen kooperieren (*compliance*). In der Praxis entwickelte sich in Zusammenhang mit diesen Erwartungen eine „paternalistische" Arzt-Patient-Beziehung, die gekennzeichnet ist durch Informationsbeschränkung, Geringschätzung von PatientInnenwünschen und exklusive Entscheidungsfindung durch den Arzt/die Ärztin (Siegrist 2012). Eine lange Forschungstradition zeigt die problematischen Seiten dieser Entwicklung auf: Ärztliche Anweisungen werden häufig nicht befolgt, die Behandlungsqualität ist häufig nicht optimal, und die subjektive Lebensqualität verringert sich. Bestrebungen zur Veränderung, insbesondere durch eine patientenzentrierte Kommunikationsschulung der angehenden Ärztinnen und Ärzte, gewinnen in der Medizin langsam an Boden. Der Bedeutungszuwachs von Komplementär- und Alternativmedizin dürfte auch mit dem höheren Stellenwert von Kommunikation in diesen Ansätzen zusammenhängen.

Herausgefordert wird das paternalistische Modell zunehmend von PatientInnenseite. Zum einen verändern sich die PatientInnenerwartungen und das PatientInnenwissen, vor allem durch den Internet-basierten Informationszugang. Zum anderen leiden die meisten PatientInnen heute unter chronischen Erkrankungen. Die Auseinandersetzung mit der Erfahrung chronischer Krankheit und deren Implikationen für das eigene Selbstverständnis und die sozialen Rollen und Beziehungen sowie die alltägliche Krankheitsbewältigung finden überwiegend im Alltag und jenseits medizinischer Unterstützung und Kontrolle statt (Bury 2005). Coulter (2002) entwirft entsprechend vier „neue" PatientInnenrollen der Zukunft: PatientInnen sollen sich an Behandlungsentscheidungen beteiligen, ihr Krankheitsmanagement aktiv mitgestalten, durch Rückmeldungen zur Qualitätsverbesserung der Behandlung beitragen und als BürgerInnen kollektiv an der Gestaltung des Systems mitwirken. In der Realität zeigt sich, dass all diese Rollen voraussetzungsreich sind und entsprechender Unterstützung zu ihrer Umsetzung bedürfen.

Zu einer wichtigen Ressource für PatientInnen sind selbst-organisierte Gruppen geworden (im deutschen Sprachraum als „Selbsthilfegruppen" bezeichnet), deren Anzahl und Organisationsgrad stark gestiegen sind. Durch Erfahrungsaustausch unter gleich Betroffenen erfahren deren Mitglieder nicht nur Verständnis und Unterstützung, sondern verdichten das subjektive Erfahrungswissen der Einzelnen über ihre Krankheit und das Behandlungssystem zur gemeinsamen Erfahrungsexpertise. Viele Gruppen setzen sich auch verstärkt mit dem ExpertInnenwissen der Medizin (kritisch) auseinander. Diese zweifache Expertise wird mobilisiert, um Mitglieder in ihren persönlichen Gesundheitsentscheidungen zu stärken (*empowerment*) und um kollektiv auf die Gestaltung der Gesundheitsversorgung und der Gesundheitspolitik einzuwirken. Je ambitionierter die Zielsetzungen, desto größer auch hier das Risiko von Überforderung und Instrumentalisierung (Forster et al. 2011).

Organisierte Krankenversorgung

Die individuelle Arzt-Patient-Interaktion stellte lange Zeit den zentralen Fokus soziologischer Analysen der Krankenversorgung dar. Mit der Veränderung der Krankenversorgung ändert sich auch der Fokus soziologischer Forschung: Krankenversorgung wird heute nicht mehr primär von einzelnen AllgemeinmedizinerInnen in ihren Praxen erbracht, sondern in komplexen Netzwerken von Spezialistinnen und Spezialisten in unterschiedlichen Organisationsformen. Das moderne Krankenhaus ist das Zentrum des Systems, in dem im Rahmen hochgradig arbeitsteiliger, technikintensiver Prozesse Krankenbehandlung (Diagnostik, Therapie und Pflege) rund um die Uhr und 365 Tage im Jahr durchgeführt wird. Beteiligt an der Bearbeitung komplexer, zeitkritischer und folgenreicher Problemlagen sind nicht nur verschiedene ärztliche SpezialistInnen, sondern vielfältige andere Berufsgruppen und Spezialisierungsgrade. Effektive und effiziente Organisation und Management werden damit zu zentralen Aufgabenstellungen für die Krankenversorgung. Damit richtet sich die soziologische Aufmerksamkeit zunehmend auf die Rolle von Organisationssystemen in der Krankenbehandlung.

Ein klassischer Ansatzpunkt von Organisationsanalysen sind diagnostizierbare Widersprüchlichkeiten im Umgang mit PatientInnenbedürfnissen. Die vorrangigen Aufgaben der Krankenhäuser – Durchführung medizinischer Handlungsprogramme (Beobachtung von/Intervention in primär körperliche Prozesse) und umfassende Sicherstellung persönlicher Versorgungsbedürfnisse (*cure* und *care*, Behandlung

und Pflege) – führen zu starken Reglementierungen der PatientInnen und ausge-
prägten sozialen Asymmetrien zwischen Personal und PatientInnen (Siegrist 2005).
Noch deutlich verschärft werden diese unter Bedingungen langfristiger Unterbrin-
gung und erhöhter formaler Kontrollmacht, wie sie lange Zeit für psychiatrische
Krankenhäuser typisch waren. Goffman (1972) entwickelte an diesem Beispiel den
Organisationstypus der „totalen Institution" und analysierte insbesondere Strategi-
en der Aufrechterhaltung der Identität von „Insassen" unter extremen Bedingungen.

Zentral ist die Frage, wie Leistungen kompetent, verlässlich und patientenorien-
tiert, mit einem Wort: „qualitätsvoll" erbracht werden können. Im letzten Jahrzehnt
ist dazu einiges an Forschung, häufig mit einem Fokus auf spezifische Krankheiten
bzw. Gesundheitsprobleme unter dem Titel „Versorgungsforschung" entstanden.
Die Soziologie hat – in Kooperation mit anderen Disziplinen – Analysen geliefert,
Reformkonzepte (mit-)entwickelt und Innovationsprojekte begleitet. Themen sind
z. B. die Kontinuität und Integration der Versorgung von chronisch kranken Menschen, die Versorgung von Schwer- und Schwerstkranken zu Hause etc. (vgl. z. B.
Krajic et al. 2002). Ein weiterer wichtiger Aspekt ist die verstärkte Einbeziehung
des subjektiven Krankheitserlebens und individueller Perspektiven von PatientInnen und Angehörigen, im Sinne der Verbesserung von *compliance* bzw. Weiterentwicklung in Richtung „Koproduktion", d. h. der systematischen, komplementären
und gleichberechtigten Zusammenarbeit von Behandler/innen und Behandelten.

Gesundheitssystemforschung

Auch auf der gesellschaftlichen Makro-Ebene hat sozialwissenschaftliche Forschung in den letzten 15 Jahren deutlich zugenommen. Eine multi- und interdisziplinäre, international vergleichende Gesundheitssystemforschung hat sich etabliert,
mit dem Ziel einer (vergleichenden) Analyse von Strukturen, Prozessen und Ergebnissen des Systems selbst bzw. von Steuerungsmöglichkeiten. Disziplinär dominiert
wird sie von Gesundheitsökonomie und Politikanalyse. Das Interesse an soziologischen Beiträgen, die den gesamtgesellschaftlichen Kontext der Entwicklung der
Krankenbehandlung analysieren, wird aber stärker (z. B. Wendt/Wolf 2006). Analysen des komplexen Verhältnisses der Krankenversorgung zu ihren Umwelten wie
Politik, Wissenschaft, Wirtschaft und Bildung sind ein Beispiel für solche Beiträge
(Forster et al. 2004; Pelikan 2007).

3.3 Soziologie der Gesundheit, Gesundheitsförderung und Gesundheitsgesellschaft

Leben wir in einer „Gesundheitsgesellschaft"? Die Gesundheitsexpertin Ilona Kickbusch (2006) hat diesen Begriff als pointierte Beschreibung des Ergebnisses der drei eingangs beschriebenen Gesundheitsrevolutionen in Umlauf gebracht: Gesundheit wird für Politik und Wirtschaft, für Bildung und Wissenschaft, für die Medien, vor allem aber für die Individuen immer wichtiger. Beobachten lässt sich dabei nicht nur die oben schon angesprochene Entwicklung eines immer differenzierteren, komplexeren, leistungsfähigeren, aber auch teureren Systems der Krankenbehandlung. Wahrnehmbar ist auch eine verstärkte und zunehmend differenzierte Kommunikation über Krankheitsrisiken, aber auch über Möglichkeiten zur Prävention und Gesundheitsförderung. Wenn man heute „Gesundheit" sagt, muss man genau sagen, welche Gesundheit man meint: Den medizinischen Begriff „ohne Befund", d. h. die Abwesenheit einer diagnostizierten Krankheit oder aber funktionale Gesundheit, d. h. Leistungsfähigkeit, oder subjektive Gesundheit, d. h. Wohlbefinden. Zusätzlich zur körperlichen Gesundheit ist psychische Gesundheit schon selbstverständlich geworden – und zunehmend kann die Soziologie auch für das Konzept einer sozialen Gesundheit Verständnis finden (Pelikan 2007). Gesundheitsbezogene Interventionen umfassen nicht mehr nur Krankheitsbehandlung, sondern auch das Training im Fitness-Zentrum, den Besuch in der Wellness-Oase, Coachings in kritischen Lebensphasen etc. Eine gesundheitsbezogene Optimierung wichtiger Lebenswelten durch Organisationen, wie Betriebe und Bildungseinrichtungen, wird zunehmend erwartet. Auch Gemeinden, Städte und Regierungen sind gefordert, und die Individuen sollen sich auf politischer Ebene engagieren, zum Beispiel für eine gesunde Umwelt oder gegen gesundheitliche Ungleichheiten, für einen gesunden Stadtteil etc.

Individuell gelten viele chronische Krankheiten zunehmend als selbst mit-verursacht; fehlende körperliche Fitness, geringes Wohlbefinden und auch geringe körperliche Attraktivität und emotionale Ausstrahlung werden zum Ansatzpunkt von moralisierenden Kommunikationen, aber auch für vielfältige Angebote der Fitness-, Wellness- und Schönheitsindustrie.

Die Soziologie hat die neue Dynamik der gesellschaftlichen Kommunikation über Gesundheit schon früh wahrgenommen. Teilweise hat sie sich aktiv daran beteiligt: Zunächst durch Kritik an Engführungen einer naturwissenschaftlich-technisch dominierten Krankenbehandlung, aber dann auch durch Entwicklungsarbeit an einem komplexen, ressourcenorientierten Gesundheitsbegriff (Hurrelmann 2010), z. B. in

Form eines Konzepts komplexer, mehrdimensionaler, „positiver Gesundheit", die unabhängig von Krankheit variieren kann (Pelikan 2007). Besonders einflussreich war soziologisches Denken in der Entwicklung von Gesundheitsförderung (Ruckstuhl 2011) zu einem neuen Typus gesundheitsbezogener Intervention, mit dem sowohl am gesundheitsrelevanten Verhalten von Individuen und Gruppen, als auch an den gesundheitsrelevanten sozialen Verhältnissen angesetzt werden soll. Besonders bedeutsam ist der soziologische Beitrag zum *Setting*-Ansatz der Gesundheitsförderung, im Rahmen dessen der Einfluss der konkreten Lebenswelten in Richtung auf mehr Gesundheit optimiert werden soll (Pelikan 2011). Neben regionalen *Settings* (Städte, Gemeinden), werden zunehmend Lebenswelten fokussiert, die von Organisationen kontrolliert werden wie Betriebe, Schulen (Dür/Felder-Puig 2011), Krankenhäuser (Pelikan et al. 2010), Langzeitbetreuungseinrichtungen, Universitäten, Gefängnisse etc.

Diese Entwicklung wird aber nicht nur befördert, sondern auch in einer distanzierteren, kritisch-reflexiven soziologischen Perspektive beobachtet. Mit verschiedenen theoretischen Anschlüssen versucht die Gesundheitssoziologie, die gesellschaftliche Bedeutung dieser Zunahme und Ausdifferenzierung gesundheitsbezogener Kommunikation zu verstehen. Über die grundsätzlichen Trends gibt es weitgehend Konsens: Dass es mehr und differenzierte Kommunikation über Gesundheit gibt; dass sich neue Berufsfelder, Ausbildungen und Organisationen ausdifferenziert haben; dass die neue Aufmerksamkeit für Gesundheit sehr diverse Handlungsfelder umfasst – von der Schönheitschirurgie bis zur Sozialarbeit, vom Gesundheitstourismus in Wellness-Oasen bis zur betrieblichen Gesundheitsförderung und zur Gesundheit als Grundprinzip in allen Politikfeldern. Soziologisch analysiert wird dabei, dass mit der Vorstellung der vielfältigen Steigerbarkeit von Gesundheit Erwartungen an verschiedene Akteure im Hinblick auf die Optimierung ihres jeweiligen Beitrags verbunden sind. Adressiert werden zum Beispiel Politik, Wissenschaft und Wirtschaft auf gesellschaftlicher Ebene. Adressiert werden aber auch spezifische Organisationen und nicht zuletzt auch Individuen. Offen ist aber, ob das ein Beitrag zu so etwas wie gesellschaftlichem Fortschritt ist, zur Verwirklichung von Emanzipation oder ähnlichen Ideen. Oder ob hier eher – vor allem gegenüber Individuen – eine schon bei Foucault (1977) beschriebene Entwicklung zu immer mehr Kontrolle bzw. immer mehr Zwang zur Selbstkontrolle, zum Selbstmanagement stattfindet („poststrukturalistische" Perspektive). Soziologisch kann auch der Frage nachgegangen werden, ob sich hier neue Funktionssysteme ausdifferenzieren, deren gesellschaftliche Auswirkungen noch nicht abschätzbar sind (eine systemtheoretische Perspektive, vgl. Pelikan 2007). All das wird in die Diskussion eingebracht und sollte durchaus kontrovers diskutiert werden. In diesem Kontext ist aber noch viel konkrete empirische Forschung zur Realität von Gesundheitsförderung und Gesundheitsindustrie notwendig.

4 Aktuelle Forschung in Österreich

Medizin- und gesundheitssoziologische Forschung und Lehre ist an den österreichischen Universitäten, etwa verglichen mit anderen EU-Ländern, relativ schwach institutionalisiert. An den Medizinischen Universitäten ist eine Etablierung als eigenes Prüfungsfach im Gegensatz zu Deutschland (1970er Jahre) nicht gelungen. Soziologie findet sich dort vor allem als eine Quelle des Faches Sozialmedizin und in letzter Zeit als integrierter Teil von neuen *public health*-Lehrgängen oder auch von „*gender*medizinischen" Ansätzen. An den soziologischen Universitätsinstituten, insbesondere in Wien und Linz, war und ist Gesundheit/Krankheit – teils mit Querbezügen zu Fragen von Alter, Familie, *Gender*, Migration u.a. – in Forschung und Lehre immer wieder Thema. In den letzten Jahren ist ein bemerkenswerter Aufschwung gesundheitswissenschaftlicher Studiengänge mit starker soziologischer Beteiligung an Privatuniversitäten und vor allem an Fachhochschulen (Studiengänge insbesondere mit Management- und Pflegebezug) festzustellen. Forschung wird hier auch über akademische Abschlussarbeiten forciert.

Soziologische Forschung zu Medizin und Gesundheit findet wesentlich auch in außeruniversitären Institutionen statt, deren (wechselnde) Forschungsthemen die sich ändernden Problemlagen und politischen Initiativen aufgreifen. Insbesondere ist das Engagement der Ludwig Boltzmann Gesellschaft bemerkenswert: Das Ludwig Boltzmann-Institut für Medizin- und Gesundheitssoziologie entwickelte sich in seiner 30-jährigen Bestandsdauer (1979–2008) zur bedeutendsten einschlägigen österreichischen Forschungseinrichtung, mit Schwerpunktsetzungen vor allem im angewandten Bereich (www.lbimgs-archiv.lbg.ac.at). Wichtige Themen der letzten 10 Jahre des Bestehens waren periodische Erhebungen zum Gesundheitszustand von Kindern und Jugendlichen, Projekte zur Gesundheitsförderung in Schulen und Krankenhäusern, Untersuchungen zu den Voraussetzungen integrierter Krankenversorgung (stationär/ambulant; Gesundheit/Soziales) und zur Berücksichtigung kultureller Diversität in der Krankenbehandlung (*migrant friendly hospital*) sowie zur verstärkten Einbindung von Patient/innen/enperspektiven in das Medizingeschehen (Struktur der Selbsthilfegruppen, PatientInnenbewertungen von Krankenhäusern, Arzt-Patient-Interaktion). Das seit 2008 tätige Ludwig Boltzmann Institut Health Promotion Research (www.lbihpr.lbg.ac.at) setzt diese Arbeit zum Teil fort

bzw. vertieft sie in einem ausgewählten Bereich: Im Mittelpunkt der Forschungstätigkeit stehen „professionelle Organisationen" (Schulen, Krankenhäuser und
Langzeitpflege-Einrichtungen), die sowohl die Gesundheit von Personal und Kli-
entInnen beeinflussen als auch als Ausgangspunkt für organisationale Strategien
der Gesundheitsförderung genommen werden können. Ziel ist eine Verbindung
von Grundlagen- und Anwendungsforschung, das zeigt sich auch an der Beteiligung von akademischen und Praxisorganisationen als Partner.

Weitere relevante sozialwissenschaftliche Forschungsinstitutionen zu Gesundheits-
und Medizinthemen mit spezifischer Ausrichtung sind z. B. das Institut für Höhere
Studien (Schwerpunkt: Strukturprobleme und Effizienz des österreichischen Ge-
sundheitssystems) und das Europäische Zentrum für Wohlfahrtspolitik und Sozialforschung (u. a. Forschung zu Altern und Gesundheitsversorgung).

5   Anwendungsbezüge

Sozialwissenschaftliches Wissen über Gesundheit und Krankheit wird derzeit in
verschiedenen Sektoren der Planung, Versorgung und Ausbildung verstärkt benötigt. Nachfrage von Seiten „staatsnaher" Organisationen wie z. B. der „Gesundheit
Österreich GmbH" (einschließlich des „Fonds Gesundes Österreich"), der „Statistik Austria" oder von Organisationen auf Bundesländerebene ist gegeben. Beispiele sind etwa die Gesundheitsberichterstattung sowie Analysen zur Unterstützung
des Managements und der Steuerung des Krankenversorgungssystems und seiner
Organisationen. Soziologisches Wissen spielt auch eine wichtige Rolle bei der Entwicklung, Implementierung und Evaluation von Gesundheitsförderungsinitiativen
und der Ausarbeitung von Gesundheitszielen, die in Österreich sowohl auf Bun-
desebene als auch auf Länderebene initiiert werden. Auch in Ausbildungsgängen
für Gesundheitsberufe wird soziologisches Wissen relevanter – meist mit einem
Fokus auf Organisation und Management.

Für Soziologinnen und Soziologen, die sich für diese Felder interessieren, scheinen
die Arbeitsmöglichkeiten zuzunehmen, allerdings müssen sie dabei offen sein für
die Zusammenarbeit mit anderen (gesundheitswissenschaftlichen) Disziplinen und
bereit sein, sich zusätzliche Qualifikationen, die für diese Kooperation wichtig sind,
auch außerhalb soziologischer Studiengänge anzueignen (z. B. *public health*-Weiter-
bildungen).

Literatur

1. Einführungsliteratur

Borgetto, Bernhard; Kälble, Karl, 2007: Medizinsoziologie. Weinhein und München: Juventa.

Bury, Michael, 2005: Health and Illness. Cambridge: Polity.

Gabe, Jonathan; Bury, Mike; Ellston, Mary Ann (Hg.), 2004: Key Concepts in Medical Sociology. London: Sage.

Hurrelmann, Klaus, 2010: Gesundheitssoziologie. 7. Auflage, Weinheim/München: Beltz Juventa.

Nettleton, Sarah, 2013: The Sociology of Health and Illness. 3th edition, Cambridge: Polity.

Scambler, Graham (Hg.), 2008: Sociology as Applied to Medicine. 6th edition. London et al.: Bailliere Tindall.

Siegrist, Johannes, 2005: Medizinische Soziologie. 6. Auflage, München, Jena: Urban & Fischer.

2. Weitere zitierte Literatur

Coulter, Angela, 2002: The Autonomous Patient. Ending Paternalism in Medical Care. London: The Nuffield Trust.

Durkheim, Emile, 1973 [1897]: Der Selbstmord. Neuwied: Luchterhand.

Dür, Wolfgang; Felder-Puig, Rosemarie (Hg.), 2011: Lehrbuch der schulischen Gesundheitsförderung. Bern: Hans Huber.

Engels, Friedrich, 1845: Die Lage der arbeitenden Klasse in England. Leipzig: Verlag Otto Wigand.

Forster, Rudolf; Krajic, Karl; Pelikan, Jürgen M., 2004: Reformbedarf und Reformwirklichkeit des österreichischen Gesundheitswesens. In: Meggeneder, Oskar (Hg.), Reformbedarf und Reformwirklichkeit des österreichischen Gesundheitswesens. Was sagt die Wissenschaft dazu? Frankfurt/M.: Mabuse, 33–66.

Forster, Rudolf; Braunegger-Kallinger, Gudrun; Krajic, Karl, 2011: Selbsthilfeorganisationen als „Stimme der Patienten“: Erfahrungen und Herausforderungen von Interessenvertretung und Beteiligung. In: Meggeneder, Oskar (Hg.), Selbsthilfe im Wandel der Zeit. Frankfurt/M.: Mabuse, 9–39.

Foucault, Michel, 1973: Die Geburt der Klinik. Eine Archäologie des ärztlichen Blicks. München: Carl Hanser.

Foucault, Michel, 1977: Sexualität und Wahrheit. Der Wille zum Wissen. Frankfurt/M.: Suhrkamp.

Goffman, Erving, 1972: Asyle. Über die soziale Situation psychiatrischer Patienten und anderer Insassen. Frankfurt/M.: Suhrkamp.

Kickbusch, Ilona, 2006: Die Gesundheitsgesellschaft. Gamburg: Verlag für Gesundheitsförderung.

Krajic, Karl; Nowak, Peter; Peinhaupt, Christa; Pelikan, Jürgen M., 2002: Monade versus Netzwerk – Mir san mir oder: Gemeinsam sind wir leistungsfähiger. In: Meggeneder, Oskar; Noack, Horst (Hg.), Integration in der Versorgung und Pflege. Linz: Schriftenreihe der OÖ Gebietskrankenkasse, 83–108.

Marmot, Michael, 2010: Fair Societies, Healthy Lives. The Marmot Report. London: The Marmot Review.

Mielck, Andreas, 2005: Soziale Ungleichheit und Gesundheit. Einführung in die aktuelle Diskussion. Bern: Hans Huber.

Parsons, Talcott, 1951: Social Structure and Dynamic Process. The Case of Modern Medical Practice. In: Parsons, Talcott (Hg.), The Social System. New York: Free Press, 429–479.

Pelikan, Jürgen M., 2007: Understanding Differentiation of Health in Late Modernity – by Use of Sociological System Theory. In: McQueen, David V.; Kickbusch, Ilona S. (Hg.), Health and Modernity. The Role of Theory in Health Promotion. New York: Springer, 74–102.

Pelikan, Jürgen M., 2011: Zur Entwicklung eines gesundheitsförderlichen Settings. In: Dür, Wolfgang; Felder-Puig, Rosemarie (Hg.), Lehrbuch der schulischen Gesundheitsförderung. Bern: Hans Huber, 63–72.

Pelikan, Jürgen M.; Schmied, Hermann; Dietscher, Christina, 2010: Prävention und Gesundheitsförderung im Krankenhaus. In: Hurrelmann, Klaus; Klotz, Theodor; Haisch, Jochen (Hg.), Lehrbuch Prävention und Gesundheitsförderung. Bern: Hans Huber, 290–302.

Richter, Mathias; Hurrelmann, Klaus (Hg.), 2009: Gesundheitliche Ungleichheit. Grundlagen, Probleme, Perspektiven, 2. Auflage, Wiesbaden: Verlag für Sozialwissenschaften.

Ruckstuhl, Brigitte, 2011: Gesundheitsförderung. Entwicklungsgeschichte einer neuen Public Health-Perspektive. Weinheim und München: Juventa.

Siegrist, Johannes, 2007: Ungleiche Gesundheitschancen in modernen Gesellschaften. Heidelberg: Universitätsverlag Winter.

Siegrist, Johannes, 2012: Die ärztliche Rolle im Wandel. Bundesgesundheitsblatt – Gesundheitsforschung – Gesundheitsschutz, 2012, Jg. 55, Heft 9, 1100–1105.

Siegrist, Johannes; Marmot, Michael (Hg.), 2008: Soziale Ungleichheit und Gesundheit. Erklärungsansätze und gesundheitspolitische Folgerungen. Bern: Hans Huber.

Stollberg, Gunnar, 2012: Gesundheit und Krankheit als soziales Problem. In: Albrecht, Günter; Groenemeyer, Axel (Hg.), 2012: Handbuch soziale Probleme, Band 1, 2. Auflage, Wiesbaden: Springer VS, 624–667.

Straus, Robert, 1957: The Nature and Status of Medical Sociology. American Sociological Review, 1957, Vol. 22, 200–204.

Wendt, Claus; Wolf, Christof (Hg.), 2006: Soziologie der Gesundheit. Wiesbaden: Verlag für Sozialwissenschaft.

3. Ausgewählte Zeitschriften

Das Gesundheitswesen
Gesundheitsförderung und Prävention
Health Expectations
Health Promotion International
Social Science and Medicine
Social Theory and Health
Sociology of Health and Illness

Kunst

Alfred Smudits

1   Einleitung

Kunstsoziologie beschäftigt sich mit dem Verhältnis von Gesellschaft und Kunst. Diese einfachste Bestimmung des Faches verweist schon auf eine Reihe von Problemen, die bei der Klärung des Gegenstandsbereichs auftreten.

Zum ersten ist Kunstsoziologie an der Schnittstelle von Gesellschaft und Kunst und dementsprechend an der Schnittstelle von sozial- und kulturwissenschaftlichen Traditionen angesiedelt. Soll also die Analyse von der Gesellschaft her oder vom künstlerisch-ästhetischen Phänomen aus erfolgen? Sicher werden die sozialen Bestimmungsfaktoren im Vordergrund des Interesses stehen, allerdings wird eine der Sache gerecht werdende Kunstsoziologie nur mit Vorkenntnissen in Bezug auf die in Frage kommenden künstlerisch-ästhetischen Phänomene möglich sein.

Zum zweiten ist mit der lapidaren Frage „Was ist Kunst?" ein weiteres Problem verbunden. Hier reicht das Spektrum vom sehr engen, bürgerlich-romantischen über ein avantgardistisches Verständnis von Kunst bis hin zu einem Verständnis von Kunst als einem Bereich von Phänomenen, bei denen die ästhetische Dimension eine entscheidende Rolle spielt. Im letzteren Falle wären also Volks- und Populärkultur, aber z. B. auch Gartenbaukunst, die japanische Teezeremonie oder das Design von Autos mit zu berücksichtigen. Eine Kunstsoziologie, die sich nicht *a priori* einer umfassenden Analysemöglichkeit berauben will, wird zweifellos von einem breitestmöglichen Verständnis von Kunst ausgehen müssen, um z. B. Veränderungen des gesellschaftlichen Stellenwerts von Kunst erkennen zu können.

Im Folgenden soll daher Kunst als umfassender Begriff für Phänomene (Artefakte, Texte, Praktiken) verstanden werden, bei denen die ästhetische Dimension (d.i. die Dimension der unmittelbar sinnlichen Wahrnehmung) eine wesentliche Rolle spielt.

Drittens schließlich ist mit der Frage „Was ist Kunst?" die Frage sehr eng verbunden, ob nicht angesichts der Tatsache, dass es verschiedene Kunstgattungen gibt, nicht besser von einer „Soziologie der Künste" gesprochen werden müsse. Dazu kommt, dass Kunstsoziologie sich nicht nur mit allen traditionellen (Bildende Kunst, Musik, Literatur, Theater) und neueren, mittlerweile etablierten Kunstgattungen (Fotografie, Film, Computerkunst), sondern auch mit in Bezug auf ihren künstlerischen Stellenwert umstrittenen Bereichen wie Comics, Design, Werbung und natürlich allen Varianten der Populärkultur zu befassen hat.

In diesem Zusammenhang ist anzumerken, dass es möglicherweise sinnvoller wäre, anstelle von Kunstsoziologie von einer Soziologie der Ästhetik zu sprechen, weil damit einige Missverständnisse von vornherein aus dem Weg geräumt wären. Wenn im Folgenden weiterhin der Terminus „Kunstsoziologie" verwendet wird, ist das bisher Ausgeführte daher immer mit zu bedenken.

2   Historische Entwicklung der Kunstsoziologie[1]

Vorläufer und Klassiker

Reflexionen über das Wesen und die Funktion von Kunst, über Bedingungen und Regeln für das Entstehen von „Schönheit" hat es natürlich immer gegeben, doch waren diese im Rahmen der Philosophie entstandenen Überlegungen weitgehend essentialistisch und universalistisch ausgerichtet. Denker wie David Hume (1711–1776) oder Adam Smith (1723–1790) weisen allerdings bereits im 18. Jahrhundert auf die gesellschaftlichen Entstehungsbedingungen von Geschmacksurteilen hin (vgl. Aulinger 1992: 22ff.). Die Begründer der Soziologie, Auguste Comte (1789–1857), Karl Marx (1818–1883) und Herbert Spencer (1820–1903) haben sich kunstsoziologisch nur marginal betätigt, zumeist werden Beispiele aus dem Kunstbereich in allgemeinere theoretische Überlegungen – gleichsam zur Illustration – eingewoben. Allerdings ist festzuhalten, dass einige Ausführungen von Karl Marx beträchtlichen Einfluss auf die Entwicklung der Kunstsoziologie im 20. Jahrhundert hatten, insbesondere seine Unterscheidung von Basis (materielle Produktion) und Überbau (Religion, Recht, Moral, Kunst etc.) und seine Überlegungen zur Warenproduktion haben zahlreiche kunstsoziologische Autoren und Autorinnen stark beeinflusst.

Als erste kunstsoziologische Autoren und Autorinnen im engeren Sinn sind Madame de Stael (1766–1817), Hippolyte Taine (1823–1893) und Jean-Marie Guyau (1854–1888) zu nennen. Madame de Stael schrieb über die gesellschaftliche Wirkmöglichkeit von Literatur. Taine sah Kunst beeinflusst durch eine Reihe gesellschaftlicher Faktoren, die er mit Begriffen wie „Miljö" oder „historisches Moment" konkretisierte, wobei vor allem der Begriff des „Miljös" als zentrale kunstsoziologische Kategorie überdauert hat. Guyau sprach von „ästhetischer Erregbarkeit" und dementsprechender künstlerischer Verantwortung, von der Soziabilität der Kunst und meinte damit die enge funktionale Verbindung von Kunst und Gesellschaft.

---

[1]   Zu den in diesem Kapitel angeführten AutorInnen finden sich kurze Überblicksdarstellungen in Silbermann 1979, Blaukopf 1996, Hofmann et al. 2004 und 2006, Klein 2002, Liessmann 1999, Müller-Funk 2006.

Von den Begründern der akademisch institutionalisierten Soziologie haben sich nur Max Weber und Georg Simmel ausführlicher mit kunstsoziologischen Fragen beschäftigt. Max Weber (1864–1920) setzt sich in einer nachgelassenen Schrift mit der Entwicklung der abendländischen Musik auseinander und führt deren weltweiten Erfolg auf die Rationalisierung des Tonsystems zurück (Weber 1972 [1921]). Erwähnenswert ist auch die Forderung Webers, dass Werturteile zur Qualität von Kunstwerken in der Kunstsoziologie zu vermeiden seien. Georg Simmel (1858–1919) hat sich in zahlreichen Aufsätzen und Abhandlungen mit herausragenden Künstlerpersönlichkeiten (Goethe, Rembrandt, Rodin) und mit z. T. sehr spezifischen Themen zu Kunst und Ästhetik beschäftigt, so etwa in einem Essay zum „Bilderrahmen" (Simmel 1995 [1901–1908]). In einem seiner Hauptwerke, der *Philosophie des Geldes*, entwirft er im Schlussteil ansatzweise eine Soziologie der Lebensstile (Simmel 1989 [1900]).

Für die bisher genannten Autoren und Autorinnen ist symptomatisch, dass sie von einem unhinterfragten Verständnis von Kunst ausgehen, was durchaus ihrer gesellschaftlichen Herkunft zuzurechnen sein mag – sie entstammen aristokratischen oder großbürgerlichen Familien, für die der Umgang mit Kunst zur alltäglichen Lebenspraxis gehörte. So fällt z. B. auf, dass weder Weber noch Simmel sich zu Film oder Grammophon äußerten, offensichtlich lagen diese Phänomene weit außerhalb ihres kunstbezogenen Wahrnehmungsspektrums.

Entdeckung der Populärkultur (Zwischenkriegszeit bis ca. 1960)

Ab den 1920er Jahren ist festzustellen, dass sich kunstsoziologische Ansätze und Arbeiten in vermehrter Weise mit den sich jetzt unübersehbar etablierenden Kulturindustrien (Schallplatten- und Filmindustrie, Rundfunk, Reklame, Illustrierte etc.) zu beschäftigen beginnen. Die wesentlichsten, bis heute rezipierten kunstsoziologischen Ansätze zwischen ca. 1920 und 1960 entstanden interessanterweise im deutschsprachigen Raum. Auf der einen Seite sind dies gesellschaftskritisch, marxistisch ausgerichtete Ansätze, allen voran die der „Frankfurter Schule", und hier insbesondere die Arbeiten Theodor W. Adornos oder Walter Benjamins, auf der anderen Seite die positivistisch, empirisch ausgerichteten Studien zum Publikumsverhalten, etwa von Paul Lazarsfeld und in weiterer Folge von Alphons Silbermann. Theodor W. Adorno (1903–1969) hat die Kunstsoziologie des 20. Jahrhunderts sehr nachhaltig geprägt, seine Thesen werden bis heute rezipiert und diskutiert. Er geht davon aus, dass Kunst Wahrheit vermitteln müsse, und dass es sich dementsprechend in einer kapitalistischen Gesellschaft nur dann um Kunst handeln kann, wenn diese die Widersprüchlichkeit und Entfremdung dieser Gesellschaft zum

Ausdruck bringt, und also verstörend, beunruhigend, trost- und erbarmungslos, letztlich unerträglich ist. Für seine Zeit sieht er dies insbesondere in den Arbeiten Arnold Schönbergs oder Samuel Becketts gegeben. Adorno geht dabei von der Analyse des Werks aus, dessen innere Struktur kompetent erfasst werden müsse, um diese dann in Beziehung zur Analyse der Gesellschaftsstruktur setzen zu können. Wenn Kunst erträglich, möglicherweise sogar erfolgreich wird, dann wird sie zu einem Produkt der Kulturindustrie. Diese stellt letztlich einen „Verblendungszusammenhang" her, sie praktiziert „Aufklärung als Massenbetrug" (Horkheimer/ Adorno 1969 [1947]; Adorno 2003 [1977]; Steinert 1998). Ob und wieweit diese Analyse in den kulturellen Praktiken und Werthaltungen der Gesellschaftsmitglieder empirische Entsprechungen findet, war für Adorno ohne Belang, wenngleich er gelegentlich darauf hinwies, dass empirische Untersuchungen durchaus ihre Berechtigung hätten. Somit handelt es sich bei seiner Kunstsoziologie um einen Ansatz, der eine starke kulturpessimistische und sozialphilosophische Ausrichtung hat. Eine nicht so pessimistische bzw. defensive Haltung gegenüber der Populärkultur nimmt der ebenfalls dem Umfeld der „Kritischen Theorie" zuordenbare Walter Benjamin (1892–1940) ein. Vor allem im Aufsatz *Das Kunstwerk im Zeitalter seiner technischen Reproduzierbarkeit* (Benjamin 1976 [1936]) entwickelt er eine kunstsoziologische Position, bei der die historische Dimension im Vordergrund steht. Benjamin geht davon aus, dass neue Produktivkräfte im Bereich der Kunst deren Wesen und Funktion verändern. Konkret spricht er vom Verkümmern der „Aura" traditioneller Kunstwerke als Folge ihrer technischen Reproduzierbarkeit. Diese Veränderungen der gesellschaftlichen Funktion von Kunst gehen einher mit Veränderungen der Wahrnehmung von Kunst. Anstelle der kontemplativen Betrachtung, der Versenkung im Werk, tritt die zerstreute, aber auch die prüfend sezierende Rezeption. Benjamin bewertet diese Veränderungen ambivalent: Traditionelle Muster (Aura, Kontemplation) gehen verloren, aber es eröffnen sich auch neue Muster (Reproduzierbarkeit, Zerstreuung), die sowohl Gefahren (Manipulierbarkeit der Massen) wie Befreiungsmöglichkeiten (von traditionellen Zwängen) mit sich bringen können. Jenseits der kulturkritischen und historischen Betrachtungsweisen bei Adorno und Benjamin ist der Ansatz von Paul Lazarsfeld (1901–1976) angesiedelt. Anfang der 1930er Jahre wird unter seiner Leitung in Österreich die erste groß angelegte empirische Erhebung zu Verhalten und Werthaltungen des Radiopublikums – die so genannte RAVAG-Studie – durchgeführt (Mark 1996). Somit kann Lazarsfeld durchaus als Begründer der empirischen Kunstsoziologie angesehen werden. In den USA entwickelt Lazarsfeld u. a. ab Mitte der 1930er Jahre die Grundlagen der modernen *Survey-Forschung*. Hier geht es in erster Linie um die nach sozialdemografischen

Variablen differenzierte, möglichst repräsentative Erfassung von Verhaltens- und Rezeptionsmustern sowie von Werthaltungen. Die Ergebnisse solch empirischer kunstsoziologischer Untersuchungen dienen den Auftraggebern – öffentlichen oder privaten Einrichtungen – als Entscheidungshilfe für deren Handeln.

In den 1950er Jahren formuliert Alphons Silbermann (1909–2000) die Grundlagen einer empirischen Kunstsoziologie, die einerseits im Gefolge der empirischen Sozial- und *Survey*-Forschung steht, die sich andererseits deutlich von der Kunstsoziologie der „Kritischen Theorie" abzusetzen trachtet (Silbermann 1979, 1986). Silbermann entwirft ein am Strukturfunktionalismus von Talcott Parsons orientiertes Konzept von Kunstsoziologie, bei dem die Auseinandersetzung mit dem „Kunsterlebnis" im Mittelpunkt steht, und das die Beschreibung von Kulturwirkekreisen[2] zum Ziel hat. Einerseits betont Silbermann die Notwendigkeit der Berücksichtigung sämtlicher Faktoren, die die Realisierung des Kunsterlebnisses prägen – von historischen, technischen über mentalen zu wirtschaftsorganisatorischen Komponenten. Andererseits will er auch die physiologischen (Wahrnehmung), psychologischen (Gefühle) und soziologischen (Geschmacksurteile) Funktionsweisen von Kunst mitberücksichtigt wissen. Dieses Programm einer empirischen Kunstsoziologie, das Silbermann am Beispiel der Musik (Silbermann 1957) auch einzulösen versucht hat, ist von erstaunlicher Komplexität, vergleicht man es mit der Schlichtheit zahlreicher nachfolgender empirischer kunstsoziologischer Untersuchungen.

3   Aktuelle Positionen der Kunstsoziologie

Während die empirische Kunstsoziologie schon eine prinzipielle Ausweitung des Gegenstandbereiches anbahnt, aber aufgrund ihrer Theorieabstinenz nicht thematisierte, setzt ab den 1960er Jahren eine Entwicklung ein, die aus heutiger Sicht insofern als Paradigmenwechsel der Kunstsoziologie anzusehen ist, als einerseits eine deutliche Ausweitung des Gegenstandsbereiches hin zur Populärkultur erfolgt, und andererseits die Verbindung empirischer Forschung mit ambitionierter Theoriebildung durchaus selbstverständlich wird. Dies gilt vor allem für die *Cultural Studies*, die Kunst- und Kultursoziologie Pierre Bourdieus, aber auch für die *Production of Culture*-Perspektive. Diese Ansätze, zusammen mit der Systemtheorie (Luhmann), die etwa ab den 1980er hinzukommt, sind bis heute als die wesentlichsten im Bereich der Kunstsoziologie anzusehen.

---

2   Damit meint Silbermann das, was in anderen Konzepten als Miljös, Teilkulturen oder Lebensstilgruppierungen bezeichnet wird.

3.1   Theoretisch-konzeptuelle Ansätze

Charakteristisch für diese Entwicklung können die *Cultural Studies* ab den späten 1950er Jahren, die Arbeiten Pierre Bourdieus und die des *Production of Culture*-Ansatzes ab den 1970er Jahren angesehen werden.

Gegen Ende der 1950er Jahre konstituierte sich im angelsächsischen Raum ein Ansatz, der sich bald unter dem Namen *Cultural Studies* etablierte.[3] Ausgehend von einem eher ethnologischen Kulturbegriff ging es weniger um die Auseinandersetzung mit Fragen der Kunst oder auch der Massenkultur, sondern vielmehr um die ganzheitliche Analyse der Lebensweisen von Gruppen (Subkulturen) oder Klassen (Stammkulturen), wobei ästhetisch relevanten Phänomenen ganz wesentliche Funktionen zukommen, womit diese zum zentralen Gegenstand der Analyse werden. Über künstlerisch-ästhetische Phänomene, so der Grundgedanke der *Cultural Studies*, verständigen sich Individuen darüber, ob sie zusammengehören oder nicht, ob sie die ,gleiche Sprache' sprechen, den selben (Lebens-)Stil haben, aber auch darüber, wie gesellschaftliche Macht (Hegemonie) gerechtfertigt wird. Die *Cultural Studies* verknüpfen dabei marxistische Konzepte mit solchen des Strukturalismus. Neben den Subkultur- und Jugendkultur-Studien fanden sich bald Arbeiten zur Massenkommunikation bzw. zur Populärkultur (*audience studies*) und zur Analyse populärkultureller Texte bzw. der Widerständigkeit bei populärkulturellen Praktiken. Charakteristisch ist, dass neben der wesentlichen Trennung der Gesellschaft in Klassen auch Trennungen nach Geschlecht, Alter und ethnischer Zugehörigkeit als gleichbedeutend angesehen werden. Die *Cultural Studies* entwickeln allerdings keinen geschlossenen Kanon einer ,großen' Theorie, sondern sind eine Summe vieler punktueller Detailstudien, bei denen vor allem eine für die Kunstsoziologie relevante Tatsache hervorzuheben ist: Kunst wird als eine von vielen Möglichkeiten gesehen, sich symbolisch-expressiv zu artikulieren. Demgemäß gibt es im breiten Spektrum der Arbeiten der *Cultural Studies* kaum solche, die sich ausschließlich mit Kunst im engen Sinne beschäftigen.

Eine ähnliche Position wie die *Cultural Studies* nimmt in vielerlei Hinsicht Pierre Bourdieu ein, und nicht zufällig wird er etwa ab den 1980er Jahren zu einer zentralen Referenz für die *Cultural Studies*. Bourdieu legt mit seiner 1979 (deutsch 1982) erschienen Studie *Die feinen Unterschiede* (*La distinction*) eine Untersuchung zu den Beziehungen zwischen Schichtzugehörigkeit und Geschmacksurteilen vor. Darin

---

3   Prominente Vertreter sind Raymond Williams (1921–1988), Stuart Hall (*1932), Paul Willis (*1950), Lawrence Grossberg (*1947) oder John Fiske (*1939). Zur Einführung: Winter 2001; Machart 2008 bzw. die entsprechenden Abschnitte bei Parzer 2004 oder Klein 2002.

weist er auf der Basis eines umfassenden empirischen Datenmaterials nach, dass Geschmacksurteile in erster Linie die Funktion erfüllen, den Abstand zwischen verschiedenen gesellschaftlichen Klassen symbolisch zu legitimieren. Geschmacksurteile werden, so Bourdieu, zu symbolischem Kapital, zum Spielgeld in der Arena der symbolischen Kämpfe, zum Distinktionsmittel. Angehörige einer bestimmten Klasse oder Klassenfraktion entwickeln einen bestimmten Habitus, der sich in einem je spezifischen, verinnerlichten und verkörperten Umgang mit kulturellem Kapital (Bildungsabschlüsse, Geschmackssicherheit, repräsentative Objekte) äußert. Daneben wird dieser auch durch das Ausmaß an verfügbarem ökonomischem und sozialem Kapital (Besitz und Beziehungen) geprägt. 1992 (deutsch 1999) veröffentlicht Bourdieu *Die Regeln der Kunst*, eine Studie zur Entstehung und Struktur des literarischen Feldes, wobei er für das Beziehungsgefüge der Kunstschaffenden zueinander ähnliche Funktionsweisen wie in Bezug auf die Geschmacksbildung konstatiert. Bourdieus Ansatz ist sowohl gesellschaftstheoretisch und -kritisch ambitioniert, als auch empirisch fundiert, womit der Widerspruch zwischen „kritischer" und „empirischer" Kunstsoziologie aufgehoben ist.

In den USA entwickelte sich in den 1970er Jahren der *Production of Culture*-Ansatz, dem vor allem die Idee zugrunde liegt, dass Kultur das Ergebnis des Zusammenwirkens verschiedenster gesellschaftlich bedingter Faktoren darstellt. Damit wendet sich dieser Ansatz klar gegen jede Individualisierung künstlerischer Tätigkeiten, also z. B. gegen die Ideologie des einsam schöpferischen Genies. Als Begründer des Ansatzes gilt der vom symbolischen Interaktionismus kommende Howard S. Becker, der in seiner Publikation *Art Worlds* (1982) herausgearbeitet hat, wie sehr und auf wie vielfältige Weise Kunst das Ergebnis einer kollektiven, sozialen und daher nur soziologisch verstehbaren Aktion darstellt. Einer der prominentesten Vertreter des Ansatzes, Richard A. Peterson, hat in mehreren, meist auf die Musik bezogenen Arbeiten (z. B. Peterson/Narasimhan 2004) sechs Faktoren, die die Entwicklungen des Kunstbereichs beeinflussen, herausgearbeitet (vgl. Übersicht 1).

In Bezug auf diese Faktoren fällt auf, dass es sich ganz offensichtlich um ergänzbare bzw. veränderbare Kategorien geht, und dass die seriöse Auseinandersetzung mit den genannten Faktoren nur bei entsprechender interdisziplinärer Kompetenz möglich ist.

Übersicht 1: Sechs Faktoren der Beeinflussung der Entwicklung des Kunstbereichs (Peterson/Narasimhan 2004)

(1) **Rechtliche Rahmenbedingungen** (Rundfunk-, Urheber-, Patentrecht)

(2) **Wandel der Technologie** (vor allem Medieninnovationen)

(3) **Industriestruktur** (Monopole, Oligopole, Verflechtungen)

(4) **Organisationsstruktur** (Kooperationen, Beziehungsnetzwerke)

(5) **Institutionalisierte Berufsrollen** (Professionalisierung, funktionelle Differenzierung)

(6) **Nachfrage- und Marketingkonzepte** (v. a. die Wahrnehmung durch die Anbieterseite)

Schließlich ist noch der systemtheoretische Ansatz zu erwähnen. Niklas Luhmann zeichnet in *Die Kunst der Gesellschaft* (1995) die Herausbildung des bürgerlich-romantischen Konzepts von Kunst nach und identifiziert deren Selbstreferenzialität als wesentliches Charakteristikum: Kunst ist ein abgeschottetes Teilsystem der Gesellschaft, in dem sämtliche Kommunikationen auf sich selbst bzw. die eigene Geschichte bezogen sind.

3.2 Aktuelle Konzeption der Kunstsoziologie und aktuelle Fragestellungen

Die aktuelle Situation ist charakterisierbar durch die Tatsache, dass spätestens seit den 1980er Jahren ein Paradigmenwechsel der Kunstsoziologie hin zur „Postmoderne" stattgefunden hat, in dessen Zuge ein zunehmendes Eingehen auf die historische und gesellschaftliche Formbestimmung der Kunst konstatierbar ist: Spätestens seit der breiteren Rezeption der kunst- und kultursoziologischen Analysen Pierre Bourdieus, aber auch im Anschluss an zahlreiche Arbeiten, die im Rahmen der *Cultural Studies* oder des *Production of Culture*-Ansatzes entstanden sind, sowie einschlägigen eher sozialphilosophisch ausgerichteten Beiträgen aus dem Umfeld des Poststrukturalismus bzw. der Postmoderne ist klar, dass die Konzeption von „Kunstsoziologie" im traditionellen Sinne genauso wenig aufrecht zu halten ist wie die (hegemoniale) Konzeption des traditionellen, also des bürgerlichen Kunstbegriffs. Dieser hat sich erst im 18. Jahrhundert durchzusetzen begonnen und er ist durch Produktorientierung (Originalität, universelle Gültigkeit des Werks), durch Medien der Vermittlung, die lebendige Teilhabe abverlangen (Konzert-Opernhäuser, Theater, Museen, Buchlektüre), sowie durch kontemplative Rezeptionshaltung charakterisierbar und wird gerne mit dem Geniebegriff und mit „Hochkultur" assoziiert. Es gilt mittlerweile als zumindest soziologische Selbstverständlichkeit, davon auszugehen, dass ‚Kunst' ein Ergebnis gesellschaftlicher Auseinandersetzungen ist; d. h. alles und jedes kann als künstlerisch wertvoll angesehen werden, wenn sich nur eine gesellschaftliche Gruppierung findet, die imstande ist – bzw. die *mächtig* genug ist – eine entsprechende Werthaltung gesellschaftlich durchzusetzen und zu einer gesellschaftlich legitimen Werthaltung zu machen.

Vor diesem Hintergrund können nunmehr für die aktuelle Situation des Faches in Bezug auf den Gegenstandsbereich und das Erkenntnisinteresse folgende Sachverhalte zusammengefasst werden:

Kunst ist in zweifacher Hinsicht als formbestimmt zu begreifen.

Kunst ist *historisch formbestimmt*: Kunst ist eine historische Kategorie, nicht nur die Kunst – etwa als Abfolge von Stilen – ändert sich, sondern auch das, was als Kunst gilt. Die historische Entwicklung legt nahe, keinesfalls von einem ungebrochenen Verständnis von Kunst auszugehen. Im Gegenteil: Der Kunstbegriff ist auch heute umstritten und er hat sich auch historisch verändert. Die gesellschaftlichen Faktoren, die diese Dynamik betreiben, sind in kunstsoziologischen Überlegungen immer mit zu bedenken. Damit ist der zweite Punkt angesprochen:

Kunst ist auch *sozial formbestimmt*: Was in einer gegebenen Gesellschaft zu einem bestimmten historischen Zeitpunkt als Kunst angesehen wird, ist das Ergebnis von Auseinandersetzungen konkurrierender Gruppierungen, nicht nur im künstlerischen Feld, sondern in der Gesellschaft – also von Schichten, Klassen, Teilkulturen. In unterschiedlichen Gesellschaftsformationen und in verschiedenen Epochen gelingt es jeweils unterschiedlichen Gruppierungen, ihre Vorstellungen davon, wie mit künstlerisch-ästhetischen Phänomenen ‚richtig umzugehen ist', durchzusetzen, Definitionsmacht über die Regeln der Kunst zu erlangen.

Kunstsoziologie beschäftigt sich demnach mit jenen Phänomenen, die in einer gegebenen Gesellschaft zu einem gegebenen Zeitpunkt von bestimmten Gruppierungen dieser Gesellschaft als Kunst bezeichnet werden, und damit, warum dies so ist und – wenn Änderungen zu konstatieren sind – warum diese stattfinden.

Weiters ist festzuhalten, dass sich Kunstsoziologie mit allen relevanten Akteuren, Phänomenen (Artefakten, Texten) und Beziehungen (Handlungen, Kommunikationen, Praktiken, Prozessen), die im Zusammenhang mit Kunst – im künstlerischen Feld – identifizierbar sind, zu beschäftigen hat. Bei einer Strukturierung des künstlerischen Feldes sind drei Sphären in Bezug auf künstlerisch-ästhetische Phänomene zu unterscheiden: der Entstehungszusammenhang, der Vermittlungszusammenhang, und der Aneignungszusammenhang.

Des Weiteren ist auf eine Vielzahl von Dimensionen zu verweisen, die zunächst und in erster Linie mit Kunst nichts zu tun haben müssen, die aber dennoch auch im Bereich der Kunst eine wesentliche Rolle spielen und ohne deren Berücksichtigung ein Verständnis zahlreicher Aspekte des Kunstbereichs nicht möglich wäre. Die wichtigsten dieser Faktoren sind Religion, Politik, das Recht (Urheberrecht, Zensur etc.), sowie Technik (Medien) und Ökonomie. Diese Faktoren, die die jeweils konkreten Erscheinungsformen von Kunst prägend beeinflussen, kommen gleichsam ‚aus der Gesellschaft' und wirken in das künstlerische Feld hinein. Trotz ihres zum Teil kunstfremden Charakters sind sie notwendiger Bestandteil und Gegenstand kunstsoziologischer Betrachtungsweise und Forschung.

Die zentralen Elemente kunstsoziologischer Analysen sind zusammenfassend in Tabelle 1 dargestellt:

Tabelle 1: Elemente kunstsoziologischer Analysen

Gegenstandsbereiche	Sphären	Dimensionen
Akteure/Akteurinnen	Entstehungszusammenhang	Religion
Phänomene (Artefakte, Texte)	Vermittlungszusammenhang	Politik
Beziehungen (Handlungen,	Aneignungszusammenhang	Recht
Kommunikationen, Praktiken,		Ökonomie
Prozesse)		Technik etc.

Die Berücksichtigung von vordergründig ‚kunstfremden' Faktoren verweist auf die enorme Bedeutung interdisziplinären Arbeitens für die Kunstsoziologie. Die naheliegendsten Fächer sind wohl die Kulturwissenschaften sowie benachbarte sozial- und wirtschaftswissenschaftliche Disziplinen. Im Rahmen der Soziologie selbst sind es andere Praxisfelder, wie etwa die Berufs-, die Industrie- oder die Konsumsoziologie, insbesondere aber die Kultursoziologie und die *Cultural Studies*. Entsprechend der breiten Fächerung möglicher kunstsoziologischer Forschung, sowohl was die Differenzierungen innerhalb des künstlerischen Feldes betrifft als auch was die interdisziplinären Ansprüche betrifft, ist auch das Spektrum der möglichen Forschungsmethoden sehr umfassend. Je nach Fragestellung können tiefenhermeneutische Analysen von Erfahrungsberichten von Kunstschaffenden oder Rezipienten/Rezipientinnen, aber auch groß angelegte *Survey*-Forschung mittels standardisierter Fragebögen zielführend sein, ebenso können qualitative oder auch quantitative Inhaltsanalysen von künstlerisch relevanten Artefakten oder Prozessen erfolgen. Prinzipiell ist keine Form sozialwissenschaftlicher Erhebungstechnik auszuschließen und gerade in Bezug auf Interdisziplinarität ist zumindest annähernde Kompetenz von ‚fachfremden' Methoden (Quellenstudium bei historischen Dokumenten, Kasuistik in der Rechtswissenschaft, Analytik der Musik, Ikonographie, Ökonometrie, Filmanalyse etc.) naheliegend.

Schließlich kann nun eine nähere Bestimmung des Erkenntnisinteresses der Kunstsoziologie erfolgen.

Ein erstes zentrales Forschungsinteresse kann darin ausgemacht werden, das Beziehungsgefüge der Akteure/Akteurinnen und Institutionen im künstlerischen Feld, also die *Struktur des künstlerischen Feldes* in Abhängigkeit von gesamtgesellschaftlichen Rahmenbedingungen und deren Veränderungen zu sehen. Dabei sind vor allem die vielfältigen sozialen, ökonomischen, technischen, rechtlichen etc. Faktoren, die das künstlerische Feld beeinflussen, zu identifizieren, zu beschreiben und zu analysieren.

Ein zweites zentrales Erkenntnisinteresse, das die *Beziehung zwischen Kunst und Gesellschaft* betrifft, liegt in den Auswirkungen bzw. Rückwirkungen des künstlerischen Feldes auf die Gesellschaft. Künstlerisch-ästhetische Phänomene werden rezipiert, d. h. sie werden wahrgenommen, nachgefragt, konsumiert, bewertet, zum Zweck der Selbstdarstellung benutzt. Es ist daher festzuhalten, dass neben der und aufbauend auf die Analyse der Struktur des künstlerischen Feldes auch die gesellschaftliche Funktion von künstlerisch-ästhetischen Phänomenen ein zentrales Erkenntnisinteresse der Kunstsoziologie darstellt.

4 Aktuelle Forschung in Österreich

Hervorzustreichen ist hier zunächst, dass es eine starke empiristische Tradition in der österreichischen Kultur- und Kunstforschung gibt. Diese ist u. a. mit dem Musikwissenschaftler Guido Adler (1855–1941) oder dem Kunsthistoriker Alois Riegl (1858–1905) charakterisierbar. Weiters ist die „antimetaphysische" Position des Wiener Kreises zu erwähnen, die ebenfalls kunstbezogene Forschung beeinflusst hat (vgl. Blaukopf 1995). Hier wären etwa Richard von Mises (1883–1953), in weiterer Folge der schon erwähnte Paul Lazarsfeld und schließlich der Musiksoziologe Kurt Blaukopf (1914–1999), der Mitte der 1960er Jahre das Institut für Musiksoziologie begründete, zu nennen, sowie der Begründer des Fachs Kunstsoziologie (Anfang der 1970er Jahre) am Wiener Soziologie-Institut, Gerhardt Kapner.

Aktuell gibt es etwa eine Handvoll Institute, die sich zentral mit kunstsoziologischen Fragen beschäftigen. Im universitären Bereich sind dies das Institut für Musiksoziologie und das Institut für Kulturmanagement an der Universität für Musik und darstellende Kunst in Wien, eine Abteilung am Institut für Kunstwissenschaften an der Universität für Angewandte Kunst in Wien sowie das Institut für Soziologie und Kulturwissenschaft an der Universität Salzburg. Im außeruniversitären Bereich sind das Institut „Mediacult" und die „Österreichische Kulturdokumentation" zu nennen. Daneben gibt es zahlreiche Wissenschaftler und Wissenschaftlerinnen, die sich mit kunstsoziologischen Fragen beschäftigen oder dementsprechende Lehrveranstaltungen abhalten.

In Bezug auf einschlägige Forschungstätigkeit ist festzuhalten, dass spätestens seit den 1970er Jahren immer wieder groß angelegte Studien zum kulturellen Verhalten der Bevölkerung (vor allem vom Institut für empirische Sozialforschung – IFES), ab den 1990er Jahren zu Lebensstilen (vor allem vom Institut Fessel) durchgeführt wurden. In diesem Zusammenhang sind auch Mikrozensus-Erhebungen der Statistik Austria zum kulturellen Verhalten zu erwähnen, sowie in regelmäßiger Folge erscheinende Sonderveröffentlichungen zur Kulturstatistik.

Daneben sind zahlreiche punktuelle, sehr konkret auf eine spezifische Thematik fokussierte Arbeiten, Fallstudien, ad hoc-Studien zu erwähnen. Bei Arbeiten dieses Typs ist eine klare Forschungsfrage vorgegeben, zumeist eingeschränkt auf eine künstlerische Ausdrucksform, immer in einem konkreten raum-zeitlichen Rahmen, wobei die Studie in unterschiedlichste Richtung (politisch, ökonomisch, rechtlich etc.) gehen kann. Dabei soll ein Problem in überschaubarer Weise geklärt werden, ohne dass notwendigerweise der Anspruch auf Verallgemeinerbarkeit gestellt würde. So wurden etwa von einer Reihe universitärer und außeruniversitärer Institute immer wieder Untersuchungen zur Lage von Kulturschaffenden bzw. zur Situation der Kulturindustrien durchgeführt, z. B. vom Institut für Soziologie der Universität Wien zu den Bildenden Künstlern und Künstlerinnen, vom Institut für Musiksoziologie zu den Komponisten und Komponistinnen, vom Institut Mediacult zur Musikindustrie, den *creative industries* oder zu den Auswirkungen der Digitalisierung auf verschieden künstlerische Tätigkeitsbereiche.

Den letztgenannten Forschungsarbeiten des Instituts „Mediacult" liegt ein umfassenderes Konzept zugrunde, nämlich die dem *Production of Culture*-Ansatz sehr nahestehende Mediamorphosen-Forschung (Smudits 2002). Dabei handelt es sich um den Versuch, das Feld des Kulturschaffens aus seiner historischen Veränderung heraus zu verstehen, wobei neben den Akteuren und Akteurinnen (Auftraggebern und Auftraggeberinnen, Künstlern und Künstlerinnen, Vermittlern und Vermittlerinnen, Publikum) auch den Produktions- und Distributionsmitteln (Kommunikationstechnologien) besondere Beachtung gewidmet wird. So wird historisch insbesondere den Auswirkungen des Buchdrucks oder der elektronischen Medien besondere Beachtung geschenkt. Aktualitätsbezogene Mediamorphosen-Forschung beschäftigt sich dementsprechend mit den Folgen der Digitalisierung im künstlerischen Feld.

5   Anwendungsbezug

Sieht man von rein akademischen Fragestellungen, wie etwa in einschlägigen Abschlussarbeiten an Universitäten oder in theorielastiger Antragsforschung (etwa beim FWF) ab, dann sind vor allem drei Bereiche zu identifizieren, die kunstsoziologisches Wissen nachfragen: die öffentliche Hand, (halb)private Organisationen und Institutionen des Kunst- und Kulturlebens und die Wirtschaft.

Ab den 1970er Jahren versuchte die Kulturpolitik zunehmend, sich an den Ergebnissen sozialwissenschaftlicher Untersuchungen zu orientieren, wenn es darum ging, politische Entscheidungen zu treffen. Demgemäß wurden auch Studien in Auftrag gegeben, um Informationen über das kulturelle Verhalten der Bevölkerung, über die soziale Lage der Künstler und Künstlerinnen, über die kulturelle Bedeutung des Rundfunks etc. zu erhalten. Gegen Ende der 1980er Jahre verschob sich dieses Interesse in Richtung ökonomischer Legitimation bzw. Evaluation. Sozialwissenschaftliche Studien dienten von da an eher der Klärung von Umwegrentabilitäten, sollten die Effizienz von Fördermechanismen, die ökonomische Bedeutung des Kultursektors überprüfen.

Berufsverbände von Künstlern und Künstlerinnen, Verwertungsgesellschaften, Institutionen des Kunstlebens wie Konzerthäuser, Museen oder Festivals, Kulturindustrien wie Fernsehanstalten, Film- oder Phonographische Unternehmen haben ein Interesse über ihre Situation, ihre Chancen und mögliche Partnerschaften, über ihr Publikum etc. Bescheid zu wissen. Dementsprechend fungieren sie häufig als Auftraggeber für sehr spezifisch ausgerichtete kunstsoziologische Untersuchungen.

Spätestens seitdem die Lebensstil-Thematik eine breitere Resonanz gewann, ist ein möglichst zielgruppenspezifisches Marketing Anliegen von Wirtschaftsunternehmen. Das kulturelle Verhalten potentieller Konsumenten und Konsumentinnen zu erkunden, mit der Absicht diese dann optimal (über welche Medien?) erreichen und (mit welchen künstlerisch ästhetisch gestalteten Botschaften?) ansprechen zu können, fördert das Interesse an Lebensstil-Studien, bei denen Fragen des ästhetischen Geschmacks, des kulturellen Verhaltens im Vordergrund stehen. Also auch hier: sozialwissenschaftliche Studien als Entscheidungshilfe – in diesem Fall für ökonomisches Handeln.

Aktuelle Nachfrage nach kunstsoziologischer Kompetenz lässt sich also mit den Schlagworten Kulturökonomie, Kulturmanagement, Kulturmarketing, aber auch mit Kulturstatistik und Grundlagenforschung vor allem an und für Kunstuniversitäten fassen. In jedem Fall ist – zur Optimierung beruflicher Chancen von Kunstsoziologen und Kunstsoziologinnen – eine Kombination von kunstsoziologischer Expertise mit einer anderen, ‚fachfremden' Disziplin (z. B. Urheberrecht, Betriebswirtschaft, Informatik, künstlerische Praxis im engeren Sinn etc.) anzuraten.

Literatur

1. Einführungsliteratur

Danko, Dagmar, 2012: Kunstsoziologie, Bielefeld: transcript.

Gerhards, Jürgen (Hg.), 1997: Soziologie der Kunst. Produzenten, Vermittler, Rezipienten. Opladen: Westdeutscher Verlag.

Inglis, David; Hughson, John (Hg.), 2005: The Sociology of Art. Ways of seeing. Houndmills: Palgrave MacMillan.

Hauser, Arnold, 1974: Soziologie der Kunst. München: Hanser.

Kapner, Gerhardt, 1991: Die Kunst in Geschichte und Gesellschaft. Wien: Böhlau Verlag.

Müller-Jentsch, Walther, 2012: Die Kunst in der Gesellschaft, Wiesbaden: Verlag für Sozialwissenschaften.

Parzer, Michael (Hg.), 2004: Musiksoziologie remixed. Impulse aus dem aktuellen kulturwissenschaftlichen Diskurs. extempore 4, Wien: Institut für Musiksoziologie.

Smudits, Alfred, 2002: Mediamorphosen des Kulturschaffens. Kunst und Kommunikationstechnologien im Wandel. Wien: Braumüller Verlag.

Silbermann, Alphons, 1979: Klassiker der Kunstsoziologie. München: Beck.

Tanner, Jeremy, 2003: The Sociology of Art. A Reader. London/New York: Routledge.

2. Weitere zitierte Literatur

Adorno, Theodor W., 2003 [1977]: Kulturkritik und Gesellschaft 1, Frankfurt/M.: Suhrkamp.

Aulinger, Barbara, 1992: Kunstgeschichte und Soziologie. Eine Einführung. Berlin: Reimer.

Becker, Howard, 1982: Art Worlds. Berkeley: University of California Press.

Benjamin, Walter, 1976 [1936]: Das Kunstwerk im Zeitalter seiner technischen Reproduzierbarkeit. Frankfurt/M.: Suhrkamp.

Blaukopf, Kurt, 1995: Pioniere empiristischer Musikforschung. Österreich und Böhmen als Wiege der modernen Kunstsoziologie. Wien: Hölder-Pichler-Tempsky.

Blaukopf, Kurt, 1996: Musik im Wandel der Gesellschaft. 2. überarbeitete und ergänzte Auflage, Darmstadt: Wissenschaftliche Buchgesellschaft.

Bourdieu, Pierre, 1982: Die feinen Unterschiede. Frankfurt/M.: Suhrkamp.

Bourdieu, Pierre, 1999: Die Regeln der Kunst. Frankfurt/M.: Suhrkamp.

Hofmann, Martin Ludwig; Korta, Tobias F.; Niekisch, Sybille (Hg.), 2004: Culture Club. Klassiker der Kulturtheorie. Frankfurt/M.: Suhrkamp.

Hofmann, Martin Ludwig; Korta, Tobias F.; Niekisch, Sybille (Hg.), 2006: Culture Club. Klassiker der Kulturtheorie. Band II, Frankfurt/M.: Suhrkamp.

Horkheimer, Max; Adorno, Theodor W., 1969 [1947]: Dialektik der Aufklärung. Frankfurt/M.:
Fischer TB.

Klein, Gabriele, 2002: Kultur. In: Korte, Hermann; Schäfers, Bernhard (Hg.), 2002: Einführung
in die Hauptbegriffe der Soziologie. 6. Auflage, Opladen: Leske + Budrich, 229–236.

Liessmann, Konrad P., 1999: Philosophie der modernen Kunst. Wien: WUV.

Luhmann, Niklas, 1995: Die Kunst der Gesellschaft. Frankfurt/M.: Suhrkamp.

Machart, Oliver, 2008: Cultural Studies. Konstanz: UVK Verlagsgesellschaft.

Mark, Desmond (Hg.), 1996: Paul Lazarsfelds Wiener RAVAG-Studie 1932. Wien/Mülheim:
Guthmann und Peterson.

Müller-Funk, Wolfgang, 2006: Kulturtheorie. Einführung in Schlüsseltexte der Kulturwissenschaften. Tübingen/Basel: A. Francke.

Peterson, Richard A.; Narasimhan, Anand, 2004: The Production of Culture Perspective. Annual Review of Sociology, 2004, Vol. 30, 311–334.

Pias, Claus; Vogl, Joseph; Engell, Lorenz, Fahle, Oliver; Neitzel, Britta (Hg.), 1999: Kursbuch
Medienkultur. Die maßgeblichen Theorien von Brecht bis Baudrillard. Stuttgart: dva.

Silbermann, Alphons, 1957: Wovon lebt die Musik? Prinzipien der Musiksoziologie. Regensburg:
Bosse.

Silbermann, Alphons, 1986: Empirische Kunstsoziologie. Stuttgart: B.G. Teubner.

Simmel, Georg, 1989 [1900]: Philosophie des Geldes. Gesamtausgabe Band 6, Frankfurt/M.:
Suhrkamp.

Simmel, Georg, 1995: Aufsätze und Abhandlungen 1901–1908. Band 1, Gesamtausgabe Band
7, Frankfurt/M.: Suhrkamp.

Steinert, Heinz, 1998: Kulturindustrie. Münster: Westfälisches Dampfboot.

Weber, Max, 1973 [1914]: Der Sinn der Wertfreiheit der Sozialwissenschaften. In: Ders., Soziologie. Universalgeschichtliche Analysen. Politik. Herausgegeben von J. Winckelmann,
5. überarbeitete Auflage, Stuttgart: Kröner, 263–310.

Weber, Max, 1972 [1921]: Die rationalen und soziologischen Grundlagen der Musik. Tübingen:
J.C.B. Mohr.

Winter, Rainer, 2001: Die Kunst des Eigensinns. Cultural Studies als Kritik der Macht. Weilers-
wist: Velbrück.

3. Ausgewählte Fachzeitschriften

Cultural Sociology
Cultural Studies
Kunstforum International
Media, culture & society
Poetics – Journal of Empirical Research an Culture, the Media and the Arts
Theory, culture & society

Medien

Eva Flicker

1   Einleitung

Film ist etwa 120 Jahre alt, Radio etwa 100, Fernsehen etwa 60, Internet ist als Massenmedium etwa 15 Jahre alt und *Social Media* werden laufend weiterentwickelt[1]. Medien sind allgegenwärtig und ohne sie könnten wir die Gesellschaft, in der wir leben, nicht verstehen und an vielen gesellschaftlichen Ereignissen nicht teilhaben. Wir werden zwar von klein auf in unserer direkten, interaktiv erlebbaren Umwelt sozialisiert, beginnend in Familien, aber: „Was wir über unsere Gesellschaft, ja über die Welt, in der wir leben, wissen, wissen wir durch die Massenmedien." (Luhmann 1996: 9).

Für demokratische Gesellschaften spielen Medien, insbesondere der Journalismus, eine wichtige Rolle; sie gelten neben Legislative, Judikative und Exekutive als die vierte Macht im Staat und repräsentieren das in Demokratien verfassungsmäßig verankerte Recht auf freie Meinungsäußerung. Es ist die Aufgabe von Informationsmedien, kritische Öffentlichkeit herzustellen, gesellschaftliche Diskurse und Prozesse zu beobachten und politische Machtverhältnisse zu reflektieren. Aber auch Unterhaltungsmedien liefern Einblick in aktuelle gesellschaftliche Debatten, Konflikte, Werte und sozialen Wandel. Aus mediensoziologischer Perspektive ist die Wechselwirkung von gegenseitigen Einflüssen interessant: Was nehmen Medien aus der realen Gesellschaft auf? Was spiegeln sie wider? Wie konstruieren sie Wirklichkeit? Und wie beeinflussen auch fiktionale Medieninhalte die Menschen, deren Wertvorstellungen und Handlungsweisen? Unterhaltungsformate bieten ein breites Spektrum von emanzipatorischen und gesellschaftskritischen Perspektiven bis hin zu abstumpfenden und entmündigenden Programmen. Viele Boulevard- und Mainstream-Medien arbeiten mit Nivellierung von Geschmack, sexualisierten Geschlechterklischees, Verbreitung von Gewaltszenarien und stereotypen Vereinfachungen.

Medien werden weltweit täglich in unüberschaubarer Quantität produziert, distribuiert, genutzt, gestaltet und rezipiert. Im öffentlichen Raum können wir uns ihnen kaum entziehen, und mitunter haben sie einen wichtigen Part bei Inklusions-/Exklusionsprozessen des Individuums in Gruppen.

---

1   2002 Flickr, 2003 LinkedIn und XING, 2004 facebook, 2005 Youtube und studiVZ, 2006 Twitter, 2007 schuelerVZ, 2011 Google+

Die evolutionäre Entwicklung von Medien beginnt bei der Stimme und umfasst Bild – Schriftzeichen – Buchdruck – Plakat – Presse – Post – Fotografie – Phono- und Telegrafie – Film – Kino – Radio – Fernsehen – Computer – Internet – *Social Networks* – Roboter. Eine Grundfrage kann dabei nicht eindeutig beantwortet werden: Was ist ein Medium? Wie grenzt man den Begriff Medium ein? Was ist ein Massenmedium? Welche Rolle spielt Technik? Der Konsens aus der Fachliteratur versteht Medium als „Vermittelndes". Der Soziologe Klaus Neumann-Braun nimmt die schwierige Begriffsbestimmung folgenderweise vor:

> Allen diesen Medien ist gemeinsam, daß sie Information speichern und übertragen, bewahren und vermitteln, und zwar über räumliche und zeitliche Distanzen hinweg. (…) Differenziert man weiter, müssen auch die Vorgänge der Informationsaufnahme, und -wiedergabe sowie der Reproduktion und Vervielfachung Berücksichtigung finden. So erweitern sich die Medienfunktionen und es können *sechs* Aspekte unterschieden werden: Aufnahme, Speicherung, Übertragung, Vervielfachung und Reproduktion, Wiedergabe, sowie Bearbeitung. (Neumann-Braun 2000: 30)

Der mediale Wandel schreitet auf technologischer und sozialer Ebene rascher voran als jemals zuvor; davon werden wir laufend ZeitzeugInnen, wenn z. B. neue *Social Media* boomen, Handys mit multiplen Medienfunktionen auf den Markt kommen oder die Wahl des neuen Papstes im Jahr 2013 erstmals vom Vatikan offiziell auch via *Twitter* veröffentlicht wurde.

Jede neue Medientechnologie konfrontiert die Gesellschaft mit einer neuen Art zu kommunizieren, für die es bis dahin jeweils keine Regeln, Erwartungshaltungen und Gewohnheiten gab.

Heute erhalten Tageszeitungen durch das Internet große Konkurrenz und können ihre Aktualitätsfunktion immer schwerer erfüllen; Zeitungsverlage geraten unter ökonomischen Druck und reagieren u. a., indem *Print*- und *Online*-Redaktionen fusioniert werden, um die kostenintensive, qualifizierte Überprüfung von Quellen und die Aufbereitung von Nachrichten mit qualitativ anspruchsvoller Hintergrundinformation leisten zu können.

Für die ubiquitäre Präsenz der Medien entwickelt Friedrich Krotz den Begriff „Mediatisierung" (Krotz 2007) und beschreibt damit einen gesellschaftlichen Metaprozess, der sich neben „Globalisierung" und „Individualisierung" über den gesamten Globus spannt, keine nationalstaatlichen oder kulturellen Grenzen kennt, Forschungsgegenstand zahlreicher Disziplinen ist und auch nicht mit einfachen Modellen oder Theorien zu erklären ist. Im Rahmen der Mediatisierung sind drei Arten von Kommunikation zu unterscheiden (vgl. Krotz 2007: 17):

Übersicht 1: Drei Arten von Kommunikation in der mediatisierten Gesellschaft

Kommunikation mit Medien (Massenkommunikation): Produktion und Rezeption von standardisierten und allgemein adressierten Kommunikationsinhalten (*one to many*) via Print-medien, Radio und Fernsehen, Internet

Mediatisierte interpersonale Kommunikation: Kommunikation mit anderen Menschen mittels Telefon, Handy, Email, Chat, Skype etc.

Interaktive Kommunikation: Kommunikation zwischen Mensch und einem „intelligenten" Hardware/Software-System, wie z. B. Roboter, Computerspiele

Diese analytische Unterscheidung ist einerseits relevant, um unterschiedliche Medien in ihrem Verwendungszusammenhang differenziert zu erforschen, andererseits zeigt die Alltagspraxis zunehmend, dass sich diese Kommunikationsformen überlappen können.

Bei der rasch voranschreitenden Verbreitung von Medien sind MediensoziologInnen besonders herausgefordert, das Verhältnis Medien – Gesellschaft zu untersuchen, alte Theorien auf ihre Gültigkeit zu überprüfen und gegebenenfalls nachzujustieren bzw. neue Theorien zu entwickeln. Die soziologische Perspektive ist auch in die Nachbardisziplinen der interdisziplinären Medienwissenschaft/*media studies* diffundiert; untersucht werden Systemabhängigkeiten von Wirtschaft und Politik, Verhältnisse von Privatheit und Öffentlichkeit, Konstellationen von AkteurInnen, Macht- und Herrschaftsverhältnissen, soziale Ungleichheit, Wertevermittlung, Wirkungsfaktoren, Selbst- und Fremdinszenierungen, u.v.m.

2   Historische Entwicklung der Mediensoziologie

Schon seit der Mitte des 19. Jahrhunderts beschäftigen sich Soziologen (damals strukturell bedingt tatsächlich nur Männer), die heute als Klassiker der Soziologie gelten, mit Medienthemen.

Emile Durkheim (2001 [1893]) zeigte auf, dass Öffentlichkeit und Journalismus gebraucht werden, damit alle Gesellschaftsmitglieder etwas über gesellschaftliche Institutionen und Milieus erfahren können. Max Weber (2001[1910]) gibt zu bedenken, dass der Einfluss der Presse auf die Kultur sowie die Wirkung der Kultur auf die Presse zu untersuchen seien. Charles Cooley (1962 [1909]) wies auf den Einfluss der Medien auf das kooperative Bewusstsein als *larger mind* hin. Ferdinand Tönnies (1922) schrieb über die Konstitution öffentlicher Meinung. Diese und weitere Positionen mediensoziologischer Klassiker werden von Michael Jäckel und Thomas Grund in ihrem Buchbeitrag *Eine Mediensoziologie – aus der Sicht der Klassiker* resümiert (Jäckel/Grund 2005). Auch eine österreichische Studie sei hier als Klassiker der Medienforschung hervorgehoben:

Die Wiener RAVAG-Studie

Die Studie entstand 1932 unter der Leitung von Paul Lazarsfeld, einem der Begründer der Wiener Schule der Sozialforschung, in der Wiener Wirtschaftspsychologischen Forschungsstelle als Auftragsstudie der 1924 gegründeten Radio-Verkehrs-A.G. Die Studie wurde erstmals 1996, rund 65 Jahre nach ihrer Fertigstellung, von Desmond Mark veröffentlicht, nachdem sie jahrzehntelang als verschollen galt, was in Verbindung mit dem austrofaschistischen Regime in Österreich und Lazarsfelds Emigration in die USA steht. Hier wird sie wegen ihrer innovativen Qualität und als Beitrag zur österreichischen Soziologiegeschichte vorgestellt. Das Vergessen und Verdrängen dieser Studie hat dazu geführt, dass sie weder wissenschaftlich rezipiert noch in die internationale Geschichte der Medienforschung Eingang gefunden hat. Die RAVAG-Studie wurde als HörerInnenbefragung durchgeführt, um die Wünsche der österreichischen Radioteilnehmer und -teilnehmerinnen zu erforschen, denn in den 1930er Jahren galten demokratische Erziehung durch Radio und die Befriedigung von HörerInnenwünschen als mediales Leitbild. Lazarsfeld und sein Team werteten die beachtliche Zahl von 110.312 Fragebögen aus. In 80 Punkten wurde nach mehreren Dimensionen des Radiohörens und des Lebensstils gefragt. Die Auswertung quantitativer und qualitativer Dimensionen erfolgte sehr differenziert nach Alter, Schicht, Geschlecht und Regionalität (Stadt/Land). Die RAVAG-Studie ist eine bedeutende Pionierstudie, die sowohl als Wegweiser für heutige Medientheorien gesehen werden kann, als auch in ihrem quantitativen und qualitativen Forschungsdesign für die empirische Mediennutzungsforschung methodisch innovativ war.

Heute versucht Mediennutzungsforschung nichts anderes – nämlich herauszufinden, was Menschen wann, warum, mit welchen Medien tun, und wie Medieninhalte aus dem großen Angebot gewählt werden. RezipientInnen-Studien, Einschaltquoten, Programmpräferenzen, Programmwünsche – all das gehört zum täglichen Repertoire der Forschung, die im Auftrag von Sendeanstalten und Medienorganisationen erstellt werden, wenn auch mit deutlich kleineren Samples.

3   Theoretische Ansätze und aktuelle empirische Befunde

Im Folgenden werden zentrale Fragen, zentrale theoretische Perspektiven und ausgewählte empirische Untersuchungsbefunde der interdisziplinären Medienwissenschaft vorgestellt, bei denen soziologische Perspektiven eine zentrale Rolle spielen.

3.1   Forschungsperspektiven

Folgende Forschungsperspektiven lassen sich unterscheiden: Systemforschung, In-
haltsforschung, Rezeptionsforschung und Wirkungsforschung.

Mediensystemforschung betrachtet Medien als soziales Funktions- oder Organisati-
onssystem mit seinen nationalstaatlichen Besonderheiten und untersucht, wie Me-
diengesetze entstehen und wie sie wirken, beleuchtet die zentralen AkteurInnen,
vermittelnde Organisationen, Sender, Kulturindustrien, Konzerne und den Zugang
zum JournalistInnenberuf (Steininger/Woelke 2007; Thomaß 2007). Länderver-
gleiche (Melischek/Seethaler/Wilke 2008) zeigen, dass allein in Europa Mediensysteme sehr unterschiedlich strukturiert sind.

Medieninhaltsforschung untersucht Medienformate nach deren Inhalten in Text und
Bild sowie deren Botschaften und wechselseitigen Bezugnahmen. Diese Analysen
erfolgen entlang qualitativer und/oder quantitativer Methoden (Maurer/Reine-
mann 2006).

Rezeptionsforschung – auch *Audience Studies* genannt – erhebt, wer welches Medium
wann wie und warum nutzt und setzt diese Daten in internationalen Vergleich
(Klingler/Turecek 200). Dazu werden von Markt- und Meinungsforschungsinstituten sowie von senderinternen Forschungsabteilungen einerseits standardisierte
Surveys als quantitative Analyse nach Quoten und Publikumsstruktur eingesetzt.
Andererseits entstehen qualitative Studien, die nach Lebenszusammenhängen der
Mediennutzung und den Bedeutungen, die die Medieninhalte für Menschen haben,
fragen. Quantitativ angelegte Studien dienen meist marktwirtschaftlichen Interes-
sen der LeserInnen-, HörerInnen- und SeherInnensteigerung.

Medienwirkungsforschung fragt danach, wie Medieninhalte unser Denken, Fühlen und
Handeln beeinflussen (Jäckel 2005), und welche Emotionen, Meinungen, Überein-
stimmungen und Dissonanzen, Auswirkungen auf Alltagspraktiken durch Medienkonsum entstehen.

Medienwirkungen setzen immer auf biografischen Sozialisationserfahrungen jedes
einzelnen Rezipienten/jeder einzelnen Rezipientin auf und sind in die sozialen Beziehungen der Menschen und die sozialen Mediennutzungsprozesse eingebettet.

Derselbe Medieninhalt kann bei unterschiedlichen Menschen sehr differente Medienwirkung auslösen, aber auch ein Medieninhalt kann bei derselben Person in unterschiedlichen Situationen oder unterschiedlichen Lebensphasen widersprüchliche Eindrücke hinterlassen. Ein klassisches Thema der Medienwirkungsforschung ist Gewalt in den Medien. Hierbei zeigt sich immer, dass nie ein Medieninhalt allein „schuld" an real verübten Gewalttaten ist, sondern dass bei der Medienwirkung immer soziale Faktoren wie Alter (kindgerechtes Programm), soziale Einbettung (reale soziale Beziehungen), Bildung (Reflexionsfähigkeit) und eigene Gewalterfahrungen mit zu berücksichtigen sind (Gerbner 1995).

Bei der Verwendung von Medien werden medienwissenschaftlich drei soziale Prozesse unterschieden: *Nutzung, Rezeption* und *Aneignung*. Die *Nutzung* zählt das Einschalten eines Programms oder verkaufte Exemplare. Die *Rezeption* erfasst die bewusste Hinwendung zum Programm, z. B. den Kinobesuch. Die *Aneignung* untersucht jenen sozialen Prozess, in dem Medieninhalte in die Alltagspraxis übernommen werden, also z. B. wenn man mit anderen über den gesehenen Film spricht, sich über Aussagen und Botschaften Gedanken macht oder Kleidungsstil, Vokabel oder Sätze in den eigenen Alltag importiert. Mediensoziologisch ist vor allem der dritte Prozess, die Medienaneignung besonders relevant: Wir wollen verstehen, welche Bedeutung Medieninhalte im Alltag der Menschen haben, wie sich Menschen Medieninhalte aneignen, ob und wenn ja wie Medien die Alltagsgestaltung auf der Handlungsebene beeinflussen.

3.2 Theoretische Ansätze der Mediensoziologie

Medientheorien beziehen sich jeweils auf ein spezifisches Medium: Theorie des Films, Theorie des Fernsehens, Theorie des Internets etc. (vgl. Rusch/Schanze/Schwering 2007). Mediensoziologisch ist die Bedeutung von *Medien in Gesellschaftstheorien* zentral; die hier skizzierten vier theoretischen Zugänge stellen eine Auswahl dar.

Kritische Medientheorie

Die kritische Medientheorie ist jener Teil der Kritischen Theorie bzw. der Frankfurter Schule, deren namhafteste Vertreter Theodor W. Adorno und Max Horkheimer waren, die sich aufgrund der Erfahrungen in der Nazidiktatur mit dem Manipulationspotential der Massenmedien zur Verbreitung von Rassismus und Kriegshetze auseinandersetzten. Sie beschäftigten sich mit der Frage, welche Bedeutung und Auswirkung (Massen-)Medien für das Individuum und die Gesellschaft haben und integrierten dies in ihre politische Gesellschaftstheorie, die sich gegen jede Art von

Entfremdung und Unterdrückung von Menschen unter bestimmte Machtkonstellationen wendet. Mit dem Begriff „Kulturindustrie" (Horkheimer/Adorno 2000 [1944]) beschreiben sie jenes Phänomen, das Kultur – und damit auch Medien – zur Ware mit einem ökonomischen Wert macht, der ästhetische Gesichtspunkte vernachlässigt. Enttäuschung über den mangelnden Beitrag der Massenmedien zu einer politischen Aufklärung oder kritischen Öffentlichkeit in den 1940er und 1950er Jahren führt zur kulturpessimistischen Kritik am medialen Einheitsgeschmack, an der Entmündigung von KonsumentInnen und an der industriellen Organisation ökonomisierter Medienkultur. Kulturindustrie zeigt sich demnach als Verblendungszusammenhang und Massenbetrug.

Jürgen Habermas, der auch aus der Frankfurter Schule kam, entwickelte die Theorie mit dem *Strukturwandel der Öffentlichkeit* (2001[1962]) weiter. Im Zuge der 1968er Bewegung forderte er, dass jede/r Einzelne/r die Möglichkeit haben sollte, sich – auch über Medien – an öffentlichen, politischen Debatten und somit an der Repolitisierung der Gesellschaft zu beteiligen (Müller-Doohm 2008).

Cultural Studies

Die *Cultural Studies* verstehen sich weniger als eine Theorie, sondern als ein Projekt (Hepp/Krotz/Thomas 2009), das sich seit den 1950er Jahren von Großbritannien ausgehend verbreitet. *Cultural Studies* werden als eine Forschungsperspektive „zwischen kritischer Sozialforschung und Kulturwissenschaft" bezeichnet (Göttlich 2001: 15). Die Projekte und AutorInnen der *Cultural Studies* verbindet die Ablehnung eines elitären Kunstverständnisses. Im Zentrum des Interesses stehen der gesellschaftliche Alltag mit diversen Lebensweisen, Vielfalt von Populärkultur und Varianten von Mediengebrauch, ohne eine Wertung von Geschmack oder Milieu vorzunehmen. *Cultural Studies* integrieren die Frage nach dem Umgang der Menschen mit Medien und deren Bedeutungszuschreibung und Einbettung in den Alltag.

Forschungsprojekte untersuchen die Verbindung von *Texten* und *Kontexten*. *Texte* umfassen sprachliche und bildliche Medieninhalte und *Kontexte* umfassen die sozialen Bedingungen von Produktion und Aneignung dieser Texte bzw. Medieninhalte. Das Spektrum der Forschungsmethoden ist groß und integriert qualitative Befragungs- und ethnografische Erhebungsmethoden.

Systemtheorie

In *Die Realität der Massenmedien* schreibt Niklas Luhmann 1996 den Massenmedien den Status eines Funktionssystems zu – wie dem Rechts-, Bildungs-, Gesundheits-, Religions-, Wissenschafts-, Techniksystem u.a.. Medien üben wichtige Funktionen für die Gesellschaft aus, indem sie als *Beobachter zweiter Ordnung* dienen und die Gesellschaft beobachten, beschreiben und diese Erkenntnisse nach Selektionsprozessen wiederum in die Gesellschaft zurück kommunizieren und somit öffentliche Themen definieren.

Für das Funktionssystem der Massen- bzw. Verbreitungsmedien werden drei Stränge unterschieden: Nachrichten bzw. Berichte, Unterhaltung und Werbung, die alle drei nach jeweils unterschiedlichen Logiken funktionieren. Luhmann macht deutlich, dass wir in unserer Meinungsbildung und Wissenserweiterung von Medien und ihrer Qualität der Berichterstattung abhängig sind. Besonders ist jener Umstand mediensoziologisch zu beleuchten, dass Medien, die heute zunehmend in Konzernstrukturen und damit in ökonomische Abhängigkeiten eingebettet sind, in ihrer Rolle als Gesellschaftsbeobachter selbst relativ unbeobachtet und damit unhinterfragt bleiben.

Feministische Theorien

Analog zu anderen gesellschaftlichen Bereichen wird Geschlecht auch im Mediensystem als eine zentrale soziale Ordnungskategorie wirksam (Lünenborg/Maier 2013). Feministische Medientheorien fokussieren auf die Geschlechterperspektive in allen medialen Bereichen: ‚Medienmacher‘, Inhalte und RezipientInnen. Feministische Medienwissenschaft formuliert Kritik an der Dominanz patriarchaler Medienstrukturen. Zugangsselektionen zu journalistischen und redaktionellen Tätigkeiten sind geschlechtlich codiert und differenziert. Dabei zeigt sich eine vertikale Segregation (gläserne Decke): Frauen sind in Führungspositionen in Medienbetrieben und Redaktionen immer noch eine Minorität. Gleichzeitig findet auch eine horizontale Segregation statt, die nach ‚männlichen‘ und ‚weiblichen‘ Ressorts unterscheidet (Lünenborg 1997). Bereits seit den 1970er Jahren werden die Auswirkungen männlicher Dominanz in Redaktionen auf inhaltliche Programmteile untersucht. Inhaltsanalysen zu Geschlechterrepräsentationen und Geschlechterbildern gehören zum Kerngebiet feministischer Medienanalysen.

Bei der Analyse von geschlechtsspezifischem Medienhandeln wird unterschiedlich vorgegangen. Das quantitative Erfassen nach binärer Codierung von Frauen und Männern in der Medienrezeption hat Tradition in der Medienforschung. Mit dem *Boom* der *Cultural Studies* in den 1980er Jahren werden auch mikrosoziale Analysen von Alltagsbedeutungen beim Medienhandeln von Frauen mit qualitativen Methoden in den Forschungsfokus genommen. Ien Ang gilt mit ihrer Studie *Watching Dallas* (1985) als Pionierin dieses Forschungszweigs, der bis heute methodisch und theoretisch weiterentwickelt wird (Cornelißen 2002).

Neue Medien und Computerspiele bieten aber auch Möglichkeiten der Geschlechterdekonstruktion bis hin zu virtuellen Neukonstruktionen von Geschlechtlichkeit (Haraway 1990) und des Geschlechterexperimentierens im Internet und bei Computergames.

Die zunehmende Digitalisierung von Kommunikation mit der Verbreitung des Internet führen zum *digital divide*, der neben einer Geschlechterdifferenz in der Mediennutzung, die sich auf Frauen benachteiligend auswirken kann (Cooper/Weaver 2003), auch gesellschaftliche Ausschlussmechanismen über Alter, Bildung, Ethnizität und die Nord-/Süd-Differenz in den Blick nimmt.

3.3   Befunde empirischer Medienforschung

Mediennutzungsforschung zeigt deutlich, dass alle Medien zunehmend online genutzt werden und dem Internet in vielen Gesellschaftsbereichen eine schnell wachsende Rolle zukommt. Dies gilt für die klassischen Printmedien ebenso wie für Radio und Fernsehen. Aus diesem Grund seien hier für einen ersten internationalen Überblick exemplarisch die Internetnutzungsdaten angeführt.

Weltweit nutzten per Ende 2011 2,2 Milliarden Menschen das Internet, das waren 33 % der Weltbevölkerung. Bei den Mediennutzungsdaten sind Durchdringungsraten und *User*zahl (in Klammer) zu beachten, die sich wie folgend aufteilen und je nach Bevölkerungsdichte die Reihung der Kontinente verschieben: Nordamerika 79 % (273 Mio), Ozeanien/Australien 68 % (24 Mio), Europa 61 % (500 Mio), Latein-Amerika & Karibik 40 % (236 Mio), Mittlerer Osten 36 % (77 Mio), Asien 26 % (1,017 Milliarden), Afrika 14 % (140 Mio).[2]

Bei Mediennutzungsdaten muss nicht nur sorgfältig deren Quelle, sondern auch deren Zustandekommen im Verhältnis zu Datenschutzrechten kritisch hinterfragt werden. Insbesondere Nutzungsdaten der *Social Media* wie z. B. *Facebook* und *Twitter* sind mit Vorsicht zu verwenden, da sie von den Unternehmen selbst erstellt werden und wesentlich zu deren ökonomischer Wertbemessung beitragen.

Besonderheiten einer nationalstaatlichen Mediengesellschaft werden erst über eine Zeitschiene und einen Vergleich mit anderen Ländern greifbar. Um die Mediendaten gut interpretieren zu können, braucht es jeweils solide Kenntnisse über das Mediensystem und seine historischen, politischen, rechtlichen, ökonomischen und kulturellen Charakteristika.

---

2   http://wifimaku.com/online-marketing/einleitung-und-grundlagen/facts-%26-figures/internetnutzung/internetnutzung-weltweit, 10.7. 2013.

Mediennutzung in Österreich

Auch um die österreichische Gesellschaft als Mediengesellschaft zu verstehen, braucht es historisches Wissen wie z. B. über die Nachkriegsgeschichte unter den Alliierten, Wissen über Österreich-spezifische Gesetzeslagen in Medienkonzernstrukturen sowie Grunddaten der empirischen Medienforschung.

Daten zur Mediennutzung in Österreich zeigen für 2011[3]:

- ca. 39 % der ÖsterreicherInnen lesen die Tageszeitung „Kronen Zeitung"
- ÖsterreicherInnen hören pro Tag durchschnittliche 3,3 Stunden Radio (200 Min.)
- ÖsterreicherInnen sehen pro Tag durchschnittlich über 2,7 Stunden TV (167 Min.)
- 80 % der ÖsterreicherInnen haben zu Hause einen Internet-Anschluss (2011)
- 86 % verfügen über Internet-Zugangsmöglichkeit (2011)
- 64 % nutzen das Internet über ein mobiles Gerät (2012)
- Rund 2,9 Mio ÖstereicherInnen nutzen Facebook
- auf http://onemilliontweetmap.com/kann live weltweit mitverfolgt werden, wer wo twittert.

Zur österreichischen Medienlandschaft lässt sich sagen, dass sie im internationalen Vergleich eine hohe Medienkonzentration aufweist, die sich sowohl im Printmediensektor, als auch im Hörfunk- und Fernsehbereich auswirkt (vgl. Steinmauer 2003; Kleinsteuber 2003). Einige Medienunternehmen erhalten über Konzernstrukturen marktbeherrschende Stellung, was der Meinungsvielfalt abträglich ist; dies ist Ergebnis einer gesellschafts- und demokratiepolitisch verfehlten Medienpolitik. Die „Mediaprint" dominiert als Konzern im *Print*mediensektor, und der öffentlich rechtliche Rundfunk ORF ist das größte Medienunternehmen Österreichs und genießt immer noch monopolähnliche Stellung. Privatradio wurde im europäischen Vergleich in Österreich erst sehr spät, nämlich 1997 und terrestrisches Privat-TV erst 2002 zugelassen. Alle Formen der Medienkonzentration erschweren die Ausbildung kritischer Öffentlichkeiten, medialer Kontrolle politischer Machtakkumulation, sowie eines kritischen und unabhängigen Journalismus.

Als weiteres Beispiel für Medienforschung und eine etwas differenziertere Unterteilung der RezipientInnen seien hier die Sinus-Milieus (Abbildung 1) des privaten Markt- und Meinungsforschungsinstitutes Integral erwähnt. Auf der Basis jährlicher Fragebogenerhebungen werden drei Schichtdimensionen (y-Achse) mit drei

---

3   http://statistik.at; http://mediaresearch.orf.at; http://www.integral.co.at; http://allfacebook. de/category/zahlen_fakten, 10.7. 2013.

Dimensionen einer Grundorientierung und Werthaltung (x-Achse) verknüpft. Daten wie diese bieten die Grundlage für das TV-Programmschema des öffentlich-rechtlichen Senders ORF, hier exemplarisch die Einteilung des Publikums von ORF2 in 10 Sinus-Milieus (www.integral.co.at).

In der Grafik entsprechen die Zahlen bei jedem Milieu einem Indexwert, wobei 100 der durchschnittliche Rezeptionswert ist. Lesebeispiel zu Abbildung 1: Beim Fernsehkanal ORF2 ist das Milieu der „Bürgerlichen Mitte" mit 126 – also überdurchschnittlich – vertreten. Beim Kanal ORF1, dessen Grafik hier nicht abgebildet ist, steht die „Bürgerliche Mitte" dafür mit 82 unterdurchschnittlich niedrig.

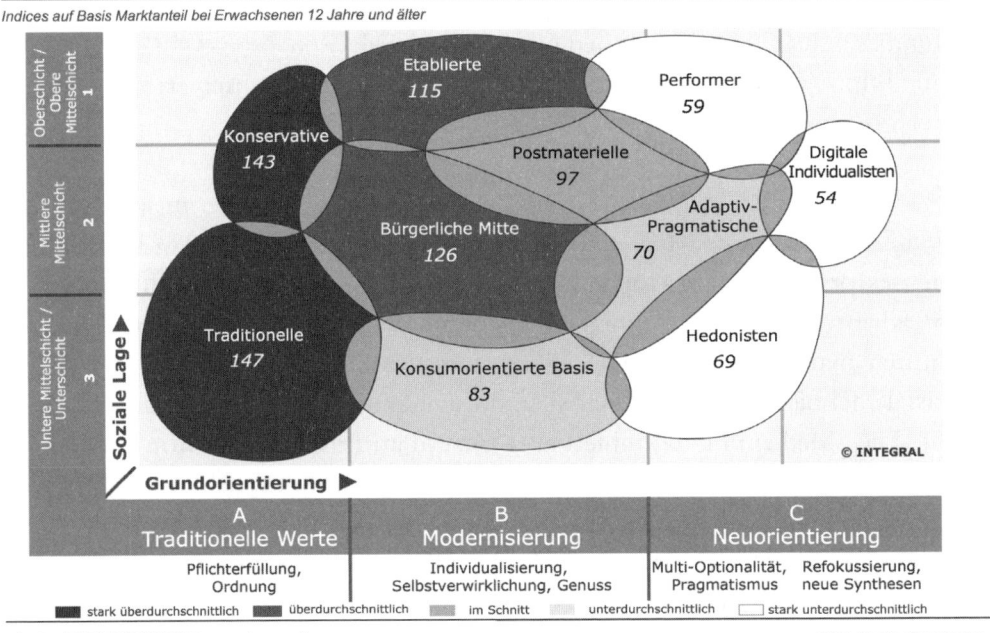

Abbildung 1: Sinus-Milieu-Verteilung beim Fernsehkanal ORF2 in 2012

4 Aktuelle Forschung in Österreich

Mediensoziologie ist in Österreich neben Publizistik und Kommunikationswissenschaft, Politikwissenschaft, Psychologie, Zeitgeschichte, sowie Film-, Medien- und Theaterwissenschaft Teil interdisziplinärer Medienforschung. An den universitären

Soziologie-Instituten und in den Soziologie-Curricula ist Mediensoziologie allerdings immer noch wenig verankert. Es gibt – im internationalen Vergleich – einen Nachholbedarf, und der laufende Generationenwechsel gibt Anlass zur Hoffnung. Im außeruniversitären Bereich widmen sich mehrere Forschungsinstitute der Medienforschung: Institut für vergleichende Medien- und Kommunikationsforschung an der Österreichischen Akademie der Wissenschaften (Mediensystemanalysen), Institut Mediacult (Kulturindustrie, Popularkulturanalyse), SORA – Institute for Social Research and Analysis mit Kommunikations- und Medienforschung, FORBA – Forschungs- und Beratungsstelle Arbeitswelt Wien (Arbeitsmarkt der Creative Industries).

Ein wichtiges Forschungsgebiet sind die *Creative Industries*, jener Wirtschaftszweig, dem verschiedene Berufsfelder der kreativen, künstlerischen, grafischen, Werbe-, Film-, Multimedia, Software-, Design-Branche angehören. Darunter fallen auch zahlreiche Medienberufe, die von sozialem Wandel der Arbeitswelt und der Digitalisierung betroffen sind. Die Umstrukturierung der Medienlandschaft und Berufsfelder bringt neue und prekarisierte Arbeitsverhältnisse mit sich – auch diese sind von mediensoziologischem Interesse. So ist z.B. die Frage der Qualität eines unabhängigen Journalismus auch von Arbeitsmarkt und Arbeitsplatzperspektiven abhängig.

Feministische Medienforschung/*Gender Media Studies* sind ein akademischer Forschungsbereich, der großteils an den Universitäten betrieben wird. Die Pionierarbeit für eine universitäre Verankerung feministischer Medienwissenschaft wurde in Österreich seit den 1980er Jahren vor allem an der Universität Wien vorangetrieben (vgl. Angerer/Dorer 1994; Dorer/Geiger 2002), ist seit den frühen 2000er Jahren auch an der Universität Salzburg verankert (Klaus 2005) und wird mittlerweile an mehreren österreichischen Universitäten und Fachhochschulen gelehrt.

Aus dem Bereich soziologischer Medieninhaltsanalysen sei hier ein aktuelles Forschungsbeispiel zu Alter, Alten und Altern in den Medien erwähnt (Flicker/Formanek/Gerstmann 2013). An der Schnittstelle von Alterssoziologie und Mediensoziologie wurde im Auftrag des Bundesministeriums für Arbeit, Soziales und Konsumentenschutz untersucht, ob und wenn ja wie, alte Menschen in Medien dargestellt werden. Die Studie belegt die quantitative Unterrepräsentation von älteren Menschen, insbesondere die von älteren Frauen. Verbale Bezeichnungen für ältere Menschen zeichnen widersprüchliche und abwertende Sprachbilder (z.B. Grufti, Alterstsunami). Altersstereotype bewegen sich zwischen einer Jugendidealisierung (neue kaufkräftige KonsumentInnengruppe) und einer Defizitbetonung (Belastung für Familien und Sozialstaat). Auffallend ist die doppelte Diskriminierung von al-

ten Frauen, indem sie viel seltener vorkommen als Männer und weitgehend über
Ästhetisierungsfragen (Verlust von Attraktivität) thematisiert werden. Vom Jugend-
diktat dominierte Visualisierungen von Körpern und die Tabuisierungen von Sexualität, Sterben und Tod ziehen sich durch die Medien. Einige wenige Beispiele
deuten allerdings eine ganz langsame Veränderung hin zu differenzierteren und be-
wussten Altersbildern an.

5   Anwendungsbezug

Viele Studien zu Medieninhalten entstehen in akademischem Zusammenhang und
bleiben auch in diesem Diskursfeld. Manche finden über Fachjournale ihren Weg
zurück in den Medienbereich. Im deutschsprachigen Raum geschieht dies beispielsweise über die Zeitschrift *Media Perspektiven*, die im Kontext der Arbeitsgemeinschaft der deutschen öffentlich-rechtlichen Fernsehanstalt ARD entsteht (www.
media-perspektiven.de); sie ist seit 1970 ein niveauvolles Fachjournal mit aktuellen
Daten, wissenschaftlichen Analysen, ist frei verfügbar und somit ein Service für die
interessierte Öffentlichkeit.

Auch die bloßen Nutzungsdaten dienen wissenschaftlichen Zwecken, werden aber
hauptsächlich im ökonomischen Interesse der Medien- und Werbeunternehmen er-
stellt. So liefert die Media-Analyse (www.media-analyse.at) regelmäßig Daten zum
Medienkonsum in Österreich und zu den Auflagezahlen österreichischer Medien,
und ist somit ein wichtiger Index zur Bemessung von Werbe- und Anzeigepreisen.
Die Trägerkonstruktion für die Erhebung dieser Daten bietet der Verein ARGE
Media-Analyse, getragen von über 120 Medienunternehmen und Medienagenturen.
Die Studien werden von den drei Markt- und Meinungsforschungsinstituten Fessel-
GfK, IFES und Gallup durchgeführt. Dazu werden jährlich rund 17000 Interviews
durchgeführt. Dennoch wird die Richtigkeit der veröffentlichten Daten und der
angegebenen Marktanteile bzw. Reichweiten regelmäßig angezweifelt.

Marktforschung und Rezeptionsanalysen werden von den Verlags- und Sendeanstalten in Auftrag gegeben, so z. B. Fessel-GfK im Auftrag des ORF, manches wird
publiziert (http://mediaresearch.orf.at/). Neben den ökonomischen Interessen der
Vermarktung von Medien werden auch zunehmend kritische Bestrebungen sichtbar, die auf einen emanzipatorischen Ansatz der Medienforschung setzen.

Geschlechterverhältnisse werden auch weiterhin im Fokus der Medienforschung
bleiben, solange ungleiche Zugangschancen für Frauen und Männer die Alltagspraxis im Medienbereich darstellen (Klaus 2005). *Media literacy*, die Kompetenz mit
Medien kritisch umzugehen, rückt zunehmend von der Forschung auch in den

Blick der Bildungseinrichtungen. Kinder sollen von klein auf einen kritischen und mündigen Umgang mit Medien und auch deren aktiven Einsatz erlernen. In diesem Bereich sind weitere Forschungen und Maßnahmen zu erwarten.

Mit Dank an Gizem Gerdan und Luiza Puiu für ihre Recherchen zu den jüngsten Mediendaten.

Literatur

1. Einführungsliteratur

Jäckel, Michael, 2005: Mediensoziologie. Wiesbaden: Verlag für Sozialwissenschaften.

Lünenborg, Margreth; Maier, Tanja, 2013: Gender Media Studies. Eine Einführung. Konstanz: UTB Konstanz.

Neumann-Braun, Klaus; Müller-Doohm, Stefan (Hg.), 2000: Medien- und Kommunikationssoziologie. Eine Einführung in zentrale Begriffe und Theorien. Weinheim/München: Juventa Verlag.

Smudits, Alfred, 2002: Mediamorphosen des Kulturschaffens. Kunst und Kommunikationstechnologien im Wandel. Wien: Braumüller.

Weber, Stefan (Hg.), 2003: Theorien der Medien. Von der Kulturkritik zum Konstruktivismus. Konstanz: UVK Verlagsgesellschaft.

Ziemann, Andreas 2006: Soziologie der Medien. Bielefeld: transcript

2. Weitere zitierte Literatur

Ang, Ien, 1985: Watching Dallas. Soap Opera and the Melodramatic Imagination. London: Methuen.

Angerer, Marie-Luise; Dorer, Johanna (Hg.), 1994: Gender und Medien. Theoretische Ansätze, empirische Befunde und Praxis der Massenkommunikation. Ein Textbuch zur Einführung. Studienbücher zur Publizistik- und Kommunikationswissenschaft 9. Wien: Braumüller.

Cooley, Charles Horton, 1962 [1909]: Social Organization. A Study of the Larger Mind. New York.

Cooper, Joel; Weaver, Kimberley, 2003: Gender and Computers. Understanding the Digital Divide. London: Erlbaum.

Cornelißen, Waltraud, 2002: Der Stellenwert des Fernsehens im Alltag von Frauen und Männern. In: Dorer, Johanna; Geiger, Brigitte (Hg.), Feministische Kommunikations- und Medienwissenschaft. Ansätze, Befunde und Perspektiven der aktuellen Entwicklung. Opladen: Westdeutscher Verlag, 267–289.

Dorer, Johanna; Geiger, Brigitte, 2002: Feministische Kommunikations- und Medienwissenschaft. Ansätze, Befunde und Perspektiven der aktuellen Entwicklung. Opladen: Westdeutscher Verlag.

Durkheim, Emile, 2001 [1893]: Über die Teilung der sozialen Arbeit. In: Pöttker, Horst (Hg), Öffentlichkeit als gesellschaftlicher Auftrag. Klassiker der Sozialwissenschaft über Journalismus und Medien. Konstanz, 138–157.

Flicker, Eva; Formanek, Nina; Gerstmann, Katja, 2013: Mediale Repräsentation von Alte/r/n in Bild und Text – Anzeichen eines langsamen Paradigmenwechsels? In: Schwender, Clemens; Hoffmann, Dagmar; Reißmann, Wolfgang (Hg.), Screening Age. Medienbilder – Stereotype – Altersdiskiminierung. München: kopaed, 23–40.

Gerbner, George, 1995: Television Violence. The Power and the Peril. In: Dines, Gail; Humez, Jean M. (Hg.), Gender, Race and Class in Media. A Text-Reader. Thousand Oaks/London/New Delhi: Sage, 547–557.

Göttlich, Udo, 2001: Zur Epistemologie der Cultural Studies in kulturwissenschaftlicher Absicht. Cultural Studies zwischen kritischer Sozialforschung und Kulturwissenschaft. In: Göttlich, Udo; Mikos, Lothar; Winter, Rainer (Hg.), 2001: Die Werkzeugkiste der Cultural Studies. Perspektiven, Anschlüsse und Interventionen. Bielefeld: transkript, 15–42.

Habermas, Jürgen, 2001 (1962): Strukturwandel der Öffentlichkeit. Untersuchungen zu einer Kategorie der bürgerlichen Gesellschaft. 7. Auflage, Frankfurt/M.: Suhrkamp.

Haraway, Donna, 1990: A Manifesto for Cyborgs. Science, Technology and Socialist Feminism in the 1980s. In: Nicholson, Linda (Hg.), 1990: Feminism, Postmodernism. New York: Routledge, 190–233.

Hepp, Andreas; Krotz, Friedrich; Thomas, Tanja, (Hg.) 2009: Schlüsselwerke der Cultural Studies. Wiesbaden: Verlag für Sozialwissenschaften.

Horkheimer, Max; Adorno Theodor W., 2000 [1944]: Dialektik der Aufklärung. Philosophische Fragmente. Frankfurt/M.: Fischer.

Jäckel, Michael, 2005: Medienwirkungen. Ein Studienbuch zur Einführung. 3., überarbeitete und erweiterte Auflage, Wiesbaden: Verlag für Sozialwissenschaften.

Jäckel, Michael; Grund, Thomas, 2005: Eine Mediensoziologie – aus der Sicht der Klassiker. In: Jäckel, Michael (Hg.), Mediensoziologie. Grundfragen und Forschungsfelder. Wiesbaden: Verlag für Sozialwissenschaften, 15–32.

Klaus, Elisabeth, 2005: Kommunikationswissenschaftliche Geschlechterforschung. Zur Bedeutung der Frauen in den Massenmedien und im Journalismus. Aktualisierte und korrigierte Neuauflage. Münster u. a.: Lit-Verlag.

Kleinsteuber, Hans J., 2003: Mediensysteme im internationalen Vergleich. In: Bentele, Günter; Brosius, Hans-Bernd; Jarren, Ortfried (Hg.), Öffentliche Kommunikation. Handbuch Kommunikations- und Medienwissenschaft. Wiesbaden: Westdeutscher Verlag, 382–396.

Klingler, Walter; Turecek, Irina, 2008: Mediennutzung im Vergleich. In: Melischek, Gabriele; Seethaler, Josef; Wilke, Jürgen (Hg.), 2008: Medien & Kommunikationsforschung im Vergleich. Grundlagen, Gegenstandsbereiche, Verfahrensweisen. Wiesbaden: Verlag für Sozialwissenschaften, 341–358.

Krotz, Friedrich, 2007: Mediatisierung. Fallstudien zum Wandel von Kommunikation. Wiesbaden: Verlag für Sozialwissenschaften.

Luhmann, Niklas, 1996: Die Realität der Massenmedien. 2. erweiterte Auflage. Opladen: Westdeutscher Verlag.

Lünenborg, Margreth, 1997: Journalistinnen in Europa. Eine international vergleichende Analyse zum Gendering im sozialen System Journalismus. Opladen: Westdeutscher Verlag.

Mark, Desmond (Hg.), 1996: Paul Lazarsfeld Wiener RAVAG-Studie 1932. Musik und Gesellschaft Band 24. Mühlheim a.d.Ruhr: Guthmann-Peterson.

Maurer, Marcus; Reinemann, Carsten, 2006: Medieninhalte. Eine Einführung. Wiesbaden: Verlag für Sozialwissenschaften.

Melischek, Gabriele; Seethaler, Josek; Wilke, Jürgen (Hg.), 2008: Medien & Kommunikationsforschung im Vergleich. Grundlagen, Gegenstandsbereiche, Verfahrensweisen. Wiesbaden: Verlag für Sozialwissenschaften.

Müller-Doohm, Stefan, 2008: Medienforschung als Kulturanalyse. Die Öffentlichkeitskonzeption von Jürgen Habermas. Audiomitschnitt zu einem Vortrag am Institut für Soziologie. http://www.univie.ac.at/visuellesoziologie/Publikation2008.html, 4.8. 2013.

Neumann-Braun, Klaus, 2000: Medien – Medienkommunikation. In: Neumann-Braun, Klaus; Müller-Doohm, Stefan (Hg.), 2000: Medien- und Kommunikationssoziologie. Eine Einführung in zentrale Begriffe und Theorien. Weinheim/München: Juventa, 29–39.

Rusch, Gebhard; Schanze, Helmut; Schwering, Gregor, 2007: Theorien der neuen Medien. Kino – Radio – Fernsehen – Computer. Paderborn: Fink.

Steininger, Christian; Woelke, Jens (Hg.), 2007: Fernsehen in Österreich 2007. Konstanz: UVK Verlagsgesellschaft.

Steinmauer, Thomas, 2003: Die Medienstruktur Österreichs. In: Bentele, Günter; Brosius, Hans-Bernd; Jarren, Ortfried (Hg.), Öffentliche Kommunikation. Handbuch Kommunikations- und Medienwissenschaft. Wiesbaden: Westdeutscher Verlag, 349–365.

Thomaß, Barbara (Hg.), 2007: Mediensysteme im internationalen Vergleich. Konstanz: UVK.

Tonkin, Emma; Pfeiffer, Heather D.; Tourte, Greg, 2003: Twitter, Information Sharing and the London Riots? Bulletin of the American Society for Information Science and Technology, 2012, Vol. 38, No. 2, 49–57.

Tönnies, Ferdinand, 1922: Kritik der öffentlichen Meinung. Berlin: Julius Springer Verlag.

Weber, Max, 2001 [1910]: Vorbericht über eine vorgeschlagene Erhebung über die Soziologie des Zeitungswesens. In: Pöttker, Horst (Hg), Öffentlichkeit als gesellschaftlicher Auftrag. Klassiker der Sozialwissenschaft über Journalismus und Medien. Konstanz: UVK, 316–325.

3. Ausgewählte Fachzeitschriften

ADA – Journal of Gender, Media and Technology

American Communication Journal (ACJ)

Feminist Media Studies

International Journal of Media and Cultural Politics

Journal of Communication

Journal of Communication Inquiry

Journal of Media Sociology

M & K – Medien und Kommunikationswissenschaft

Media Perspektiven

Medien Journal – Zeitschrift für Kommunikationskultur

Medienwissenschaft – Rezensionszeitschrift

Migration

Elisabeth Scheibelhofer

1   Einleitung

Migration und die damit verbundenen gesellschaftlichen Veränderungen werden täglich in der österreichischen Politik und in den Massenmedien verhandelt. Die Daten der Statistik Austria weisen für das Jahr 2011 aus, dass ca. 130.000 Personen nach Österreich gezogen sind, während mehr als 94.000 das Land verlassen haben (www.statistik.at). Soziologisch ergeben sich bereits aus diesen beiden Überblickszahlen eine Menge spannender Forschungsfragen: Wer immigriert unter welchen Umständen nach Österreich? Handelt es sich dabei um Personen, die bereits zuvor international gewandert sind – hierzu zählen auch jene österreichischen StaatsbürgerInnen, die nach Österreich zurückkehren? Sehen manche Personen Österreich bei ihrer Einreise als Durchgangsstation, d. h. haben sie die Absicht, weiterzuwandern? Und wenn ja: Geschieht dies dann im weiteren Verlauf tatsächlich? SoziologInnen haben sich in den letzten Jahrzehnten mit diesen und ähnlichen Fragen deutlich häufiger als bis zum Ende der 1980er Jahre beschäftigt. Diese Entwicklung ist auch auf die Tatsache zurückzuführen, dass die zunächst als ‚GastarbeiterInnen‘ bezeichneten Personen nicht in ihre Herkunftsländer zurückgingen, sondern in Österreich verblieben sind.

Der soziologische Fokus im Bereich Migration liegt auf den Gründen von Wanderungen, den dabei voneinander zu unterscheidenden Migrationsformen sowie auf deren Auswirkungen auf Individuen, Haushalte und Familien, auf soziale Gruppen sowie letztlich auf die Gesellschaft insgesamt. Der Ausdruck „Migration" ist dabei in der Soziologie als Oberbegriff für unterschiedlichste Formen der physischen Bewegung von einem Wohnort zu einem anderen zu sehen. Zur Unterscheidung der Migration von anderen Formen der Mobilität (z. B. touristische oder Geschäftsreisen) ist es üblich, für Migration von einer Mindestdauer von einem Jahr für den Aufenthalt an einem Ort auszugehen.

Neben den Gründen für Arbeits- und Fluchtmigration sind Untersuchungen zu Fragen der sozialen Integration der MigrantInnen sowie ihrer Nachkommen zentral. Außerdem werden Fragen der Segregation[1] bei der Wahl des Wohnortes oder am Arbeitsmarkt untersucht sowie die Lage der Zweiten (und Dritten) Generation

---

1   Darunter ist die Trennung verschiedener Bevölkerungsgruppen aufgrund spezifischer ethnischer bzw. nationaler Merkmale zu verstehen.

thematisiert. Häufig werden auch geschlechtsspezifische Fragen untersucht. Hinzu kommt die Analyse verschiedener Formen der Mobilität und Migration wie etwa Pendel- und Rückkehrmigration sowie Formen der zirkulären, d. h. wiederkehrenden internationalen Wanderung.

Bei der Bearbeitung dieser vielfältigen Schwerpunkte kooperieren MigrationssoziologInnen häufig mit ForscherInnen anderer Disziplinen und beziehen auch deren Ergebnisse mit ein. Bei kaum einer migrationssoziologischen Fragestellung kann der historische, demographische, ökonomische, geographische, sozialanthropologische, rechtliche oder politische Kontext außer Acht gelassen werden. Hinzu kommen themenspezifische Berührungspunkte mit anderen Disziplinen wie den Sprachwissenschaften, der Psychologie oder der (interkulturellen) Pädagogik.

Innerhalb der Soziologie gibt es mit fast jeder Speziellen Soziologie Berührungspunkte, da es sich bei Migration um ein Querschnittsthema handelt, das alle Bereiche des gesellschaftlichen Lebens verändert. Besonders ausgeprägt sind diese sich überlappenden Forschungsinteressen mit der Stadtsoziologie, da die Zuwanderung (auch historisch) mit der Entwicklung von Städten eng verbunden ist; mit der Arbeitssoziologie, da die Berufstätigkeit die Basis für den Aufbau neuer Lebensbezüge in einer Gesellschaft darstellt sowie mit der Bildungssoziologie, zumal Schulen vor neue Anforderungen gestellt werden. Auch mit der Soziologie ethnischer Beziehungen sowie der Religionssoziologie bestehen Berührungspunkte.

2   Historische Entwicklung der Migrationssoziologie

Die Untersuchung der Motive steht, historisch gesehen, am Beginn der sozialwissenschaftlichen Migrationsforschung. Der Demograph Ernest G. Ravenstein (1972 [1885, 1889]) formulierte in den 1880er Jahren *Gesetze der Wanderung*. Vor dem Hintergrund der Industrialisierung Englands und damit verbundenen Migrationsbewegungen sowie der Überseeauswanderung formulierte Ravenstein Bedingungen für und Folgen von Migration. Die Frage nach den Gründen für Migration beschäftigte die Sozialwissenschaften weiterhin intensiv. Shmuel Eisenstadt (1954) ging auf Basis seiner empirischen Untersuchungen zur Einwanderung davon aus, dass Menschen vor allem migrieren, wenn sie mit ihren aktuellen Lebensumständen unzufrieden sind. Eine Zusammenfassung von Migrationsursachen in einem *Push-Pull*-Modell legte Everett S. Lee (1966) vor. Diesem Modell folgend vergleicht das Individuum Vor- und Nachteile der Ausgangs- und der Zielregion miteinander. Aufgrund persönlicher Merkmale kommt es schließlich zu einer migrationsrelevanten Entscheidung.

Die Arbeiten der *Chicago School* zeichneten sich am Beginn des 20. Jahrhunderts durch einen für die Soziologie insgesamt wegweisenden Charakter aus. Die Anfänge der Soziologie in den USA markieren auch den Beginn der Forschungsspezialisierung Migration innerhalb der Disziplin: Für die weitere Entwicklung der Migrationssoziologie waren die empirischen Arbeiten zu den Veränderungen der Stadt wichtig, da der Zuzug vieler EuropäerInnen in den Jahrzehnten rund um 1900 Chicago in seiner sozialen Dynamik geprägt hat (Behrends 2007). Mit der größten Zuwanderungsgruppe – jener aus Polen – beschäftigte sich William I. Thomas. Zusammen mit Florian Znaniecki verfasste er *The Polish Peasant in Europe and America* (1918–1920). Die herausragende Bedeutung für die Soziologie liegt bei dieser Arbeit auch in der Formulierung theoretischer Hypothesen sowie in der verschriftlichten Reflexion des methodologischen und methodischen Vorgehens zur Lage der untersuchten Personen.

Simmel (1992 [1908]) beschrieb in seinem Aufsatz *Exkurs über den Fremden* die besondere soziale Position, die der Fremde einnimmt. Er gehört jener Gruppe, in der er sich befindet, weder in der Art und Weise an wie die immer schon Anwesenden; gleichzeitig ist er kein Außenseiter, der nichts mit den Einheimischen zu tun hat. Vom Wandernden unterscheidet sich der Fremde nach Simmel dadurch, dass der Wandernde weiterzieht, während der Fremde bleibt. Dennoch hat der Fremde die Gelöstheit des Kommens und Gehens nicht vollständig überwunden, obwohl er ein Teil der sozialen Gruppe ist, zu der er dazu gestoßen ist. Auch auf dieser Grundlage verfasste Robert E. Park seine Ausführungen zum Wandernden als *marginal man* (Park 1928). Dabei bezog sich Park auf die soziale Randlage der zweiten und dritten Generation jüdischer Einwanderer und Einwandererinnen in den USA: Aufgrund der Zugehörigkeit zu unterschiedlichen ‚Kulturen' fühlten sie sich weder der Herkunftsethnie ihrer Eltern noch den USA zugehörig. Daraus ergab sich für sie ein Verharren in einer Zwischenposition, die zu seelischer Instabilität, erhöhter Befangenheit und Rastlosigkeit führte.

Der in Wien geborene Jurist, Soziologe und Ökonom Alfred Schütz (1972 [1944]) beschrieb in seiner Arbeit *Der Fremde* jene sozialen Prozesse, die mit der Annäherung an eine bisher unbekannte soziale Umgebung verbunden sind. Dem Fremden gelingt es dabei nicht, sein bereits erworbenes Wissen mit jenem Wissen in Übereinstimmung zu bringen, über das die ‚Einheimischen' verfügen. Diese Situation wird dadurch erschwert, dass Wissen auch über Traditionen und kulturelle Schemata im Lebensverlauf permanent vermittelt werden. Derartige Schemata benötigen wir jedoch, um uns in unserem Alltag orientieren zu können. Die Orientierungsschemata des Fremden sind zumindest lückenhaft, weshalb der Fremde über das

Sammeln von Wissensbeständen die Sinnhorizonte der für ihn neuen Umgebung erst deuten lernen muss. Dabei hinterfragt er auch Dinge, die für die Angehörigen der Gruppe selbstverständlich sind, was wiederum die Loyalität des Fremden in den Augen der Ankunftsgruppe infrage stellen kann.

Die Frage, wie sich MigrantInnen in der Ankunftsgesellschaft verhalten und in diese einfügen, beschäftigte Milton M. Gordon (1964). Er hat hierzu eine Assimilationstheorie entwickelt, die von der Situation in den USA ausging und nach wie vor bedeutsam ist. Assimilation vollzieht sich demnach in spezifischen Teilprozessen (Tabelle 1), wobei zunächst die kulturelle Assimilation erfolgt, anschließend eine strukturelle Assimilation einsetzt, gefolgt von interethnischen Eheschließungen und einer damit einsetzenden ‚ehelichen' Assimilation. Anschließend setzt eine identifikative Assimilation ein, gefolgt von einer Assimilation im Bereich der Einstellungen, des Verhaltens und des zivilen Auftretens.

Tabelle 1: Phasen der Assimilation nach Gordon (1964: 71)

Teilprozesse der Assimilation	Inhaltliche Ausprägungen bzw. Bedingungen
Kulturelle Assimilation	Angleichung kultureller Muster an jene der Ankunftsgesellschaft
Strukturelle Assimilation	Eintritt in Institutionen der Ankunftsgesellschaft
Interethnische Eheschließungen	Weite gesellschaftliche Verbreitung interethnischer Ehen
Identifikative Assimilation	Zugehörigkeitsgefühl ausschließlich ausgerichtet auf die Ankunftsgesellschaft
Assimilation im Bereich der Einstellungen	Vorurteile nicht vorhanden
Assimilation im Bereich des Verhaltens	Diskriminierungen nicht vorhanden
Zivile Assimilation	Wert- und Machtkonflikte nicht vorhanden

Dass die Anfänge der Migrationssoziologie vor allem in den USA zu finden sind, ist vor allem im US-amerikanischen Selbstverständnis als einer Nation von (europäischen) Einwanderern und Einwanderinnen begründet. In Europa hingegen finden sich historisch gesehen andere Zugänge zum Thema der Migration.

3 Wichtige Themenbereiche innerhalb der Migrationssoziologie

Diese historisch gewachsene Vielfalt an Migrationsphänomenen bringt es mit sich, dass sich die Migrationssoziologie mit unterschiedlichen Fragestellungen befasst.

Dies geschieht je nach Fragestellung und Erkenntnisinteresse mittels unterschiedlicher theoretischer und methodologischer Zugänge, wie im Folgenden kurz dargestellt wird. In der empirischen Forschung werden die hier voneinander unterschiedenen Hauptfragestellungen häufig miteinander kombiniert.

3.1   Ursachen für Migration und Flucht

Migrationssoziologie hat sich seit ihren Anfängen mit der Untersuchung der Gründe für Migration beschäftigt. Dies kann auf Ebene der Individuen geschehen, gruppenspezifisch oder für Regionen analysiert werden. Die Variationsbreite der untersuchten Motive und Bedingungen ist hier groß – zum Beispiel wird von derart unterschiedlichen Wanderungsformen wie Flucht einerseits oder der Mobilität von sozialen, politischen und/oder ökonomischen Eliten andererseits gesprochen.

Neben ökonomischen Beweggründen können auch politische Motive eine Rolle spielen, die dazu Anlass geben, dass sich Personen für eine Auswanderung entscheiden. Hinzu kommen Gründe für eine Auswanderung bzw. Flucht, die auf die Unterdrückung oder Verfolgung aufgrund von Geschlecht, Rasse oder Religion zurückgehen. Auch Verschleppung und Menschenhandel sind in diesem Kontext zu erwähnen. Dabei ist die Unterscheidung zwischen MigrantInnen und Flüchtlingen aus soziologischer Perspektive keine einfache. Eine Möglichkeit besteht hier darin, den Grad der Freiwilligkeit im Kontext der Wanderungsentscheidung heranzuziehen. Sowohl Flüchtlinge als auch MigrantInnen werden von globalisierten Massenmedien beeinflusst sowie durch Mythen, die sich rund um die Auswanderung ranken.

Zu den Ursachen für internationale Migration zählt auch, dass sich vergleichsweise hoch qualifizierte Personen in anderen Nationalstaaten niederlassen, um bessere Arbeitsbedingungen zu erhalten. So ist in Österreich die derzeit größte Gruppe der neu zugewanderten Personen jene aus Deutschland, wobei sich dies je nach wirtschaftlicher Entwicklung in Österreich und Deutschland in den kommenden Jahren durchaus ändern könnte.

3.2   Integration und gesellschaftliche Teilhabe

Nach erfolgter Immigration erhebt sich die Frage, welche soziale Stellung MigrantInnen in einer Gesellschaft einnehmen (können). Je nach Untersuchungsgruppe und Nationalstaat fallen die Befunde hier unterschiedlich aus. Der Großteil der Forschung beschäftigt sich mit sozial benachteiligten Gruppen sowohl der ersten als auch der Folgegenerationen von MigrantInnen. Dabei wird etwa auf den Zugang zu Bildung, Arbeitsmarkt, Lebens- und Wohnraum, Gesundheitsversorgung oder zu politischer Teilhabe fokussiert. Die gesellschaftliche Teilhabe kann durch strukturellen Rassismus und/oder Alltagsrassismus beeinträchtigt sein. In diesen Bereich fallen Forschungen, die sich mit den Auswirkungen eingeschränkter politischer Partizipation oder dem Zugang zur Staatsbürgerschaft des Zuwanderungslandes beschäftigen. In diesem Bereich erhebt sich auch die Frage, wie MigrantInnen in der Öffentlichkeit, insbesondere in Massenmedien, (re-)präsentiert sind.

Die genannten Fragestellungen werden mit unterschiedlichen theoretischen Zugängen und teilweise seit vielen Jahren untersucht. Einen wichtigen Stellenwert innerhalb der soziologischen Forschung haben hierbei Theorien, die sich mit dem Prozess der Eingliederung und Angleichung an die autochthone Bevölkerung[2] beschäftigen. Auch im Anschluss an Milton Gordons Assimilationsmodell hat der deutsche Soziologe Hartmut Esser (1980: 22) Assimilation als einen „Zustand der Ähnlichkeit" bezogen auf Handlungsweisen, soziale Orientierungen und Interaktionsformen im Vergleich zur Mehrheitsbevölkerung beschrieben. Essers Beitrag beruht auf einer Theorie des sozialen Handelns und Lernens, da er davon ausgeht, dass MigrantInnen zunächst mit einer Aufgabe ihrer gewohnten Bezugsgrößen konfrontiert sind und Alltagsroutinen nicht mehr greifen. Im Verlauf der Assimilation sind absolute Eigenschaften (hierzu zählt Esser etwa Fertigkeiten, Werte und Traditionen) betroffen sowie relationale Eigenschaften (Interaktionen oder Rollenausübung). Der Prozess der Angleichung kann laut Esser anhand von vier Dimensionen (kognitiv, identifikativ, sozial und strukturell) beschrieben werden, die teilweise an Gordon anschließen.

Dabei weichen soziologische Definitionen von ‚Assimilation' durchaus voneinander *und* vom Alltagsgebrauch ab. Douglas Massey et al. (1998: 3) haben die Assimilation von MigrantInnen als „the means, mechanisms, and policies by which immigrants adapt to and are incorporated within receiving countries" beschrieben. Somit wird hier ein wechselseitiger Prozess zwischen Eingewanderten und der sie umgebenden Gesellschaft und ihrer Institutionen konzipiert.

Die Frage nach der Lage in der Aufnahmegesellschaft bezieht sich dabei nicht nur auf die erste Generation, sondern auch auf Folgegenerationen. Dabei steht die Frage im Vordergrund, ob aufgrund der ethnischen bzw. nationalen Zuschreibungen eine Diskriminierung im Bildungssystem bzw. am Arbeitsmarkt stattfindet. Die Migrationssoziologie steht in diesem Bereich generell in der Tradition der Erforschung sozialer Ungleichheit. Grundannahme ist, dass die Strukturen moderner

---

2   Damit ist jener Teil der Bevölkerung gemeint, der nicht migriert ist.

Gesellschaften den Zugang von MigrantInnen zu wichtigen Ressourcen bestimmen. Theoretisch wird hier mit dem Konzept der *segmentierten Assimilation* gearbeitet, wonach die Eingliederung unterschiedlicher Zuwanderungsgruppen entlang bestimmter Pfade verläuft. Alejandro Portes und Rubén Rumbaut (2001) haben für die Zweite Generation von ImmigrantInnen in den USA dieses Konzept entwickelt. Dabei weisen sie darauf hin, dass das klassische Assimilationskonzept u.U. zu geradlinig ist, um die Erfahrungen der Zweiten Generation abzubilden. In dem von ihnen vorgestellten Modell wird daher auf die Komplexität bestimmender Faktoren eingegangen, um zu einem besseren Verständnis davon zu gelangen, warum bestimmte (Sub-)Gruppen in den USA besser integriert sind als andere. Zu diesen vielfältigen Einflussfaktoren zählen etwa die Geschichte der Immigration der Ersten Generation sowie die Geschwindigkeit der Akkulturation[3] von Eltern und Kindern. Für Österreich wurde das Konzept der segmentierten Assimilation ebenfalls angewandt, um die bestehenden Unterschiede in den Bildungserfolgen der Zweiten Generation zwischen verschiedenen Einwanderungsgruppen zu untersuchen (Herzog-Punzenberger 2007). Derartige Studien zu heterogenen Gründen für Diskriminierung haben in den letzten Jahren generell gezeigt, dass häufig vor allem die Kombination spezifischer soziodemographischer Merkmale bzw. deren Zuschreibung zu einer gesellschaftlichen Schlechterstellung führen: Hier kreuzen sich soziale Schichtzugehörigkeit, Geschlecht, Fragen der sexuellen Orientierung oder einer Behinderung mit dem Thema Migration. Dieser sogenannte intersektionelle Forschungszugang zeigt auf, dass das Label ‚MigrantIn' eher andere gesellschaftlich relevante Benachteiligungen überdeckt und somit eine detaillierte Untersuchung nötig ist.

3.3   Migration im biografischen Verlauf

Da Menschen mit unterschiedlichsten Voraussetzungen und soziodemographischen Eigenschaften wandern, können wir davon ausgehen, dass sich diese Erfahrungen und ihre Bedeutung für die einzelnen Personen, ihre Familien und Freundeskreise voneinander unterscheiden. Soziologisch betrachtet lassen sich dennoch Regelmäßigkeiten feststellen.

Aktuelle soziologische Arbeiten in diesem Kontext beschäftigen sich etwa mit Themen des biografischen Verlaufs von Wanderungen und den Bedeutungen, den die MigrantInnen selbst ihrer Auswanderung zuweisen. Diese Bedeutungszuweisungen

---

3   Unter Akkulturation ist dabei die Annäherung an eine zunächst andersartige Kultur zu verstehen.

werden in den Kontext gesellschaftlicher Veränderungen gestellt. In diesem Bereich stehen Fragestellungen im Zentrum, die die Verwobenheit von gesellschaftlichen Rahmenbedingungen und dem Handeln der migrierenden Individuen – seien es nun MigrantInnen oder Flüchtlinge – in den Fokus des Forschungsinteresses stellen. Hierzu werden einerseits Muster für die jeweiligen Gruppen von Wandernden herausgearbeitet und gleichzeitig die Heterogenität von Lebensumständen nach Wanderungen aufgezeigt.

Roswitha Breckner (2005) interviewte in ihrer Forschungsarbeit MigrantInnen, die aus Rumänien, Ungarn, Polen und Russland vor 1989 in den Westen kamen. Anhand dieser empirischen Daten hat Breckner die biographische Bedeutung von Migrations- und Fremdheitserfahrungen herausgearbeitet. Von Scheibelhofer (2009) wurde am Beispiel österreichischer MigrantInnen (nach New York) herausgearbeitet, dass im Prozess des Migrationsverlaufs die Handlungsorientierung am Wert der Selbstverwirklichung zentral ist.

3.4 Transmigration

Seit den 1990er Jahren wird in der Migrationsforschung international eine Thematik zunehmend untersucht, die empirisch schon lange Realität war: Viele Menschen migrieren nicht nur einmal im Leben, sondern mehrmals (Morokvasic/Rudolph 1994). MigrantInnen kehren nach einigen Jahren in ihr Herkunftsland zurück, wandern in ein drittes Land weiter, beschließen, in das Geburtsland ihrer Eltern zu ziehen oder verbringen in regelmäßigen Abständen einige Monate an dem einen Ort – und den Rest des Jahres an einem anderen. Neben das klassische Bild einmaliger grenzüberschreitender Migration treten somit im Kontext zunehmender Globalisierung unterschiedlichste Formen der Migration und Mobilität. Innerhalb dieser sich so ergebenden vielfältigen Muster kam insbesondere der transnationalen Migration ein besonderes Augenmerk zu.

Diese Debatte wurde durch die Arbeiten von Linda Basch, Nina Glick Schiller und Cristina Szanton Blanc (1994) angestoßen. Darin stellten die Autorinnen fest, dass „(…) the processes by which immigrants forge and sustain multi-stranded social relations (…) link together their societies of origin and settlement" (ebd.: 7). In ihren Fallstudien – die die einleitend erwähnte Definition von Migration zumindest vor Herausforderungen stellen – stießen sie immer wieder auf die herausragende Bedeutung der politischen Teilhabe in den Herkunftsländern. Diese Forschungsarbeiten sowie die darauf aufbauenden konzeptionellen Beiträge zur Migrationsforschung haben in den folgenden Jahren eine Welle von Transnationalismusforschung inspiriert (Faist 2007; Pries 1997). Im Fokus standen dabei Fragestellungen, die sich mit der Beschaffenheit transnationaler sozialer Beziehungen und deren Einfluss auf den Alltag von MigrantInnen und Sesshaften beschäftigten. Außerdem wird in diesem Forschungsbereich untersucht, wie Nationalstaaten und deren Institutionen transnationale Aktivitäten unterstützen bzw. für ihre Zwecke zu nutzen versuchen. Die Bandbreite der untersuchten Personengruppen ist dabei groß: Roland Verwiebe (2004) untersuchte Auswirkungen transnationaler beruflicher Mobilität innerhalb Europas und kam etwa zu dem Schluss, dass die ökonomischen Gründe für transnationale Mobilität innerhalb Europas einen vergleichsweise geringen Stellenwert haben, wohingegen soziale und kulturelle Beweggründe hierfür überwiegen. Im Vergleich zur nicht transnational mobilen Bevölkerung zeigte sich in seinen Analysen auch, dass transnational mobile EuropäerInnen einem erhöhten Risiko für sozialen Abstieg (durch Unterbrechungen der Erwerbstätigkeit oder durch Berufsfeldwechsel) ausgesetzt sind (ebd.: 186).

Für Österreich haben Fassmann et al. (2004) gezeigt, dass sich das Alltagsleben von gebürtigen Polen und Polinnen neben klassischen Formen der Migration auch transnational gestaltet. Es zeigt sich, dass Transnationalität keineswegs eine freiwillig gewählte Eigenschaft der Lebenszusammenhänge darstellt. Polinnen stellen auch die größte Gruppe an Migrantinnen, die in privaten österreichischen Haushalten beschäftigt sind (ebd.).

Insbesondere im Bereich der Pflege von älteren Menschen sowie bei der Kinderbetreuung und der Haushaltsarbeit hat die transnationale Perspektive zu neuen Einsichten auch für Österreich geführt. So zeigt etwa Bettina Haidinger (2012), dass sich die Lebenslagen von MigrantInnen in diesen Bereichen erst ausreichend verstehen lassen, wenn der Aspekt der transnationalen – also: grenzüberschreitenden – sozialen Ungleichheit in Österreich und (im Falle dieser empirischen Untersuchung) in der Ukraine mitgedacht wird. Haidinger zeigt, dass österreichische Haushalte auf die Arbeitsleistungen von Frauen aus der Ukraine zurückgreifen, ohne dass dadurch sozialrechtlich abgesicherte Beschäftigungsverhältnisse für die Migrantinnen entstehen. Gleichzeitig bedarf es häufig der Versorgung von Familienangehörigen in der Ukraine, die nun nicht mehr durch die abwesenden Migrantinnen erbracht werden kann. So kommt es zu einer Versorgungslücke in den ukrainischen Haushalten, die nicht durch die Arbeitstätigkeit in Österreich geschlossen werden können (ebd.).

Konzeptuell stützt sich diese Studie auf die Forschungsarbeiten von Helma Lutz (2008), die Haushaltsarbeiterinnen als transnationale Akteurinnen beschreibt. Dabei wird in ihren Analysen deutlich, wie sich globale Veränderungen lokal auf die

Migrantinnen auswirken und wie diese Haushaltsarbeiterinnen sowohl hier als auch da in soziale Kontexte eingebunden sind. In der Transnationalismusforschung wird häufig mit Ansätzen aus der Netzwerkforschung gearbeitet, um die soziale Einbettung der untersuchten MigrantInnen zu analysieren.

4 Aktuelle Forschung in Österreich

Wie in vielen anderen europäischen Ländern auch ist festzustellen, dass Migration in der öffentlichen Debatte und innerhalb der Sozialwissenschaften in Österreich lange Zeit kaum thematisiert wurde. Entsprechend war die Migrationssoziologie ebenfalls bis in die 1990er Jahre nur ein randständiges Forschungsgebiet.

Wie Rainer Münz et al. (2003) in ihrem Beitrag dargelegt haben, sind nach dem Zweiten Weltkrieg zunächst viele Personen mit österreichischer Staatsbürgerschaft emigriert.[4]

Österreich war im Vergleich zu anderen westeuropäischen Ländern relativ spät mit einem Arbeitskräftemangel konfrontiert. Im „Raab-Olah-Abkommen" aus dem Jahr 1961 einigten sich die österreichischen ArbeitgeberInnen- und ArbeitnehmerInnenvertreter sozialpartnerschaftlich darauf, ArbeitsmigrantInnen – damals wurde der Begriff der „FremdarbeiterInnen" verwendet – nach Österreich zu bringen. Die ArbeitsmigrantInnen waren an ihre ArbeitgeberInnen gebunden und in ihren sozialen und politischen Rechten stark eingeschränkt. Die Idee war, diese Arbeitskräfte nur solange in Österreich zu belassen, als es die konjunkturelle Lage am Arbeitsmarkt erforderlich machen würde. Migrationspolitik war damit zu diesem Zeitpunkt ein Teil der Arbeitsmarktpolitik (Münz et al. 2003: 22).

Da die Anwerbung jedoch nicht die erwünschten Erfolge zeigte, verlagerte Österreich das Gewicht auf die zunächst nicht erwünschte Kettenmigration[5]. Über diese Kanäle der Arbeitsmigration veränderte sich die Zusammensetzung der österreichischen Bevölkerung bis zum heutigen Tag nachhaltig. Im Zuge der auch in Österreich einsetzenden Wirtschaftskrise Anfang der 1970er Jahre verkündete Österreich 1974 einen Anwerbestopp. Politisch wurde von da an das Ziel verfolgt, möglichst viele ArbeitsmigrantInnen zu einer Rückkehr in ihre Herkunftsländer zu bewegen. Pionierarbeiten in Österreich wie jene der Geographinnen Elisabeth Lichtenberger (1984) oder Helga Leitner (1983) beschäftigten sich mit der Migration nach Österreich unter dem Blickwinkel der ‚Gastarbeit'. Es herrschte die – auch in der öffent-

---

4   Übrigens ist auch heute noch die Auswanderung von ÖsterreicherInnen eine wichtige Komponente des Migrationsgeschehens (Scheibelhofer 2009).

5   Darunter ist zu verstehen, dass Personen bereits Emigrierten folgen.

lichen Meinung vertretene – Ansicht, dass die zunächst auch aktiv angeworbenen GastarbeiterInnen in ihre Herkunftsländer zurückkehren würden, nachdem sie in Österreich eine gewisse Zeit lang gearbeitet haben. Anschließend sollten andere AusländerInnen wiederum für eine begrenzte Zeit an ihre Stelle treten. Eine solche Rotation brachte es auch mit sich, dass die Beteiligung von Frauen in dieser frühen Phase der Arbeitsmigration in der Forschung kaum thematisiert wurde.

Parallel zur Veränderung der Arbeitsmigrationspolitik in Österreich stieg die Zahl von Personen aus Ostmitteleuropa, die in Österreich um Asyl ansuchten. Dies führte schließlich dazu, dass Österreich seine Asylpolitik ab Mitte der 1980er Jahre restriktiv handhabe. Während bis dahin Flüchtlinge aus diesen Regionen automatisch als politische Flüchtlinge aufgenommen wurden, ging die Anerkennungsquote Ende der 1980er Jahre um die Hälfte zurück (Münz et al. 2003: 24). Die kriegerischen Auseinandersetzungen im ehemaligen Jugoslawien führten zu einer Massenflucht aus diesen Regionen. Die somit vergleichsweise hohen Zahlen an AusländerInnen Anfang der 1990er Jahre gingen mit dem Aufenthaltsgesetz aus dem Jahr 1993 allerdings stark zurück.

Seit dem EU-Beitritt Österreichs hat die Gesetzgebung der Europäischen Union einen bedeutenden Einfluss auf den Zuzug von AusländerInnen nach Österreich: EU- und EWR-BürgerInnen können sich ohne Bewilligungspflicht oder sonstige Einschränkungen (abgesehen von Übergangsregelungen bei manchen Neuen Mitgliedsstaaten) in Österreich niederlassen und sind InländerInnen am Arbeitsmarkt gleich gestellt.

Diese skizzierten Entwicklungen haben dazu geführt, dass sich die österreichische Bevölkerung aus Personen unterschiedlichster Herkunftsländer zusammensetzt: Im Jahr 2011 lebten etwa 1,2 Millionen Menschen in Österreich, die im Ausland geboren sind (Statistik Austria/Kommission für Migrations- und Integrationsforschung der ÖAW 2012: 22). 415.000 in Österreich lebende Personen hatten Eltern, die beide im Ausland geboren wurden. Zählt man diese beiden Gruppen zusammen, ergibt sich, dass fast ein Fünftel der österreichischen Bevölkerung (18,9 %) einen Migrationshintergrund aufweist. Diese insgesamt ca. 1,6 Mio. Menschen stammen zu rund einem Drittel aus einem anderen EU-Staat, ein weiteres Drittel stammt aus Ex-Jugoslawien. Das letzte Drittel machen Personen türkischer Herkunft bzw. deren Eltern (18 %) und Personen aus anderen Ländern Europas und der restlichen Welt (16 %) aus (ebd.: 9ff.).

Diese hohe Diversität innerhalb der Bevölkerung hat sich in den letzten Jahren auch in allen Lebensbereichen gezeigt und zu teils heftigen öffentlichen Debatten – etwa den Schulbereich betreffend – geführt. Entsprechende soziologische

Forschung im Bildungsbereich hat gezeigt, dass SchülerInnen mit Migrationshintergrund vor allem in Schultypen zu finden sind, die weniger Aussicht auf spätere hoch qualifizierte Tätigkeiten versprechen (etwa Herzog-Punzenberger 2007). Mit den sich auch unter diesen Rahmenbedingungen ergebenden Lebensumständen von MigrantInnen der Zweiten Generation in Österreich beschäftigt sich Hilde Weiss (2007). Dabei werden die unterschiedlichen Lebensbedingungen von Jugendlichen beleuchtet, deren Eltern aus der Türkei, dem ehemaligen Jugoslawien, Osteuropa und außereuropäischen Ländern zugewandert sind. Die quantitativ und qualitativ angelegte Untersuchung hat gezeigt, dass die Vorstellung zu kurz greift, dass sich die Jugendlichen zwischen der Herkunftskultur ihrer Eltern und einer Assimilation in Österreich entscheiden müssen.

Nicht nur jüngere Menschen mit Migrationshintergrund sind Thema der soziologischen Forschung: Da die Anwerbung der ersten sog. ‚Gastarbeiter'-Generation nun schon einige Jahrzehnte zurückliegt, befindet sich diese Personengruppe heute bereits im pensionsfähigen Alter. Zu den Lebenslagen dieser Personengruppen hat Christoph Reinprecht (2006) geforscht und herausgefunden, dass die Situationen, in denen sich diese Menschen befinden, durchaus voneinander unterscheiden. Gemeinsam haben sie allerdings, dass die Benachteiligungen und vielfältigen Belastungen, die mit dem Migranten- und Arbeiterdasein in Österreich über Jahrzehnte verbunden waren, auch noch im Alter nachwirken und den Übergang von der beruflichen in die nachberufliche Phase erschweren.

Die hohe Sichtbarkeit von Migration und ihre breite öffentliche Thematisierung haben dazu geführt, dass die Migrationsforschung in Österreich in den letzten Jahrzehnten beachtlich zugenommen hat. Dies zeigt sich sowohl in der Anzahl der Forschungsarbeiten als auch bei der Bandbreite der bearbeiteten Fragestellungen. Die aktuellen Schwerpunkte innerhalb der österreichischen Migrationsforschung seit dem Jahr 2000 erschließen sich am besten über eine aktuelle Literaturstudie, die von Wiebke Sievers (2012) an der Kommission für Migrations- und Integrationsforschung (Österreichische Akademie der Wissenschaften) in Wien durchgeführt wurde. Dabei zeigt sich:

- Nach wie vor werden jedes Jahr erheblich mehr Forschungs- und Qualifizierungsarbeiten mit diesem Fokus publiziert (ebd.: 11ff.).
- Nach Fachdisziplinen aufgeschlüsselt handelt es sich bei den meisten Texten um sozialwissenschaftliche Arbeiten: Innerhalb dieser dominieren Publikationen aus der Politikwissenschaft gefolgt von soziologischen Beiträgen.
- Inhaltlich überwiegen rechtliche Themen mit Abstand. Dies ist darauf zurückzuführen, dass sich viele Studien *auch* mit rechtlichen Aspekten auseinander set-

zen, obwohl zentral ein anderes Themenfeld behandelt wird. Auf Platz zwei befindet sich die Politik, gefolgt von Sprache, Sozialem und Gesundheit.

- Am häufigsten finden sich Studien, die sich generell Personen mit einem sogenannten ‚Migrationshintergrund' widmen (ebd.: 14). Die zweitgrößte Gruppe an Studien beschäftigt sich mit der Lage von Frauen, gefolgt von Untersuchungen, die sich mit der Lage migrantischer Kinder bzw. Jugendlichen befassen.

5 Anwendungsbezug

Die Institutionen der österreichischen Gesellschaft setzen sich zunehmend mit der Tatsache auseinander, dass Österreich ein Einwanderungsland ist. Aus diesem Faktum ergeben sich unterschiedliche Folgen – sei es nun im Bereich der Politik, der Bildungsinstitutionen, der sozialen Sicherungssysteme oder im Gesundheitswesen. Ebenso hat die Zuwanderung der letzten Jahre auch Folgen für den Arbeitsmarkt sowie für die Siedlungsformen, die wir in Österreich beobachten können. Auch MarketingstrategInnen haben entdeckt, dass MigrantInnen KonsumentInnen sind bzw. ihre Eltern oder Großeltern nach Österreich zugewandert sind. Nicht zuletzt mobilisieren politische Parteien ihre WählerInnenschaft mit einschlägigen Argumenten. Migration ist im öffentlichen Bewusstsein in Österreich präsent, und viele EntscheidungsträgerInnen in unterschiedlichsten gesellschaftlichen Bereichen leiten daraus folgerichtig Forschungs- und Handlungsbedarf ab. Verstärkt durch Vorgaben der Europäischen Union entstehen neue Konzepte, wie mit der sozialen Vielfalt in Österreich umgegangen werden kann. Vom Kindergarten bis zum Pflegeheim werden Leitbilder entwickelt und *best practice*-Ansätze erprobt und wissenschaftlich begleitet, damit diese gesellschaftlichen Veränderungsprozesse nicht zu sozialen Verwerfungen führen. Soziologische Forschung kann dabei helfen, wichtige Datengrundlagen bereit zu stellen; außerdem haben es sich MigrationssoziologInnen zur Aufgabe gemacht, essentialisierende, kulturalisierende und vorurteilsbeladene Bilder ‚der MigrantInnen' per se aufzubrechen und die Heterogenität der Lebenslagen zu verdeutlichen, die hinter diesen im Alltag und in den Medien verwendeten Zuschreibungen stecken.

Literatur

1. Einführungsliteratur

Massey, Douglas S.; Arango, Joaquin; Hugo, Graeme; Kouaouci, Ali; Pellegrino, Adela; Taylor, Edward, 1998: Worlds in Motion. Understanding International Migration at the End of the Millennium. Oxford: Clarendon Press.

Pries, Ludger, 2001: Internationale Migration. Bielefeld: transcript.

Treibel, Annette, 2008: Migration in modernen Gesellschaften. Soziale Folgen von Einwanderung, Gastarbeit und Flucht. 4. Auflage, Weinheim/München: Juventa.

2. Weitere zitierte Literatur

Basch, Linda G.; Glick Schiller, Nina; Szanton Blanc, Cristina, 1994: Nations Unbound. Transnational Projects, Postcolonial Predicaments and Deterriorialized Nation States. Amsterdam: Gordon & Breach Science Publishers.

Behrends, Jan C., 2007: Moskau und Chicago als Metropolen der Moderne. Sozialer Konflikt und gesellschaftliche Integration 1870–1914. Berlin: WZB, Discussion Paper no. SP IV 2007-402, http://hdl.handle.net/10419/49617.

Breckner, Roswitha, 2005: Migrationserfahrung – Fremdheit – Biografie. Zum Umgang mit polarisierten Welten in Ost-West-Europa. Wiesbaden: Verlag für Sozialwissenschaften.

Eisenstadt, Shmuel, 1954: The Absorption of Immigrants. A Comparative Study. Based Mainly on the Jewish Community in Palestine and the State of Israel. London: Routledge & Kegan Paul LTD.

Esser, Hartmut, 1980: Aspekte der Wanderungssoziologie. Assimilation und Integration von Wanderern, ethnischen Gruppen und Minderheiten. Eine handlungstheoretische Analyse. Darmstadt/Neuwied: Luchterhand.

Faist, Thomas, 2007: Transnationale Migration als relative Immobilität in einer globalisierten Welt. Berliner Journal für Soziologie, 2007, Jg. 17, Heft 3, 365–385.

Fassmann, Heinz; Kohlbacher, Josef; Reeger, Ursula, 2004: Polen in Wien. Entwicklung, Strukturmerkmale und Integrationsmuster. ISR-Forschungsbericht vom Institut für Stadt- und Regionalforschung, Heft 30, Wien: Verlag der Österreichischen Akademie der Wissenschaften.

Gordon, Milton, 1964: Assimilation in American Life. The Role of Race, Religion, and National Origin. New York: Oxford University Press.

Haidinger, Bettina, 2012: Geschlecht und Arbeit in Privathaushalten im Kontext transnationaler sozialer Ungleichheit. SWS-Rundschau, 2012, Heft 4, 412– 430.

Herzog-Punzenberger, Barbara, 2007: Angeworben – hiergeblieben – aufgestiegen? Intergenerationale soziale Mobilität von EinwanderInnen in Österreich. Forschungsbericht. Gefördert durch den Jubiläumsfonds der Stadt Wien für die Österreichische Akademie der Wissenschaften. Wien. Zentrum für Soziale Innovation.

Lee, Everett S., 1966: A Theory of Migration. Demography, 1966, Vol. 3, No. 1, 47–57.

Leitner, Helga, 1983: Gastarbeiter in der städtischen Gesellschaft. Segregation, Integration und Assimilation von Arbeitsmigranten. Am Beispiel jugoslawischer Gastarbeiter in Wien. Frankfurt/M.: Campus.

Lichtenberger, Elisabeth, 1984: Gastarbeiter. Leben in zwei Gesellschaften. Wien: Böhlau.

Lutz, Helma, 2008: Vom Weltmarkt in den Privathaushalt. Die neuen Dienstmädchen im Zeitalter der Globalisierung. 2. überarbeitete Auflage, Opladen/Farmington Hills: Barbara Budrich.

Morokvasic, Mirjana; Rudolph, Hedwig (Hg.), 1994: Wanderungsraum Europa. Menschen und Grenzen in Bewegung. Berlin: edition sigma.

Münz, Rainer; Zuser, Peter; Kytir, Josef, 2003: Grenzüberschreitende Wanderungen und ausländische Wohnbevölkerung. Struktur und Entwicklung. In: Fassmann, Heinz; Stacher, Irene (Hg.), Österreichischer Migrations- und Integrationsbericht. Demographische Entwicklungen – sozioökonomische Strukturen – rechtliche Rahmenbedingungen. Klagenfurt: Drava Verlag, 20–61.

Park, Robert E., 1928: Human Migration and the Marginal Man. American Journal of Sociology, 1928, Vol. 33, No. 6, 881–893.

Portes, Alejandro; Rumbaut, Rubén, 2001: Legacies. The Story of the Immigrant Second Generation. Berkeley: University of California Press.

Pries, Ludger (Hg.), 1997: Transnationale Migration. Baden-Baden: Nomos (Soziale Welt. Sonderband 12).

Ravenstein, Ernest George, 1972 [1885, 1889]: Die Gesetze der Wanderung I und II. In: Szell, György (Hg.), Regionale Mobilität. Elf Aufsätze, München: Nymphenburger Verlagshandlung, 41–94.

Reinprecht, Christoph, 2006: Nach der Gastarbeit. Prekäres Altern in der Einwanderungsgesellschaft. Wien: Braumüller.

Scheibelhofer, Elisabeth, 2009: Understanding European Emigration in the Context of Modernization Processes – Contemporary Migration Biographies and Reflexive Modernity. Current Sociology, 2009, Vol. 57, No. 1, 5–25.

Schütz, Alfred, 1972 [1944]: Der Fremde. Ein sozialpsychologischer Versuch. In: Ders., Gesammelte Aufsätze. Band 2 Studien zur soziologischen Theorie, Den Haag: Martinus Nijhoff, 53–69.

Sievers, Wiebke, 2012: Migrations- und Integrationsforschung in Österreich. Literaturdatenbank und Forschungsstand. Mitarbeit von Christine Deibl und Braulio Pena. KMI Working Paper Series Nr. 18, Kommission für Migrations- und Integrationsforschung, ÖAW, http://www.oeaw.ac.at/kmi/Bilder/kmi_WP18.pdf, 29.8. 2012.

Simmel, Georg, 1992 [1908]: Exkurs über den Fremden. In: Ders., Soziologie. Untersuchungen über die Formen der Vergesellschaftung. Hg. von Otthein Rammstedt. Frankfurt/M.: Suhrkamp, 764–771.

Statistik Austria; Kommission für Migrations- und Integrationsforschung der ÖAW, 2012: Statistisches Jahrbuch. Migration & Integration. Zahlen. Daten. Indikatoren 2012, Statistik Austria: Wien.

Thomas, William I.; Znaniecki, Florian, 1918–1920: The Polish Peasant in Europe and America. Monograph of an Immigrant Group. 5 Bände, Chicago/Boston: University of Chicago.

Verwiebe, Roland, 2004: Transnationale Mobilität innerhalb Europas. Eine Studie zu den sozialstrukturellen Effekten der Europäisierung. Berlin: edition sigma.

Weiss, Hilde (Hg.), 2007: Leben in zwei Welten. Zur sozialen Integration ausländischer Jugendlicher der zweiten Generation. Wiesbaden: Verlag für Sozialwissenschaften.

3. Ausgewählte Fachzeitschriften

Ethnic and Racial Studies
International Migration Review
International Migration
Journal of Ethnic and Migration Studies
Journal of International Migration and Integration
Migration letters
Mobilities

Organisationen

Ulrike Froschauer

1   Einleitung

Für Menschen in modernen Gesellschaften sind Organisationen ein unausweichlicher Bestandteil ihres Daseins: Sie werden vorwiegend in einer Klinik geboren, als Kind im Kindergarten erzogen, in Schulen ausgebildet, später in Unternehmen erwerbstätig; sie ernähren sich von Lebensmitteln, die in verschiedensten Betrieben erzeugt und über Handelsunternehmen vertrieben werden, kleiden sich in industriell hergestellte Textilien, die mit Hilfe von Maschinen produziert wurden, die wiederum Ingenieursbüros konstruierten und in Maschinenfabriken mit Hilfe von Rohstoffen aus anderen Betrieben erzeugt wurden. Medizinisch werden moderne Menschen in Spitälern betreut, Geldgeschäfte können sie über Banken abwickeln, Informationen bekommen sie aus Massenmedien, Streitigkeiten regeln im Extremfall Gerichte, im Alltag profitieren sie von Erkenntnissen, die aus Universitäten oder Forschungsinstituten stammen, können sich in Wellness-Einrichtungen erholen und in Galerien mit Kunst auseinandersetzen; und selbst nach ihrem Tod werden sie von Bestattungsunternehmen verabschiedet. Sich von allen Organisationen fern zu halten, ist schlicht unmöglich – und wenn man nur als Störenfried von der Polizei beamtshandelt wird. Insofern bestimmt die Einbettung in Organisationen auch die Teilhabe am sozialen Leben, etwa über Mitgliedschaften oder Konsummöglichkeiten.

Organisationen sind kein ganz neues Phänomen – so wurden Steuereintreibung oder Kriegsführung schon in der Antike organisationsförmig betrieben – aber die Industrialisierung sowie die zunehmende arbeitsteilige Ausdifferenzierung erhöhte die gesellschaftliche Komplexität, die dafür neue Formen der Koordination entwickelte. Organisationen sind eine Antwort, das soziale Zusammenleben zu regulieren und dabei Verbindlichkeit und Erwartungssicherheit herzustellen. Sie können daher als ein Schlüsselbereich zum Verständnis moderner Gesellschaft gelten. Entsprechend befassen sich organisationssoziologische Arbeiten mit vielfältigen Themen wie: Wie entstehen, verändern und verschwinden Organisationen? Wie gestalten sich die Beziehungen von Organisationen zu ihrer jeweiligen Umwelt? Inwiefern schaffen es Organisationen, sich zu stabilisieren und zu erhalten? Was sind überhaupt die bestimmenden Elemente, die die Funktionsweise von Organisationen verständlich machen? In welchem Verhältnis stehen Organisationen zu ihren Mitgliedern?

Das Themenspektrum ist breit gefächert und zusätzlich scheint es gar nicht so einfach zu sein, sich dem Thema zu nähern. So verweigern manche führende Theoretiker wie z. B. James G. March oder Karl E. Weick gleich einmal die Definition ihres Gegenstandes „Organisation".[1] Auch die theoretischen Perspektiven sind alles andere als einheitlich. Die folgenden Ausführungen versuchen daher, einen kleinen Einstieg in organisationstheoretische Denkansätze zu geben. Dabei werden exemplarisch solche Ansätze herangezogen, die in der soziologischen Literatur eine prominente Rolle einnehmen.

2 Historische Entwicklung der Organisationssoziologie

Dieser Abschnitt konzentriert sich auf jene Ansätze, welche die organisationstheoretische Diskussion lange dominierten. Im Zentrum standen häufig Überlegungen zur Optimierung von Organisationen (insbesondere Unternehmen), die Frage der Herrschaftsausübung in modernen Gesellschaften (mit Konzentration auf Verwaltung) sowie die Diskussion der Rationalität von Entscheidungen in organisationalen Kontexten (mit der Verschiebung zur begrenzten Rationalität).

2.1 Von der Organisation als Maschine zur Organisation sozialer Beziehungen

Die systematische Erforschung von Organisationen setzte am Beginn des 20. Jahrhunderts ein. Frederick W. Taylor war einer der ersten, der sich mit wissenschaftlichen Beobachtungen und akribischen Bewegungsmessungen der rationalen Strukturierung von Arbeitsabläufen widmete. Darüber hinaus entwickelte er Prinzipien des *scientific management* zur möglichst effizienten Gestaltung von Organisationen (Taylor 1919). Für Frederick W. Taylor funktionierten Organisationen wie Maschinen, wobei es ihm darum ging, Arbeitszeit nicht zu vergeuden, Defizite der Arbeiter/innen durch Standardisierung auszugleichen, Arbeitsprozesse von den Arbeiter/innen zu lösen und alle Handgriffe durch das Management vorzugeben.
Frederick W. Taylor leistete jene Pionierarbeit, die Henry Ford in der industriellen Fertigung zur Massenproduktion perfektionierte (Ford 1923). Durch ihn wurde das Fließband zum Symbol der Industriearbeit, bei dem die Arbeiter/innen an das Maschinensystem angepasst wurden. Sowohl Frederick W. Taylor als auch Henry Ford

---

1   Siehe dazu z. B. die Interviews, die Theodor M. Bardmann und Torsten Groth mit Organisations-
     theoretikerInnen führten (Bardmann/Groth 2001).

verstanden sich als Menschenfreunde, was allerdings die Arbeiter/innen vielfach nicht so sahen – bei Frederick W. Taylor vermuteten sie (nicht zu Unrecht) eine verstärkte Ausbeutung der Lohnarbeit, und Henry Ford duldete Gewerkschaften erst dann, als er dazu verpflichtet wurde.

Diese Entwicklung, die im Rahmen der Industrialisierung ihre Blüte erreichte und sich bis heute in betrieblichen Rationalisierungsstrategien fortsetzt, war gleichzeitig der Beginn einer ganz anderen Richtung, Organisationen zu verstehen. So interessierte sich das Management eines großen amerikanischen Unternehmens (Hawthorne-Werke) für den Zusammenhang zwischen Ermüdung, Monotonie und Arbeitszufriedenheit. In diesem Zusammenhang führte es eine Reihe von Experimenten zur Erforschung der Beziehung zwischen Beleuchtungsintensität und Produktivität durch. Die Ergebnisse dieser Beleuchtungsstudien waren für das Management sehr schwer interpretierbar und lösten dementsprechend Irritationen aus. Daraufhin entschied man sich, weitere vertiefende Forschungsprojekte zu dieser Thematik durchzuführen und wandte sich an die Harvard Business School, um diese Experimente aus wissenschaftlicher Sicht beobachten und kommentieren zu lassen. Das war der Zeitpunkt, als Elton Mayo und Fritz J. Roethlisberger in das Forschungsprojekt einbezogen wurden. (Für die folgenden Ausführungen vgl. Roethlisberger/Dickson 1956.)

In der Folge wurden die Studien systematisch in mehreren Phasen erweitert, wobei sich schrittweise eine Reihe neuer Erkenntnisse herauskristallisierten: So zeigten die Untersuchungen im Relais-Montage-Testraum, dass sowohl bei Verbesserung der Arbeitsbedingungen als auch bei Rücknahme dieser Verbesserungen die Leistungen der beobachteten Arbeiter/innen anstiegen. Die Wissenschaftler konnten daher keine eindeutige Wirkung der untersuchten Faktoren auf die Arbeitsleistung feststellen. Sie vermuteten aber, dass die Arbeiter/innen aufgrund der Tatsache, an einem Forschungsprojekt beteiligt zu sein, verstärkt Zuwendung und Anerkennung bekamen und dies wiederum führte offenbar zu einer Erhöhung ihrer Arbeitsleistung. Dies ließ darauf schließen, dass nicht die strukturellen Arbeitsbedingungen, sondern die soziale Zuwendung zur Leistungssteigerung führten.

Die Forschungsergebnisse der *Hawthorne-Studies* zeigten, dass Organisationen nicht wie Maschinen funktionieren, sondern dass soziale Beziehungen einen ganz entscheidenden Faktor darstellen – eine Ansicht, die in die *Human Relations*-Bewegung mündete. Diese Studien veranlassten George C. Homans, sich näher mit sozialen Gruppen zu befassen (Homans 1972 [1960]). In der Folge brachte das eine Fülle von Erkenntnissen über die Bedeutung informeller Gruppen und die sich ausbildenden Gruppennormen für die soziale Dynamik in Organisationen. Diese Studien waren auch der Ausgangspunkt für die moderne Organisationsentwicklung und die Aktionsforschung (French/Bell 1995): In dieser Tradition werden Organisationen als sich ständig verändernde soziale Gebilde begriffen, die man nur verstehen kann, wenn man auch die Bedingungen und Kräfte des Wandels versteht. Damit rückt das aktiv gestaltende soziale Handeln ins Zentrum des Interesses.

2.2   Bürokratie als reinste Form legaler Herrschaft

Stellten die oben genannten Ansätze die Organisation in das Zentrum ihrer ursprünglich stark betriebswirtschaftlich geprägten Überlegungen, war dies bei Max Weber völlig anders: Sein Ausgangspunkt ist gesellschaftstheoretisch begründet, nämlich im Verständnis des Verhältnisses von traditionaler und legaler Herrschaft. Und nur in dieser Differenz von Herrschaftstypen entfaltet sich die Bedeutung einer bürokratischen Struktur als reinstem Typus legaler Herrschaft (Weber 1972 [1922]: 126, 551f.), die in der modernen Verwaltung ihren Ausdruck findet. Dieser Bezug zur Herrschaft bietet sich deshalb an, weil jede Verwaltung im Rahmen der Verteilung von Befehlsgewalten irgendeine Form von Herrschaft benötigt und folglich jede Herrschaft auch als Verwaltung funktioniert (Weber 1972 [1922]: 545). Vormoderne Formen von Herrschaft beruhen auf Tradition und stützen sich auf eingewohnte Autoritätsverhältnisse persönlichen Zusammenlebens. Die Ausbildung eines Verwaltungsstabs folgt dabei der Entwicklung eines patrimonialen[2] Beamtentums: Diesem fehlt die Trennung zwischen privater und amtlicher Sphäre, die Übertragung von Befugnissen erfolgt nach persönlichen Vertrauensbeziehungen, wobei Zuständigkeiten über persönliche Rechte definiert sind. Darüber hinaus erfolgt die materielle Versorgung über Pfründe oder Lehen, die die Grundlage feudaler Organisation bilden.

Im Rahmen der legalen Herrschaft entwickelte sich jedoch ein vollkommen anderes System einer bürokratisch organisierten Herrschaftsausübung, das nunmehr folgende Charakteristika aufweist: Die Organisationsmitglieder sind frei in dem Sinne, dass sie nicht der Person des/der Vorgesetzten ausgeliefert, sondern ausschließlich der Sachlichkeit verpflichtet sind, wobei der/die Vorgesetzte selbst der unpersönlichen Ordnung unterworfen ist. Diese Unpersönlichkeit wird auch durch

---

2   Patrimoniale Herrschaft erweitert nach Weber (1972 [1922]: 580ff.) die patriarchalische Herrschaft (diese gründet auf der Unterwerfung unter die persönliche Autorität des Hausherrn, der seine Gewalt schrankenlos und nach freiem Belieben ausübt) über die unmittelbare Hausgemeinschaft hinaus und beruht auf einer Dezentralisierung der Hausgewalt an abhängige Hausangehörige. Das schwächt die Möglichkeiten der reinen Willkür patriarchalischer Herrschaft, beruht aber immer noch auf persönlichen Abhängigkeiten.

die schriftliche Fixierung aller Entscheidungen abgesichert, die damit Geltung unabhängig von den entscheidenden Beamt/innen erlangen. Für die Rekrutierung
von Beamt/innen gilt als Auswahlkriterium das Fachwissen; die weitere Karriere
hängt von erbrachten Leistungen ab. Beamt/innen sind in diesem System über Ver-
träge in die Organisation eingebunden und werden mit Geld entlohnt.

Gerade in der Betonung der Sachlichkeit, der Unpersönlichkeit und der Kalkulier-
barkeit sieht Max Weber den Vorteil der Bürokratie gegenüber traditionalen Herr-
schaftsformen, weil sie willkürliche Entscheidungen, Abhängigkeiten und Korruption (wie sie in vormodernen Verwaltungen üblich waren), hintan hält. In diesem
Sinne gilt die Bürokratie als formal rationalste Form der Herrschaftsausübung
durch Wissen und bildet gleichzeitig die Keimzelle der Massenverwaltung, die in
modernen Staaten mit legaler Herrschaftsform unentrinnbar ist.

Dass bürokratische Organisationsformen nicht nur Vorteile, sondern auch Probleme mit sich bringen, zeigten spätere Studien, die sich sehr intensiv und kritisch
mit dem Phänomen Bürokratie beschäftigten. So machte z. B. Robert K. Merton
auf die Dysfunktionen von Bürokratie aufmerksam (Merton 1957: 197). Er wies
nach, dass die Regelbefolgung – ursprünglich ein Mittel zum Zweck – plötzlich
zum Selbstzweck werden kann und bemängelt, dass dadurch die Organisationsziele
in den Hintergrund gedrängt werden. Robert K. Merton spricht in diesem Zusammenhang vom bürokratischen Virtuosen, der niemals auch nur eine einzige Regel
für seine Amtshandlung außer Acht lässt (Merton 1957: 199).

Gerade die Präsenz bürokratischer Strukturen auch außerhalb der Staatsverwaltung
hat zu einer weiterführenden Beschäftigung in der modernen Organisationssoziologie geführt. In diesem Sinne befassen sich Michel Crozier und Erhard Friedberg
in ihrem Buch *Macht in Organisationen* mit dem Phänomen Bürokratie und beschreiben Formalisierung auch als bürokratischen Circulus Vitiosus (Crozier/Friedberg
1979). Formalisierung soll dabei helfen, Ungewissheitszonen in der Machtausübung durch unpersönliche Regeln zu beseitigen, wobei gerade diese Strategie zu
nicht intendierten Folgen führt (etwa die dadurch verstärkte Zentralisierung von
Entscheidungen und damit einhergehend eine zunehmende Isolierung hierarchi-
scher Ebenen). Die daraus resultierenden internen Gruppendifferenzierungen för-
dern wiederum die Entwicklung paralleler Machtbeziehungen. Und genau diese
Entwicklung verstärkt wiederum den Druck auf noch mehr Formalisierung.

Während Max Weber die bürokratische Ordnung, die sich in ihren Prinzipien in
vielen Organisationen (von Unternehmen bis hin zu politischen oder karitativen
Verbänden; vgl. Weber 1972 [1922]: 127) findet, noch an gesellschaftstheoretische
Überlegungen ankoppelte, hat sich die jüngere bürokratietheoretische Diskussion

davon weitgehend entkoppelt und bildet nunmehr einen eigenen Bereich organisationstheoretischer Betrachtung, die vorrangig charakteristische Merkmale einer bürokratisch strukturierten Organisation und deren Dynamik fokussiert.

2.3   Die begrenzte Rationalität organisationaler Entscheidungen

Bereits bei Max Weber klingt die Bedeutung von Entscheidungen an, die im Zuge der Auseinandersetzung mit organisationalem Handeln dann auch einen zentralen theoretischen Bezugspunkt bilden. Den eigentlichen Durchbruch schafften diesbezüglich die Untersuchungen von James G. March und Herbert A. Simon (March/Simon 1993 [1958]), die herausfinden wollten, wie Organisationen in einer sich ändernden sozialen Umwelt überleben können. Um sich dieser Fragestellung theoretisch und empirisch zu nähern, griffen sie das Organisationskonzept von Chester I. Barnard (Barnard 1938) auf. Dieser ging davon aus, dass Organisationen nicht aus den Organisationsmitgliedern, Gebäuden, Geräten etc. bestehen, sondern aus Handlungen. Indem er Handlungen zum Bestimmungsmerkmal von Organisationen machte, nahm er – wenngleich er kein Wissenschaftler, sondern ein sehr erfolgreicher Manager war – eine genuin soziologische Position ein: Für ihn waren Handlungen Gegenstand bewusster Koordination und diese Handlungskoordination war die Grundlage von Handlungssystemen. Diese Handlungssysteme folgen jedoch anderen Regeln als individuelle Handlungen. Somit betrachtete er organisationale Handlungssysteme losgelöst von den einzelnen Personen: Diese werden nunmehr als (personale) Umwelt für das (organisationale) Handlungssystem gesehen, in das sie ausschließlich über ihre Beiträge (z. B. Arbeitsleistungen) und die dafür erhaltenen Gegenleistungen (z. B. Lohn) eingebunden sind.

James G. March und Herbert A. Simon entwickelten diese Sichtweise weiter und zentrierten ihre Forschungen auf die Analyse von Entscheidungen in Organisationen. Dabei ging es ihnen weniger um die Erstellung einer formalen Entscheidungslogik, sondern um tatsächliches Entscheidungsverhalten. Sie versuchten also, Organisationen aus einer Entscheidungsperspektive zu verstehen und verwendeten dafür Fallstudien zur Analyse konkreter Entscheidungsprozesse. In ihren empirischen Studien konzentrierten sie sich auf die Informationssuche, auf die Alternativenbewertung und auf die unterschiedlichen Interessenskonstellationen in Organisationen.

Die Ergebnisse dieser Studien zur Entscheidungspraxis in Organisationen ergaben interessante Erkenntnisse, die in klarem Widerspruch zu den neoklassischen Prämissen der Ökonomie und dem damit verbundenen Rationalitätskonzept standen (March/Simon 1993 [1958]: 158f.):

Aufgrund der *Unvollständigkeit des Wissens* der Entscheidungspersonen ist eine eindeutige Präferenzordnung sehr unwahrscheinlich bzw. unmöglich. Präferenzord-
nungen sind daher in der Regel mehrdeutig.

Sie kommen weiters zu dem Schluss, dass Entscheidungspersonen das umfassende
Wissen fehlt, welche Alternativen es denn überhaupt gibt, weshalb sie nur von einer
begrenzten Auswahl an Entscheidungsalternativen ausgehen können.

Selbst wenn alle Möglichkeiten bekannt wären, so argumentieren die beiden Autoren weiter, hätten die Entscheidungspersonen immer noch *zu wenig Wissen, um die
Alternativen mit Präferenzen zu versehen.*

Entscheidungspersonen verfügen außerdem nicht über das *Wissen*, das für eine objektiv rationale Entscheidung notwendig wäre, *um zukünftige Ereignisse zu bewerten.*
Da die Ergebnisse und Auswirkungen von Entscheidungen nicht im Vorhinein bestimmbar sind, bedarf es Überlegungen wie mit dieser Ungewissheit umgegangen
werden könnte.

Präferenzen sind darüber hinaus nicht exogen vorgegeben, sondern werden *endogen
konstituiert*, und das bedeutet, dass diese sich im Prozess des Entscheidens verändern. Die Präferenzen, auf deren Basis Entscheidungen getroffen werden, verändern sich daher kontinuierlich.

James G. March und Herbert A. Simon kommen also zum Schluss, dass Entscheidungen situationsabhängig sind (March/Simon 1993 [1958]: 161). Sie werden aufgrund einer befriedigenden Alternative getroffen und nicht aufgrund einer optimalen Alternative. Diese Überlegungen bilden den Kern des Konzepts der begrenzten
Rationalität. Wenn also Entscheidungen nicht nach objektiv rationalen Kriterien
getroffen werden können, so stellt sich die Frage, welche Möglichkeiten sich in
Organisationen entwickeln, um die Komplexität von Entscheidungssituationen
zu reduzieren. In ihren Analysen verwiesen sie dabei auf eine Reihe von strukturellen Aspekten: Arbeitsteilung, standardisierte Verfahren wie Programme, Herrschaft und Hierarchie, Kommunikation und Koordinierung sowie Indoktrination
(March/Simon 1993 [1958]: 163f.). Wenn nun Handlungen und Entscheidungen
verändert werden sollten – so die weitere Schlussfolgerung – ist es notwendig, an
diesen Strukturen anzusetzen und nicht am konkreten Handeln oder Entscheiden.

3   Neuere theoretisch-konzeptionelle Perspektiven

Inzwischen hat sich die organisationtheoretische Landschaft weiterentwickelt und
eine Reihe weiterer Konzeptionen hervorgebracht. Dazu zählen etwa die Ausführungen zu Prozessen des Organisierens von Weick (1985, 1995), stärker interpre-

tative Ansätze (wie Froschauer 2012) oder auch strukturationstheoretische Überlegungen (z. B. Ortmann et al. 1997). Die folgenden Ausführungen stellen exemplarisch zwei inzwischen etablierte neuere organisationstheoretische Ansätze vor: den systemtheoretischen und den neoinstitutionalistischen.

3.1   Organisationen systemtheoretisch betrachtet

Bereits in seinem frühen Werk über *Funktionen und Folgen formaler Organisation* grenzt sich Niklas Luhmann von klassischen Organisationslehren ab, die versuchen, ‚richtiges‘ Handeln und Prinzipien ‚richtiger‘ Organisation (Luhmann 1976 [1964]: 17) zu analysieren. Den Grenzen einer solch normativen Ausrichtung begegnet seiner Ansicht nach eine funktionale Analyse, indem sie Handlungen und Verhaltenserwartungen als systembildende Leistungen versteht, für die es immer auch funktionale Äquivalente gibt. Damit steht im Vordergrund, welche manifeste und/oder latente Funktionen Handlungen erfüllen, welche Alternativen es dazu gibt und auf welche Weise sich solcherart soziale Systeme organisieren.

Für Niklas Luhmann sind Organisationen das Produkt evolutionärer Entwicklung. Erst mit einer zunehmenden funktionalen Differenzierung und der damit einhergehenden Ausdifferenzierung von Funktionssystemen (z. B. Wissenschaft, Recht, Wirtschaft, Erziehung) in der modernen Gesellschaft entstand aufgrund der gehäuft anfallenden Entscheidungen (z. B. Produktion und Verteilung von Gütern) die Notwendigkeit für die Entwicklung eines neuen Systemtypus. Dieser musste in der Lage sein, mit den neuen Anforderungen umzugehen. Für Niklas Luhmann sind dies Organisationen, weil sie sowohl für Personen als auch für Funktionssysteme Leistungen erbringen und somit als Schnittstelle fungieren (Luhmann 1997: 827).

Organisationen werden im Rahmen der Systemtheorie als verkettete Abfolge von Kommunikation verstanden. Sie bestehen demzufolge aus kommunizierten Entscheidungen, die wiederum rekursiv an anderen Entscheidungen anschließen und selbst andere Entscheidungen nach sich ziehen (Luhmann 1997: 831). In diesem Sinne sind Organisationsstrukturen letztlich das Resultat von Entscheidungen (Luhmann 1997: 833), wobei die Rekursivität die Organisationen operativ schließt, was bedeutet, dass das System auf die eigenen Operationsweisen reagiert. Auf diese Weise werden Entscheidungen auf der Basis der Systemrationalität (systemspezifisch) getroffen und sind daher weder willkürlich noch von außen bestimmt. Dieser Logik zufolge wird daher auch die Grenze zur sozialen Umwelt über Entscheidungen gezogen.

Allerdings sind Entscheidungen höchst kurzlebig, da sie unmittelbar nach dem Prozess des Entscheidens wieder verschwinden. Damit aber Entscheidungsfähigkeit trotzdem ermöglicht wird, bedarf es sogenannter Erwartungsstrukturen. Diese sind selbst das Produkt von Entscheidungen, ihre Relevanz reicht aber über eine einzelne anstehende Entscheidung hinaus. Luhmann spricht in diesem Kontext von Entscheidungsprämissen, die er folgendermaßen unterteilt (Luhmann 2000: 225):

Kommunikationswege: Diese legen Wege fest, die eingehalten werden müssen, damit Entscheidungen in der Organisation als relevant anerkannt werden.

Personaleinsatz: Wenn Personen eingestellt oder für bestimmte Aufgaben eingesetzt werden, so bedeutet das, dass sie künftig Entscheidungen in dieser Position treffen werden. Deshalb ist es eine wichtige Prämisse, wen man dafür bestimmt.

Programme: Sie sind Regulative für richtiges Entscheiden, wobei zwischen Konditional- und Zweckprogrammen unterschieden werden kann. Konditionalprogramme sind Entscheidungen, bei denen die Bedingungen vorgeben, welche Entscheidungen zu treffen sind. Wenn beispielsweise die Matura die Voraussetzung zur Zulassung zu einem Studium bildet, dann hat die Zulassungsstelle bei Vorlage des Maturazeugnisses positiv über den Zulassungsantrag zu entscheiden. Bei Zweckprogrammen ist hingegen nur der Zweck vorgegeben (möglichst viele Studierende sollen auch abschließen), zu dessen Erreichung die geeigneten Mittel zu wählen sind (z. B. intensive Betreuung der Studierenden).

Auf diese Weise reduzieren Entscheidungsprämissen Komplexität und bieten in der konkreten Situation für die Organisationsmitglieder Orientierung. Sie erhöhen damit die Wahrscheinlichkeit, dass weitere Anschlussentscheidungen getroffen werden. Wenngleich diese Entscheidungsprämissen mögliche Alternativen reduzieren, kann von keiner deterministischen Kausalbeziehung ausgegangen werden. Deshalb bleibt immer die Unsicherheit darüber, wie letztlich entschieden werden wird.

3.2 Die institutionelle Erklärung von Organisationen

Der Ausgangspunkt des neuen Institutionalismus ist die radikale Kritik am klassischen rationalen Organisationsverständnis, das davon ausgeht, dass Organisationsstrukturen und -prozesse rational an den Zielen der Organisation ausgerichtet sind und dass formale Strukturen die Effizienz der Organisation im Sinne der Zielerreichung sicherstellen. Hier bezieht der Neue Institutionalismus eine eindeutige Gegenposition, wonach formale Strukturen gerade nicht der Effizienzsicherung, sondern der Legitimation im Sinne einer Rechtfertigung bestimmter Handlungsweisen oder Ordnungen dienen. In dieser Konzeption ist daher keineswegs entscheidend, ob Organisationen rational handeln, sondern vielmehr, dass der Glaube an die Rationalität organisationalen Handelns in einer verfestigten gesellschaftlichen Erwartungsstruktur verankert, d. h. institutionalisiert ist. Insofern bringen formale Organisationsstrukturen Mythen im Sinne kultureller Deutungsmuster zum Ausdruck, die in ihrer gesellschaftlichen Umwelt institutionalisiert sind. Solche Mythen sind etwa Fortschrittsglaube oder Zweckrationalität, die durch Managementinstrumente, Technologien oder Evaluation symbolisiert werden. Ihre Legitimationskraft beziehen sie aus Erwartungsstrukturen bezüglich angemessenen Handelns und Entscheidens in einer Gesellschaft. Indem Organisationen nun diese Mythen aufgreifen und für sich in Anspruch nehmen, entwickelt sich zugleich eine Strukturähnlichkeit zwischen Organisation und Umwelt. Diese verbessert die Überlebensfähigkeit der Organisation nachhaltiger als eine Orientierung nach technisch-instrumentellen Kriterien.

Konkret gehen John W. Meyer und Brian Rowan (1991: 49f.) in diesem Sinne davon aus, dass durch die Übernahme von Elementen aus der Umwelt eine Strukturangleichung innerhalb bestimmter organisationaler Felder stattfindet. In diesem Prozess, den sie als Isomorphie bezeichnen, werden Elemente unter folgenden Bedingungen übernommen:

- wenn sie den Erwartungen der Umwelt entsprechen: z. B. haben erfolgreiche Universitäten eine Abteilung für Qualitätsmanagement;
- wenn sie darüber hinaus den Kriterien der Umwelt angemessen sind: z. B. orientieren sich Universitäten an internationalen Qualitätssicherungsstandards;
- wenn sie geeignet sind, dadurch das Verhältnis zwischen Organisation und ihrer relevanten Umwelt zu stabilisieren: z. B. gewährt dies Anerkennung im Rahmen von Leistungsvereinbarungen oder im Wettbewerb zwischen Universitäten.

Bei diesem Beispiel geht es nicht primär darum, die Qualität tatsächlich zu verbessern, sondern das Streben nach Qualität nach außen sichtbar (d. h. mit anerkannten Mitteln) zu signalisieren (z. B. als Rechtfertigung für die Verwendung öffentlicher Mittel).

Paul J. DiMaggio und Walter W. Powell (1991: 67f.) konkretisierten dieses Konzept der Isomorphie, indem sie drei unterschiedliche Mechanismen der Isomorphie beschreiben:

- den durch andere Organisationen oder gesellschaftliche Erwartungen ausgeübten Zwang, der Handlungsspielräume begrenzt (etwa rechtliche Rahmenbedingungen);

- die Imitation, indem sich Organisationen davon leiten lassen, was andere Organisationen in ihrem Bereich tun (gefördert z. B. durch Unternehmensberatung);
- den normativen Druck, der primär aus Professionalisierungstendenzen von Berufsgruppen herrührt (Ausbildung, Personalauswahl).

Allerdings kann es zwischen den zu bewältigenden Aufgaben (Lehrveranstaltungen flexibel an die Bedürfnisse der Studierenden anzupassen) und den Legitimationsanforderungen der institutionellen Umwelt (vorweg zu definierende *learning outcomes* als Bestandteil des Syllabus) zu Widersprüchen kommen. Deshalb gehen John W. Meyer und Brian Rowan (1991: 55) von einem Auseinanderklaffen von Formal- und Aktivitätsstruktur aus: Dabei bildet die Formalstruktur gleichsam die zelebrierte Oberfläche der institutionalisierten Rationalitätsmythen (der Syllabus signalisiert die formal perfekte Lehrveranstaltung), während die Aktivitätsstrukturen sich an der faktischen Aufgabenerfüllung orientieren (und deshalb möglicherweise deutlich vom Syllabus abweichen). Diese Entkoppelung ist besonders stark, wenn die Erfüllung der Organisationsaufgaben schlecht messbar ist und Ursache-Wirkungs-Beziehungen unbestimmt bleiben.

Die Besonderheit dieser Überlegungen liegt also darin, die Organisation nicht mehr als Mittel zur Zielerreichung oder in der Funktionalität ihrer Strukturen und Prozesse zu messen, sondern vor dem Hintergrund einer Umwelt zu betrachten, die Erwartungen an sie heranträgt, die für das Überleben derselben besonders wichtig sind. Aber genau darin begründet sich auch die eher reaktive Konzeption von Organisationen: Zwar wählen sie im Anpassungsprozess aus dem vorhandenen Angebot aus und entscheiden sich für eine bestimmte Richtung, aber im Rahmen des Neuen Institutionalismus bleibt die gestaltende Komponente von Organisationen eher im Hintergrund.

4 Aktuelle Forschung in Österreich

In den letzten Jahren wurden auch in österreichischen universitären und außeruniversitären Forschungseinrichtungen vermehrt organisationssoziologische Studien durchgeführt. Einige Beispiele dazu:

So analysiert die Forschungs- und Beratungsstelle Arbeitswelt (FORBA) ausgehend vom Thema Arbeit und Internationalisierung verstärkt Fragen nach deren Auswirkungen auf Organisationen. In diesem Sinne behandelt eine der jüngsten Publikationen die Struktur der grenzüberschreitenden Wertschöpfungsketten und Unternehmensnetzwerken, in denen heute vorwiegend Güter produziert und Dienstleistungen erbracht werden. Diese beeinflussen letztlich entscheidend die Koordination wirtschaftlicher Aktivitäten sowohl auf betriebsübergreifender Ebene als auch innerhalb der beteiligten Unternehmen – mit entsprechenden Folgen auch für die Qualität der Arbeit (Flecker 2012).

Im Zusammenhang mit Gesundheitsförderung werden vom Ludwig Boltzmann Institut Health Promotion Research und der Fakultät für interdisziplinäre Forschung und Fortbildung (Klagenfurt, Wien, Graz) Forschungsarbeiten in Krankenhäusern, Schulen und Betrieben durchgeführt, die organisationsspezifische Aspekte berücksichtigen. Typische Beispiele für solche Analysen sind die Untersuchung von Belastungen von MitarbeiterInnen in Krankenhäusern (Dietscher et al. 2000) oder die Fallanalysen zur betrieblichen Organisationsentwicklung (Grossmann/Mayer 2011).

In Kooperation zwischen dem Forschungsinstitut für Familienunternehmen der Wirtschaftsuniversität Wien und dem Institut für Soziologie der Universität Wien wird die Erforschung von Familienunternehmen vorangetrieben. Familienunternehmen sind aus soziologischer Perspektive nicht nur deshalb so interessant, weil sie die Mehrzahl aller Unternehmen repräsentieren, sondern auch zwei soziale Systeme (Familie und Unternehmen) mit höchst unterschiedlichen Dynamiken und Strukturen miteinander verknüpfen. Diese Studien betrachten die spezifischen Risiken und Konflikte, die damit einhergehen und studieren, welche erfolgreichen Handlungsstrategien Familienunternehmen unter ihren alltäglichen Rahmenbedingungen entwickeln (z. B. Frank et al. 2012; Lueger/Frank 2012).

5   Anwendungsbezug

Die oben angeführten Studien machen deutlich, dass organisationssoziologische Fragestellungen in unterschiedlichsten Bereichen relevant sind. Betrachtet man konkret die Umsetzung organisationssoziologischer Forschung in die Praxis, so finden sich zwei weit verbreitete Anwendungsfelder:

Organisationsanalyen im Kontext von *Beratungsprozessen*: In den letzten Jahrzehnten ist Organisationsberatung in vielfältige Bereiche moderner Industriegesellschaften vorgedrungen. Während Unternehmen solche Leistungen schon seit vielen Jahrzehnten in Anspruch nehmen (etwa im Zuge von Steuerberatungen bis hin zu strategischen Entwicklungsplanungen), hat sich inzwischen Beratung auch an Universitäten oder in der Politik etabliert. Hier dominieren zwar noch immer betriebswirtschaftliche Perspektiven, jedoch haben gerade im Zuge der Etablierung von Prozessberatungen sozialwissenschaftliche Ansätze an Bedeutung zugelegt. Besonders zeigt sich dies bei systemisch orientierten Beratungskonzepten, die explizit auf systemtheoretische Grundlagen zurückgreifen (z.B. Königswieser/Hillebrand 2004; Wimmer 2004).

Organisationsanalysen im Kontext von *Evaluationen*: Hier können Analysen unterschiedliche Funktionen übernehmen, deren Basis häufig eine systematische Reflexion über Prozesse und Strukturen in einer Organisation bildet und damit die Selbstbeobachtungsfähigkeit seitens der Organisation fördert. Darüber hinaus können sie auch Voraussetzungen für organisationale Lernprozesse schaffen, Feedbackprozesse im Zuge von organisationalem Wandel etablieren, oder eine Bewertung der Dynamik und der Folgen von Veränderungsprozessen ermöglichen (z.B. Froschauer/ Lueger 2006a).

Generell stehen im Hintergrund all dieser Anwendungen die wissenschaftliche Analyse der dynamischen Strukturierung sozialer Phänomene sowie das Verständnis der Organisationswirklichkeit. Gerade weil Organisationen aus dem modernen gesellschaftlichen Leben nicht wegzudenken sind, benötigt man angemessene theoretische Ansätze und sorgfältige empirische Analysen, um (a) das Phänomen „Organisationen" in seiner Komplexität besser zu verstehen und (b) den Alltag von Organisationen empirisch zuverlässig erfassen zu können. Empirische Organisationsanalysen können dabei einen wesentlichen Beitrag zum Verständnis der Funktionsweise moderner Gesellschaften leisten. Eine Analyse von Organisationen, die sich um das Verständnis von deren innerer Logik bemüht, kann sich nicht darauf beschränken, die praktischen Erfordernisse und ideologischen Grundhaltungen von Management oder Politik nachzuzeichnen. Eine fundierte soziologische Analyse versucht vielmehr zu erfassen, wie Organisationen die kollektiven Aktivitäten ihrer Mitglieder koordinieren, sodass relativ stabile wechselseitige Erwartungen herausgebildet werden. Erst auf diesem Fundament ist es möglich, die spezifische Entwicklungsdynamik, die strategische Grundhaltung, Konflikte in Organisationen, Formen der Bezugnahme auf die Gesellschaft, den Aufbau von Wissen oder den Umgang mit Komplexität zu verstehen (für eine qualitative Analyse von Organisationen vgl. Froschauer/Lueger 2006b).

Am Anfang des Beitrags wurde auf die Bedeutung von Organisationen im Alltag moderner Industriegesellschaften verwiesen. Organisationstheoretische Ansätze bilden ein wichtiges Instrument zur analytischen Durchdringung des Phänomens „Organisation". Gerade indem sie jeweils unterschiedliche Teilaspekte bevorzugt in ihr Zentrum stellen, bieten sie die Möglichkeit, der Komplexität des Gegenstandsbereichs gerecht zu werden. Dazu zählen etwa: die technische Rationalität von Arbeitsabläufen, die Dynamik sozialer Beziehungen, die Funktionalität spezifischer

Organisationsstrukturen, die organisationale Entscheidungspraxis, die Bedeutung von Erwartungsstrukturen und die Etablierung von Entscheidungsprämissen, die Legitimation von Handlungsweisen über externe Umweltanforderungen, oder einfach der Aufbau von Sicht- und Handlungsweisen in Organisationen. Immer aber steht im Hintergrund die Frage, wie Organisationsmitglieder im Kooperationszusammenhang jene Muster erzeugen, die eine Organisation charakterisieren. Damit eng verbunden ist eine zweite Frage, nämlich was die Organisationsmitglieder dazu bringt, genau so zu handeln, dass sie diese Charakteristik hervorbringen. Die Kenntnis der Vielfalt verfügbarer organisationstheoretischer Vorstellungen (in diesem Beitrag wurde nur eine einführende Auswahl dargestellt) ist eine Voraussetzung, um das theoretische Repertoire angemessen für empirische Organisationsstudien einsetzen zu können. Nur ein solcherart grundlagentheoretisch fundiertes Verständnis organisationaler Prozesse macht es möglich, zuverlässige Erkenntnisse über die Praxis zu gewinnen und diese für praktische Problemstellungen anwendbar zu machen.

Literatur

1. Einführungsliteratur

Bardmann, Theodor M.; Groth, Torsten (Hg.), 2001: Zirkuläre Positionen. Organisation, Management und Beratung. 3. Band, Wiesbaden: Westdeutscher Verlag.

French, Wendell L.; Bell, Cecil H., 1995: Organization Development. Behavioral Science Interventions for Organization Improvement. Englewood Cliffs: Prentice-Hall.

Luhmann, Niklas, 1976 [1964]: Funktionen und Folgen formaler Organisation. 3. Auflage, Berlin: Duncker & Humblot.

March, James G.; Simon, Herbert A., 1993 [1958]: Organizations. 2nd edition, Oxford: Blackwell.

Powell, Walter W.; DiMaggio, Paul J. (eds.), 1991: The New Institutionalism in Organizational Analysis. Chicago: University of Chicago Press.

Weber, Max, 1972 [1922]: Wirtschaft und Gesellschaft. Grundriß der verstehenden Soziologie. 5. revidierte Auflage, Tübingen: Mohr.

2. Weitere zitierte Literatur

Barnard, Chester I., 1938: The Functions of the Executive. Cambridge: Harvard University Press.

Crozier, Michel; Friedberg, Erhard, 1979: Macht und Organisation. Die Zwänge kollektiven Handelns. Königstein: Athenäum-Verlag.

Dietscher, Christina; Nowak, Peter; Pelikan, Jürgen M. (Hg.), 2000: Das Krankenhaus als gesundheitsfördernder Arbeitsplatz. Wien: Facultas.

DiMaggio, Paul J.; Powell, Walter W., 1991: The Iron Cage Revisited. Institutional Isomorphism and Collective Rationality in Organization Fields. In: Powell, Walter W.; DiMaggio, Paul J.

(eds.), The New Institutionalism in Organizational Analysis. Chicago: University of Chicago Press, 63–82.

Flecker, Jörg (Hg.), 2012: Arbeit in Ketten und Netzen. Die dynamische Vernetzung von Unternehmen und die Qualität der Arbeit. Berlin: edition sigma.

Ford, Henry, 1923: Mein Leben und Werk. Leipzig: List.

Frank, Hermann; Korunka, Christian; Lueger, Manfred, 2012: Konfliktbewältigung in Familienunternehmen. Wien: Facultas.

Froschauer, Ulrike, 2012: Organisationen in Bewegung. Beiträge zur interpretativen Organisationsanalyse. Wien: Facultas.

Froschauer, Ulrike; Lueger, Manfred, 2006a: Qualitative Prozessevaluierung in Unternehmen. In: Flick, Uwe (Hg.), Qualitative Evaluationsforschung. Konzepte – Methoden – Umsetzung. Reinbek bei Hamburg: Rowohlt, 319–338.

Froschauer, Ulrike; Lueger, Manfred, 2006b: Qualitative Organisationsdiagnose als Grundlage für Interventionen und als Intervention. In: Frank, Hermann (Hg.), Corporate Entrepreneurship. Wien: WUV, 234–287.

Grossmann, Ralph; Mayer, Kurt (Hg.), 2011: Organisationsentwicklung konkret. 14 Fallbeispiele für betriebliche Veränderungsprojekte. Wiesbaden: Verlag für Sozialwissenschaften.

Homans, George C., 1972 [1960]: Theorie der sozialen Gruppe. 6. Auflage, Opladen: Westdeutscher Verlag.

Königswieser, Roswita; Hillebrand Martin, 2004: Einführung in die systemische Organisationsberatung. Heidelberg: Carl-Auer.

Lueger, Manfred; Frank, Hermann, 2012: Wie erfolgreiche Familienunternehmen handeln. Good Practice Fallanalysen. Wien: Facultas.

Luhmann, Niklas, 1997: Die Gesellschaft der Gesellschaft. Band 2, 1. Auflage, Frankfurt am Main: Suhrkamp.

Luhmann, Niklas, 2000: Organisation und Entscheidung. Opladen: Westdeutscher Verlag.

March, James G., 1990 [1988]: Entscheidung und Organisation. Kritische und konstruktive Beiträge, Entwicklungen und Perspektiven. Wiesbaden: Gabler.

Merton, Robert K., 1957: Social Theory and Social Structure. Glencoe: Free Press.

Meyer, John W.; Rowan, Brian, 1991: Institutionalized Organizations. Formal Structure as Myth and Ceremony. In: Powell, Walter W.; DiMaggio, Paul J. (eds.), The New Institutionalism in Organizational Analysis. Chicago: University of Chicago Press, 41–62.

Ortmann, Günther; Sydow, Jörg; Türk, Klaus, 1997: Organisation, Strukturation, Gesellschaft. Die Rückkehr der Gesellschaft in die Organisationstheorie. In: Ortmann, Günther; Sydow, Jörg; Türk, Klaus (Hg.), Theorien der Organisation. Die Rückkehr der Gesellschaft. Opladen: Westdeutscher Verlag, 15–34.

Roethlisberger, Fritz J., Dickson, William J., 1956: Management and the Worker. An Account of a Research Program Conducted by the Western Electric Company, Hawthorne Works, Chicago. Cambridge: Harvard University Press.

Taylor, Frederick W., 1919: Die Grundsätze wissenschaftlicher Betriebsführung. München: Oldenbourg.

Weick, Karl E., 1985: Der Prozeß des Organisierens. Frankfurt/M.: Suhrkamp.

Weick, Karl E., 1995: Sensemaking in Organizations. 2nd edition, Thousand Oaks: Sage.

Wimmer, Rudolf, 2004: Organisation und Beratung. Systemtheoretische Perspektiven für die Praxis. Heidelberg: Carl-Auer.

Zucker, Lynn G., 1991: The Role of Institutionalization in Cultural Persistence. In: Powell, Walter W.; DiMaggio, Paul J. (eds.), The New Institutionalism in Organizational Analysis. Chicago: University of Chicago Press, 83–107.

3. Ausgewählte Fachzeitschriften

Organization. The interdisciplinary journal of organization, theory and society
Organization Studies

Sport

Gilbert Norden, Otmar Weiß

1 Einleitung

Unter „Sport" verstand man ursprünglich den Englischen Sport. Dieser entstand im England des 18. und 19. Jahrhunderts. Von den früheren und gleichzeitig praktizierten Formen der Leibesübungen und Spiele unterschied er sich durch die Prinzipien (formale) Chancengleichheit, Leistung, Konkurrenz und Rekord. Gefördert durch die weltweite Präsenz des Britischen Empire und die modernen Olympischen Spiele verbreitete sich der Englische Sport international. Dabei kam es zu einer von ihm dominierten Verschmelzung mit den beiden anderen Hauptsystemen moderner Leibesübungen, nämlich dem Deutschen Turnen und der Schwedischen Gymnastik, und zu einer Ausweitung des Begriffsverständnisses (Strohmeyer 1983: 8f.). Im alltäglichen Sprachgebrauch versteht man daher heute unter Sport sehr unterschiedliche körper- und bewegungskulturelle Praktiken und Spiele, wobei es von Land zu Land große Unterschiede gibt. Zum Beispiel fällt in Schweden „Pilze-Sammeln" und in Italien „Vogeljagd" unter Sport (Heinemann 2007: 53). In Österreich ist der Schachbund ordentliches Mitglied der Österreichischen Bundes-Sportorganisation und in Wien ist Bridge eine offiziell anerkannte Sportart. Je nach Interesse und Perspektive werden entsprechende Begriffsfestlegungen vorgenommen, auch in der Wissenschaft. So lautet eine für soziologische Forschungen vorgenommene Begriffsbestimmung: „Sport ist eine körperliche Aktivität, die erlebnis-, gesundheits-, leistungs-, spiel- und wettkampforientiert betrieben wird." (Weiß 2010: 9) Engere Definitionen heben die Leistungs- und Wettkampforientierung hervor und bezeichnen Sport etwa als „regelgeleitetes Bewegungswettkampfspiel" (Seven 2008: 132) oder als „jenes Funktionssystem, das aus allen Handlungen besteht, deren Sinn die Kommunikation körperlicher Leistungsfähigkeit ist" (Stichweh 1990: 379). Daneben gibt es noch eine Vielzahl anderer, unterschiedlich umfangreicher wissenschaftlicher Definitionsversuche und darüber hinaus Vorschläge einer „Koexistenz unterschiedlicher Sportmodelle". Man geht dann nicht mehr von dem einen Sport aus, sondern von unterschiedlichen „Sportmodellen", die typische Erscheinungsformen des Sports zum Ausdruck bringen sollen. So unterscheidet etwa Heinemann (2007: 56ff.) zwischen traditionellem (vom Amateurideal getragenem) Wettkampfsport, professionellem Showsport (Sport als Teil der Unterhaltungsindustrie), expressivem Sport (Freizeitsport), funktionalistischem Sport (Gesundheitssport, Sport zur Körperformung) und traditioneller Spielkultur (wiederbelebte traditionelle Bewegungsspiele und Wettkämpfe).

Derartige Modelle ermöglichen Strukturierungen des Themengebietes der Sportsoziologie, welches sich aufgrund seiner Vielfältigkeit mit den Themenfeldern etlicher anderer spezieller Soziologien überschneidet. Überschneidungsbereiche sind zum Beispiel mit der Freizeitsoziologie der Freizeitsport, mit der Medizin- und Gesundheitssoziologie der Gesundheitssport und mit der Körpersoziologie der sportliche Körper. Weiters gibt es Überschneidungen mit Gegenstandsbereichen anderer sportwissenschaftlicher Teildisziplinen. Beispielsweise werden im Rahmen soziologischer Analysen kommerzieller Sportentwicklungen sportökonomische Fragen miteinbezogen. Darüber hinaus versucht die Sportsoziologie eine allgemeine sozialwissenschaftliche Grundlage der Sportwissenschaft zu erarbeiten. Anthropologische, sozialhistorische, sozialpsychologische, philosophische und andere Wissensbestände werden zusammengeführt, um die gesellschaftliche Einbindung und Bedeutung des Sports besser erklären zu können. In diesem Sinne zählt die Sportsoziologie zu den integrativen Fächern der Sportwissenschaft.

2 Historische Entwicklung der Sportsoziologie

Zwar widmeten sich die frühen Soziologen[1] Max Weber (1864–1920) und Ferdinand Tönnies (1855–1936) als Burschenschafter intensiv dem Fechten; zwar waren ihre Fachkollegen Georg Simmel (1858–1918) und Werner Sombart (1863–1941) eifrige Tennisspieler und vergnügte sich der Letztgenannte im Winter mit Rodeln. Doch in ihren Schriften haben sich diese Klassiker der deutschen Soziologie mit Sport höchstens am Rande befasst. Folglich war es dem späteren Romanschriftsteller und Essayisten Heinz Risse (1898–1989) vorbehalten, 1921 das im deutschen Sprachraum erste Buch über die *Soziologie des Sports* zu veröffentlichen. Es handelte sich dabei um eine ursprünglich als Dissertation an der Universität Heidelberg geplante Untersuchung zum Sport von einem kulturkritischen Standpunkt aus. In dieser damals kaum beachteten Untersuchung vertrat Risse die Ansicht, Sport – gemeint ist hier der Sport englischer Prägung – sei seinem Inhalt nach „Reaktion auf das gesamte System [industrieller Kapitalismus; d. Verf.], innerhalb dessen Menschen zu Maschinen gemacht werden" (Risse 1979 [1921]: 25). Mit dieser Ansicht nahm er eine Hypothese vorweg, die mehr als drei Jahrzehnte später, als

---

1 Aus Gründen der leichteren Lesbarkeit wird hier auf Schreibweisen wie *SoziologInnen* verzichtet. Mit der männlichen Form der Bezeichnungen sind im Folgenden wertfrei beide Geschlechter gemeint.

sie vom Sozialphilosophen und Anthropologen Helmuth Plessner konkreter formuliert wurde, eine Diskussion auslöste. Die These lautete: Sport sei eine „Ausgleichsreaktion" auf die mit der industriellen Arbeitsorganisation einhergehende Anonymisierung Einzelner im „Heer" der Arbeitenden (Plessner 1956: 266). Viele Arbeitende würden die Erfahrung machen, mit den ihnen abverlangten hoch spezialisierten Leistungen nur „Rädchen" in einem unüberschaubaren Getriebe zu sein. Diese Erfahrung ließe das Bedürfnis entstehen, irgendwo noch als Mensch sichtbar zu sein und Anerkennung zu finden. Das bevorzugte Feld zur Verwirklichung dieser von der Arbeitswelt versagten Wünsche sei eben der Sport. Die Diskussion dieser später als „Kompensationshypothese" bezeichneten Funktionszuschreibung des Sports hat insbesondere Jürgen Habermas fortgeführt, indem er die Thematik auf das gesamte Freizeitverhalten erweiterte. Er unterschied drei Funktionen der Freizeit (Tabelle 1):

Tabelle 1: Funktionen von Freizeit nach Jürgen Habermas (1958: 224f.

(1) Regenerationsfunktion	Freizeit dient der Regeneration des Körpers von Arbeitsbelastungen.
(2) Suspensionsfunktion	Freizeit kann zur Verrichtung gleicher oder ähnlicher Tätigkeiten wie während der Erwerbsarbeit verwendet werden, allerdings unter „Suspendierung" der „Fremdbestimmung, Abstraktheit und Unverhältnismäßigkeit" des Arbeitsprozesses. Beispiele für suspensives Freizeitverhalten sind Schwarzarbeit, Heimwerken und ehrenamtliche Tätigkeiten.
(3) Kompensationsfunktion	Freizeit kann zur Ausübung eines „arbeitsfremden Verhaltens" verwendet werden, das Arbeitsbelastungen kompensiert.

Besonders mit der dritten Freizeitfunktion und Plessners These von der Kompensationsfunktion des Sports setzten sich Linde/Heinemann 1968 in einer empirischen Untersuchung unter Industriebeschäftigten in Nordrhein-Westfalen auseinander. Dabei zeigte sich, dass die Ausübung von Sport nicht aus der Kompensationsbedürftigkeit entfremdender Arbeitsbedingungen erklärt werden kann. Gerade jene Personen nämlich, auf welche die Situation der Anonymität der Arbeitsleistung in besonderem Maße zutraf, betrieben am wenigsten Sport und waren auch sonst in der Freizeit am wenigsten aktiv, obwohl sie nach den Thesen von Habermas und Plessner besonders freizeit- bzw. sportaktiv sein hätten müssen. Das Sporttreiben erschien vielmehr als Folge eines Selektionsprozesses. Denn Sporttreibende wiesen

in Bezug auf einige sozialbiografische Merkmale (Familienstand etc.) Besonderheiten auf. Auf solche Besonderheiten hatte zuvor schon Günther Lüschen in einem
Aufsatz *Soziale Schichtung und soziale Mobilität bei jungen Sportlern* in der „Kölner Zeitschrift für Soziologie und Sozialpsychologie" 1963 hingewiesen. Dies nachdem er
in einem anderen Aufsatz in dieser Zeitschrift 1960 versucht hatte, Sportsoziologie als eigenständige Disziplin wissenschaftlich zu begründen. Danach, 1966, gab
er einen Sonderband dieser Zeitschrift zum Thema *Kleingruppenforschung und Gruppe
im Sport* heraus, der vor allem Untersuchungen zu gruppendynamischen Prozessen
und Leistungsentwicklung im Mannschaftssport beinhaltete. Das von den Autoren
des Bandes aufgegriffene Forschungsfeld wurde wenige Jahre später durch andere
paradigmatische Orientierungen verdrängt. Dazu trug nicht zuletzt Bero Rigauer
bei, dessen Buchveröffentlichung *Sport und Arbeit. Soziologische Zusammenhänge und
ideologische Implikationen* 1969 in großer Auflage erschienen war. Die Veröffentli-
chung basierte auf einer Diplomarbeit, die er an der Universität Frankfurt/M. bei
Theodor W. Adorno geschrieben hatte. Adorno war einer der Väter der Kritischen
Theorie der Gesellschaft, die den Anspruch hatte, die „Unmenschlichkeit der herr-
schenden Ordnung" aufzudecken und auch Wege aufzuzeigen, diese Ordnung zu
verändern. Ausgehend von dieser Theorie stellte Rigauer 1971 seinen Entwurf einer „kritischen Soziologie des Sports" vor. Demzufolge sollten „gesellschaftliche
Phänomene" wie Sport „auf das hin untersucht werden (Normen, Werte, Funktionen), was man an ihnen zu verschleiern" suche (Rigauer 1971: 13). „Sportsoziologie als Ideologiekritik" könnte man diesen Ansatz nennen, der sich bis Ende
der 1970er Jahre in einer Reihe von sportkritischen Schriften entfaltete. In diesen
zum Teil auf neomarxistischer Grundlage beruhenden Schriften wurde Sport als
arbeitskonformes Handlungssystem und als Manipulations- und Repressionsinst-
rument kritisiert, welches die Entfaltung menschlicher, insbesondere auch sexuel-
ler Bedürfnisse verhindere. Ausgeblendet oder zumindest unterbelichtet blieben in
dieser Kritik – wie auch Rigauer (2010: 23) später schrieb – die emanzipatorischen
Potentiale des Sports. Nicht zuletzt deswegen kam es kurzfristig zu heftigen Diskussionen, längerfristig aber blieb die „Kritische Sporttheorie" – so wurde dieser
Ansatz insgesamt bezeichnet – ohne größere Bedeutung in der Sportsoziologie.
Von anhaltender Bedeutung für die Entwicklung des Faches waren Anregungen
von Norbert Elias, Sport aus der Perspektive der Zivilisationstheorie zu untersuchen. Die von ihm entworfene Zivilisationstheorie ist ein Entwicklungsmodell,
welches beschreibt, wie es im Zuge der Bildung von Zentralstaaten in Europa zu
einer Dämpfung der physischen Gewalt kam. Auf den Sport angewendet hat Elias
dieses Modell erstmals in dem Aufsatz *Die Genese des Sports als soziologisches Problem*

(englisch 1971, deutsch 1975). Er zeigte, dass der moderne Sport gewaltloser (zivilisierter) ist als die Wettkämpfe bei den antiken Olympischen Spielen. In weiteren Aufsätzen ging er der Frage nach, weshalb dieser vergleichsweise gewaltlose Sport in modernen Gesellschaften so attraktiv ist, und was diese Attraktivität über eben diese Gesellschaften aussagt. Seine Antwort darauf in einem Buch mit dem bezeichnenden Titel *Quest for Excitement* (Elias/Dunning 1986) lautete: Sport, genauer Wettkampfsport, sei deshalb in modernen Gesellschaften so attraktiv geworden, weil die Menschen in diesen Gesellschaften gezwungen würden, ihr Verhalten immer differenzierter zu regulieren, ihre Emotionen zunehmend zu kontrollieren und daher Handlungsbereiche wie den Sport bräuchten, in denen es möglich sei, Spannungen zu erleben und Emotionen auszuleben, wie es in Situationen außerhalb des Sports nicht oder nicht im selben Maße der Fall sei.

Die Attraktivität oder Bedeutung des Sports, die Elias zu erklären versuchte, ist insbesondere in den letzten Jahrzehnten in einem Ausmaß gestiegen, das es gerechtfertigt erscheinen lässt, moderne Gesellschaften als „Sportgesellschaften" zu bezeichnen (Bette 2010: 9). So ist Sport in diesen Gesellschaften zu einem festen Bestandteil der Alltagskultur vieler Menschen geworden, sei es in Form der aktiven Teilhabe am immer vielfältigeren Sportangebot, sei es als Besucher von Sportveranstaltungen oder Konsument des gewaltig angewachsenen Mediensports; für nicht wenige Menschen ist Sport wesentlicher Teil ihres Lebensstils und Lebensgefühls. Er ist zu einem bevorzugten Medium der Körper- und Selbsterfahrung, der Identitätsfindung, Sinnstiftung und Selbstdarstellung, sowie zu einem quasi-religiösen Versprechen auf Gesundheit, Jugendlichkeit und Attraktivität geworden.

Als solcherart schillerndes gesellschaftliches Phänomen erzeugte Sport vielfältige Fragestellungen, die zu soziologischen Untersuchungen und Diskursen herausforderten. Dementsprechend erweiterte sich das Theoriespektrum in der Sportsoziologie, und die Zahl einschlägiger Forschungen stieg stark an.

3 Fragestellungen, theoretisch-konzeptuelle Perspektiven und exemplarische Forschungsergebnisse

Der Gegenstand sportsoziologischer Forschung umfasst das soziale Handeln und die sozialen Strukturen im Sport sowie die Wechselwirkungen zwischen Gesellschaft und Sport. Die grundlegenden Forschungsfragestellungen lauten daher: Wie prägen gesellschaftliche Strukturen, Institutionen und Beziehungen den Sport? Wie wirkt der Sport auf andere gesellschaftliche Bereiche? Wie ist der Sport aufgebaut? Welche sozialen Prozesse vollziehen sich in ihm und wie wird in ihm gehandelt?

Um diesen Fragen nachgehen zu können, greift die Sportsoziologie auf Begriffe und Theorien der allgemeinen Soziologie zurück. Dabei gelangt eine Vielzahl verschiedener theoretischer Ansätze zur Anwendung. Dementsprechend groß ist die Vielfalt der Konzeptualisierungen von Sport. Als Beispiele für solche Konzeptualisierungen seien genannt: Sport als Prozess oder Resultat sozialen Handelns (Interpretative Ansätze), als Anwendungsfeld zweckrationalen, nutzenmaximierenden Handelns (*Rational Choice*-Ansatz), als Modell (geregelten) sozialen Konflikts (Konflikttheorie), als Ausdruck komplexer sozialer Entwicklungsprozesse und Figurationsgeschehen[2] (Prozess- bzw. Figurationstheorie), als Phänomen der Alltags- und Popularkultur (*Cultural Studies*), als moderne soziale Institution mit verschiedenen Organisationsformen und Trägern (Theorie sozialer Institutionen), als Disziplinarsystem, das Leistungsnormen setzt und produktive Körper hervorbringt (Machttheorie), als Stabilisator der Geschlechterordnung und Reproduktionsstätte traditioneller männlicher Stereotype (Feministische Ansätze).

Zwei Konzeptualisierungen sind in der Sportsoziologie besonders einflussreich und sollen deshalb näher ausgeführt werden, nämlich Interpretationen von Sport in systemtheoretischer Perspektive und in der praxistheoretischen Perspektive Bourdieus. In systemtheoretischer Perspektive wird Sport – oder zumindest der Leistungs-/Spitzensport – als eigenständiges Teilsystem der modernen, also funktional differenzierten Gesellschaft verstanden. Als solches habe er sich zwischen dem 18. und 20. Jahrhundert ausdifferenziert, also aus anderen gesellschaftlichen Bereichen herausgelöst. Die Voraussetzung für diese Herauslösung wird – je nach Variante der Theorie – in der Entwicklung eines spezialisierten Codes, durch welchen sich Teilsysteme als „Wertsphären" voneinander abgrenzen, oder in der Spezialisierung auf eine Funktion für die Reproduktion der Gesellschaft gesehen. Als spezielle Funktion des Teilsystems Sport sieht Cachay (1988: 179ff.) „die Produktion gesellschaftsadäquater personaler Umwelt durch Körperbildung". Dem steht die Auffassung des wahrscheinlich größeren Teils der Forscher gegenüber, der zufolge das Teilsystem Sport keine gesamtgesellschaftlich unverzichtbare Funktion erfülle und somit im Vergleich zu funktionalen Teilsystemen wie Wirtschaft und Politik eine Sonderstellung einnehme.

Während also die Funktion und auch der Code des Sportsystems (nämlich „leisten/nicht leisten" oder „Sieg/Niederlage") nicht einheitlich verstanden werden, besteht Einigkeit darüber, dass der Sport Leistungen für andere gesellschaftliche Teilsysteme erbringt und von diesen Teilsystemen Leistungen erhält (Schulze 2007:

---

2   Unter Figuration ist ein Interdependenzgeflecht zu verstehen, ein Netzwerk von untereinander
      abhängigen Individuen.

94f.). So unterstützt der Breitensport etwa das Gesundheits- und Bildungssystem (er gilt als gesundheitsförderlich bzw. pädagogisch wertvoll) und wird nicht zuletzt deswegen vom Politiksystem gefördert. Der Spitzensport bietet sich anderen Teilsystemen (Wirtschaft, Politik, Medien) durch seine aufmerksamkeitsträchtige Ereignisproduktion an und erhält im Gegenzug finanzielle Ressourcen. Diese Aspekte bilden nicht nur einen systemtheoretischen Konsens, sondern sind auch in der nicht systemtheoretisch arbeitenden Sportsoziologie unbestritten.

Innerhalb Letzterer hat sich, wie gesagt, die praxistheoretische Perspektive Bourdieus als besonders ergiebig erwiesen. In dieser Perspektive erscheint Sport als soziales Feld, auf dem Akteure in Abhängigkeit von ihrem jeweiligen Kapital und ihrem jeweiligen Habitus aktiv werden. Unter Habitus sind verinnerlichte und teilweise körpergebundene Kompetenzen und Geschmäcker, unter Kapital nicht nur ökonomische, sondern auch soziale und kulturelle Ressourcen (Bildungstitel etc.) zu verstehen. Das so verstandene Kapital bestimmt die Aktivitätsmöglichkeiten, der Habitus die Präferenzen. Die Akteure werden – Bourdieu (1982: 332ff.) zufolge – Sportarten präferieren, die ihrem jeweiligen Habitus entsprechen. Beispielsweise entspricht Golf – aufgrund der durch den Spielort und die Spiellogik (keinerlei Kontakt mit dem Gegner) erzeugten vornehmen Distanz – dem Habitus von Angehörigen der höheren sozialen Schichten, wohingegen Boxen – als Sportart, die Kraft, Körpereinsatz und eine Bereitschaft erfordert, Schläge einzustecken – zum Habitus von Angehörigen der niedrigeren sozialen Schichten passt. Zusammenfassend lassen sich die Affinitäten der sozialen Schichten zu bestimmten Sportarten wie folgt darstellen (Tabelle 2).

Tabelle 2: Affinitäten sozialer Schichten zu Sportarten. Idealtypische Dichotomisierung

Obere Sozialschichten	Untere Sozialschichten
Sportarten mit **gesundheitsdienlichem** Körperbezug	Sportarten mit **instrumentellem** Körperbezug
Neue Sportarten	**Traditionelle**, volkstümliche Sportarten
Sportarten mit **individueller** Leistungskomponente	Sportarten mit **kollektiver** Leistungskomponente
Sportarten, in denen **Ästhetik** demonstriert werden kann	Sportarten, in denen **Kraft und Schmerzunempfindlichkeit** demonstriert werden können
Sportarten **ohne Körperkontakt**	Sportarten **mit Körperkontakt**
Sportarten **mit Naturbezug**	Sportarten **ohne Naturbezug**

Quelle: Nagel 2003: 80, modifiziert und ergänzt

Bei diesen Affinitäten ist, so Bourdieu weiter, der Mechanismus der Distinktion (sozialen Absetzung) zu berücksichtigen. So versprechen Sportarten, die hauptsächlich von Angehörigen der höheren sozialen Schichten ausgeübt werden, Distinktionsgewinne, weil die Ausübung mit Reputation verknüpft wird. Die Distinktionsgewinne sinken, wenn sich die jeweiligen Sportarten allgemein verbreiten. In der Folge kann es zu Abwanderungstendenzen von Aktiven aus höheren sozialen Schichten in andere Sportarten oder zu differenzierten Formen der Ausübung kommen. Somit erscheint Sport als Schauplatz von Konflikten, die sich um die richtige Form der Ausübung und die damit verbundenen distinktiven Haltungen drehen. Letztere sind in Verbindung mit dem Habitus zu sehen.

Während Bourdieu die Reproduktion des Habitus durch Ausübung entsprechender Sportarten hervorhebt, betonen Gebauer et al. (2004: 104ff.) die Möglichkeit seiner Veränderung im Sport. Dies sei insbesondere in den Trend- und neueren Straßensportarten wie Skateboarden und Streetball der Fall, die gegenüber dem traditionellen Sport Bewegungen weniger regulieren und mehr Raum für Experimente mit dem Körper bieten würden. Ein solches Experiment unternahm Wacquant (2003), indem er sich einer freilich traditionellen Sportart, nämlich dem seinem Habitus fremden Boxen, zuwandte. Drei Jahre lang trainierte er drei- bis sechsmal in der Woche in einem Boxclub im schwarzen Ghetto Chicagos, unterbrochen nur von einer Zwangspause wegen eines gebrochenen Nasenbeins, das er sich beim Sparring zugezogen hatte. Die körperlichen und psychischen Veränderungen, die er während des Boxenlernens an sich selbst bemerkte, zeichnete er minutiös auf und konnte auf diese Weise die Bildungsprozesse des boxerischen Habitus herausarbeiten.

Boxen, wie es Wacquant erlernte und beschrieb, ist ein sehr anschauliches Beispiel für die Zulässigkeit von Verhaltensweisen im Sport, die außerhalb desselben eindeutig gesetzeswidrig sind und schwere Strafen nach sich ziehen würden. Ein Boxer, der seinen Gegner k. o. schlägt, würde unnachgiebig bestraft, würde er das Gleiche auf offener Straße tun. Obwohl also Sport bis zu einem gewissen Grad ‚entkriminalisiert‘ ist, gibt es viele Formen der Abweichung vom sportspezifischen Regelwerk. Eine besondere Form der Abweichung stellt Doping dar, welches sich zu einem Problem entwickelt hat, von dem manche meinen, dass sich an dessen Bewältigung die Zukunft des Spitzensports entscheiden werde. Wie sehen Sportsoziologen dieses Problem? Bette/Schimank (2006), um zwei prominente Forscher anzuführen, gehen von einer system- und akteurtheoretischen Perspektive aus und begreifen Doping als „Konstellationsprodukt", also als Folge des Zusammenspiels der Interessen einer Vielzahl von Akteuren. Zu diesen Akteuren gehören Trainer, Funktionäre, Vereine und Verbände, die allesamt Erfolge ihrer Sportler benötigen.

Für den Trainer hängen Anstellung und Karriere davon ab, für den Verein und Verband Sponsorengelder von Wirtschaftsunternehmen und vielleicht auch staatliche Fördergelder und Einnahmen aus Fernsehrechten. Denn Fernsehen und Printmedien haben allein die Sieger im Blick, um ihre Reichweiten zu steigern, Politiker brauchen nationale Aushängeschilder und Unternehmen wollen ihre Werbeträger siegen sehen. Aus diesen einzelnen Interessen von Wirtschaft, Politik, Medien und Sport entsteht nun eine Konstellation, in der Doping erst dann zu einem Problem wird, wenn eine größere Zahl von Dopingfällen der Öffentlichkeit bekannt wird. Deswegen besteht, so Bette/Schimank, in dieser Konstellation – entgegen anderslautenden Beteuerungen in der Öffentlichkeit – auch kein wirkliches Interesse daran, dass Doping aufgedeckt wird. Auf die sich daraus ergebenden Möglichkeiten und auf den durch die Konstellation erzeugten Erfolgsdruck hat der einzelne Sportler zu reagieren, wenn er vor der Entscheidung für oder gegen die Einnahme von Dopingmitteln steht. Bei dieser Entscheidung spielen natürlich das vermeintliche Dopingverhalten seiner Konkurrenten und die bisherigen Investitionen in die eigene Sportkarriere eine wichtige Rolle. Wie viele Sportler sich dann tatsächlich für Doping entscheiden, kann niemand genau sagen. Bei Dopingkontrollen beträgt – laut Statistik der World Anti-Doping Agency (WADA) – der Anteil positiver Proben bloß ca. 2%. Wissenschaftliche Schätzungen des Anteils dopender Athleten liegen freilich weit darüber. Pitsch et al. (2009), um ein Beispiel für solche Schätzungen zu bringen, ermittelten unter Verwendung der Randomized Response Technique (RRT)[3], dass 10 bis 35% der deutschen Leistungssportler dopen, was bedeuten würde, dass trotz der beschriebenen strukturellen Zwänge die überwiegende Mehrheit der Leistungssportler nicht dopt. Dabei bestehen aber große Unterschiede nach Sportarten. So wird in Cgs-Sportarten (Sportarten, die in Zentimetern, Gramm oder Sekunden gemessen werden) mehr gedopt als in Spielsportarten. Egal um welche Sportart es sich handelt – organisiert wird das Doping hauptsächlich von internationalen Netzwerken.

Diese Organisation des Dopings und die Schaffung einer internationalen Agentur zur Bekämpfung desselben (WADA) sind Beispiele für Globalisierungsprozesse im

---

3   RRT = Ein in Befragungen zu Formen abweichenden Verhaltens eingesetztes Verfahren, um Verzerrungstendenzen bei den Antworten zu verringern. Im vorliegenden Fall wurde wie folgt vorgegangen. Frage: „Haben Sie jemals wissentlich verbotene Dopingsubstanzen zum Zweck der Leistungssteigerung zu sich genommen?" Zusatzinstruktion: „Wenn Sie in den Monaten Januar bis April geboren sind, antworten Sie bitte mit ‚ja', wenn Sie in einem anderen Monat geboren sind, geben Sie bitte eine ehrliche Antwort". Die relative Häufigkeit von Geburten in den besagten Monaten ist bekannt, so dass der Anteil derjenigen Befragten, die Dopingsubstanzen genommen haben, aus den Antworten geschätzt werden kann.

Sport. Ein weiteres Beispiel dafür ist die internationale Migration von Sportlern. Zwar handelt es sich dabei um kein neues Phänomen, doch hat sich der Migrationsstrom in Folge des „Bosman-Urteils"[4] von 1995 verstärkt. So stieg der Prozentsatz ausländischer Spieler in den fünf größten europäischen Fußball-Ligen von 20 % in der Spielsaison 1995/96 auf 43 % in der Saison 2008/09 an (Poli 2010: 496f.). Daten zur Herkunft der Spieler und zum Spielermarkt werden von einer schweizerisch-französischen Forschergruppe namens CIES Football Observatory[5] kontinuierlich erhoben. Die Erhebungsergebnisse werden in der „Annual Review of the European Football Players' Labour Market" und in der ebenfalls jährlich vom CIES herausgegebenen "Demographic Study of Footballers in Europe" veröffentlicht.

4   Aktuelle Forschung in Österreich

In Österreich weist der Fußballsport – neben dem Skisport – eine besondere Popularität auf und ist deshalb auch ein Schwerpunkt sportsoziologischer Forschung. So wurde – auf der Grundlage theoretisch-methodischer Ansätze der *Cultural Studies* – eine ganze Reihe historisch-soziologischer Untersuchungen zum Fußball durchgeführt (zuletzt Marschik 2005). In diesen wurde der Fußballsport im Kontext von Arbeiter- und Stadtkulturen und als Phänomen der Popularkultur analysiert. Eingehend behandelt wurde auch das Verhältnis von Fußball und Geschlecht. Die Arbeitsemigration im Fußball ist Gegenstand einer Studie von Forster et al. (2011), die Immigration wurde von Liegl/Spitaler (2008) untersucht. In Bezug auf die Immigration konnte gezeigt werden, dass sich die Zugangsregeln zum Fußball in der obersten österreichischen Spielklasse seit 1945 weitgehend analog zu den Zugangsbestimmungen für den Arbeitsmarkt insgesamt entwickelt haben. Auch ließen sich gewisse Parallelen zwischen den unterschiedlichen Phasen der Zuwanderung und der Verpflichtung von ‚Legionären' feststellen. Die Analyse der einschlägigen Medienberichterstattung ergab, dass die Reaktionen der Medien auf ‚Legionäre' je nach Erfolgen von Clubs und Nationalteam wechselten.

Das Antreten von Immigranten nicht nur in Clubmannschaften, sondern nach erfolgter Einbürgerung auch im Nationalteam und seine Auswirkungen auf die Konstruktion nationaler Wir-Bilder ist das Thema einer anderen Untersuchung, welche auf einer Auswertung von Eintragungen in Internetforen in Online-Ausgaben

---

4   Das „Bosman-Urteil" des Europäischen Gerichtshofes liberalisierte den Markt im Profi-Fußball.
5   CIES = Centre International d'Etude du Sport. Die Gruppe nannte sich früher Professional Football Players Observatory.

österreichischer Tageszeitungen basiert (Reicher 2012). Zu diesem Thema lieferte auch eine Inhaltsanalyse der Berichterstattung über die Fußball-Europameisterschaft 2008 in Boulevardzeitungen der Austragungsländer Österreich und Schweiz Hinweise (Kneidinger 2010). Demnach ließ die Berichterstattung in Österreich insofern eine integrative Absicht erkennen, als die Multikulturalität innerhalb der eigenen Nation am Beispiel der Spieler mit Migrationshintergrund durchaus thematisiert wurde. 18 % aller Artikel der „Kronen Zeitung", in denen österreichische Einzelpersonen Hauptakteure waren, präsentierten Spieler mit Migrationshintergrund – dies entsprach nahezu deren realem Anteil (22 %) innerhalb des heimischen EM-Teams.

Als sportliches Megaereignis bot die EM 2008 Themen und Anlass für zahlreiche weitere Untersuchungen. So untersuchten Hachleitner/Manzenreiter (2010) die Allianz von Sport, Wirtschaft und Medien am Beispiel der EM; Dimitriou et al. (2010) analysierten die Beschwörung des „Mythos Córdoba 1978"[6] in den Printmedien anlässlich des Spiels Österreich-Deutschland; und die SIAK (o.J.) befasste sich mit dem Einsatz der Sicherheitskräfte während der gesamten Veranstaltung. Von der Sicherheit in Fußballstadien allgemein handelt eine Studie von Winter/Klob (2011). Ein Ergebnis der im Zuge dieser Studie durchgeführten Fan-Befragung war, dass knapp 18 % der Befragten – laut eigenen Angaben – in den letzten fünf Jahren an Gewalttätigkeiten im Umfeld von Fußballspielen beteiligt gewesen waren.

Nicht mit den gewalttätigen Fans, sondern mit den sogenannten Mainstream-Fußballfans und ihrem Alltag beschäftigen sich zurzeit Forscher am Institut für Europäische Ethnologie der Universität Wien im Rahmen eines laufenden EU-Projektes „FREE – Football Research in an Enlarged Europe". Dabei werden nicht nur ethnologische, sondern auch soziologische Aspekte behandelt. Wie dieses Beispiel zeigt, sind in Österreich etliche Forscher, die sich mit sportsoziologischen Themen befassen, in anderen Disziplinen als Soziologie oder Sportwissenschaft verankert, zumal es an den heimischen Universitäten nur eine einzige auf diese Themen spezialisierte Abteilung gibt, nämlich die Fachabteilung am Institut für Sportwissenschaft der Universität Wien. Mit einer Professoren- und einer Vertragsassistentenstelle ist sie derzeit personell nur schwach besetzt. Größere Forschungen werden daher in Kooperation mit Forschern anderer Institute durchgeführt. Einen Überblick über die Forschungstätigkeit der Abteilung während der letzten Jahre und über einige eigenständige Forschungen von mit ihr kooperierenden Einzelforschern bietet der

---

6   Im argentinischen Córdoba errang die österreichische Nationalmannschaft bei der Fußball WM 1978 einen legendären Sieg über das deutsche Nationalteam.

von Hilscher et al. 2010 herausgegebene Sammelband *Entwicklungstendenzen im Sport*. Unter anderem werden darin Basisdaten zu Stand und Entwicklung der Sportaktivität in Österreich und Resultate von Forschungen zum Thema „Sportidentität und -motivation" präsentiert. Aus diesen ist ersichtlich, dass Sport unabhängig von gesundheitlichen, sozialen oder finanziellen Aspekten eine Faszination auf die Aktiven ausübt, also vielfach um seiner selbst willen betrieben wird. Weiters werden in dem Band Ergebnisse einer sozio-ökonomischen Studie zu den Auswirkungen des Sports auf die Gesundheit zusammengefasst, denen zufolge nicht die Sportausübung, sondern die Nicht-Sportausübung mehr volkswirtschaftliche Kosten verursacht. Schließlich enthält der Band auch Ergebnisse einer an der Bourdieu'schen Praxistheorie orientierten Untersuchung zur Entwicklung des Tennis in Österreich. Ebenfalls an der Bourdieu'schen Theorie, und zwar an der Kapitaltheorie, orientiert ist eine Studie von Horak et al. (2005) zu sportlichen und schulischen Laufbahnentscheidungen von Skirennläufern im Vergleich zu Skispringern, Ruder- und Judosportlern. Die Studie zeigt, dass Athleten umso mehr in ihre schulische Ausbildung investieren, je geringer die Chancen auf Erwerb „ökonomischen, sozialen und symbolischen Kapitals" durch den Sport selbst sind. Diese Chancen sind im finanzkräftigen alpinen Skisport größer, weswegen Skirennläufer weit eher als die Spitzensportler in den Vergleichssportarten die schulische Ausbildung zu Gunsten der Sportkarriere zurückstellen.

In anderen Studien wurden Autobiografien österreichischer Skirennläufer (Langreiter 2006), die Berufswirklichkeit der Skilehrer (Spendlingwimmer 2007) und das Umweltbewusstsein und -verhalten verschiedener Gruppen im Skisport (Weiß et al. 1998) untersucht. Die Ergebnisse bieten Einblicke in die „Pisten-Gesellschaft".

5   Anwendungsbezug

Anwendungsorientierte sportsoziologische Forschungen werden im Auftrag von Sportorganisationen, Regierungsstellen, Gemeindeverwaltungen, Werbeagenturen, Wirtschafts- und Medienunternehmen durchgeführt. Dazu drei Beispiele:

Beispiel 1: Im Auftrag der Tageszeitung „Der Standard" untersucht eine Forschergruppe um Harald Katzmair die Spiele der österreichischen Fußballnationalmannschaft und andere wichtige Fußballspiele netzwerkanalytisch. Auf Basis von Videoaufzeichnungen werden die Pass-Sequenzen des jeweiligen Spiels codiert, mit netzwerkanalytischer Software ausgewertet und visualisiert. In entsprechenden Grafiken werden die Ballwege zu den drei wichtigsten Passpartnern jedes Spielers dargestellt. Die Grafiken und Schlüsselspielerrankings werden im „Standard" veröffentlicht und können natürlich auch zur Steuerung der Mannschaftsleistung verwendet werden.

Beispiel 2: Eine Forschergruppe der Wirtschaftsuniversität Wien untersuchte die Situation von Spitzensportlern beim Übergang in die nachsportliche Erwerbstätigkeit (Mayrhofer et al. 2007). Dazu wurden die soziale Herkunft und berufsrelevante Kompetenzen der Sportler erhoben. Es konnte gezeigt werden, dass Spitzensportler überdurchschnittlich häufig aus Elternhäusern mit einem höheren sozio-ökonomischen Status stammen und in Bezug auf „individualistische" Eigenschaften wie Leistungsmotivation hervorstechen. Hingegen gibt es in Bezug auf Teamorientierung, Flexibilität und Führungsmotivation Defizite gegenüber der Normalbevölkerung. Offenbar produziert oder zieht Spitzensport – auch in Mannschaftssportarten – Einzelkämpfer an. Die Studie war im Auftrag der Sektion Sport des Bundeskanzleramtes durchgeführt worden.

Beispiel 3: Mit den touristischen und wirtschaftlichen Effekten von diversen sportlichen Großveranstaltungen unter der Perspektive der Nachhaltigkeit befassen sich Untersuchungen von Roland Bässler, u. a. zur Etappe Niederösterreich der Österreich-Radrundfahrt 2011 (Bässler 2011). Die Untersuchungen wurden im Auftrag der Niederösterreich-Werbung GmbH durchgeführt.

Literatur

1. Einführungsliteratur

Bette, Karl-Heinrich, 2010: Sportsoziologie. Bielefeld: transcript.
Heinemann, Klaus, 2007: Einführung in die Soziologie des Sports. 5. überarb. Auflage, Schorndorf: Hofmann.
Norden, Gilbert; Schulz, Wolfgang, 1988: Sport in der modernen Gesellschaft. Linz: Trauner.
Voigt, Dieter, 1992: Sportsoziologie. Soziologie des Sports. Frankfurt/M.: Diesterweg.
Weis, Kurt; Gugutzer, Robert (Hg.), 2008: Handbuch Sportsoziologie. Schorndorf: Hofmann.
Weiß, Otmar; Norden, Gilbert, 2013: Einführung in die Sportsoziologie. 2. überarb. und aktualisierte Auflage. Münster: Waxmann.

2. Weitere zitierte Literatur

Bässler, Roland, 2011: Österreichische Radrundfahrt 2011 – Etappe Niederösterreich. Analyse der touristischen, wirtschaftlichen und gesellschaftlichen Effekte. Im Auftrag der Niederösterreich-Werbung GmbH. Wien: RB Research & Consulting.

Bette, Karl-Heinrich; Schimank, Uwe, 2006: Die Dopingfalle. Soziologische Betrachtungen. Bielefeld: transcript.

Bourdieu, Pierre, 1982: Die feinen Unterschiede. Kritik der gesellschaftlichen Urteilskraft. Frankfurt/M.: Suhrkamp.

Cachay, Klaus, 1988: Sport und Gesellschaft. Zur Ausdifferenzierung einer Funktion und ihrer Folgen. Schorndorf: Hofmann.

Dimitriou, Minas; Sattlecker, Gerold; Müller, Erich, 2010: Der „Mythos Córdoba 1978" im Spiegel der Berichterstattung über die Fußballeuropameisterschaft 2008. Zwischen diskursiver Rekonstruktion des Vergangenen und kollektiver Identitätsbildung. Sport und Gesellschaft, 2010, Jg. 7, Heft 2, 145–174.

Elias, Norbert, 1975: Die Genese des Sports als soziologisches Problem. In: Hammerich, Kurt; Heinemann, Klaus (Hg.), Texte zur Soziologie des Sports. Sammlung fremdsprachiger Beiträge. Schorndorf: Hofmann, 81–109.

Elias, Norbert; Dunning, Eric, 1986: Quest for Excitement. Sport and Leisure in the Civilizing Process. Oxford: Blackwell.

Forster, David; Hachleitner, Bernhard; Hummer, Robert; Franta, Robert, 2011: „Die Legionäre". Österreichische Fußballer in aller Welt. Wien: LIT Verlag.

Gebauer, Gunter; Alkemeyer, Thomas; Boschert, Bernhard; Flick, Uwe; Schmidt, Robert, 2004: Die Treue zum Stil. Die aufgeführte Gesellschaft. Bielefeld: transcript.

Habermas, Jürgen, 1958: Soziologische Notizen zum Verhältnis von Arbeit und Freizeit. In: Funke, Gerhard (Hg.), Konkrete Vernunft. Festschrift für Erich Rothacker. Bonn: Bouvier Verlag, 219–232.

Hachleitner, Bernhard; Manzenreiter, Wolfram, 2010: The EURO 2008 Bonanza. Mega-events, Economic Pretensions and the Sports-media Business Alliance. Soccer and Society, 2010, Vol. 11, No. 6, 843–853.

Hilscher, Petra; Norden, Gilbert; Russo, Manfred; Weiß, Otmar (Hg.), 2010: Entwicklungstendenzen im Sport. 3. Auflage, Wien: LIT Verlag.

Horak, Roman; Penz, Otto; Peyker, Ingo, 2005: Soziale Bedingungen des Spitzensports. Wien: LIT Verlag.

Kneidinger, Bernadette, 2010: Die Konstruktion nationaler Identität in der österreichischen und Schweizer Sportberichterstattung. Eine qualitative Inhaltsanalyse zur Fußball-Europameisterschaft 2008. SWS-Rundschau, 2010, Jg. 50, Heft 2, 164–186.

Langreiter, Nikola, 2006: Goldene Jahre. Über Autobiografien österreichischer Schirennläufer. Österreichische Zeitschrift für Volkskunde, 2006, Bd. LX/109, 1–34.

Liegl, Barbara; Spitaler, Georg, 2008: Legionäre am Ball. Migration im österreichischen Fußball nach 1945. Wien: Braumüller.

Linde, Hans; Heinemann, Klaus, 1968: Leistungsengagement und Sportinteresse. Eine empirische Studie zur Stellung des Sports im betrieblichen und schulischen Leistungsfeld. Schorndorf: Hofmann.

Lüschen, Günther, 1960: Prolegomena zu einer Soziologie des Sports. Kölner Zeitschrift für Soziologie und Sozialpsychologie, 1960, Jg. 12, Heft 3, 501–515.

Lüschen, Günther, 1963: Soziale Schichtung und soziale Mobilität bei jungen Sportlern. Kölner Zeitschrift für Soziologie und Sozialpsychologie, 1963, Jg. 15, Heft 1, 74–93.

Lüschen, Günther (Hg.), 1966: Kleingruppenforschung und Gruppe im Sport. Sonderheft 10 der Kölner Zeitschrift für Soziologie und Sozialpsychologie. Köln: Westdeutscher Verlag.

Marschik, Matthias, 2005: Massen, Mentalitäten, Männlichkeit. Fußballkulturen in Wien. Weitra: Bibliothek der Provinz.

Mayrhofer, Wolfgang; Meyer, Michael; Pucher, Marcus, 2007: Vom andern Stern? Soziale Herkunft und berufsrelevante Kompetenzen österreichischer Spitzensportlerinnen und Spitzensportler – eine empirische Analyse. In: Urnik, Sabine (Hg.), Sport und Gesundheit in Wirtschaft und Gesellschaft. Wien: Manz, 271–286.

Nagel, Michael, 2003: Soziale Ungleichheiten im Sport. Aachen: Meyer & Meyer.

Pitsch, Werner; Maats, Peter; Emrich, Eike, 2009: Zur Häufigkeit des Dopings im deutschen Spitzensport – eine Replikationsstudie. In: Emrich, Eike; Pitsch, Werner (Hg.), Sport und Doping. Zur Analyse einer antagonistischen Symbiose. Frankfurt/M.: Peter Lang, 19–36.

Plessner, Helmuth, 1956: Die Funktion des Sports in der industriellen Gesellschaft. Wissenschaft und Weltbild, 1956, Jg. 9, Heft 4, 262–274.

Poli, Raffaele, 2010: Understanding Globalization Through Football. The New International Division of Labour, Migratory Channels and Transnational Trade Circuits. International Review for the Sociology of Sport, 2010, Vol. 45, No. 4, 491–506.

Reicher, Dieter, 2012: „Interethnic Alliances" and National We-Images. An Analysis of Internet Fora Related to Sport and Migration. In: Höllinger, Franz; Hadler, Markus (eds.), Crossing Borders, Shifting Boundaries. National and Transnational Identities in Europe and Beyond. Frankfurt/M.: Campus, 289–309.

Rigauer, Bero, 1969: Sport und Arbeit. Soziologische Zusammenhänge und ideologische Implikationen. Frankfurt/M.: Suhrkamp.

Rigauer, Bero, 1971: Inhaltliche und methodologische Bestimmungen einer kritischen Soziologie des Sports im Rahmen der Sportwissenschaften. Die Leibeserziehung, 1971, Jg. 20, Heft 1, 9–14.

Rigauer, Bero, 2010: Die Kritische Theorie und der Sport. Von der Dialektik der Aufklärung zur Theorie des kommunikativen Handelns. SportZeiten, 2010, Jg. 10, Heft 2, 7–28.

Risse, Heinz, 1979 [1921]: Soziologie des Sports. Münster: Atalas-Verlag.

Schulze, Bernd, 2007: Sport als Teilsystem der Gesellschaft – Konsens und Kontroversen. Leipziger Sportwissenschaftliche Beiträge, 2007, Jg. XLVIII, Heft 1, 86–96.

Seven, Anselm, 2008: Zwischen Funktion und Leistung. Zur systemtheoretischen Kritik des Sportbegriffs. Saarbrücken: Vdm.

SIAK (Hg.), o.J. (aber 2009): Euro 2008. Endbericht. Die besonderen Informations- und Kommunikationsstrukturen im Führungsprozess bei Besonderen Aufbauorganisationen (BAO) am Beispiel des Sportgroßereignisses UEFA EURO 2008. Wien: Sicherheitsakademie.

Spendlingwimmer, Florian, 2007: Mythos: Schi- und Snowboardlehrer. Helden oder Sozialversager? Wien: LIT Verlag.

Stichweh, Rudolf, 1990: Sport – Ausdifferenzierung, Funktion, Code. Sportwissenschaft, 1990, Jg. 20, Heft 4, 373–389.

Strohmeyer, Hannes, 1983: Leibesübungen und Leibeserziehung im Prozeß der Modernisierung. Beiträge zur historischen Sozialkunde, 1983, Jg. 13, Heft 1, 3–18.

Wacquant, Loic, 2003: Leben für den Ring. Boxen im amerikanischen Ghetto. Konstanz: UVK.

Weiß, Otmar; Norden, Gilbert; Hilscher, Petra; Vanreusel, Bart, 1998: Ski Tourism and Environmental Problems. Ecological Awareness among Different Groups. International Review for the Sociology of Sport, 1998, Vol. 33, No. 4, 367–379.

Weiß, Otmar, 2010: Zur Einführung. Entwicklungstendenzen im Sport. In: Hilscher, Petra; Norden, Gilbert; Russo, Manfred; Weiß, Otmar (Hg.), Entwicklungstendenzen im Sport. 3. Auflage, Wien: LIT Verlag, 9–11.

Winter, Ireen Christine; Klob, Bernhard, 2011: Fußball und Sicherheit in Österreich. Frankfurt/M.: Verl. für Polizeiwissenschaft.

3. Ausgewählte Fachzeitschriften

European Journal for Sport and Society
International Review for the Sociology of Sport
Journal of Sport and Social Issues
Soccer and Society
Sociology of Sport Journal
Sport, Education and Society
Sport und Gesellschaft
SportZeiten – Sport in Geschichte, Kultur und Gesellschaft

Stadt

Christoph Reinprecht

1   Einleitung

2007 gilt als Wendepunktjahr: Seit damals lebt mehr als die Hälfte der Weltbevölkerung in Städten. Ein halbes Jahrhundert davor war es erst ein knappes Drittel. Bis um die Mitte des 21. Jahrhunderts soll, den aktuellen demographischen Prognosen zufolge, weltweit das europäische Niveau erreicht sein: Mehr als drei Viertel der Menschheit leben dann in städtischen Zusammenhängen. Doch was bedeutet es, wenn die absolute Mehrheit der Menschen in Städten lebt, und der Grad der Verstädterung weltweit weiter zunimmt? Und inwiefern handelt es sich dabei nicht nur ein demographisches, sondern um ein eminent soziologisches Phänomen?

Globale Verstädterung ist Ergebnis *und* Motor sozialstruktureller und soziokultureller Veränderungen. Seit ihren Anfängen betrachtet die Soziologie die Großstadt als Gegenstand und Ausdruck der gesellschaftlichen Transformation von der feudalen zur Industriegesellschaft. Städte existieren seit Jahrtausenden – man denke an Babylon, die Städte des Altertums oder der Renaissance –, im Kontext der europäischen Moderne verändern sich jedoch ihre Eigenschaften, Funktionen und ihre Morphologie. Die moderne Großstadt entspricht nicht mehr dem Bild einer ständisch gegliederten, nach außen exakt abgegrenzten, selbstorganisierten politischen und/oder wirtschaftlichen Einheit. Sie fungiert vielmehr als Rahmen und Kristallisationspunkt von Industrialisierung und Sozialstrukturwandel, von Klassenkonflikt und der damit aufkommenden sozialen Frage; der massenhafte Zuzug von Arbeitskräften bildet die Grundlage für Massenproduktion; Arbeitsteilung und soziale Differenzierung wirken als bedeutsame Quellen von sozialer Ungleichheit. Zugleich bündelt der Stadtraum Bildungs- und Wohlfahrtsinstitutionen, dient als Bühne für politische Mobilisierung und die Herausbildung demokratischer Öffentlichkeit.

Seit dem 19. Jahrhundert wird Europa von Verstädterung und Urbanisierung geprägt. Als Verstädterung wird dabei ein Prozess definiert, in dem ein zunehmender Anteil der Bevölkerung in städtischen Agglomerationen, d. h. in zusammenhängenden, dicht verbauten Umwelten siedelt. Der Begriff der Urbanisierung hingegen bezieht sich auf den Wandel der Einstellungs- und Lebensweisen. In der modernen Großstadt verändern sich die Bedingungen und Formen des Zusammenlebens – dieses wird komplexer, unübersichtlicher, anonymer und individualisierter. Von den Stadtbewohnerinnen und -bewohnern erfordert dies spezielle soziale und kulturelle Kompetenzen, allen voran die Fähigkeit zu rationalem und affektkontrolliertem Handeln sowie zu einem entspannten („gleichgültigen") Umgang mit Differenz und Ambiguität. Im Zuge des allgemeinen Gesellschaftswandels gewinnen diese Praktiken und Gewohnheiten im Denken, Fühlen und Handeln über die Grenzen der materialen Stadt hinaus, also auch dort, wo die Geographie den ländlichen Raum verortet, an Bedeutung. Das gesamte Spektrum der Lebensbereiche – von Arbeit, Wohnen, Bildung bis hin zu Familie, Freizeit oder Religion – ist davon berührt.

In der weltweiten Ver(groß)städterung unserer Tage spiegelt sich die Logik der ökonomischen Globalisierung: Verstädterung war und ist funktional für die Durchsetzung der kapitalistischen Ordnung. Der für die europäische Moderne ab dem 18. Jahrhundert relevante (und vielschichtige) Zusammenhang von Verstädterung, Industriekapitalismus und Nationalstaatenbildung scheint in der Gegenwart jedoch aufgelöst: im globalen Norden als Folge von lokaler De-Industrialisierung sowie der Bedeutung des Finanzkapitalismus; im globalen Süden als Konsequenz der strukturellen Verarmung der massiv in die Städte strömenden Landbevölkerung. Auch aus diesem Grund schafft die weltweite Verstädterung kontrastreiche Realitäten, oftmals sogar innerhalb ein und derselben Stadt. Auf der einen Seite stehen pulsierende *Global Cities* (Sassen 2001) als strategische Knoten weltweit vernetzter ökonomischer Macht. Auf der anderen Seite finden sich diffus wuchernde Mega-Agglomerationen, ohne ausreichende Infrastrukturen für eine vielfach in selbstgebauter Behausung lebende Bevölkerung, die aus ländlichen Peripherien zuströmt, in der Hoffnung auf potentiell günstigere Lebensbedingungen, aber mit extremem Risiko auf marginalisierte Armut und Ausgrenzung.

Eine einheitliche Definition dessen, was Stadt ausmacht, existiert in der Fachliteratur nicht. Dies ist auch der Vielfalt an städtischen Realitäten geschuldet. Soziologisch sind Städte jedenfalls mehr als bloß administrativ und territorial begrenzte Siedlungsformen, in der eine Vielzahl und Diversität an Menschen und Tätigkeiten konzentriert sind. Städte bilden Interaktions- und Sozialisationsräume, Gelegenheitsstrukturen für (neue, ungeplante) Begegnungen, ein Mosaik von vielfältigen Milieus und Lebensstilen und sind zugleich Zentren politischer, wirtschaftlicher und kultureller Institutionen und Infrastrukturen. Stadtsoziologische Zugänge fokussieren sowohl auf die *Bevölkerung* als auch auf den *Raum*. Die Verknüpfung von sozialstrukturellen und raumsoziologischen Ansätzen erlaubt vielfältige Analysen etwa zur Verräumlichung von sozialer Ungleichheit, zur Differenzierung sozialer und kultureller Milieus oder zur Bedeutung und Aneignung des öffentlichen Raums. Stadtsoziologische Forschungen berühren sich mit vielen anderen speziellen Soziologien (Arbeit, Bildung, Migration, Familie, Abweichung und Soziale

Kontrolle) und sind häufig interdisziplinär ausgerichtet. Wichtige Fächer, die zur Analyse städtischer Lebens- und Produktionszusammenhänge beitragen, sind Wirtschaftswissenschaft und Demographie, Geographie und Geschichtswissenschaft, Stadt- und Raumplanung, Sozial- und Kulturanthropologie, Psychologie und Politikwissenschaft.

2 Historische Entwicklung der Stadtsoziologie

Der folgende Abschnitt skizziert die Entwicklung der Stadtsoziologie mit ihren spezifischen theoretisch-konzeptuellen Zugängen in einer historischen Perspektive.

2.1 Ansätze soziologischer Klassiker

In ihren Anfängen begreift die Soziologie das städtische Leben gewissermaßen als Symbol und Synonym für den Zeitenwandel. Zahlreiche Beispiele lassen sich hier nennen. Eine exemplarische Abhandlung liefert Friedrich Engels (1845) mit seiner Untersuchung zur *Lage der arbeitenden Klasse in England*. Gemeinsam mit Karl Marx formuliert Engels auch die einflussreiche These, dass der Gegensatz von Stadt und Land (Arbeitsteilung von agrarischer und industrieller Produktionsweise) den zentralen Widerspruch und Motor für die Entstehung der modernen kapitalistischen Gesellschaften bilde.

In seinem Frühwerk *Über soziale Arbeitsteilung* begreift Emile Durkheim (1893) die moderne Stadt in ihrer materiellen und moralischen Dichte als soziale Tatsache, charakterisiert durch Arbeitsteilung (Differenzierung der Funktionen) und Individualisierung. Die sich durchsetzende neue „organische" Form der Solidarität wird als konträr zur traditionellen, in ländlichen Kontexten vorherrschenden „mechanischen" Solidarität betrachtet. Städtisches Leben öffnet Freiheits- und Möglichkeitsräume für das Individuum, macht dieses aber zugleich verwundbarer (Gefahr von Anomie, d. h. Normenzerfall). Max Weber rückt aus einem politik- und wirtschaftshistorischen Blickwinkel die besondere wirtschaftliche und bürokratische Organisationsform der „okzidentalen Stadt" in den Mittelpunkt seiner Analyse (1921 in *Wirtschaft und Gesellschaft*, posthum veröffentlicht). Politische Selbstverwaltung und Marktgeschehen begünstigen das Heraustreten der Menschen aus der Hauswirtschaft und die Ausdifferenzierung von Öffentlichkeit (Markt) und Privatheit (Betrieb und Wohnung) – beides Voraussetzungen für den Aufstieg der bürgerlichen Gesellschaft und des rationalen Kapitalismus. Ebenfalls zu Beginn des 20. Jahrhunderts publiziert Georg Simmel (1903) *Die Großstädte und das Geistesleben* – einen

Essay zu den spezifischen Anforderungen des Zusammenlebens in der Großstadt. Nach Simmel sind dies Individualität (als Anspruch und Lebensstil) und eine gegen die Reizüberflutung schützende Mentalität (Blasiertheit und Distanziertheit). Zu den frühen deutschsprachigen Beiträgen zur Stadtsoziologie zählen auch die Schriften von Walter Benjamin (1935), dessen Studien über *Paris, die Hauptstadt des 19. Jahrhunderts* eine unentbehrliche Grundlage für die Analyse der Stadt als Ort des (Massen-)Konsums bilden (erste Analyse des Warenhauses).

2.2 *Chicago School*: Beginn einer eigenständigen Stadtsoziologie

Als eigenständige Spezialisierung entfaltet sich Stadtsoziologie im Umfeld der sogenannten *Chicago School* in den USA der 1920er Jahre. Unter dem Eindruck von Wirtschaftsboom und Massenzuwanderung formulierten Soziologen wie Robert E. Park, Louis Wirth, William J. Thomas oder Ernest W. Burgess auf der Grundlage interdisziplinärer Studien einen sozialökologischen Forschungsansatz, der dazu beitragen sollte, die mit dem raschen Städtewachstum einhergehenden Transformationsprozesse aufzudecken und zu erklären. Zu den wichtigsten Annahmen zählten die stufenweise Einschmelzung der neu zugewanderten ethnischen Gruppen (*race relation cycle*), damit einhergehende Störprozesse (Anpassungsprobleme an die Umwelt, *marginal man*) und Veränderungen der sozialen und räumlichen Ordnung. In diesem Zusammenhang wird auch eine Wechselseitigkeit sozialer und räumlicher Beziehungen behauptet: Physische Distanz gilt als Anzeiger für soziale Distanz, durch räumliche Nähe erzeugter Anpassungsdruck als ursächlich für die soziale und kulturelle Homogenität ethnischer Stadtviertel und Ghettoisierung.

Die *Chicago School* betrachtet Städte als Maschinen der Transformation und Einschmelzung, von Filterung und Selektion, von Integration (Normierung) und Differenzbildung. Urbanität wird als die Bilanz dieser Spannungsgegensätze theoretisiert, als eine Art Gleichgewicht zwischen dem Wettbewerb um soziale Positionen und Lebenschancen und dem Streben nach Konsens und Gemeinschaft. Louis Wirth (1938) wirft die Frage nach dem Verhältnis von Integration und Separation auf, die nicht nur für städtische Lebenszusammenhänge, sondern für die moderne Gesellschaft schlechthin grundlegend ist: Wie viel Heterogenität verträgt die Stadt? Wie können sich unter den Bedingungen zunehmender sozialer und kultureller Pluralität verbindliche Normen und Werte herausbilden? Ab wann sind Kommunikationsfähigkeit und sozialer Ausgleich bedroht?

2.3   Forschungsperspektiven in der Nachkriegszeit

Nach dem zweiten Weltkrieg, im sogenannten goldenen Zeitalter der europäischen Wohlfahrtsdemokratien, treten die sozialen Folgeprobleme der funktionalen Gliederung der Stadt in den Mittelpunkt der Forschungsinteressen: die Trennung von Wohnen und Arbeiten, die Errichtung großer Wohnhausanlagen in den Stadterweiterungsgebieten oder die Automobilisierung mit ihren Auswirkungen auf Lebensqualität und Mobilität. Stadtforschung ist zu dieser Zeit vor allem Siedlungssoziologie und Sozialstrukturforschung: Analysiert werden Prozesse der Suburbanisierung (Abwanderung von Bevölkerungsschichten aus der Kernstadt in das Umland), Wohn- und Mobilitätsverhalten nach Klassen- und Schichtzugehörigkeit, Tendenzen und Muster residentieller Segregation, vor allem im Zusammenhang mit der Zuwanderung ausländischer Arbeitskräfte ab den 1960er Jahren und der beginnenden Stadterneuerung ab den 1970er Jahren. Mit dem allgemeinen Gesellschaftswandel (Krise der fordistischen Massenproduktion, De-Industrialisierung, Dienstleistungsgesellschaft) widmet sich die Stadtsoziologie verstärkt den Themen Armut und soziale Exklusion, analysiert werden urbane Spaltungs- und Desintegrationstendenzen.

2.4   *New Urban Sociology*

In den 1970er Jahren formuliert der französische Soziologe Henri Lefebvre: „Das Urbane gewinnt kosmische Bedeutung, umfasst die ganze Welt" (Lefebvre 1976: 134). Mit Lefebvre artikuliert sich eine neo-marxistisch orientierte Stadtsoziologie unter der Formel *New Urban Sociology*. Weitere wichtige Vertreter sind David Harvey, Manuel Castells oder Peter Marcuse. Dieser Ansatz interpretiert die Stadt als Ausdruck und Verkörperung des (Spät)Kapitalismus. Verfolgt wird der Anspruch einer politischen Ökonomie der Stadt, d. h. es werden die ökonomischen und politischen Prozesse, die die Inwertsetzung des Stadtraums vorantreiben, analysiert, etwa im Zusammenhang mit der Vermarktung des Bodens oder dem Zusammenspiel von Bau- und Immobilienwirtschaft, Investoren und Stadtplanung im Wohnungsbau. Stadtsoziologie versteht sich hier vor allem als eine Soziologie der Raumproduktion, ihre Hauptthese ist die sukzessive bis vollständige Unterwerfung der Stadt unter die kapitalistische Verwertungslogik, ihr Interesse gilt insbesondere auch den damit verbundenen sozialen Kämpfen. Die *New Urban Sociology* steht unter dem Eindruck bedeutender sozialer Bewegungen der 1960er Jahre, wie der Bürgerrechtsbewegung in den USA oder der 68er Bewegung in Europa, die sich in den Städten entfalten und ein „Recht auf Stadt" (der Begriff geht auf Henri Lefebvre zurück) proklamieren: gegen sozialräumliche Marginalisierung wie etwa die Ghettoisierung der afroamerikanischen Bevölkerung; Kampf um städtischen Freiraum und die Demokratisierung von Planungs- und Entscheidungsprozessen.

2.5   Raumsoziologische Ansätze und Eigenlogik der Städte

Der Mainstream der Stadtsoziologie betrachtete die Stadt lange Zeit vornehmlich als Laboratorium für gesellschaftliche Prozesse und Veränderungen und ging meist implizit davon aus, dass Raum (als physikalische Größe) losgelöst vom Handeln sozialer Akteure existiert und der gebaute Raum, auch als Verkörperung von Macht- und Ungleichheitsstrukturen, das Handeln der Menschen bestimmt. Demgegenüber vertritt die rezente raumsoziologische Literatur ein relationales und prozessurales Raumkonzept. Gemeinsamer Ausgangspunkt dieser Ansätze ist die Alltagsgebundenheit der Raumkonstitution (Lefebvre 1991).

> Als Resultat der materiellen Aneignung von Natur ist ein gesellschaftlicher Raum zunächst ein gesellschaftlich produzierter Raum. Seinen gesellschaftlichen Charakter entfaltet er jedoch erst im Kontext der gesellschaftlichen Praxis der Menschen, die in ihm leben, ihn nutzen und reproduzieren. (Läpple 1991: 197)

Stadtraumanalysen interessieren sich deshalb dafür, welche Bedeutung ein Stadtviertel „in seinen sozialen und räumlich-gestalterischen Dimensionen sowie seiner Situation innerhalb des städtischen Gefüges auf die Lebenssituation der dort Lebenden hat und welche Orte von welchen sozialen Gruppen zu Räumen konstituiert werden können" (Manderscheid 2004: 141). Die Unterscheidung von Ort und Raum bildet einen Kernpunkt raumsoziologischer Ansätze. Martina Löw (2000) definiert Räume als „(An)Ordnungen von Lebewesen und sozialen Gütern", die unterschiedlich stark institutionalisiert sind (Straßen, Parks, Plätze, Schulhöfe, Museumsinseln). Räume erhalten ihre spezifische Bedeutung und Bewertung jedoch erst über kognitive Prozesse von „*Spacing*" (Platzieren von Elementen im Raum) und „Synthese" (Zusammenfassung dieser Elemente zu einem Raum). Politische und ökonomische Logiken bleiben hier eher im Hintergrund.
Raumsoziologische Ansätze können den Blick öffnen für die Entkopplung von Ort und Milieu. Soziales Leben ist nicht an einen Ort gebunden oder durch diesen definiert. Zugleich unterstreichen sie den pluralen Charakter des Raums. Schicht- oder geschlechtsspezifische, gegenkulturell und ethnisch verinselte oder virtuelle Raumkonstruktionen bilden Konfliktzonen urbaner Realitäten, die sich nicht immer be-

rühren, aber in Konkurrenz stehen können und auszuhandeln sind. Ein Beispiel wären die unterschiedlichen Raumkonzepte und Nutzungsstrategien von Mädchen und Burschen und die damit verbundenen Auseinandersetzungen um öffentlichen Raum.

Im Unterschied zu klassischen stadtsoziologischen Ansätzen, die das städtische Leben als Spiegel des allgemeinen Gesellschaftswandels (Modernisierung, Differenzierungsprozesse, Kapitalismus) betrachten, spricht die raumsoziologische Stadtforschung von einer „Eigenlogik" der Städte (Berking/Löw 2008). Städte und Stadträume verfügen demnach über eine Biographie und ein kollektives Gedächtnis. Sie beanspruchen, kraft ihrer historischen, sozialen und kulturellen Besonderheit, auch gegenüber dem Nationalstaat (und seinen Inklusionsprinzipien) eine gewisse Eigenständigkeit, während sie wichtige Impulse für die gesamtgesellschaftliche Entwicklung, auch auf globaler Ebene, setzen: So reagieren die geographisch nahe beieinander liegenden Städte Wien, Linz oder München nicht nur unterschiedlich auf globale Prozesse, sondern tragen selbst aktiv, mit ihrer spezifischen Urbanität, zur lokalen Produktion und Gestaltung der Globalisierung bei.

3 Aktuelle Forschungen: Ausgewählte Themenbereiche

Aus dem weit aufgespannten Themenspektrum der internationalen stadtsoziologischen Forschung werden vier Themenbereiche ausgewählt: Stadt und Ungleichheit, das Verhältnis von räumlicher und sozialer Nähe, Wohnen und (Trans)Lokalität der Lebenswelt sowie Integration und öffentlicher Raum.

3.1 Stadt und soziale Ungleichheit

Stadt bildet aus soziologischer Sicht „eine soziale Tatsache, die sich räumlich formt" (Siebel 2012: 201), und zwar in Interaktion mit den jeweils vorherrschenden Formen der Vergesellschaftung. Analysen von Wohn- und Betriebsstandorten zeigen typische Konfigurationen: sektorale Gliederung in Arbeiter- und bürgerliche Viertel; konzentrischer Aufbau der Siedlungszonen entlang der Achse Zentrum-Peripherie; funktionale Differenzierung und Knotenbildung. Für deren Herausbildung sind neben historischen auch institutionelle Realitäten ausschlaggebend. So sind europäische Städte durch den Aufbau öffentlicher Infrastrukturen geprägt, etwa in den Bereichen Transport und Wohnbau. In Wien trägt der kommunale Wohnbau maßgeblich dazu bei, dass die stadträumlichen Disparitäten und Brüche eher gering ausgeprägt sind.

Die sozialräumliche Stadtstruktur ist wesentlich das Ergebnis einer Verteilungsfrage. Segregation wird als Ungleichverteilung von Merkmalsträgern in einem Stadtgebiet bzw. als ungleich verteilte Chancen, den Wohnort in einer Stadt frei wählen zu können, definiert. Die Statusmerkmale, nach denen die sozialräumliche Anordnung erfolgt, variieren historisch (BürgerInnenschaft, Klassenzugehörigkeit, Bildungs- und Einkommensniveau, Familienstand, Religion, Ethnizität). Heute wird sozialräumliche Segregation als soziales Problem definiert, wenn sie mit einer Ungleichverteilung von Lebensqualität und Lebenschancen verbunden ist oder eine solche aktiv befördert. Dies ist etwa in Stadtvierteln der Fall, die durch Arbeitslosigkeit und Einkommensarmut charakterisiert sind, oft in Verbindung mit Migration und ethnischer Minderheitenbildung. In der Literatur besteht Konsens, dass das Potential für soziale Desintegration und Demoralisierung dort zunimmt, wo sich Armut und Ausgrenzung dauerhaft als kollektive Erfahrung und „Ortseffekte" (Bourdieu 1997) einschreiben (Alisch/Dangschat 1998).

Prozesse sozialräumlicher und ethnischer Segregation lassen sich auch für österreichische Städte beobachten, Ausmaß und Dynamik sind im internationalen Vergleich jedoch eher gering und kleinräumig ausgeprägt. Zu den Folgen einer Konzentration von bestimmten Bevölkerungsgruppen („Nachbarschaftseffekte"; Friedrichs et al. 2003) liefert die Forschung widersprüchliche Ergebnisse: Auf der einen Seite steht die These einer Verstetigung sozialräumlicher Benachteiligung (Abwärts- bzw. Deprivationsspirale), auf der anderen Seite wird Nachbarschaft als „Ressource und sozialer Erfahrungsraum" (Kronauer/Vogel 2004: 236) herausgestellt. Zur Diskussion steht, warum es manchen Stadtvierteln besser als anderen gelingt, Ressourcen zur Bewältigung von Benachteiligung und sozialer Ausgrenzung zur Verfügung zu stellen. Untersuchungen unterstreichen die Bedeutung informeller Unterstützungs- und Hilfsstrukturen. Diese tragen zur Kompensation von Angebots- und Versorgungsdefiziten bei, stiften aber auch Zugehörigkeit, Vertrautheit und Solidarität. Auf Dauer kann die Erfahrung von Ausgrenzung und Deprivation auf diese Weise meist jedoch nicht ausgeglichen werden. Mit der Zeit überwiegt das kollektive Gefühl, wertlos und überflüssig, von der Gesellschaft ausgeschlossen und stigmatisiert zu sein.

Segregationsprozesse entlang der Merkmale Migration und ethnische Zugehörigkeit haben seit den 1990er Jahren an Bedeutung gewonnen. Migrantische Minderheiten teilen in allen europäischen Großstädten ähnliche Erfahrungen von Restriktionen im Zugang zu Wohnungen und der Wohnortswahl, sie leben überwiegend in den am wenigsten nachgefragten Stadtgebieten und Segmenten des Wohnungsmarktes. Dangschat (1995) spricht von einer Produktion der „Orte der Armut" und meint damit Gebiete, die im Sinne der kapitalistischen Verwertungslogik unattraktiv sind. Ethnische Segregation kann auch eine Folge von Wohnortentscheidungen sein, die auf Milieuzugehörigkeit oder sozialen Netzwerken gründen. Eine Schlüsselrolle kommt dem Wohnungsmarkt und seinen Schließungs- bzw. Diskriminierungsmechanismen zu. In Österreich, wo der Wohnungsmarkt durch den gemeinnützigen und kommunalen Sektor stark geprägt ist, sind nicht nur marktbezogene, sondern auch administrative Logiken bedeutsam.[1]

Sozialräumliche Ungleichheit ist keine statische Größe, sondern das Ergebnis sozialer, ökonomischer und politischer Prozesse. Für die Analyse städtischer Akteurssysteme und stadtpolitischer Prozesse ist es wichtig, das Feld der (individuellen, kollektiven und institutionellen) Akteure zu kennen: ihre Zusammensetzung und Mächtigkeit; die Formen und Dynamiken ihres Zusammenspiels (Konkurrenz, Konflikt, Kooperation), ihre Interessen und Strategien, die Rolle von sozialen Bewegungen, etwa in der Mobilisierung und Miteinbeziehung von Bevölkerungsgruppen in Planungsprozessen. Im Unterschied zu herkömmlichen, primär stadtplanerisch-technologisch ausgerichteten *top down*-Prozessen zielen Strategien der *New Urban Governance* eher auf lokale und partizipative (*bottom up*-)Lösungsansätze unter Einbeziehung der unterschiedlichen Bevölkerungsgruppen. Eine der Herausforderungen besteht darin, Städte und Stadtteile nicht als territoriale (Verwaltungs-)Behälter zu betrachten: Diese lange Zeit übliche Betrachtungsweise verleitet zu einer Überbewertung oder auch Fehlinterpretation von statistischen Zusammenhängen – etwa zwischen Armut, physischem Verfall und Kriminalität bzw. abweichendem Verhalten oder in Bezug auf Schwellenwerte von ethnischer Konzentration und sozialräumliche Verdrängungsprozesse. Sie kann aber auch zu generalisierenden Zuschreibungen („Problemviertel") führen. In Frage gestellt ist das Behältermodell von Stadt auch durch Prozesse der Globalisierung und transnationaler Migration, welche die im Alltagsbewusstsein als natürlich wahrgenommene Verankerung der Menschen in ihrem Stadtraum aufbrechen und transformieren.

3.2 Nachbarschaft: Komplexe Beziehung von räumlicher und sozialer Nähe und Distanz

Dem sozialwissenschaftlichen Befund sozialräumlicher Ungleichheit und Ausgrenzung begegnen Stadtpolitik und Stadtplanung mit Zielvorstellungen von „sozialer Stabilisierung durch soziale Mischung". So wird etwa in neuen Wohnhausanlagen

---

1   So waren etwa in Österreich Drittstaatsangehörige vom Zugang zu sozial gefördertem Wohnbau bis 2006 fast vollständig ausgeschlossen (vgl. Reinprecht 2014).

verstärkt auf eine Durchmischung der Bewohnerschaft nach sozialen oder kulturellen Merkmalen geachtet. Wie die Ergebnisse stadtsoziologischer Forschung belegen, ist die Beziehung von räumlicher und sozialer Nähe allerdings komplex. Darauf verweist etwa eine klassische Studie von Chamboredon und Lemaire (1970), in der nachgewiesen wurde, dass räumliche Annäherung nicht zu sozialer Angleichung, sondern zu sozialer Abschließung und Differenzierung führt. In den von den Autoren untersuchten Wohnhausanlagen entfalteten sich die Distinktionslinien entlang der Merkmale Berufsstatus (ArbeiterInnen, Angestellte), Alter und Lebensstil. Aktuelle Forschungen unterstreichen die wachsende Bedeutung von nationaler Herkunft und ethnischer Zugehörigkeit in vergleichbaren Prozessen sozialer Schließung.

Der scheinbar naheliegende Umkehrschluss (soziale Nähe als Quelle von Kohäsion und Solidarität) wird empirisch ebenfalls nicht gestützt. In ihrer 1965 publizierten Studie *Etablierte und Außenseiter* demonstrieren Norbert Elias und John Scotson am Beispiel eines Vororts der britischen Industriestadt Leicester, dass erst sozialer Wandel (Zuzug neuer Bewohnergruppen) dazu führt, dass die ansässige Bevölkerung ein Gefühl der Zusammengehörigkeit entwickelt, und zwar über die Stigmatisierung der (sozial und kulturell gleichartigen) neuen NachbarInnen, die diese Zuschreibung übernehmen und damit die Machtbeziehung stabilisieren. Die Studie von Elias und Scotson erhellt die Funktion und Bedeutung von negativen Zuschreibungen für soziale Dominanzverhältnisse. Die Stigmatisierung von Wohngebieten kann weitreichende Folgen haben, etwa bei der Jobsuche oder im Polizeihandeln (wenn z. B. vom schlechten Ruf eines Viertels auf die Charaktereigenschaften einer Person geschlossen wird). Der Rückgriff auf soziale oder ethnische Kategorien hat zur Folge, dass Ähnlichkeiten nach innen und Differenzen nach außen überbetont werden. Die Sozialraumanalyse bildet ein methodisches Verfahren, diese Prozesse sichtbar zu machen, die oftmals sehr kleinräumig und querliegend zu den dominanten Gliederungslinien wie Klasse, Migration/Ethnizität oder Haushaltsstatus auftreten.

3.3   Wohnen und (Trans)Lokalität der Lebenswelt

Eine für Städte charakteristische Dynamik entsteht aus der Beziehung von Dauerhaftigkeit des urbanen Inventars (Bauwerke, Infrastrukturen) und Mobilität (Wohnen, Arbeit und Konsum als soziale Praxis). Zu den vielfältigen Funktionen, die dem Wohnen im europäischen Kontext zukommen, zählen Sozialisation und Intimität. Wohnen ermöglicht zugleich die Reproduktion der Arbeitskraft und schafft einen Rahmen für die Herstellung von Lebensqualität. Aus stadtsoziologischer Perspektive wird der Beitrag des Wohnens für die soziale und sozialräumliche Integration untersucht. Sachverhalte wie Singularisierung (Zunahme an Einpersonenhaushalten), Wohnungsarmut und Wohnungslosigkeit sind hier besonders forschungsrelevant.

Die Wahl und Veränderung des Wohnstandortes (residentielle Mobilität) wird von den Wohnbedürfnissen beeinflusst. Diese sind schicht- und kulturabhängig und ändern sich im Lebenszyklus (Auszug aus dem Elternhaus, Familiengründung, Scheidung, Pensionierung). Wohnungsbiographische Entscheidungen dienen auch langfristiger Statusabsicherung (Eigentumserwerb, Vererbung etc.). Auf der anderen Seite kollidieren Wohnbedürfnisse mit den institutionellen Gegebenheiten von Marktprozessen, administrativen Zuweisungen, Diskriminierung oder dem durch Normvorstellungen charakterisierten Wohnungsangebot. Die sozialen Folgen der Ökonomisierung des Wohnens (Lockerung der Mietregulierung, Flexibilisierung und Befristung von Mietverträgen, Verteuerung des Wohnraums) sind im Stadtraum ablesbar und bilden einen Gegenstand stadtsoziologischer Forschung. Der Themenbogen spannt sich auf zwischen Gentrifizierung (ökonomische Aufwertung und Inbesitznahme) und Informalisierung (informelle Formen des Wohnens, Selbstkonstruktionen, Hausbesetzungen, Wagenplätze). In beiden Tendenzen manifestiert sich der stadtsoziologische Befund, dass Städte für viele Menschen Orte der Exklusion und zugleich Felder sozialer Kämpfe um Selbstbehauptung und Anerkennung sind (Wacquant 2007).

Für die Dynamik von Wohnen und Mobilität sind auch die Differenzierung und Transnationalisierung der Sozialbeziehungen bedeutsam. Nach herkömmlicher Deutung variiert die Reichweite der Sozialnetze nach sozio-ökonomischer Position: Je niedriger der soziale Status, desto eingeschränkter der soziale Aktionsradius. Im globalisierten Kontext bricht dieser Zusammenhang auf. So verfügen soziale Milieus, die transnational organisiert sind, über soziale Netze, die auf Dauer an und zwischen mehreren Orten aufgespannt sind. Dies gilt für migrantische Arbeitskräfte nicht weniger wie für Eliten und kreative Milieus. Nach Albrow (1998) bilden Städte ein Amalgam aus „Soziosphären", deren Ortsbezogenheit unterschiedlich ausgeprägt und für die soziale Position bestimmend ist. Die Spaltungslinie zwischen lokal verankerten und entlokalisierten Lebenswelten bildet ein prägendes Element des urbanen Gefüges der globalisierten Stadt. Die Formierung (trans)lokaler Gemeinschaften, die Beziehung zwischen Raum, Milieu und Gruppe und die Bedingungszusammenhänge für kollektives Handeln stehen heute im Mittelpunkt gemeindesoziologisch orientierter Studien.

3.4   Integration und öffentlicher Raum

Die Klassiker der Stadtforschung beschrieben die Stadt als Mosaik von einander zwar berührenden, aber nicht durchdringenden Lebenswelten und Milieus. Unter dem Eindruck der Globalisierung wird das Zusammenleben unterschiedlicher Kulturen neu thematisiert und mit dem „Problem der Migration" in Zusammenhang gebracht. Städte entstehen und leben freilich durch Zuwanderung, sie operieren als Maschinen der Vergesellschaftung (Einbindung durch Schulen, Gesundheitswesen, Wohnungs-, Arbeitsmarkt) und ermöglichen gleichzeitig Vergemeinschaftung (Gruppenbildung). Das Besondere an Großstädten wird oft darin gesehen, dass eine Vielzahl an Fremden in großer Dichte friedlich zusammenlebt. Heterogenität und Differenz können durch Indifferenz bewältigt werden: „Das Auge nimmt Unterschiede wahr, auf die es mit Gleichgültigkeit reagiert" (Sennett 1991: 168f.). Politisch unruhige und ökonomisch schwierige Zeiten befördern soziale Distanzierung und Anomie. Soziale Probleme werden dann kulturell gedeutet, soziale Dynamiken vorschnell auf Gruppenkonflikte reduziert („Ethnisierung").

Anders als der nach außen geschlossene, in sich homogene Nationalstaat erlaubt die Stadt eine Integration, „ohne dass Fremdheit zum Verschwinden gebracht werden müsste" (Häußermann et al. 2008: 320).

> Typisch für Kontakte unter Städtern im öffentlichen Raum sind segmentierte, auf einen spezifischen Zweck hin eingeengte Beziehungen, bei denen bewusst alle anderen Aspekte der Persönlichkeit, der eigenen wie der des Gegenübers, ausgeklammert werden. Das Modell dafür ist der Markt, auf dem man sich allein in der Rolle des Käufers und Verkäufers begegnet – ohne Ansehen der Person (Häußermann et al. 2008: 320ff.).

Die erforderlichen Kompetenzen und Codes für das Verhalten im öffentlichen Raum müssen erworben und immer wieder neu ausgehandelt werden; sie sind aber auch, wie Goffman (1994) gezeigt hat, in hohem Maße ritualisiert. Der öffentliche Raum gilt als emblematisch für Urbanität, er ist das Gegenteil eines exklusiv für Mitglieder einer lokalen Gemeinschaft zugänglichen Raums. Er ermöglicht Integration durch Differenz, sorgt für wechselnde und überraschende Interaktionsmöglichkeiten und stimuliert interkulturelle Dialog- und Lernprozesse. Bei aufmerksamen Streifzügen durch die Viertel einer x-beliebigen Stadt lässt sich der unterschiedliche Grad der Offenheit des öffentlichen Raums gut beobachten. Eine zu starke sozialräumliche Fragmentierung gefährdet die Stadt als offenen Interaktions- und Sozialisationsraum. Ähnliches gilt für die Kommerzialisierung und Überwachung des Stadtraums.

Die stadtsoziologische Literatur interpretiert aktuelle Entwicklungen, die der Stadt ihren offenen Charakter nehmen, als Ausdruck einer privatisierenden und ökonomisierenden Inbesitznahme. Die Facetten der Ökonomisierung sind reichhaltig: Die Transformation städtischer Gegebenheiten in Standortfaktoren, die Vermarktlichung kommunaler Dienstleistungen, die Preisgabe des öffentlichen Raums für kommerzielle Nutzungen, vielfach unter Einsatz neuer Kontroll- und Überwachungstechniken, die dazu beitragen, dass stigmatisierte Personengruppen (Wohnungslose, bettelnde Personen) verdrängt und Nutzungsbedürfnisse, etwa von Kindern und Jugendlichen, marginalisiert werden. Mittels Sozialraumbeobachtungen und -analysen werden die konfliktreichen Folgen dieser Entwicklung untersucht. Rezente Forschungen interessieren sich für alternative (und kreative) Aneignungen und Nutzungsformen von Zwischenräumen, Brachen, Geschäfts- und Wohnungsleerstand, auch als mikropolitisches Plädoyer für ökologisch und sozial (generationsübergreifend) nachhaltige Stadtstrukturen (Gemeinschaftsgärten, Nachbarschaftstafeln).

4 Aktuelle Forschung in Österreich und Anwendungsbezug

Die österreichische Stadtsoziologie ist überwiegend praxis- und anwendungsorientiert, worin sich eine Nachfrage nach planungsrelevantem Wissen widerspiegelt. Während lange Zeit empirische Auftragsforschungen ohne ausreichende theoretische Fundierung dominierten, hat die stärkere Verankerung der Stadtsoziologie an den Universitäten zu einer markanten Anhebung der theoretischen und methodologischen Qualität geführt und zu ihrer internationalen Vernetzung beigetragen. Mit einer Professur an der Fakultät für Architektur und Raumplanung an der Technischen Universität Wien, einer ebendort eingerichteten Stiftungsprofessur für Stadtkultur und öffentlichen Raum und einer geplanten Professur für internationale Stadtforschung am Institut für Soziologie der Universität Wien hat die österreichische Stadtsoziologie ihren universitären Schwerpunkt in Wien. In der Österreichischen Gesellschaft für Soziologie ist die Stadtsoziologie mit einer eigenen Sektion verankert. Reine Grundlagenforschung ist nach wie vor eher selten. Forschungen sind vielfach interdisziplinär ausgerichtet und zeichnen sich durch transdisziplinäre Kooperation aus. Als Auftraggeber fungieren Kommunalverwaltungen und andere öffentlich-rechtliche Körperschaften, Forschungen im europäischen Verbund sind verbreitet. Eine Besonderheit ist die aktive außeruniversitäre Szene rund um die Zeitschrift „dérive" (www.derive.at), in der Nachwuchsforschung und innovative Ansätze Publikationsmöglichkeiten vorfinden.

Aus der thematischen Vielfalt der Forschungsarbeiten können hier nur exemplarisch einige aktuelle Studien herausgegriffen werden. Studien zu Gentrifizierungsprozessen thematisieren die seit Ende der 1990er Jahre wachsende Verräumlichung sozialer Ungleichheiten (Huber 2012), die mit dem allgemeinen Gesellschaftswandel (Globalisierung, Veränderungen am Arbeitsmarkt), aber auch den (neo-)liberalen Tendenzen in der Stadtpolitik und dem Erscheinen neuer urbaner („kreativer") Milieus (Frey 2008) in Verbindung gebracht werden. Wie Forschungen zeigen, verstärken neue Formen von *Urban Governance* die Spannung zwischen technokratischer Steuerung und Demokratie, Kontrolle und aktivierender Beteiligung (Lokale Agenda 21[2]) (vgl. Novy 2011). Die sich rasch verändernden regionalen und globalen Rahmenbedingungen beeinflussen die Lebensqualität im Stadtraum, für deren subjektive Dimension die Sicherheitswahrnehmung zunehmend bedeutsam wird (vgl. Sessar et al. 2007).

Zahlreiche Arbeiten befassen sich mit dem Wandel des öffentlichen Raums, dessen Qualitäten durch den steigenden Nutzungs- und Kommerzialisierungsdruck, aber auch durch Milieudifferenzierung und demographische Trends (Migration, Alterung) herausgefordert werden. Rezente Studien beschäftigen sich mit Prozessen der Raumkonstitution (im Spannungsfeld von Aneignung und gesellschaftlicher Prägung sowie unter Berücksichtigung von Geschlecht, Klasse, Alter, Ethnizität) und benennen die Bedingungen für eine Stärkung des Vermögens des Stadtraums, soziale Integration zu bewerkstelligen und soziale Veränderungsprozesse zu verarbeiten (vgl. Breitfuss et al. 2006; Rode et al. 2010).

Literatur

1. Einführungsliteratur

Eckardt, Frank, 2012: Handbuch Stadtsoziologie. Wiesbaden: Springer VS.

Häußermann, Hartmut (Hg.), 2000: Großstadt. Soziologische Stichworte. Opladen: Leske + Budrich.

Häußermann, Hartmut; Siebel, Walter, 2004: Stadtsoziologie. Eine Einführung. Frankfurt/M.: Campus.

Le Gates, Richard T.; Stout, Frederic, 2011: The City Reader. Abington: Routledge.

Lin, Jan; Mele, Christopher, 2006: The Urban Sociology Reader. Abington: Routledge.

Löw, Martina, 2010: Soziologie der Städte. Frankfurt/M.: Suhrkamp.

---

2   Analog zum globalen UNO-Programm „Agenda 21", wird als „Lokale Agenda 21" ein Handlungsprogramm bezeichnet, das eine Gemeinde oder Region in Richtung Nachhaltigkeit entwickeln soll. Es geht darum, Politik, Lebens- und Arbeitsverhältnisse etc. zukunftsfähig zu gestalten.

2. Weitere zitierte Literatur

Albrow, Martin, 1998: Auf Reisen jenseits der Heimat. Soziale Landschaften in einer globalen Stadt. In: Beck, Ulrich (Hg.), Kinder der Freiheit. Frankfurt/M.: Suhrkamp, 288–314.

Alisch, Monika; Dangschat, Jens S., 1998: Armut und soziale Integration, Strategien sozialer Stadtentwicklung und lokaler Nachhaltigkeit. Opladen: Leske + Budrich.

Berking, Helmuth; Löw, Martina, 2008: Die Eigenlogik der Städte. Neue Wege für die Stadtforschung. Frankfurt/M.: Campus.

Bourdieu, Pierre, 1997: Das Elend der Welt. Zeugnisse und Diagnosen alltäglichen Leidens an der Gesellschaft. Konstanz: UVK.

Breitfuss, Andrea; Dangschat, Jens S.; Gruber, Sabine; Gstöttner, Sabine; Witthöft, Gesa, 2006: Integration im öffentlichen Raum. Wien: MA 18.

Chamboredon, Jean-Claude ; Lemaire, Madelaine, 1970 : Proximité spatiale et distance sociale. Les grands ensembles et leur peuplement. Revue Française de Sociologie, 1970, Vol. 11, No. 1, 3–33.

Dangschat, Jens S., 1995: „Stadt" als Ort und Ursache von Armut und sozialer Ausgrenzung. Aus Politik und Zeitgeschichte, 1995, B 31-32, 50–62.

Elias, Norbert; Scotson, John L., 1993 [1965]: Etablierte und Außenseiter. Frankfurt/M.: Suhrkamp.

Friedrichs, Jürgen; Galster, George; Musterd, Sako, 2003: Neighbourhood Effects on Social Opportunities. The European and American Research and Policy Context. Housing Studies, 2003, Vol. 18, No. 6, 797–806.

Frey, Oliver, 2008: Die Amalgame Stadt. Wiesbaden: Verlag für Sozialwissenschaften.

Goffman, Erving, 1994: Interaktionsrituale. Über das Verhalten in direkter Kommunikation. Frankfurt/M.: Suhrkamp.

Häußermann, Hartmut; Läpple, Dieter; Siebel, Walter, 2008: Stadtpolitik. Frankfurt/M.: Suhrkamp.

Huber, Florian J., 2012: Integrating Gentrification into the Intrinsic Logic Discourse. Suggestions for Linking the Research Agendas. Urban Research and Practice, 2012, Vol. 5, No. 2, 209–222.

Kronauer, Martin; Vogel, Berthold, 2004: Erfahrung und Bewältigung sozialer Ausgrenzung in der Großstadt. Was sind Quartierseffekte, was Lageeffekte? In: Häußermann, Hartmut; Kronauer, Martin; Siebel, Walter (Hg.), An den Rändern der Städte, Frankfurt/M.: Suhrkamp, 235–257.

Läpple, Dieter, 1991: Essay über den Raum. Für ein gesellschaftswissenschaftliches Raumkonzept. In: Häußermann, Hartmut; Ipsen, Detlev; Krämer-Badoni, Thomas (Hg.), Stadt und Raum. Pfaffenweiler: Centaurus, 157–207.

Lefebvre, Henri, 1991: The Production of Space. Oxford: Blackwell.

Lefebvre, Henri, 1976: Die Revolution der Städte. München: Syndikat.

Löw, Martina, 2000: Raumsoziologie. Frankfurt/M.: Suhrkamp.

Manderscheid, Katharina, 2004: Milieu, Urbanität und Raum. Soziale Prägung und Wirkung städtebaulicher Leitbilder und gebauter Räume. Wiesbaden: Verlag für Sozialwissenschaften.

Novy, Andreas, 2011: Unequal Diversity – on the Political Economy of Social Cohesion in Vienna. European Urban and Regional Studies, 2011, Vol. 18, No. 3, 239–253.

Rode, Philipp; Giffinger, Rudolf; Reinprecht, Christoph, 2010: Soziale Veränderungsprozesse im Stadtraum. Wiener Sozialraumanalyse mit Vertiefung in acht ausgewählten Stadtgebieten. Wien: MA 18.

Reinprecht, Christoph, 2014: Social Housing in Austria. In: Scanlon, Kath; Whitehead, Christine; Fernández-Arrigoitia, Melissa (Hg.), Social Housing in Europe. Oxford: Wiley-Blackwell. [im Druck]

Sassen, Saskia, 2001: The Global City. New York: Princeton University Press.

Sennett, Richard, 1991: Civitas. Die Großstadt oder die Kultur des Unterschieds. Frankfurt/M.: Fischer.

Sessar, Klaus; Stangl, Wolfgang; Swaaningen, René van (Hg.), 2007: Großstadtängste – Anxious Cities. Untersuchungen zu Unsicherheitsgefühlen und Sicherheitspolitiken in europäischen Kommunen. Münster: Lit Verlag.

Siebel, Walter, 2012: Die europäische Stadt. In: Eckardt, Frank (Hg.), Handbuch Stadtsoziologie. Wiesbaden: Springer VS, 201–212.

Wacquant, Loïc, 2007: Urban Outcasts. A Comparative Sociology of Advanced Marginality. Cambridge: Polity.

Wirth, Louis 1938: Urbanism as a Way of Life. American Journal of Sociology, 1938, Vol. 19, No. 7, 1–24.

3. Ausgewählte Fachzeitschriften

Dérive – Zeitschrift für Stadtforschung
Deutsche Zeitschrift für Kommunalwissenschaften
European Planning Studies
European Urban and Regional Studies
Housing Studies
International Journal of Urban and Regional Research
Journal of Urban Affairs
Urban Research & Practice
Urban Studies

Umwelt und Soziale Ökologie

Marina Fischer-Kowalski, Andreas Mayer, Daniel Hausknost

1   Einleitung

Die ökologischen Probleme, mit denen die Gesellschaft konfrontiert ist, stellen eine zentrale Aufgabe für die Wissenschaft von der Gesellschaft, die Soziologie, dar. Globaler Wandel der Umwelt, wie menschengemachter Klimawandel und Zerstörung der Artenvielfalt, sind wesentlicher Teil dessen, was man „Globalisierung" nennt, und eine zentrale gesellschaftliche Problematik des 21. Jahrhunderts. Die Soziologie ist daher herausgefordert, in viel fundamentalerer Weise als bisher das Verhältnis von Natur und Gesellschaft in den Blick zu nehmen – ein Blick, der notwendigerweise über den eigenen theoretischen und methodischen Horizont hinausreichen muss.

Der folgende Beitrag soll die soziologische Beschäftigung mit der natürlichen Umwelt als wichtigen Teil der Soziologie beschreiben, zugleich aber zeigen, dass das nicht genügt. Eine angemessene Bearbeitung des Gesellschaft-Natur-Verhältnisses kann nicht nur kritisch reflektierend sein, sondern muss auch zu Problemlösungen beitragen. Dafür sind interdisziplinäre Kooperation mit den Naturwissenschaften, aber auch neue wissenschaftliche „Hybride" wie die Soziale Ökologie gefordert.

2   Historische Entwicklung der Umweltsoziologie und Sozialen Ökologie

Die Soziologie entdeckte im Vergleich zu anderen Sozialwissenschaften Natur und Umwelt erst relativ spät als mögliche Gegenstände ihrer Betrachtung. Die Gründungsväter der Soziologie waren peinlichst darauf bedacht, sich von jeglichen geographischen oder biologischen Determinismen abzugrenzen, um sich als eigenständige Disziplin zu legitimieren. Diese Herangehensweise legte Fokus und Methode der Soziologie eben ganz auf „Gesellschaft", und diese wird als hochkomplexes System betrachtet, welches sich allein aus eigenen internen Mechanismen erklären lässt. Die natürliche Umwelt dieses Systems wird weder als besonders komplex gesehen noch als wesentlich für das Funktionieren der Gesellschaft erachtet. Das Fach Soziologie hat seine Identität gerade daraus gewonnen, seinen Erkenntnisgegenstand von der Natur säuberlich abzugrenzen (Brand 1997), und dies blieb bis zu Beginn der 1980er Jahre auch so.

Die Geburt der modernen Umweltsoziologie markiert ein Aufsatz von William Catton und Riley Dunlap (1980), in welchem sie einen Paradigmenwechsel in der soziologischen Beschäftigung mit der natürlichen Umwelt vorschlagen. Die traditionelle soziologische Sichtweise, die sich darauf beruft, dass gewisse Eigenschaften des Homo sapiens – Sprache, Kultur, Technologie – ihn sozusagen gänzlich von Natur emanzipierten, bezeichneten Catton und Dunlap als *human exemptionalism paradigm* (HEP), dessen Hochmut technologisch herbeigeführte Umweltkatastrophen begünstige[1] und einen Machbarkeitswahn nähre. Statt dessen forderten sie ein neues und ökologisch angemesseneres Paradigma, das sie *new ecological paradigm* (NEP) nannten, welches die Einbindung von menschlichen Gesellschaften in natürliche Ökosysteme betonte und die Unterschiede zwischen Menschen und anderen Lebewesen nicht so prinzipiell setzte (Catton/Dunlap 1980). Trotz dieser – doch noch recht allgemein gehaltenen – Aufforderung entwickelte sich die Umweltsoziologie ab den 1980er Jahren weitgehend als eine „Bindestrich-Soziologie" wie andere auch.

3 Drei Perspektiven auf den Gegenstand

Definiert man als den Gegenstand der Umweltsoziologie das Verhältnis zwischen der Gesellschaft und ihrer natürlichen Umwelt, kann man, Brand (1997) folgend, drei Perspektiven unterscheiden, aus denen sie sich diesem Gegenstand widmet: eine Beobachterperspektive, eine reflexive Perspektive, und eine Perspektive, die sich auf Problemlösungen orientiert. Diese drei Perspektiven werden im Folgenden kurz beschrieben und mit Beispielen aus der Forschung illustriert.

3.1 Die Beobachterperspektive

Die Beobachterperspektive sucht zu rekonstruieren, wie neue Diskurse über die Störungen, die die Gesellschaft in ihrer natürlichen Umwelt auslöst, gesellschaftliche Problemwahrnehmungen, Konfliktfelder, Handlungsarenen, institutionelle Routinen und Alltagspraktiken erobern, oder auf bestehende Routinen und Diskurse neu strukturierend wirken. Es handelt sich dabei um eine klassische soziologische Perspektive, die den beobachtenden Blick auf die Gesellschaft richtet, ebenso wie sie es bei anderen als innergesellschaftlich erachteten Problemen macht. Soziologische Analyse, die diese Perspektive auf ihren Gegenstand einnimmt, ist

---

1 Siehe z. B. Love Canal 1978: Giftmülldeponie im Staat New Jersey, USA; Bhopal 1984: Giftgasunfall in Indien; Tschernobyl 1986: Atomreaktorunfall in der Ukraine

nützlich, da sie das gesellschaftliche Resonanzvermögen auf Umweltprobleme erhöht, indem sie verschiedene Akteursperspektiven und Konfliktebenen aufzeigt, und naturalistischen Deutungen von „ökologischen Grenzen" deren kulturelle Konstruktion und Bewertungen gegenüberstellt (Brand 1997: 29).

Ein vielzitiertes Beispiel einer solchen Analyse lieferte Dryzek (1997), der die internationale Entwicklung des Umweltdiskurses und seiner charakteristischen Gegensätze seit den 1960er Jahren darstellte. Zum Diskurswandel im österreichischen Naturschutz siehe z. B. den Aufsatz von Payer und Zangerl-Weisz (1997).

Als Beispiel für empirische Forschung aus der Beobachterperspektive ist die Analyse von Umweltbewegungen und ihrer Aktionsformen zu nennen. Solche Forschungen haben zu Tage gefördert, dass die Umweltbewegungen seit den 1970er Jahren wesentlich daran beteiligt waren, gesellschaftlich zu definieren, was ,Umweltprobleme' sind, und ausgehend von den USA ein kreatives Arsenal neuer politischer Methoden hervorbrachten. Umweltbewegungen hatten und haben sehr unterschiedlichen Charakter, wobei die Differenzierung in nationale und vor allem internationale Organisationen auf der einen Seite (wie Greenpeace, World Wildlife Fund, Global 2000 u. v. a.) und *local grassroots*, also anlassbezogene, lokale und regionale Basisbewegungen (z. B. gegen den Kraftwerksbau in Zwentendorf oder Hainburg, gegen den Schwerverkehr auf der Brennerautobahn u. v. a.) auf der anderen Seite wichtig ist.

Gemeinsam ist diesen Bewegungen, dass sie sich – ähnlich wie die Studentenbewegung 1968, oder die Frauenbewegung – in der Regel außerparlamentarischer Methoden der Intervention in politische und wirtschaftliche Prozesse bedienen. Den Umweltorganisationen wird deswegen gelegentlich fehlende demokratische Legitimation zum Vorwurf gemacht. Sie kontern diesen Vorwurf mit dem Argument, im Interesse ihrer SpenderInnen zu handeln, und wenn sie das nicht täten bzw. es nicht genügend viele SpenderInnen gäbe, seien sie auch ihrer wirtschaftlichen Handlungsbasis beraubt. Aus Legitimationsgründen nehmen viele Umweltorganisationen daher Spenden nur von Einzelpersonen (und keinen *corporate donors*) entgegen. Lokalen Initiativen (*grassroots*) wird hingegen gelegentlich vorgeworfen, nach dem Florianiprinzip zu handeln, d. h. lediglich ihre persönlichen Interessen (zum Beispiel am Wert ihres Grundstücks) unter dem Deckmantel des Umweltschutzes zu verteidigen, wenn es etwa um den Standort einer neuen Müllverbrennungsanlage geht. Im Amerikanischen wurde dafür der Ausdruck *NIMBY (not in my back yard)* geprägt. Auch wenn die einschlägige Forschung gezeigt hat, dass bei solchen Bewegungen persönliche Betroffenheit und Interessen im Spiel sind (Dunlap/Mertig 1996), bleibt unbestritten, dass solche Interventionen viele unsinnige oder allzu riskante Projekte verhindert oder zu mehr Umsicht gezwungen haben.

Als weiteres Beispiel für empirische Forschung aus der Beobachterperspektive seien international vergleichende Umfragen zur Beantwortung der Frage genannt, ob Umweltbewusstsein ein Wohlstandsphänomen sei. In Anlehnung an die Postmaterialismus-These (Inglehart 1990) wurde die Hypothese vertreten, BewohnerInnen armer Länder seien weniger umweltbewusst als ihre Gegenüber in den reichen Ländern (Dunlap/Mertig 1996). Dieser Hypothese gingen Riley Dunlap und Angela G. Mertig in einer breit angelegten empirischen Studie zu weltweitem Umweltbewusstsein auf den Grund. Bei einer Umfrage in 24 ökonomisch und geographisch unterschiedlichen Ländern erhoben sie die subjektive Besorgnis um Umweltqualität und korrelierten sie mit dem Volkseinkommen pro Kopf. Das Ergebnis war ziemlich eindeutig. Es gibt keinen systematischen Unterschied zwischen armen und reichen Ländern hinsichtlich der Bedeutung, die ihre BewohnerInnen einer intakten Umwelt zumessen. In eine ähnliche Richtung weist auch das Buch *The Environmentalism of the Poor* von Martinez-Alier (2002), eines zentralen Autors aus der Ökologischen Ökonomik, das viele Beispiele von Umweltkonflikten in Ländern der Dritten Welt analysiert.

Ein eher theoretisch orientiertes Beispiel der Beobachterperspektive ist die Theorie der ‚Post-Ökologie' (Blühdorn 2000, 2007), die eine scheinbar paradoxe Wendung im gesellschaftlichen Umgang mit der ökologischen Krise beschreibt, nämlich einerseits die Gleichzeitigkeit der Wahrnehmung dieser Krise als Problem und das gesellschaftliche Festhalten an ökologisch ruinösen Praktiken andererseits. Blühdorn sieht hier nicht nur ein gesellschaftspolitisches Dilemma, sondern einen kulturellen Wertewandel, der nach der „Erschöpfung" des emanzipatorischen Projekts der politischen Ökologie nun den identitären Individualismus im Sinne einer Bejahung der Konsumgesellschaft in den Vordergrund rückt. Die gesellschaftlichen Ziele der „Nachhaltigkeit" werden mithin nur noch performativ „simuliert", um die politische Energie dem eigentlichen Ziel, nämlich der Aufrechterhaltung des Status Quo, zufließen zu lassen.

3.2   Die reflexive Perspektive

In der reflexiven Perspektive rückt die Soziologie selbst in den Blickpunkt der Betrachtung. Die Frage lautet, ob die Soziologie als Wissenschaft mit ihren theoretischen und methodischen Traditionen überhaupt in der Lage sei, das Gesellschaft-Umwelt-Verhältnis oder die wechselseitigen Bedingtheiten von Gesellschaft und Natur angemessen zu erfassen. Die meisten, die diese Frage überhaupt stellen, beantworten sie negativ und sprechen zum Beispiel von einer „Naturvergessenheit der Soziologie" (Huber 2001). Ein Blick in die Geschichte der Gesellschaftstheorie zeigt, dass in ihren Anfängen im 19. Jahrhundert die theoretische Distanz zwischen Gesellschaft und Natur weit geringer war als später im Gefolge der Ausdifferenzierung der Soziologie als eigenständige akademische Disziplin.[2] Während Marx von Arbeit als Stoffwechsel des Menschen mit der Natur sprach, Comte eine *physique sociale* entwarf und Spencer den gesellschaftlichen Fortschritt mit der gesellschaftlichen Kontrolle und der effizienten Nutzung von Energie in Zusammenhang sah, wird seit Durkheim und Weber Soziales nur mehr aus Sozialem erklärt. Allerdings war schon die Gesellschaftstheorie des 19. Jahrhunderts von der Vorstellung dominiert, der Mensch und die Gesellschaft befänden sich in dem Prozess der zunehmenden Emanzipation aus naturalen Bedingtheiten, und Fortschritt bestünde darin, die Naturkräfte unter Kontrolle zu bekommen: Der Aufbruch in Freiheit bedeutete Freiheit von gesellschaftlicher Unterdrückung und von Naturgewalten gleichermaßen (siehe Abbildung 1). Trotzdem wird aber weiterhin der Rahmen einer gemeinsamen Wirklichkeit naturaler und sozialer Prozesse, und einer gemeinsamen wissenschaftlichen Methodik zu ihrer Erkenntnis, aufrechterhalten. Diese Einheit geht im Zuge der Ausdifferenzierung eines soziologischen *mainstream* im 20. Jahrhundert

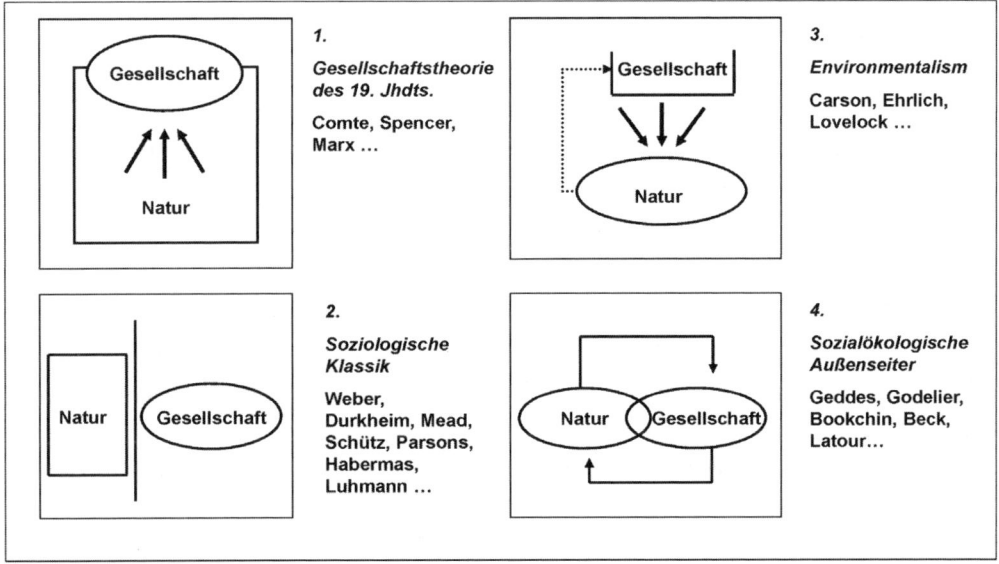

Abbildung 1: Das Gesellschaft-Natur-Verhältnis in den Traditionen der Soziologie

2   Ein ähnliches Phänomen lässt sich übrigens auch in der Ökonomie beobachten: Die Politische Ökonomie eines Ricardo oder Smith bezog durchaus naturale Faktoren ein, während für die Neoklassik des 20. Jahrhunderts die Ökonomie nahezu ausschließlich im Medium des Geldes handelt.

verloren: Seit Weber bewegt sich Soziales im (der Natur völlig fremden) Medium des Sinns, und Durkheim stellt das methodische Postulat auf, Soziales nur aus Sozialem zu erklären. Diese „naturabstinente" Herangehensweise wird durch die Soziologie in der zweiten Hälfte des 20. Jahrhunderts ungebrochen, man könnte vielleicht sogar sagen noch weiter zugespitzt, fortgesetzt (Parsons, Habermas, Luhmann – siehe Abbildung 1).

Ganz anders argumentiert der – von den Naturwissenschaften ausgehende – *environmentalism* ab den 1960er Jahren. Er interessiert sich für die störende Wirkung, die seitens der Gesellschaft auf die Natur ausgeübt wird. Natur wird nicht mit „Naturgewalt" gleichgesetzt, sondern als verletzliches Opfer menschlichen Bevölkerungswachstums (Ehrlich 1973) oder menschlicher Agrarchemie (Carson 1962) gesehen, die die natürlichen Selbstregulationsfähigkeiten (Lovelock 1991) überlasten und letztlich das Überleben der Menschheit selbst in Frage stellen.

Und schließlich gibt es, allerdings niemals im *mainstream* der Gesellschaftstheorie, verschiedene Versuche, das Verhältnis natürlicher und sozialer Systeme symmetrischer, als Systeme gegenseitiger Beeinflussung, zu betrachten. Dazu gehören mit einem stark programmatisch-ideologischen Einschlag ökozentristische Ansätze, die einen fundamentalen Umbau gesellschaftlicher Strukturen samt neuem Umgang mit Natur fordern, wie etwa die *deep ecology* (Naess 1973), der Ökofeminismus (Merchant 1982; Mies 1987) und der anarcho-kommunistische Ansatz von Murray Bookchin (1980). Für Bookchin ist Umweltzerstörung eine der kapitalistischen Wirtschaftsweise immanente, direkte Folge des instrumentellen Umgangs von Gesellschaft mit Natur, der Natur immer hinsichtlich ihrer Funktion als materielle und energetische Ressource für Gesellschaft sieht. Dieser herrschaftsgeprägte Umgang mit Natur rührt für Bookchin her „(…) from the domination of man by man – and perhaps even earlier, from the domination of woman by man and the domination of the young by the old" (Bookchin 1980: 60, zit. nach Redclift/Woodgate 1995: 124). Für Bookchin liegt die Lösung der ökologischen Krise in der Zerschlagung jeglicher Form von Herrschaftsverhältnissen („Ecotopia").

Einen analytischeren Zugang wählt der Kulturanthropologe Maurice Godelier (1990). Er sieht Natur und Gesellschaft als zwei sich wechselseitig beeinflussende Systeme mit einer jeweils eigenen Dynamik. Godelier unternimmt den Versuch, eine universale Theorie der Produktionsverhältnisse zu entwickeln. Die zentrale These Godeliers lautet, dass der Mensch eine Geschichte hat, weil er Veränderungen in der natürlichen Umwelt auslöst, die dann wiederum auf ihn zurückwirken, indem sie neue gesellschaftliche Arrangements erfordern. Die Dynamik gesellschaftlichen

Wandels erklärt sich also nicht bloß aus innergesellschaftlichen Prozessen, sondern aus dem dynamischen Verhältnis von natürlichen und sozialen Systemen.

Letztlich kann man auch die *Risikogesellschaft* von Ulrich Beck (1986) als Kritik an der traditionellen Natur-Ignoranz der Soziologie lesen: Sein Konzept von „reflexiver Modernisierung" besagt, dass in der traditionellen Moderne (mit der sich die Soziologie in aller Regel beschäftigt) der Ausbau der Herrschaft über die Natur und soziale Verteilungsfragen den Kern des Modernisierungsprozesses bildeten, während nunmehr die durch ebendiese Herrschaft mitproduzierten Risiken und großräumigen Umweltstörungen den Bezugspunkt des Geschehens ausmachen. Der französische Wissenssoziologe Bruno Latour (1995) artikuliert eine ähnliche Kritik an der Soziologie (und an der modernen Gesellschaft) noch grundsätzlicher, indem er die feste Schranke, die die neuzeitliche Erkenntnistheorie zwischen sozialen Subjekten auf der einen und naturalen oder dinglichen Objekten auf der anderen Seite gezogen hat, in Frage stellt. Er lenkt die Aufmerksamkeit stattdessen auf jene „Hybride", jene Zwitter von Subjekten/Objekten, von gesellschaftlichen und natürlichen Produkten und Prozessen, die das gesellschaftliche Geschehen bevölkern, ohne dass die Soziologie bisher einen Begriff davon hatte. Anders wieder die „Ökologische Kommunikation" von Niklas Luhmann (1986): Hier wird aus der Kommunikationsdynamik sozialer Systeme und ihrer funktionellen Differenzierung begründet, warum — wie immer gravierend die Folgen sein mögen — soziale Systeme es so schwer haben, selbst gemachte Umweltprobleme adäquat wahrzunehmen und zu bearbeiten.

3.3   Die problembezogene Perspektive

Eine problembezogene Perspektive setzt voraus, dass als Ausgangspunkt der Analyse ein Problem als solches erkannt und definiert wird. Dies wiederum erfordert notwendigerweise eine normative Setzung: Denn was als gesellschaftliches Problem gilt, kann nicht außergesellschaftlich geklärt werden, sondern hängt von moralisch-politischen Urteilen ab, die selbst schon Teil gesellschaftlicher Dispositive sind (Foucault 1978).[3] Um also etwa den anthropogenen Klimawandel als gesellschaftliches Problem an den Beginn einer sozialwissenschaftlichen Analyse zu stellen, muss nicht nur sein naturwissenschaftlicher Nachweis anerkannt, sondern

---

3   Unter einem Dispositiv versteht Foucault „ein heterogenes Ensemble, das Diskurse, Institutionen, architekturale Einrichtungen, reglementierende Entscheidungen, Gesetze, administrative Maßnahmen, wissenschaftliche Aussagen, philosophische, moralische oder philanthropische Lehrsätze, kurz: Gesagtes ebensowohl wie Ungesagtes umfasst. (…) Das Dispositiv selbst ist das Netz, das zwischen diesen Elementen geknüpft werden kann." (Foucault 1978: 119–120).

auch der Befund moralisch-politisch geteilt werden, dass seine sozialen und öko-logischen Folgen abzulehnen und daher seine Ursachen zu bekämpfen sind. Eine problembezogene Perspektive kann sich daher nie auf den Standpunkt einer rein beobachtenden „Neutralität" zurückziehen, sondern erkennt den Umstand an, dass die Produktion gesellschaftsrelevanten Wissens immer auch eine Intervention in die beobachtete Gesellschaft darstellt.

Ausgangspunkt in diesem Fall ist das Problem, dass der Mensch/dieWirtschaft/ die Gesellschaft ökologische Zusammenhänge „stört" (verändert, beeinträchtigt, destabilisiert) und damit die eigenen Lebensbedingungen gefährdet. Wissenschaft soll aufklären, welches gesellschaftliche Verhalten die Störung auslöst und wie die-ses verändert werden kann, sodass unerwünschte Wirkungen auf die Umwelt aus-bleiben. Sie muss also einerseits ökologische Zusammenhänge und Sensibilitäten verstehen – dies ist die naturwissenschaftliche Fragestellung. Andererseits muss sie den Menschen, die Wirtschaft, die Gesellschaft in ihrer inneren Dynamik verstehen – dies ist die human- und sozialwissenschaftliche Fragestellung. Diese beiden Arten von Fragestellung können letztlich nur in interdisziplinärer Weise, in Kooperation zwischen Natur- und Sozialwissenschaften, bearbeitet werden. Dazu bedarf es aber auch theoretischer Konzepte, die die Austauschbeziehungen zwischen sozialen und naturalen Systemen beschreiben können und in beiden Bezugssystemen anschluss-fähig sind. Ein besonders geeignetes Konzept, um materielle und energetische Flüsse zwischen diesen beiden Systemen zu beschrieben, und somit ein Grundkon-zept der Sozialen Ökologie, ist jenes des *gesellschaftlichen Stoffwechsels* (Abbildung 2).

Das Konzept des gesellschaftlichen Stoffwechsels geht in Analogie zur biologischen Reproduktion von Organismen davon aus, dass Gesellschaften zur Erhaltung ihrer Strukturen und Funktionen Material- und Energieflüsse mit ihrer Umwelt organi-sieren. Sie extrahieren Rohstoffe, verarbeiten diese zu Produkten und geben diese schließlich – mit mehr oder weniger großer Zeitverzögerung – in der Form von Abfällen und Emissionen wieder an die Natur ab. Dieser Blick auf Gesellschaft un-terscheidet sich wesentlich von jenem, wie er oftmals von der Ökonomie oder ver-einzelt auch in den Sozialwissenschaften auf Gesellschaft geworfen wird, und wo physische Verflechtungen außer Betracht gelassen werden. Der Fokus liegt auf ma-teriellen und energetischen Input-Output-Verhältnissen, welche eine Gesellschaft benötigt, um ihre Bestände aufzubauen und zu erhalten. Die Erhaltung der Be-stände spielt eine besonders wichtige Rolle, wenn es um Wege und Möglichkeiten geht, Gesellschaften hin zu mehr Nachhaltigkeit zu bewegen. Die Pfadabhängigkeit durch gesellschaftliche Bestände bedeutet, dass beispielsweise der Bau von Straßen die Mobilität in eine ganz bestimmte Richtung – Individualverkehr per Auto – lenkt

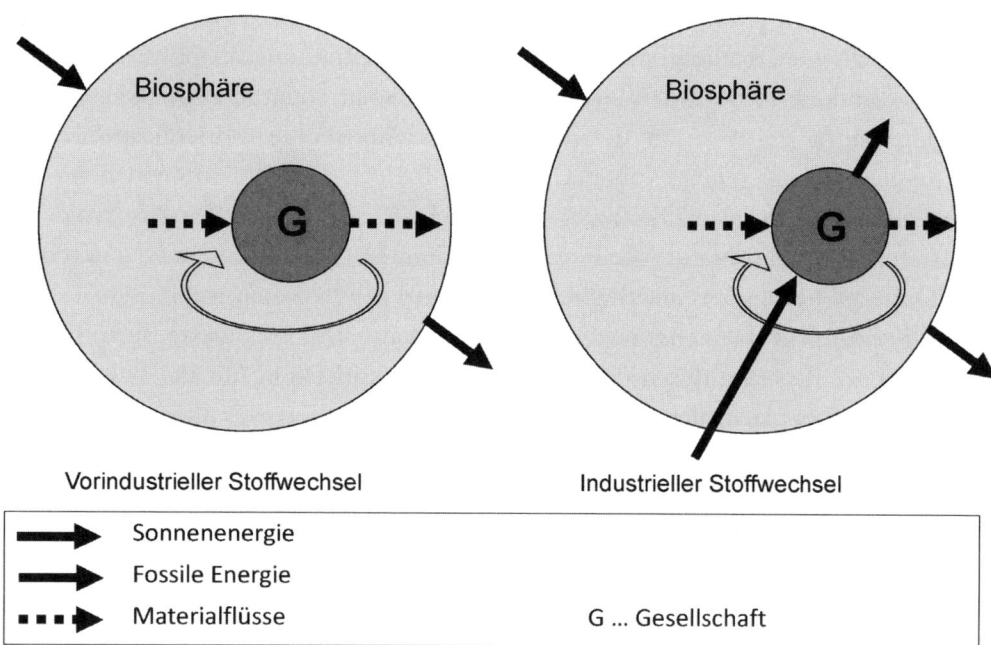

Abbildung 2: Gesellschaftlicher Stoffwechsel

und in weiterer Folge auch Siedlungsmuster strukturiert. Zudem ist es aufgrund der hohen Investitionskosten erstrebenswert, dass diese Infrastruktur lange bestehen bleibt, um sich amortisieren zu können.

Neben der erwähnten Pfadabhängigkeit zeigt das Konzept des gesellschaftlichen Stoffwechsels einen weiteren Aspekt auf – und zwar, dass ökonomisches Wachstum in einer Welt begrenzter Ressourcen nicht ewig aufrechterhalten werden kann. Diese zuerst trivial scheinende Einsicht hat wichtige Implikationen. Industriegesellschaften überwinden Knappheitsprobleme, mit welchen Agrargesellschaften laufend konfrontiert waren, dadurch, dass sie auf Ressourcen Zugriff haben, die nicht den aktuellen regionalen biosphärischen Kreisläufen entstammen. Solche Ressourcen werden entweder geologischen Depots entnommen (Metalle, fossile Energieträger) oder aus größeren Entfernungen herbeigeschafft. Dies nennt man dann „erweiterten Stoffwechsel", der zwar helfen mag, Knappheiten bei den *sources* zu überwinden, aber einen neuen Typus von Problemen bei den *sinks* nach sich zieht. Diese Abfälle und Emissionen landen in der Geosphäre, der Hydrosphäre oder – wie in den Industrieländern dominant – in der Form von CO_2 in der Atmosphäre (WBGU 2011). Ein solcher erweiterter Stoffwechsel ist charakteristisch für urbane Zentren bzw. industrielle Gesellschaften. Sie müssen sich energetisch nämlich nicht mehr, wie alle Gesellschaften davor, mit der intelligenten Nutzung jener Energie begnügen, die durch die laufende Sonneneinstrahlung verfügbar ist (in chemischer Bindung in der Form von Biomasse, in solar angetriebenen Wasser- und Windkreisläufen), sondern greifen auf geologisch konservierte Energiespeicher zu: die fossilen Energieträger Kohle, Erdöl und Erdgas. Gesellschaften haben – im Verständnis der Sozialen Ökologie – aber nicht nur einen energetisch-materiellen Stoffwechsel mit der Natur, sondern sie gestalten Natur für ihre Zwecke erheblich um. Dafür gibt es ein zweites theoretisches Konzept – Kolonisierung.

Unter *Kolonisierung von Natur* verstehen wir dauerhafte und intendierte Beeinflussungen naturaler Prozesse durch die Gesellschaft als Vorleistung für die Befriedigung gesellschaftlicher Ansprüche. Gesellschaften greifen also gezielt in natürliche Systeme ein, um sie so zu verändern, dass sie für sie nützlicher sind als in ihrem ursprünglichen Zustand und stellen damit sicher, dass der notwendige materielle und energetische Stoffwechsel zwischen Natur und Gesellschaft aufrechterhalten werden kann. Diese Eingriffe in natürliche Ökosysteme finden unter der Verwendung von menschlicher oder tierischer Arbeit, Energie oder Materie statt. In welcher Form diese Eingriffe ablaufen, hängt zudem eng mit der verfügbaren Technologie und anderen Kommunikationsprozessen, wie beispielsweise Rechtsvorschriften, Preisen oder politischer Kommunikation zusammen. Ferner lassen sich Gesellschaften durch kolonisierende Interventionen auf dauerhafte Arbeitsleistungen ein und machen sich von deren Funktionieren abhängig. Diese kolonisierenden Interventionen können verschiedenster Art sein, zum Beispiel jene in die Evolution von Tieren und Pflanzen, aber auch die Errichtung und Erhaltung von alpinen Schigebieten. Jener Prozeß, mit dem wir uns an der Sozialen Ökologie am eingehendsten beschäftigen, ist die Landwirtschaft. Dort wird permanent Arbeit eingebracht, gepflügt, gedüngt, gepflanzt und Unkraut getilgt, sodass diese Ökosysteme in einem Zustand erhalten werden, in dem es möglich ist, viel zu ernten. Um die Intensität von Kolonisierung dieser Flächen zu messen, kann man den Indikator „gesellschaftliche Aneignung pflanzlicher Nettoprimärproduktion" (HANPP) verwenden. Dieser zeigt an, welchen Anteil an pflanzlicher Biomasse, die ja schließlich die Nahrungsquelle sämtlicher tierischer Lebewesen darstellt, allein dem Menschen dient.

Global eignen sich derzeit die Menschen fast ein Viertel der terrestrischen Biomasse an. Jene Gebiete, in denen intensiv bewirtschaftete Agrarökosysteme angelegt wurden, sowie jene Gebiete, in denen Infrastrukturen wie Gebäude oder Straßen, aber auch beispielsweise Staudämme errichtet wurden, sind die am intensivsten genutzten Flächen. In Regionen wie beispielsweise Zentralasien, der Russischen Föderation oder Australien ist der Kolonisierungsgrad der Ökosysteme vergleichsweise niedrig. Die Gründe dafür liegen unter anderem in einer geringeren Bevölkerungsdichte in diesen Regionen sowie auch einer extensiven Nutzung der Flächen, etwa für Viehhaltung. Hingegen wird Land in Südostasien besonders intensiv genutzt, vor allem bedingt durch eine hohe Bevölkerungsdichte. Hohe Kolonisierungsintensität hat zur Folge, dass wild lebende Tier- und Pflanzenarten aussterben.

Durch Kolonisierung werden neben Veränderungen der Artenzusammensetzung durch die Unterscheidung Nutzpflanzen/„Unkräuter", auch Flüsse an Nährstoffen, der Wasserhaushalt und die Bodenbeschaffenheit verändert. Die stete Bewässerung des Nildeltas und die sich auf dieser Basis herausbildende Landwirtschaft, die zentralisierte Organisation einer Großzahl von Arbeitern und Beamten beförderten die Entstehung von Beamtentum und formalisierter Mathematik und ermöglichte auch, dass ein Teil der Bevölkerung nicht mehr in der Landwirtschaft tätig sein musste. All dies war ein wichtiger Grund für die Herausbildung der ersten Hochkultur. Kolonisierung kann also die Bevölkerungsdichte, die in einem definierten Raum erhalten werden kann, massiv erhöhen. Andererseits treibt Kolonisierung Gesellschaften in eine Risikospirale der Abhängigkeit von den kolonisierten Systemen: Z. B. Flussregulierungen oder Atomkraftwerke bedürfen ständiger Aufsicht und Intervention, um sich nicht zu gesellschaftlichen Großrisiken zu verwandeln. Ohne solche Kolonisierungsleistungen wären allerdings der gesellschaftliche Stoffwechsel der wachsenden Erdbevölkerung bei ständig steigenden Konsumniveaus nicht zu bewerkstelligen.

Mit der Verbreitung des industriellen Metabolismus über den gesamten Globus steigt auch der Verbrauch an natürlichen Ressourcen konstant an. Abbildung 3 zeigt die Entwicklung des durchschnittlichen globalen Materialverbrauchs von 1900 bis 2008, welcher in diesem Zeitraum von 4,5 Tonnen pro Kopf und Jahr auf 10 Tonnen pro Kopf angestiegen ist. Sieht man sich die einzelnen Materialgruppen an, ist das Wachstum seit dem Zweiten Weltkrieg durch nicht-erneuerbare Stoffe bedingt, der Anteil an Biomasse sinkt sogar leicht. Dass er aber dennoch bei rund 3 Tonnen pro Kopf liegt zeigt, dass die Industriegesellschaft nicht nur neue Nachhaltigkeitsprobleme mit sich bringt, sondern weiterhin mit den alten Problemen zu kämpfen hat.

Diese Weltdurchschnittswerte sind Resultat hochgradig variabler metabolischer Raten sowohl zwischen als auch innerhalb von einzelnen Ländern, die um den Faktor 10 oder mehr auseinanderliegen können (Fischer-Kowalski und Haberl 2007). Diese unterschiedlichen metabolischen Profile bedingen nicht nur unterschiedliche Formen gesellschaftlicher Ordnung, sondern zeitigen auch unterschiedliche Nachhaltigkeitsprobleme. Die schrittweise Ausbreitung des industriellen (Hochkonsum)-

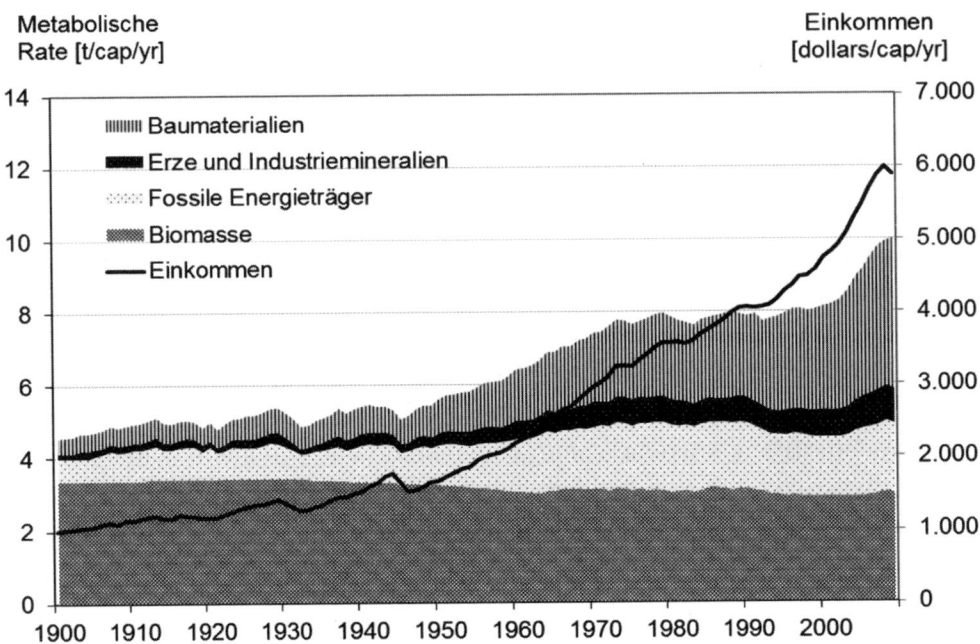

Abbildung 3: Metabolische Raten: Der globale pro Kopf-Verbrauch von Material von 1900 bis 2008 (modifiziert nach Krausmann et al. 2009)

Stoffwechsels führt neben dem zunehmenden Druck auf die Ressourcen und steigenden Extraktionskosten in traditionellen Regionen häufig zu sozialen Konflikten. Auf globaler Ebene wird seit rund 20 Jahren im Rahmen des International Panel on Climate and Climate Change (IPCC) über die *sinks* verhandelt, und hier schließt sich der Kreis zwischen sozialen und Umweltproblemstellungen. Der industrielle Norden ist zwar wesentlich für die bisherige Anreicherung der Erdatmosphäre mit Kohlendioxid verantwortlich, kann aber allein das Problem nicht lösen, und wer am schwersten an den Folgeproblemen zu tragen haben wird, ist noch gar nicht genau abzusehen. Deswegen bemüht sich das von der UNO eingesetzte IPCC darum, Lösungen vorzuschlagen, die die Industrieländer zur Absenkung ihrer CO_2-Emissionen verpflichten, den Entwicklungsländern aber einen gewissen Spielraum gewähren, ihren Energieverbrauch an den der Industrieländer (der im Schnitt derzeit pro Kopf drei- bis fünfmal so hoch ist) anzunähern, ohne sie aus der Pflicht zu entlassen, an einem Klimaabkommen mitzuwirken. Zugleich sollen ökonomische Steuerungsinstrumente für die Akkumulation eines Kapitalstocks sorgen, der Entwicklungsländer bei technologischen Innovationen und Schutzmaßnahmen gegen eintretende Klimafolgen (z.B. Taifune, Überflutungen, lang anhaltende Dürren etc.) unterstützt. Hierbei handelt es sich um eine der größten weltpolitischen Herausforderungen, die es seit dem Bemühen um die Verhinderung eines Dritten, nuklearen Weltkriegs gegeben hat, und sie ist nur durch tief greifende Veränderungen des industriellen gesellschaftlichen Stoffwechsels zu beantworten (vgl. Fischer-Kowalski/Haberl 2007; UNEP 2011).

4   Umweltsoziologie oder Soziale Ökologie?

Die letzten beiden beschriebenen Perspektiven auf das Gesellschaft-Umwelt-Verhältnis sind von einer Bindestrich-Soziologie wie der Umweltsoziologie nicht mehr konsistent einzunehmen. Die Reflexion der „Naturvergessenheit" der Soziologie und die Infragestellung der ausschließlich sozialen und kulturellen Bedingtheit menschlichen Verhaltens rütteln am Grundverständnis des Fachs. Dies steht einer Teildisziplin eigentlich nicht zu. Für Problemlösungskapazität im Gesellschaft-Umwelt-Verhältnis wiederum reicht soziologische Kompetenz allein nicht aus. Es bedarf interdisziplinärer Zusammenarbeit mit der Ökonomie einerseits, den Naturwissenschaften andererseits, und die wiederum bleibt allzu oberflächlich, wenn keine spezifischen gemeinsamen Begriffe und Methoden entwickelt werden. Es ist daher zu einer Art wissenschaftlicher Hybridbildung gekommen, die unter verschiedenen Namen firmiert, von denen Soziale Ökologie wahrscheinlich der ist, der sich am ehesten durchsetzen wird. Damit widerfährt der Soziologie Ähnliches wie anderen Sozialwissenschaften auch schon: als Ausdifferenzierung aus der Politikwissenschaft ist Politische Ökologie (*political ecology*), aus der Ökonomie Ökologische Ökonomik (*ecological economics*) entstanden, und die Anthropologie kennt schon lange einen ökologischen Zweig (*ecological anthropology*). Gemeinsam ist diesen Hybriden, dass sie sich von wesentlichen Grundannahmen ihrer Mutterdisziplinen distanzieren, die die Analyse des Gesellschaft-Natur-Verhältnisses behindern.

Insbesondere eine wissenschaftlich seriöse Behandlung der Thematik „Nachhaltiger Entwicklung" bedarf eines sozialökologischen Zugangs. Abbildung 4 nimmt ihren Ausgangspunkt an den bekannten „Säulen" der Nachhaltigkeit: Lebensqualität, Wohlstand und Ökologie (Stoffwechsel). Die innergesellschaftliche Dynamik besteht darin, dass die drei qualitativ verschiedenen Größen miteinander positiv rückgekoppelt sind. Lebensqualität setzt – wirklich oder vermeintlich – Wohlstand voraus („[...] denn nur wer im Reichtum lebt, lebt angenehm [...]" (Bertold Brecht), und sie setzt im Selbstverständnis industrieller Gesellschaften eine Menge materieller Güter voraus. Mit der Erzeugung und dem Absatz dieser materiellen Güter wiederum wird Wohlstand geschaffen, oder anders gesagt, wirtschaftliche Aktivität führt zu erhöhtem materiellen Stoffwechsel. Diese positiven Rückkopplungen müssen zu einem Aufschaukelungsprozess führen, in dem das Wachstum der einen Größe die der anderen bedingt. Dieses System ist aber an zwei Enden mit der natürlichen Umwelt rückgekoppelt. Erstens über den Stoffwechsel: Dieser hängt von den natürlich verfügbaren Ressourcen und der Fähigkeit der Natur, Abfälle und Emissionen zu absorbieren, ab. Zweitens über das Wohlbefinden oder die Lebensqualität des Menschen, da diese von der Bereitstellung von so elementaren Prozessen wie stetige Sonneneinstrahlung, stabiles Klima, Wasser, Nahrung abhängig sind. Und hier kommt es mittelfristig zu einer negativen Rückkoppelung: Umweltbelastungen beeinträchtigen die Lebensqualität.

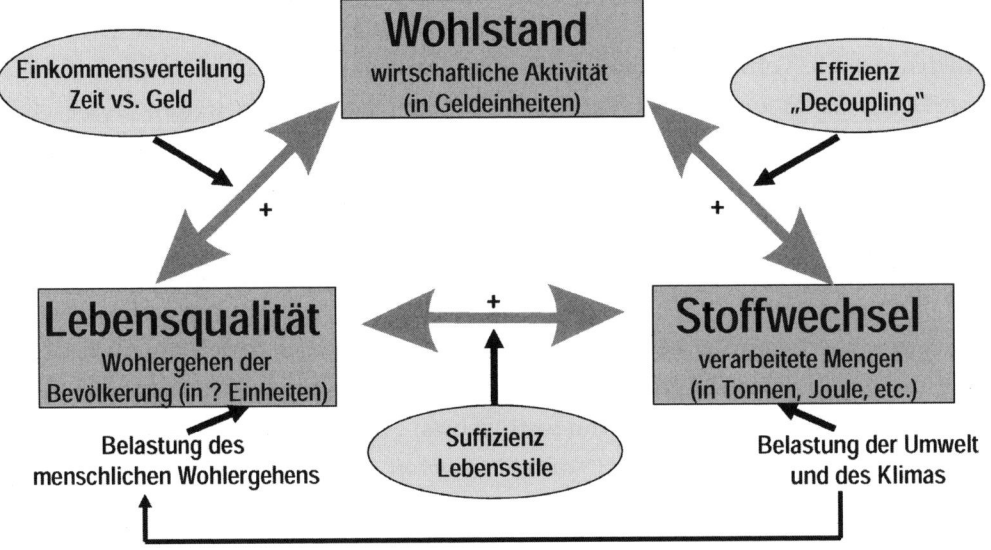

Abbildung 4: Systemdynamik im Nachhaltigkeitsdreieck

Auf dem Verständnis dieser drei Dimensionen der Nachhaltigkeit aufbauend, können nun die Interaktionen zwischen ihnen kritisch hinterfragt und Möglichkeiten der Entkopplung aufgezeigt werden. Lebensqualität als Wohlergehen der Bevölkerung und Stoffwechsel als verarbeitete physische Mengen sind positiv korreliert, aber wie lange bringen mehr Güter wirklich auch mehr Wohlergehen? Konsumkritik betont, dass ab einem bestimmten Wohlstandsniveau ein Mehr an Gütern für das Wohlergehen der Menschen irrelevant wird. Wohlfahrtskritik wiederum richtet sich darauf, zu zeigen, dass der positive Zusammenhang zwischen Lebensqualität und Wohlstand keineswegs ungebrochen ist. Hier spielen zum Beispiel Verteilungsfragen eine entscheidende Rolle: Wenn ein großer Teil des Volkseinkommens in die Haushalte der Reichen und Superreichen fließt, wird von einer Steigerung dieses Volkseinkommens die durchschnittliche Lebensqualität nur wenig tangiert. Weiters ist zu bedenken, dass, wenn Lebensqualität in verfügbarem Geld gemessen wird, dieses Geld wiederum in stoffwechselaktive wirtschaftliche Aktivität investiert werden wird. Eine Alternative dazu ist, verfügbare Zeit als Kriterium für Lebensqualität gesellschaftlich aufzuwerten. Welche metabolische (also den Stoffwechsel betreffende) Wirkung unsere Lebensstile haben, hängt also stark davon ab, wie wir Lebensqualität definieren. Dabei kann ein an „Suffizienz" (also maßvoller Genügsamkeit) orientierter Lebensstil unter Umständen eine höhere subjektive Qualität aufweisen als ein an Konsummaximierung orientierter. Und schließlich lässt sich auch wirtschaftliche Aktivität (Wohlstand) vom Stoffwechsel stärker entkoppeln (*decoupling*), indem man Ressourcen effizienter nutzt. Nachhaltigkeit kann nur mittels einer Strategie erreicht werden, die Lebensqualität auch auf niedrigeren Ebenen materiellen und energetischen Stoffwechsels sichert und die vorhandenen Rückkoppelungen entschärft. Solche Strategien wissenschaftlich zu begründen, bedarf eines systemischen Blicks und einer Reihe von Kompetenzen über die Soziologie hinaus.

5   Aktuelle Forschung und Anwendungsbezug in Österreich

Es gibt einen durchaus akuten gesellschaftlichen Bedarf an umweltsoziologischen und sozialökologischen Kompetenzen, und zwar in dreierlei Hinsicht. Zum einen besteht ein Bedarf im Bereich der *wissenschaftlichen Forschung.* Derzeit wird vermutlich für interdisziplinär vernetzte „sozio-ökonomische Umweltforschung" auf nationaler und internationaler Ebene weit mehr Geld ausgegeben als für alle soziologische Forschung zusammengenommen. Leider werden gegenwärtig diese Aufgaben häufig nicht von einschlägig vorqualifizierten Sozialwissenschaftlern wahrgenommen, weil es zu wenige gibt, die sich dafür interessieren und die nötige Offenheit gegenüber anderen Disziplinen und deren Methoden an den Tag legen.

In Österreich etablierte sich, unterstützt von politischen Programmen zur Forschungsförderung (Forum Nachhaltiges Österreich, Kulturlandschaftsforschung, „Fabrik der Zukunft" u. a.), ein breit gefächertes Netzwerk im Bereich der „sozio-ökonomischen Umweltforschung" (Österreichisches Netzwerk Umweltforschung 1996). Hunderte Wissenschaftler sind derzeit in unterschiedlichen universitären und außeruniversitären Institutionen mit solchen Forschungsfragen befasst. Daneben gibt es auch Forschung im Profitbereich (Unternehmen im Bereich Umwelttechnik und Consulting). Zum anderen gibt es Nachfrage im Bereich des *betrieblichen Umweltmanagements und der öffentlichen Verwaltung,* vor allem auf kommunaler Ebene. Mit der Verteuerung fossiler Energie und der Notwendigkeit, internationale Klimaschutzabkommen auch einzuhalten, entstehen hier neue Herausforderungen an strategisches Management. Und schließlich sind Umweltfragen ein prominentes Thema *öffentlicher Kommunikation*, sei es in den Massenmedien, sei es in Bildungseinrichtungen aller Art, sei es als Marketingstrategien. Allerdings setzt eine berufliche Karriere in diesen Bereichen Qualifikationen voraus, die den Bereich der Soziologie übersteigen. Neben einer guten Kenntnis sozialer Systeme muss man auch solide umweltwissenschaftliche Kenntnisse erwerben.

Literatur

1. Einführungsliteratur

Fischer-Kowalski, Marina; Haberl, Helmut; Hüttler, Walter; Payer, Harald; Schandl, Heinz; Winiwarter, Verena; Zangerl-Weisz, Helga, 1997: Gesellschaftlicher Stoffwechsel und Kolonisierung von Natur. Ein Versuch in Sozialer Ökologie. Amsterdam: Gordon & Breach Verlag Fakultas.

Fischer-Kowalski, Marina; Haberl, Helmut, 2007: Socioecological Transitions and Global Change. Trajectories of Social Metabolism and Land Use. Cheltenham: Edward Elgar.

Godelier, Maurice, 1990: Natur, Arbeit, Geschichte. Zu einer universalgeschichtlichen Theorie der Wirtschaftsformen. Hamburg: Junius.

Luhmann, Niklas, 1986. Ökologische Kommunikation. Kann die moderne Gesellschaft sich auf ökologische Gefährdungen einstellen? Opladen: Westdeutscher Verlag.

Martinez-Alier, Joan, 2002: The Environmentalism of the Poor. A Study of Ecological Conflicts and Valuation. Cheltenham: Edward Elgar.

Sieferle, Rolf Peter, 1997: Rückblick auf die Natur. Eine Geschichte des Menschen und seiner Umwelt. München: Luchterhand.

2. Weitere zitierte Literatur

Beck, Ulrich, 1986: Risikogesellschaft. Auf dem Weg in eine andere Moderne. Frankfurt/M.: Suhrkamp.

Brand, Karl Werner, 1997: Nachhaltige Entwicklung. Eine Herausforderung für die Soziologie. Opladen: Leske + Budrich.

Blühdorn, Ingolfur, 2000: Post-ecologist Politics. London: Routledge.

Blühdorn, Ingolfur, 2007: Sustaining the Unsustainable. Symbolic Politics and the Politics of Simulation. Environmental Politics, 2007, Vol. 16, No. 2, 251–275.

Bookchin, Murray, 1980: Towards an Ecological Society. Montreal: Black Rose Books.

Carson, Rachel, 1962: Silent Spring. Boston: Houghton Mifflin Company.

Catton, William R. Jr.; Dunlap, Riley E., 1980: A New Ecological Paradigm for Post-Exuberant Sociology. American Behavioral Scientist, 1980, Vol. 24, No. 1, 15–48.

Dryzek, John S., 1997: The Politics of the Earth. Environmental Discourses. Oxford: Oxford University Press.

Dunlap, Riley E.; Mertig, Angela G., 1996: Weltweites Umweltbewusstsein. Eine Herausforderung für die sozialwissenschaftliche Theorie. Kölner Zeitschrift für Soziologie und Sozialpsychologie, 1996, Sonderheft 36, 193–218.

Ehrlich, Paul R., 1973: Die Bevölkerungsbombe. Frankfurt/M.: Fischer.

Foucault, Michel, 1978: Dispositive der Macht. Über Sexualität, Wissen und Wahrheit. Berlin: Merve Verlag.

Huber, Joseph, 2001: Allgemeine Umweltsoziologie. Wiesbaden: Westdeutscher Verlag.

Inglehart, Ronald, 1990: Culture Shift in Advanced Industrial Society. Princeton: Princeton University Press.

Krausmann, Fridolin; Gingrich, Simone; Eisenmenger, Nina; Erb, Karlheinz; Haberl, Helmut; Fischer-Kowalski, Marina, 2009: Growth in Global Materials Use, GDP and Population During the 20th Century. Ecological Economics, 2009, Vol. 68, No. 10, 2696–2705.

Latour, Bruno, 1995. Wir sind nie modern gewesen. Versuch einer symmetrischen Anthropologie. Berlin: Akademie Verlag.

Lovelock, James, 1991: GAIA – Die Erde ist ein Lebewesen. Bern: Scherz.

Merchant, Carolyn, 1982: The Death of Nature: Women, Ecology and the Scientific Revolution. London: Harper Collins.

Mies, Maria, 1987: Konturen einer öko-feministischen Gesellschaft. Frauen & Ökologie: Gegen den Machbarkeitswahn. Dokumentation zum Kongreß vom 3.–5.10. 1986 in Köln. Ed. Die GRÜNEN. Köln: Kölner Volksblatt Verlag, 39–53.

Naess, Arne, 1973: The Shallow and the Deep, Long Range Ecology Movements. Inquiry, 1987, Vol. 16, 95–100.

Österreichisches Netzwerk Umweltforschung (Hg.), 1996: Sozioökonomische Umweltforschung in Österreich. Wien: Bundesministerium für Wissenschaft, Verkehr und Kunst.

Payer, Harald; Zangerl-Weisz, Helga, 1997: Paradigmenwechsel im Naturschutz? In: Fischer-Kowalski, Marina; Haberl, Helmut; Hüttler, Walter; Payer, Harald; Schandl, Heinz; Winiwarter, Verena; Zangerl-Weisz, Helga, 1997: Gesellschaftlicher Stoffwechsel und Kolonisierung von Natur. Ein Versuch in Sozialer Ökologie. Amsterdam: Gordon & Breach Verlag Fakultas, 223–40.

Redclift, Michael; Woodgate, Graham R., 1995: The Sociology of the Environment. 3 Bände. Aldershot: Edward Elgar.

UNEP, 2011: Decoupling Natural Resource Use and Environmental Impacts from Economic Growth. A Report of the Working Group on Decoupling to the International Resource Panel. Fischer-Kowalski, Marina; Swilling, Mark; Weizsäcker, Ernst Ulrich von; Ren, Yong; Moriguchi, Yuichi,; Crane, Wendy; Krausmann, Fridolin; Eisenmenger, Nina; Giljum, Stefan; Hennicke, Peter; Kemp, Rene; Romero Lankao, Paty; Bella Siriban Manalang, Anna; Sewerin, Sebastian.

WBGU, 2011: Welt im Wandel: Gesellschaftsvertrag für eine Große Transformation. Berlin: Wissenschaftlicher Beirat der Bundesregierung Globale Umweltveränderungen (WBGU).

3. Ausgewählte Fachzeitschriften

Ecological Economics
GAIA
Global Environmental Change
Journal of Industrial Ecology
Land Use Policy
Nature and Culture

Wirtschaft

Bernhard Kittel

1 Einleitung

Wieso sollte man bei der Besichtigung einer Mietwohnung einen Anzug anziehen, bei einer Vorstellung in einer Wohngemeinschaft eher den alten Pullover? Wieso finden Studierende leichter einen Nebenjob über entfernte Bekannte ihrer Eltern als über eine Zeitungsannonce? Wieso bekommen Studierende eher ein Darlehen von einer Tante als von einer Bank? Die drei Fragen beziehen sich auf unterschiedliche Märkte (Wohnungsmarkt, Arbeitsmarkt, Finanzmarkt), verweisen aber alle darauf, dass bei der betreffenden wirtschaftlichen Transaktion mehr im Spiel ist als nur der Tausch Gut gegen Geld.

In allen drei Fällen spielen Erwartungen und Vertrauen ein große Rolle: Die Vermieterin sucht einen zahlungskräftigen und anständigen Mieter, die Wohngemeinschaft sucht jemanden, der zur schon bestehenden Gruppe passt, der Arbeitgeber sucht eine verlässliche Mitarbeiterin, die Bank hat mehr Vorbehalte als die Tante, dass eine Studentin der Soziologie nach dem Studium in der Lage sein wird, die Schuld abzuzahlen. Die Nutzung bestimmter kultureller Ausdrucksformen wie Auftreten und Kleidung signalisiert die Zugehörigkeit zu einem bestimmten gesellschaftlichen Milieu, aus der die Passung des Wohnungssuchenden auf das gesuchte Profil abgeleitet werden kann. Soziale Beziehungen können als Informationskanäle genutzt werden und dienen als Netzwerk wechselseitiger Verpflichtungen, das integrierend wirkt und Vertrauen fördert.

Der für die Wirtschaftssoziologie entscheidende Punkt an diesen Beispielen ist die Tatsache, dass wirtschaftliche Transaktionen immer in einen sozialen Rahmen „eingebettet" sind (Granovetter 1985), der den konkreten Verlauf und das Ergebnis einer Transaktion maßgeblich beeinflusst. Im Gegensatz zur Ökonomie geht es also nicht nur um das wirtschaftliche Handeln der Menschen selbst, sondern um die sozialen Bedingungen dieses Handelns und dessen gesellschaftlichen Auswirkungen.

2 Historische Entwicklung der Wirtschaftssoziologie

Das Nachdenken über wirtschaftliche Fragen kann bis in die Antike zurückverfolgt werden. So stellte bereits Aristoteles den Begriff „Haushalt" dem Begriff „Erwerb" gegenüber (Mikl-Horke 1999: 64–67). Max Weber, der als Gründungsvater der modernen Wirtschaftssoziologie gilt (Swedberg 2008), hat diese Begriffe als Grundkategorien der Wirtschaftssoziologie aufgegriffen (Weber 1980 [1921/22]: 46–48). Unter Haushalten versteht man die Beschaffung und Verwendung von Gütern für die eigene Versorgung, unter Erwerben die Gewinnung von Verfügungsgewalt über Güter.

Im Laufe des 19. Jahrhunderts etablierten sich zwei grundlegend konträre Positionen, deren Differenz die sozialwissenschaftliche Theoriebildung bis heute prägt und eine scharfe Trennlinie zwischen der Ökonomie und der Soziologie markiert: Auf der einen Seite modelliert die individualistische Position gesellschaftliche Prozesse als Resultate der Handlungen einzelner Akteure, denen unterstellt wird, ihren eigenen Nutzen zu maximieren. Diese Position stellte die gesellschaftlichen Folgen individueller Handlungen in den Mittelpunkt und wurde zum Kern der modernen Wirtschaftswissenschaften. In einer berühmten Passage aus dem *Wohlstand der Nationen*, in dessen erstem Buch die wohlfahrtssteigernden Effekte der Arbeitsteilung dargestellt werden, fasste Adam Smith den Grundgedanken dieses Ansatzes wie folgt zusammen: „Nicht vom Wohlwollen des Metzgers, Brauers und Bäckers erwarten wir das, was wir zum Essen brauchen, sondern davon, daß sie ihre eigenen Interessen wahrnehmen" (Smith 1999 [1789]: 17).

Auf der anderen Seite sieht die gesellschaftstheoretische Position individuelles Handeln als abhängig von der gesellschaftlichen Ordnung. Karl Marx postulierte eine dialektische Wechselwirkung zwischen der ökonomischen Basis und dem Überbau der Wertordnungen unter dem Primat der Ökonomie, markant gefasst im vielzitierten Satz aus dem Vorwort zur *Kritik der politischen Ökonomie*: „Es ist nicht das Bewußtsein der Menschen, das ihr Sein, sondern umgekehrt ihr gesellschaftliches Sein, das ihr Bewußtsein bestimmt" (Marx 1971 [1859]: 9). Die Produktionsverhältnisse entscheiden über die Klassenzugehörigkeit eines Menschen und diese induziert wiederum eine bestimmte Wahrnehmung seiner Interessen. Klassen müssen sich organisieren, um als „Klasse für sich" handeln zu können und ihre Lage zu ändern. Allgemein wird Gesellschaft aus der Makroperspektive als moralische Ordnung betrachtet, der das individuelle Handeln unterworfen ist. Klar sticht dieser Gedanke in der Zusammenfassung von Émile Durkheims *Über soziale Arbeitsteilung* hervor: „Dadurch, daß die Arbeitsteilung zur Hauptquelle der sozialen Solidarität wird, wird sie gleichzeitig zur Basis der moralischen Ordnung" (Durkheim 1992 [1902]: 471). Normen leiten das individuelle Handeln an und das Negieren von Normen wird sanktioniert. Diese Position stellte somit die sozialen Bedingungen des individuellen Handelns in den Mittelpunkt und wurde zum Kerngedanken der modernen Soziologie.

Eine stärker historisch argumentierte Erklärung der modernen Wirtschaft bietet Max Weber in seinem Aufsatz *Die protestantische Ethik und der Geist des Kapitalismus* (Weber 1973 [1904]). Er beschreibt in dieser Studie, wie die asketischen Werte des Protestantismus die Menschen zu einer sparsamen Lebensweise und einer rationalen Betriebsführung anleiteten, wodurch Kapital akkumuliert wurde, das in die Unternehmen reinvestiert wurde und so zu einer sich selbst verstärkenden Wirtschaftsdynamik entstand.

Die politisch induzierte Entstehung von Nationalstaaten und Marktwirtschaften im Laufe des 18. und 19. Jahrhunderts und deren Zusammenführung zur modernen „Marktgesellschaft" beschreibt Karl Polanyi in *The Great Transformation* als Prozess der zunehmenden „Entbettung" der Wirtschaft aus gesellschaftlichen Bezügen (Polanyi 1978). Damit ist gemeint, dass die mit der Industrialisierung einhergehende Einführung von Märkten für Land, Arbeit und Geld dazu führte, dass sich Eigennutzen und Gewinnstreben als dominierendes Motiv in der Wirtschaft gegenüber der Integration in die soziale Ordnung durchgesetzt hat.

Der Verselbständigung der Wirtschaft in der modernen Gesellschaft wird in der Systemtheorie Talcott Parsons' dadurch Rechnung getragen, dass sie als eines von vier funktionalen Teilsystemen der Gesellschaft gedeutet wird (Parsons/Smelser 1957). Für die Gesellschaft realisiert die Wirtschaft die Anpassungsleistung an die soziale und natürliche Umwelt, indem sie durch Produktion und Allokation von Ressourcen auf relative Knappheiten und äußere Einflüsse reagiert und auf diese Weise die materielle Existenz der Gesellschaft sichert. Niklas Luhmann hat diesen Gedanken radikalisiert, indem er die Eigenlogik und Selbstbezogenheit des Wirtschaftssystems betont. Soziale Phänomene sind dann der Wirtschaft zuzuordnen, wenn ihnen ein in Geld ausdrückbarer Tauschwert zugeschrieben wird und sie über Zahlungen vermittelt werden (Luhmann 1988).

In der Soziologie haben wirtschaftliche Aktivitäten seit den 1980er Jahren als Gegenstand systematischer und empirisch fundierter Forschung an Bedeutung gewonnen (Swedberg 2008). Diese späte Wendung der Soziologie zu wirtschaftlichen Fragen ist im Wesentlichen dadurch bedingt, dass mit der Existenz der Wirtschaftswissenschaften als eigenständiger Disziplin ein übermächtiger Konkurrent Anspruch auf die Deutungshoheit über wirtschaftliche Prozesse stellt. Aber genauso wie die Bildungssoziologie andere Fragen stellt als die Pädagogik, hat sich ein eigenes Forschungsprogramm der Wirtschaftssoziologie entwickelt, das sich von der Ökonomik unterscheidet.

3 Fragestellungen und Themenbereiche

Wirtschaft meint all diejenigen menschlichen Aktivitäten, die mit der Produktion, dem Austausch, der Verteilung und dem Verbrauch knapper Güter und Dienstleistungen zusammenhängen (Smelser/Swedberg 2005a: 3). Damit umfasst die Wirtschaft die materiellen Grundlagen menschlichen Lebens und eine wesentliche Dimension gesellschaftlichen Zusammenlebens. Die Wirtschaftssoziologie konzentriert sich auf die Beschreibung der Art und Weise, wie wirtschaftliches Handeln durch gesellschaftliche Rahmenbedingungen wie Kultur, Institutionen und soziale Beziehungen beeinflusst wird und welche Folgen wirtschaftliche Entwicklungen für die gesellschaftliche Ordnung haben.

Die Breite der Forschung zur Einbettung wirtschaftlichen Handelns in soziale Kontexte wird im Folgenden an Hand der grundlegenden Frage nach Formen der wirtschaftlichen Integration näher beleuchtet. Mit wirtschaftlicher Integration ist die Weise gemeint, in der Gesellschaften durch ihre Versorgung mit materiellen Gütern dauerhaft stabilisiert werden.

Wirtschaftliche Integrationsformen

Karl Polanyi (1979 [1957]: 219) hat analytisch zwischen drei „Formen der Integration" unterschieden, die einer Wirtschaft „Geschlossenheit und Stabilität" verleihen: *Reziprozität*, *Marktaustausch* und *Redistribution*. Sie sind Ausdruck je spezifischer sozialer Beziehungsstrukturen (siehe Tabelle 1).

Tabelle 1: Wirtschaftliche Integrationsformen im gesellschaftlichen Kontext (nach Polanyi 1979 [1957])

Integrationsform	Beziehungs-struktur	Institutionelle Ausprägung	Gerechtigkeits-kriterium
Reziprozität	Symmetrie	Netzwerk/Familie	Bedarf
Marktaustausch	Anonymität	Markt	Leistung
Redistribution	Hierarchie	Staat	Gleichheit

Für *Reziprozität* ist ein Geben und Nehmen zwischen den Beteiligten charakteristisch. Die Tauschpartner betrachten sich wechselseitig als Gleiche und stehen in einer unmittelbaren sozialen Beziehung zueinander. Die Gabe erzeugt beim Empfänger die Verpflichtung zu einer Erwiderung. Die allgemeine Anerkennung dieser Verpflichtung bindet eine Gesellschaft zusammen (Mauss 1968 [1925]). Zum Beispiel könnte die in der Einleitung genannte Tante von ihrer Nichte erwarten, dass diese ihr im Gegenzug zum verliehenen Kredit beim Einkaufen hilft. Diese Erwartung einer Verpflichtung der Studentin gegenüber ihrer Tante könnte von anderen Familienmitgliedern geteilt werden.

Marktaustausch ist der Tausch Güter gegen Güter oder Geld, wobei der Tausch keine sozialen Beziehungen voraussetzt, sondern sich ausschließlich am Preis orientiert. Der Preis bildet sich durch den Vergleich mit anderen Güter- oder Zahlungsangeboten. Diese Entkoppelung von Handlung und Person führt zu einer massiven Effizienzsteigerung des Austausches, weil er keine in die Zukunft weisende persönliche Verpflichtung erzeugt. Im Beispiel verlangt die Bank die Zahlung von Zinsen, nach Rückzahlung des Kredits sind sämtliche Forderungen getilgt. Voraussetzung für das Funktionieren des anonymen Austausches am Markt ist jedoch die Existenz eines institutionellen Rahmens, der hinreichende Rechtssicherheit schafft, um die durch das Fehlen sozialer Integration hervorgerufene Unsicherheit über das Verhalten des Tauschpartners zu kompensieren (North 1990). Die Bank und die Studentin würden einen Vertrag abschließen, in dem Rechte und Pflichten festlegt sind, die von beiden Seiten gerichtlich einklagbar sind und notfalls über staatliche Zwangsmaßnahmen durchgesetzt werden.

Redistribution ist schließlich eine Form der Integration, die Ungleichheit innerhalb einer definierten Gruppe ausgleicht, indem die Reicheren den Ärmeren etwas abgeben. Zum Beispiel könnte in der oben angesprochenen finanziellen Notlage der Studentin ein Familienrat entscheiden, dass alle reicheren Familienmitglieder ihr eine bestimmte Geldsumme schenken, damit sie ihr Studium rasch abschließen kann. Da die Gesellschaft insgesamt vom sozialen Frieden profitiert, den Umverteilung induziert (die Familie könnte sonst damit konfrontiert sein, dass die Studentin sich selbst in den Geldtaschen anderer Familienmitglieder bedient), aber jeder einzelne Besitzende ungern selbst etwas abgibt, erfordert Redistribution die Existenz einer Zentralgewalt wie den Staat (De Swaan 1988). Darüber hinaus schafft eine Zentralgewalt Kollektivgüter, wie ein allgemein zugängliches Gesundheitssystem oder eine Verkehrsinfrastruktur, die ohne verpflichtende Abgaben nicht realisiert werden könnten.

In den drei Integrationsformen dominieren unterschiedliche Gerechtigkeitsprinzipien. In der philosophischen Diskussion werden in der Regel drei Prinzipien unterschieden: Bedarf, Leistung und Gleichheit (Sen 2009). In auf Reziprozität basierenden persönlichen Beziehungsnetzwerken orientiert sich die Bestimmung dessen, was als gerechter Anteil angesehen wird, am persönlichen Bedarf der Mitglieder. Es ist genau die durch persönliche Bekanntschaft erzeugte Nachvollziehbarkeit der vom Einzelnen behaupteten Bedarfe, die eine Einigung über dieses Kriterium ermöglicht. In der Anonymität des Marktes hingegen zählt nur die am Markt angebotene Leistung: Der Preis, den ein/e Käufer/in gewillt ist für eine Ware zu zahlen, hängt vom Nutzen ab, den die Ware im Vergleich zu konkurrierenden Angeboten für den/die Käufer/in hat. Die staatliche Organisation der Redistribution orientiert sich am Prinzip der Gleichheit der BürgerInnen, aus dem zum Beispiel ein Mindestmaß an Unterhaltssicherung abgeleitet werden kann.

Exkurs: Analytische Perspektiven

Die Forschung zu diesen Themen setzt zum einen bei der Frage nach den Wirkmechanismen der Integrationsformen an. Ein wichtiges Instrument zur Analyse interdependenter Handlungen und zwischenmenschlicher Interaktionen ist die Spieltheorie. Ausgehend von der Annahme, dass Menschen ihre Präferenzen kennen und reihen können, identifiziert die Spieltheorie Handlungsoptionen und deren Konsequenzen unter Berücksichtigung der Tatsache, dass die individuelle Zielerreichung von den Handlungen anderer abhängig ist (Diekmann 2009). Da die empirische Welt allerdings zu komplex ist, um das Wirken der spieltheoretisch modellierten sozialen Mechanismen in Reinform beobachten zu können, folgt diese Forschungsrichtung seit einigen Jahren dem Beispiel der Naturwissenschaften und geht verstärkt experimentell vor (Diekmann 2008; Fehr/Gintis 2007). Ziel ist es, die Modelle durch umfassende Kontrolle des Kontextes und gezielte Variation der gesetzten Handlungsrahmen auf ihre Fähigkeit zu prüfen, zwischenmenschliche Interaktionsprozesse zu beschreiben. Präferenzen werden dabei durch monetäre Auszahlungen induziert, deren Höhe sowohl von den Entscheidungen des Probanden als auch von jenen der anderen Teilnehmer am Experiment abhängt.

Ein klassisches spieltheoretisch motiviertes Experiment ist das Ultimatum-Spiel: Einem Teilnehmer/einer Teilnehmerin wird eine Geldsumme zur Verfügung gestellt und er/sie erhält die Anweisung, einen selbst zu bestimmenden Anteil zwischen 0 und 100 Prozent einem/einer anderen, anonymen Teilnehmer/in anzubieten. Der/die andere Teilnehmer/in hat anschließend die Möglichkeit, das Angebot anzunehmen, wodurch die vorgeschlagene Aufteilung vorgenommen wird, oder abzulehnen, wodurch beide Teilnehmer/innen nichts bekommen. Die spieltheoretische Erwartung rationalen, individuell nutzenmaximierenden Handelns ist, dass der minimal mögliche Betrag angeboten wird und dieser auch angenommen wird. Experimentell hat sich allerdings gezeigt, dass meistens ein Betrag zwischen etwa 30 und 50 Prozent angeboten wird und Angebote unter 20 Prozent in der Regel abgelehnt werden. Diese Befunde waren außerordentlich bedeutsam für die Einbeziehung von sozialen Präferenzen und Reziprozität in die spieltheoretische Modellierung wirtschaftlicher Prozesse (Camerer 2003).

Zum anderen werden die Voraussetzungen und Bedingungen, unter denen verschiedene Integrationsformen zum Tragen kommen, sowie die konkreten empirischen Ausprägungen der damit einhergehenden gesellschaftlichen Strukturen untersucht. Diese Analysen bedienen sich des klassischen Repertoires sozialwissenschaftlicher Methoden, die hier nicht näher zu beschreiben sind. Diese zwei Perspektiven werden im Folgenden für jede der drei Integrationsformen näher erläutert.

3.1   Reziprozität

Die allgegenwärtige Existenz von Reziprozität in menschlichen Interaktionen ist eines der profundesten Ergebnisse experimenteller Forschung (Fehr/Gintis 2007; Molm et al. 2007). Menschen neigen dazu, Gleiches mit Gleichem zu vergelten. Bei wechselseitig positiven Erfahrungen entstehen Prozesse zunehmender sozialer Nähe. Andererseits führen negative Erfahrungen mit einer Person dazu, sich selbst nicht kooperativ zu verhalten, was zu einer dauerhaften Entfremdung führen kann. Um beispielsweise nur auf den eigenen Vorteil bedachte Menschen zu bestrafen, sind Menschen bereit, Kosten auf sich zu nehmen, wobei es gewisse kulturelle Variationen gibt, wie auf der Grundlage des oben angesprochenen Ultimatum-Spiels gezeigt wurde (Henrich et al. 2004). Negative Reziprozität ist ein zentraler Faktor bei der Etablierung und Geltung von Normen, da sie die Wahrscheinlichkeit der Sanktionierung von abweichendem Verhalten erhöht. Dies lässt sich am Beispiel der Nutzung von Gemeinschaftsgütern gut nachvollziehen: Eines der zentralen Probleme der modernen Welt ist die übermäßige Nutzung natürlicher Ressourcen wie Wasser, Rohstoffe oder Fischbestände. Jede/r hat einen Anreiz, die Ressource möglichst intensiv zu nutzen, wodurch die Ressource vernichtet wird und der Gesellschaft die Lebensgrundlage entzogen wird. Zum Beispiel wird der Untergang der Maya-Kultur in Mittelamerika und der Osterinsel im Pazifischen Ozean auf die Vernichtung der eigenen Lebensgrundlage zurückgeführt (Diamond 2011). Experimente haben gezeigt, dass die Möglichkeit, sich gegenseitig für unsoziales Verhalten zu bestrafen, eine wesentliche Grundlage nachhaltigen Wirtschaftens ist (Ostrom et al. 1994).

Vertrauen spielt für viele reziproke Beziehungen eine zentrale Rolle. Dynamiken der Vertrauensbildung lassen sich in Experimenten nachweisen. Ein Vertrauensvorschuss, wie zum Beispiel die Hinterlegung eines Pfandes oder die Überlassung einer Geldsumme, wird in der Regel nicht missbraucht (Berg et al. 1995). Soziologische Beiträge zur Analyse dieser Frage gehen von der Einbettung sozialer Interaktionen in Netzwerkstrukturen aus und analysieren die Implikationen der Berücksichtigung dieses sozialen Kontextes auf die Erwartungen aus spieltheoretischen Modellen. Es zeigt sich zum Beispiel, dass die Verhandlungsmacht, und daraus folgend die Verhandlungsergebnisse, von der Position der Beteiligten im größeren Netzwerk abhängen, da diese bestimmt, welche Alternativen ein/e Spieler/in zum Austausch mit einem/einer anderen Spieler/in hat (Braun/Gautschi 2006). Der Aufbau einer Reputation der Vertrauenswürdigkeit ist wesentliche Voraussetzung dafür, dass ein Wirtschaftsakteur langfristig als Partner anerkannt wird (Buskens 1998).

Im Alltag finden wirtschaftliche Transaktionen in fluiden, nur zum Teil überschaubaren Kontexten statt, ein Umstand der letztlich zu einer fundamentalen Unsicherheit der Akteure über die Bedingungen und Wirkungen ihres Handelns führt. Die Einbettung wirtschaftlicher Handlungen in institutionelle, sozialstrukturelle und kulturelle Makrostrukturen reduziert die Komplexität von Entscheidungssituationen, ohne die ihnen innewohnende Unsicherheit jedoch gänzlich aufzuheben (Beckert 2009). Die Erforschung von Netzwerken als Form der gesellschaftlichen Integration, die auf persönlichen, reziproken Beziehungen beruht, war einer der Katalysatoren der Entwicklung der neuen Wirtschaftssoziologie. Zum Beispiel erweisen sich Beziehungen außerhalb des unmittelbaren Freundes- und Bekanntenkreises als außerordentlich nützlich bei der Suche nach einem Arbeitsplatz (Granovetter 1973). Oder es zeigt sich, dass die Bildung einer Verbindung zwischen zwei eng vernetzten Gruppen eine Machtposition zur Folge hat, da diese Position mit der Kontrolle des Austausches von Informationen oder Gütern zwischen den Gruppen einher geht (Burt 1992).

Der Aufbau dauerhafter, auch durch persönliche Kontakte unterfütterter Austauschbeziehungen, in denen die individuelle Gewinnorientierung durch die Berücksichtigung der Bedarfe anderer Akteure begrenzt wird, lässt sich in vielen Bereichen der Wirtschaft beobachten (Mützel 2008). Dies ist das Gemeinsame an so unterschiedlichen Phänomenen wie dem Aufstieg des Silicon Valley zum Zentrum der Halbleiterindustrie, dem Erfolg kleiner, hochgradig spezialisierter und dennoch flexibler Unternehmen in der norditalienischen Bekleidungsindustrie oder der Entstehung des Autoclusters Steiermark. In den *Creative Industries*, wie zum Beispiel der Kultur- und die Werbebranche, sind formale Austauschbeziehungen in der Regel temporär und projektbezogen. Kontinuität wird durch persönliche Netzwerke geschaffen, über welche der Zugang zu und die Beteiligung an neuen Projekten erworben wird, wobei Reputation eine zentrale Ressource darstellt.

3.2   Marktaustausch

Die experimentelle Ökonomie hat in vielfältiger Weise gezeigt, wie sich die Organisation eines Marktes, Marktstrukturen und Machtverteilungen auf die Preisbildung sowie auf Anpassungsdynamiken auswirken (Plott/Smith 2008). Ihre Befunde werden heute als Grundlage für die Ausgestaltung von Märkten genutzt. Zum Beispiel beruhen Allokationsmodelle für Nierentransplantationen, Jobmärkte für JungakademikerInnen sowie Zuteilungssysteme von SchülerInnen und Schulen auf experimentell geprüften Regelwerken (Roth 2008).

Für die Wirtschaftssoziologie ist die Frage zentral, wie sich die konkreten Prozesse auf einem Markt durch die spezifischen institutionellen und kulturellen Kontextbedingungen erklären lassen (Beckert et al. 2007). Preise ergeben sich dann aus dem Zusammenspiel von Angebot und Nachfrage am Markt, wenn die Einbettung in soziale Makrostrukturen konstant gehalten wird. Institutionen beeinflussen Marktpreise zum Beispiel durch die Setzung von Qualitätsstandards, durch Mindestlöhne oder durch wettbewerbsrechtliche Bestimmungen zur Verhinderung von Monopolen. Besonderes Augenmerk galt in den letzten Jahren den Strukturen des Arbeits- und des Finanzmarktes oder dem Einfluss kultureller Faktoren auf individuelle Präferenzen (Smelser/Swedberg 2005b). Zum Beispiel wird der Preis von Wein durch ästhetische Urteile von ExpertInnen bestimmt, an denen sich auch KonsumentInnen orientieren. Religiöse Motive, wie auch heute noch im islamischen Recht, beschränken das Kreditwesen oder begründen Vorbehalte gegenüber monetären Bewertungen, wie zum Beispiel eines Menschenlebens, in Versicherungen. Auf gesamtgesellschaftlicher Ebene wird die Bedeutung des gesellschaftlichen Kontextes für die Herausbildung spezifischer Koordinationsformen marktwirtschaftlicher Prozesse im *Varieties of Capitalism*-Ansatz beschrieben (Hall/Soskice 2001).

Dieser Ansatz versucht, die Diversität konkreter Ausprägungen kapitalistischer Wirtschaftssysteme zu beschreiben und zu ordnen. Auf der einen Seite stehen liberale Marktökonomien, wie die USA oder Großbritannien. In diesen Ländern finanzieren sich Unternehmen vor allem über den Aktienmarkt, Informationen werden über öffentliche Bewertungssysteme von *Rating*-Agenturen vermittelt, *Human Resource Management* gestaltet die Beziehungen zwischen Unternehmen und Beschäftigten, die Entlohnungsstruktur ist stark individualisiert und das Ausbildungssystem ist in Schulen organisiert. Das Gegenmodell ist jenes der koordinierten Marktökonomie, deren vorrangige Beispiele Deutschland und Österreich sind. Die Unternehmensfinanzierung beruht stärker auf langfristigen Krediten, die durch Überkreuzbeteiligungen zwischen Unternehmen und Banken informativ abgesichert werden. Ein ausgebautes Betriebsrätewesen und starke Gewerkschaften in einem umfassenden Tarifsystem koordinieren die Beziehungen zwischen ArbeitgeberInnen und ArbeitnehmerInnen und das Ausbildungssystem beruht auf einer Kombination aus Schule und Lehrlingswesen.

3.3   Redistribution

Die Mikroanalyse von Prozessen der Redistribution verlagert den Analyseschwerpunkt auf den Einigungsprozess in organisierten Gruppen. Gegenstand der Forschung ist zum einen die Bereitschaft der Gruppenmitglieder, sich an Redistribution zu beteiligen, und zum anderen der Effekt verschiedener Verfahrens- und Entscheidungsregeln auf das im Kollektiv beschlossene Ausmaß der Umverteilung. Hinsichtlich der Präferenzen deuten die experimentellen Befunde auf eine vorherrschende Gerechtigkeitsvorstellung hin, die eine Mindestsicherung mit der Akzeptanz einer leistungsabhängigen Mehrausstattung kombiniert (Frohlich/Oppenheimer 1993; Traub et al. 2005). Bildlich gesprochen: „Society lays a modest table at which all can sup and a high table at which the deserving can feast" (Boulding 1962: 83).

Redistribution findet heute primär im Rahmen des Nationalstaates statt. Im System der Arbeitsbeziehungen wird zwischen ArbeitgeberInnen und Gewerkschaften über die Verteilung des erwirtschafteten Gewinns verhandelt. Zwischen den Ländern bestehen erhebliche Unterschiede im Hinblick auf die Organisationsstruktur der Gewerkschaften und Arbeitgeberverbände sowie die Gestaltung der Tarifbeziehungen (Traxler et al. 2001). Das österreichische System der Sozialpartnerschaft ist ein ausgeprägtes Koordinationsmodell, bei dem sowohl Gewerkschaften als auch Arbeitgeberverbände in jeweils einem Dachverband integriert sind und Löhne und Gehälter von Branchenverbänden auf sektoraler Ebene verhandelt werden. Die gesetzliche Arbeitsregulierung erfolgte bis in die 2000er Jahre hinein unter weitgehender Einbeziehung der Verbände (Tálos 2006). Dem gegenüber steht das pluralistische Modell angelsächsischer Prägung mit schwachen, zersplitterten Gewerkschaften, weitgehend unkoordinierter betrieblicher Aushandlung von Löhnen und Gehältern und geringem, punktuellem Einfluss der Gewerkschaften auf die Rahmengesetzgebung. In Zuge der zunehmenden Dominanz des Dienstleistungssektors in europäischen Wirtschaften, des Anstiegs des durchschnittlichen Ausbildungsniveaus und der Individualisierung von Beschäftigungsverhältnissen ist ein starker Mitgliederschwund der Gewerkschaften zu beobachten (Visser 2012). Gleichzeitig erlaubt der Wegfall von Handelsbeschränkungen insbesondere seit der Transition zentral- und osteuropäischer Länder Unternehmen, eine Politik der globalen Standortoptimierung vorzunehmen, die Beschäftigte unter zusätzlichen Wettbewerbsdruck bringt und Betriebsräten weitgehende Zugeständnisse bei der Gestaltung der Arbeitsbedingungen abringt.

Als ergänzender Umverteilungsmechanismus wurde im Laufe des 20. Jahrhunderts der Wohlfahrtsstaat eingerichtet. Im engeren Sinn als Sozialstaat zielt dieser auf die Absicherung von Risiken wie Krankheit, Arbeitslosigkeit und Altersarmut durch die Kollektivierung der individuellen Kosten im Rahmen von Versicherungssystemen (Bismarck-Modell) oder steuerfinanzierten Modellen (Beveridge-Modell) (Schmid 2002). Im weiteren Sinn inkludiert er auch die öffentliche Bereitstellung von Dienstleistungen wie ein allgemein zugängliches, kostenloses Schulwesen, dessen Finanzierung aus öffentlichen Mitteln eine Umverteilung impliziert. Unterscheiden lassen sich länderspezifische Ausprägungen des Wohlfahrtsstaates anhand des Ausmaßes, in dem Rechtsansprüche auf Versorgung bestehen, die Betroffene vom Arbeitsmarkt unabhängig machen (Dekommodifizierung) und ihnen den Erhalt ihres gesellschaftlichen Status erlauben (Stratifizierung). In Bezug auf diese zwei Dimension lassen sich unterschiedliche Welten des Wohlfahrtskapitalismus unterscheiden (Esping-Andersen 1990): Das hauptsächlich in Skandinavien etablierte sozialdemokratische Modell wird durch einen universellen Sozialstaat mit großzügigen öffentlich finanzierten Leistungen und umfassender Betreuung charakterisiert. Der in Kontinentaleuropa beheimatete konservative Wohlfahrtsstaat auf der Grundlage von Sozialversicherungssystemen legt großen Wert auf Statuserhalt. Das in der angelsächsischen Welt vorherrschende liberale Modell beschränkt sich entsprechend der marktliberalen Ideologie auf eine bedürftigkeitsgeprüfte Minimalabsicherung. Mit dem Ende des „Goldenen Zeitalters" des Wohlfahrtsstaates und der zunehmenden staatlichen Verschuldung wird in vielen Ländern heute versucht, im Hinblick auf die steigenden Kosten das Wachstum der öffentlichen Leistungen einzuschränken.

4   Aktuelle Forschung in Österreich

Am Institut für Soziologie an der Karl-Franzens-Universität Graz stehen insbesondere Themen wie Finanzmärkte und moderner Kapitalismus, Prekarisierung von Arbeit, sowie soziale und wirtschaftliche Ungleichheiten, auch im internationalen Vergleich, im Zentrum des Interesses. Das Institut für Soziologie der Alpen-Adria-Universität Klagenfurt führt Wirtschaftssoziologie als eines der übergreifenden Forschungsthemen des Instituts, wobei vor allem Fragen zum Unternehmertum und Wettbewerb im Zentrum stehen. Zur Transformation industriegesellschaftlicher Ökonomien im Hinblick auf den Wandel von dienstleistungs- und wissensbasierten Arbeits- und Produktionssystemen wird am Institut für Soziologie an der Johannes-Kepler-Universität Linz geforscht. Am Institut für Soziologie an der Wirtschaftsuniversität Wien stehen Institutionen und Organisationen der Wirtschaft, Fragen zu Gender und Karriere, sowie die Entwicklungs- und Ideengeschichte der Wirtschaftssoziologie im Fokus. Am Institut für Soziologie und am Institut für Wirtschaftssoziologie der Universität Wien wird zu Arbeitsmarkt und Arbeitsmarktinstitutionen sowie zu Fragen der experimentellen Wirtschaftssoziologie geforscht.

5   Anwendungsbezug

Das Verständnis der Mechanismen der sozialen Interaktion auf Märkten und in Organisationen, das auf der Ebene der theoriegeleiteten experimentellen Grundlagenforschung erzeugt wird, erlaubt es, Strukturen in einer Weise zu gestalten, die dadurch bekannte Dysfunktionalitäten vermeidet. Empirisch fundierte wirtschaftssoziologische Erkenntnisse zielen hingegen auf die Darstellung der konkreten Bedingungen, unter denen wirtschaftliche Prozesse stattfinden. Die beiden Perspektiven auf wirtschaftliche Phänomene – mit Fokus auf die Interaktionen selbst und auf ihre Rahmenbedingungen – ergänzen sich im Hinblick auf die Erzeugung eines besseren Verständnisses der Funktionsweise unserer heutigen Gesellschaft.
Im Wettbewerb mit der Ökonomie hat es die Wirtschaftssoziologie jedoch schwer, Gehör für ihr Wissen zu finden. Zum Beispiel erwies sich der ambitionierte Versuch des Direktors des Max-Planck-Instituts für Gesellschaftsforschung, Wolfgang Streeck, im Rahmen der „Arbeitsgruppe Benchmarking" die politischen Verhandlungen zur Reform des deutschen Wohlfahrtsstaates nach dem Wahlsieg Gerhard Schröders in Jahr 1998 wirtschaftssoziologisch zu flankieren (Eichhorst et al. 2001), als aussichtsloses Unterfangen (Streeck 2003). Wie bei anderen soziologischen Teildisziplinen liegt die Stärke der Wirtschaftssoziologie im Aufzeigen von Entwicklungen und ihrer gesellschaftlichen Bezüge (Streeck 2009). Über die Beschreibung der Strukturen und Dynamiken moderner Wirtschaftssysteme bietet die Wirtschaftssoziologie Grundlagenwissen in der Form von „Gegenwartsdiagnosen" zur öffentlichen gesellschaftlichen Selbstreflexion aktueller Entwicklungen.
Insofern wird die Wirtschaftssoziologie keine unmittelbaren Verhaltensanweisungen für wohnungs- oder arbeitsuchende oder um Geld verlegene Studierende anbieten können. Jedoch liefert die Wirtschaftssoziologie Erkenntnisse über die

gesellschaftlichen Bedingungen und die gesellschaftlichen Folgewirkungen wirtschaftlicher Prozesse, die dazu beitragen können, die politische Frage nach der Wünschbarkeit von Entwicklungen zu beantworten. Insofern liefert sie einen Beitrag zur Selbstkritikfähigkeit der Gesellschaft. Inwiefern die Wirtschaftssoziologie sich selbst an der öffentlichen Beurteilung solcher Entwicklungen beteiligen soll, ist eine Frage, die von verschiedenen VertreterInnen der Teildisziplin unterschiedlich beantwortet wird.

Literatur

1. Einführungsliteratur

Braun, Norman; Keuschnigg, Marc; Wolbring Tobias, 2012: Wirtschaftssoziologie. Band 1: Grundzüge, Band 2: Anwendungen, München: Oldenbourg.

Maurer, Andrea (Hg.), 2008: Handbuch der Wirtschaftssoziologie. Wiesbaden: Verlag für Sozialwissenschaften.

Mikl-Horke, Gertraude, 2008: Sozialwissenschaftliche Perspektiven der Wirtschaft. München: Oldenbourg.

Portes, Alejandro, 2010: Economic Sociology. A Systematic Inquiry. Princeton: Princeton University Press.

Swedberg, Richard, 2008: Grundlagen der Wirtschaftssoziologie. Wiesbaden: Verlag für Sozialwissenschaften.

2. Weitere zitierte Literatur

Beckert, Jens, 2009: Koordination und Verteilung. Zwei Ansätze der Wirtschaftssoziologie. In: Nissen, Sylke; Vobruba, Georg (Hg.), Die Ökonomie der Gesellschaft. Festschrift für Heiner Ganßmann. Wiesbaden: Verlag für Sozialwissenschaften, 17–34.

Beckert, Jens; Diaz-Bone, Rainer; Ganßmann, Heiner (Hg.), 2007: Märkte als soziale Strukturen. Frankfurt/M.: Campus.

Berg, Joyce; Dickhaut, John; Mccabe, Kevin, 1995: Trust, Reciprocity, and Social History. Games and Economic Behavior, 1995, Vol. 10, No. 1, 122–142.

Boulding, Kenneth E., 1962: Social Justice in Social Dynamics. In: Brandt, Richard (ed.), Social Justice. Englewood Cliffs: Prentice Hall, 73–92.

Braun, Norman; Gautschi, Thomas 2006: A Nash Bargaining Model for Simple Exchange Networks. Social Networks, 2006, Vol. 28, No. 1, 1–23.

Burt, Ronald S., 1992: Structural Holes. The Social Structure of Competition. Cambridge, Mass.: Harvard University Press.

Buskens, Vincent, 1998: The Social Structure of Trust. Social Networks, 1998, Vol. 20, No. 3, 265–289.

Camerer, Colin F., 2003: Behavioral Game Theory. Experiments in Strategic Interaction. Princeton: Princeton University Press.

De Swaan, Abraham, 1988: In Care of the State. Health Care, Education and Welfare in Europe and the USA in the Modern Era. Cambridge: Polity Press.

Diamond, Jared, 2011: Kollaps. Warum Gesellschaften überleben oder untergehen. 2. Auflage, Frankfurt/M.: Fischer.

Diekmann, Andreas, 2008: Soziologie und Ökonomie. Der Beitrag experimenteller Wirtschaftsforschung zur Sozialtheorie. Kölner Zeitschrift für Soziologie und Sozialpsychologie, 2008, Jg. 60, Heft 3, 528–550.

Diekmann, Andreas, 2009: Spieltheorie. Einführung, Beispiele, Experimente. Reinbek: Rowohlt.

Durkheim, Emile, 1992 [1902]: Über soziale Arbeitsteilung. Studie über die Organisation höherer Gesellschaften. Frankfurt/M.: Suhrkamp.

Eichhorst, Werner; Profit Stefan; Thode, Eric, 2001: Benchmarking Deutschland. Arbeitsmarkt und Beschäftigung. Bericht der Arbeitsgruppe Benchmarking und der Bertelsmann Stiftung. Berlin: Springer.

Esping-Andersen, Gosta, 1990: The Three Worlds of Welfare Capitalism. Cambridge: Polity Press.

Fehr, Ernst; Gintis, Herbert, 2007: Human Motivation and Social Cooperation. Experimental and Analytical Foundations. Annual Review of Sociology, 2007, Vol. 33, 43–64.

Frohlich, Norman; Oppenheimer, Joe, 1993: Choosing Justice. An Experimental Approach to Ethical Theory. Ewing: University of California Press.

Granovetter, Mark, 1985: Economic Action and Social Structure. The Problem of Embeddedness. American Journal of Sociology, 1985, Vol. 91, No. 3, 481–510.

Granovetter, Mark, 1973: The Strength of Weak Ties. American Journal of Sociology, 1973, Vol. 78, No. 6, 1360–1380.

Hall, Peter A.; Soskice, David (eds.), 2001: Varieties of Capitalism. The Institutional Foundations of Comparative Advantage. Cambridge: Cambridge University Press.

Henrich, Joseph; Boyd, Robert; Bowles, Samuel; Camerer, Colin; Fehr, Ernst; Gintis, Herbert, 2004: Foundations of Human Sociality. Economic Experiments and Ethnographic Evidence from Fifteen Small-Scale Societies. Oxford: Oxford University Press.

Luhmann, Niklas, 1988: Die Wirtschaft der Gesellschaft. Frankfurt/M.: Suhrkamp.

Marx, Karl, 1971 [1859]: Zur Kritik der Politischen Ökonomie (MEW, Band 13). Berlin: Dietz.

Mauss, Marcel, 1968 [1925]: Die Gabe. Die Form und Funktion des Austauschs in archaischen Gesellschaften. Frankfurt/M.: Suhrkamp.

Mikl-Horke, Gertraude, 1999: Historische Soziologie der Wirtschaft. Wirtschaft und Wirtschaftsdenken in Geschichte und Gegenwart. München: Oldenbourg.

Molm, Linda D.; Collett, Jessica L.; Schaefer, David R., 2007: Building Solidarity through Generalized Exchange: A Theory of Reciprocity. American Journal of Sociology, Vol. 113, No. 1, 205–242.

Mützel, Sophie, 2008: Netzwerkperspektiven in der Wirtschaftssoziologie. In: Maurer, Andrea (Hg.), Handbuch der Wirtschaftssoziologie. Wiesbaden: Verlag für Sozialwissenschaften, 185–206.

North, Douglass C., 1990: Institutions, Institutional Change and Economic Performance. Cambridge: Cambridge University Press.

Ostrom, Elinor; Walker, James; Gardner, Roy, 1994: Rules, Games, and Common Pool Resources. Ann Arbor: Michigan University Press.

Parsons, Talcott; Smelser, Neil J., 1957: Economy and Society. A Study in the Integration of Economic and Social Theory. London: Routledge.

Plott, Charles A.; Smith, Vernon, 2008: Handbook of Experimental Economics Results. Volume I. Amsterdam: North-Holland.

Polanyi, Karl, 1978: The Great Transformation. Politische und ökonomische Ursprünge von Gesellschaften und Wirtschaftssystemen. Frankfurt/M.: Suhrkamp.

Polanyi, Karl, 1979 [1957]: Die Wirtschaft als eingerichteter Prozeß. In: Ders. (Hg.), Ökonomie und Gesellschaft. Frankfurt/M.: Suhrkamp, 219–244.

Roth, Alvin E., 2008: What Have We Learned From Market Design? Economic Journal, 2008, Vol. 118, No. 527, 285–310.

Schmid, Josef, 2002: Wohlfahrtsstaaten im Vergleich. Opladen: Leske + Budrich.

Sen, Amartya, 2009: The Idea of Justice. Cambridge, Mass: Belknap Press.

Smelser, Neil J.; Swedberg, Richard, 2005a: Introducing Economic Sociology. In: Smelser, Neil J.; Swedberg, Richard, (eds.), Handbook of Economic Sociology. 2nd edition, Princeton: Princeton University Press, 3–25.

Smelser, Neil J.; Swedberg, Richard (eds.), 2005b: Handbook of Economic Sociology. 2nd edition, Princeton: Princeton University Press.

Smith, Adam, 1999 [1789]: Der Wohlstand der Nationen. Eine Untersuchung seiner Natur und seiner Ursachen. München: dtv.

Streeck, Wolfgang, 2003: No Longer the Century of Corporatism. Das Ende des 'Bündnisses für Arbeit'. MPIfG Working Paper.

Streeck, Wolfgang, 2009: Man weiß es nicht genau. Vom Nutzen der Sozialwissenschaften für die Politik. MPIfG Working Paper.

Swedberg, Richard, 2008: Die neue Wirtschaftssoziologie und das Erbe Max Webers. In: Maurer, Andrea (Hg.), Handbuch der Wirtschaftssoziologie. Wiesbaden: Verlag für Sozialwissenschaften, 45–61.

Tálos, Emmerich, 2006: Sozialpartnerschaft. In: Dachs, Herbert; Gerlich, Peter; Gottweis, Herbert; Kramer, Helmut; Lauber, Volkmar; Müller, Wolfgang C.; Tálos, Emmerich (Hg.), Politik in Österreich. Wien: Manz, 425–442.

Traub, Stefan; Seidl, Christian; Schmidt, Ulrich; Levati, Maria V., 2005: Friedman, Harsanyi, Rawls, Boulding – or Somebody Else? An Experimental Investigation of Distributive Justice. Social Choice and Welfare, 2005, Vol. 24, No. 2, 283–309.

Traxler, Franz; Blaschke Sabine; Kittel, Bernhard, 2001: National Labour Relations in Internationalized Markets. A Comparative Study of Institutions, Change, and Performance. Oxford: Oxford University Press.

Visser, Jelle, 2012: The Rise and Fall of Industrial Unionism. Transfer. European Review of Labour and Research, 2012, Vol. 18, No. 2, 129–141.

Weber, Max, 1973 [1904]: Die protestantische Ethik und der Geist des Kapitalismus. In: Ders. (Hg.), Gesammelte Aufsätze zur Religionssoziologie I. Tübingen: J. C. B. Mohr, 17–206.

Weber, Max, 1980 [1921/22]: Wirtschaft und Gesellschaft. Grundriß der verstehenden Soziologie. Tübingen: Mohr.

3. Ausgewählte Fachzeitschriften

American Journal of Economics and Sociology

Journal of Socio-Economics

Socioeconomic Review

Wirtschaft und Gesellschaft

Work and Occupations

Wissenschaft

Ulrike Felt

> The ways in which we know and re-present the world (both nature and society) are inseparable from the ways we choose to live in it. Knowledge and its material embodiments are at once products of social work and constitutive of forms of social life. (Jasanoff 2004: 2–3)

1   Einleitung

Wissenschaft und Technik sind in den letzten Jahrzehnten nicht nur bis in die letzten Bereiche unserer Arbeits- und Lebenswelten vorgedrungen, sondern auch zu einem zentralen Element zukunftsorientierter politischer und ökonomischer Debatten avanciert. Die früher scheinbar klaren Grenzen zwischen Wissenschaft und anderen gesellschaftlichen Systemen werden zunehmend durchlässig, neue Formen geteilter Rationalitäten entstehen. Zum einen findet eine Verwissenschaftlichung von Gesellschaft statt. Immer häufiger sind wir aufgefordert, Entscheidungen zu treffen, bei denen wissenschaftlich-technisches Wissen bzw. wissenschaftliche Erklärungsmodelle eine wesentliche Rolle spielen. Dies wird besonders in öffentlichen Debatten über Gesundheit, gentechnisch veränderte Pflanzen, Klimawandel oder Energieversorgung (Stichwort: Kernenergie) und damit verbundene Chancen und Risiken deutlich. Zum anderen gewinnen gleichzeitig gesellschaftliche Werteordnungen und Logiken innerhalb der Wissenschaft an Bedeutung. Dies spiegelt sich etwa in einer Ökonomisierung der Diskurse über Universitäten wider – Wertschöpfung, Wissensbilanzen oder Humanressourcen gehören jetzt zum Vokabular, wenn es um die Beschreibung von Forschung geht.

Daher ist es nicht ausreichend, unsere Aufmerksamkeit auf Fragen, wie Wissenschaft und Technologien unsere Welt verändern, zu richten, sondern auch darauf, wie gesellschaftliche Werte und Normen in die Produktion von Wissen und Technologien einfließen. Die Wissenschaftsforschung geht also davon aus, dass Wissenschaft, Technologien und Gesellschaft sich immer in Wechselwirkung miteinander entwickeln und spricht daher von Ko-produktion oder Ko-evolution (Jasanoff 2004; Latour 1996; Nowotny et al. 2001). Wie Wissens- und Gesellschaftsordnungen miteinander verknüpft sind und wessen Werte sowohl in der Wissenschaft als auch der Gesellschaft zum Tragen kommen, rückt daher ins Zentrum des Forschungsinteresses. Damit werden weitverbreitete und gefestigte Ideale, wie die „Objektivität wissenschaftlichen Wissens" (Daston 2001) oder die „Wertfreiheit von Technologien" (Winner 1980), ebenso kritisch hinterfragt wie etablierte Vorstellungen von Wissenschaft bzw. Technik und ihr angemessener Platz in der Gesellschaft.

Für SozialwissenschaftlerInnen ist die Auseinandersetzung mit den vielschichtigen Beziehungen von Wissenschaft, Technologie und Gesellschaft aus zumindest zwei Gründen von Bedeutung: Sozialwissenschaften können dazu beitragen, die Prozesse der Ko-produktion in ihren unterschiedlichen Ausformungen besser zu verstehen und bei ihrer Gestaltung mitwirken. Es ist wesentlich, gesellschaftliche und soziale Veränderungen, die das Kerngeschäft sozialwissenschaftlicher Forschung darstellen, auch vor dem Hintergrund ihrer Beziehungen zu wissenschaftlichen und technologischen Entwicklungen neu zu deuten.

2   Eine Kurzgeschichte der Wissenschaftsforschung

Die Wissenschaftsforschung als interdisziplinäres sozialwissenschaftliches Forschungsfeld kann auf eine verzweigte Frühgeschichte in der ersten Hälfte des 20. Jahrhunderts verweisen. Neben Philosophie und Geschichtswissenschaft war diese auch von der Soziologie geprägt. So etwa von Max Weber (1972 [1917]) mit seinen Überlegungen zu Wissenschaft als Beruf oder Berufung; von Karl Mannheim (1929), der herausarbeitete, dass menschliches Denken und Erkennen immer von sozialen und historischen Lebenszusammenhängen geformt ist; von Robert Merton (1985 [1942]), der vor allem auf die soziale Organisation von Wissenschaft und die Bedeutung der Verknüpfung von Wissenschaft und Demokratie fokussierte.

Die grundlegende Ausrichtung des Feldes fand allerdings erst ab den späten 1960er Jahren statt, als im Rahmen der sozialen Bewegungen – Frauen-, Friedens- und Umweltbewegungen – auch Wissenschaft und die mit ihr verknüpften technologischen Entwicklungen in den kritischen gesellschaftlichen Blick rückten. Die Erforschung der Zusammenhänge zwischen Wissenschaft, Technologie und gesellschaftlichem Wandel avancierten dadurch zu einem wesentlichen Thema. Mit dem Vordringen von Wissenschaft in viele gesellschaftliche Bereiche war zu diesem Zeitpunkt die Diskrepanz zwischen dem klassischen Bild einer distanzierten, neutralen Wissenschaft und ihrer zunehmenden Verknüpfung mit politischen und ökonomischen Strukturen unmissverständlich deutlich geworden. Immer öfter wurde die Frage laut, welchen Nutzen die Gesellschaft aus aufwendigen Forschungsprogrammen ziehen würde, und welche potentiell negativen Auswirkungen wissenschaftlich-technischer Fortschritt mit sich bringen könnte.

Vor diesem Hintergrund beginnen systematische Forschungsanstrengungen und die universitäre Institutionalisierung der Wissenschaftsforschung – zunächst in den angelsächsischen Ländern, dann in den Niederlanden und in Nordeuropa und schließlich langsam auch in anderen europäischen Staaten. Sehr viel später (mit dem beginnenden 21. Jahrhundert) fasste die Wissenschaftsforschung im asiatischen Raum Fuß. Neben dieser allmählichen Etablierung an Universitäten sowie in größeren Forschungsprogrammen kam es in den 1970er Jahren zur Gründung einschlägiger Fachgesellschaften: die Sektion „Wissenschaftsforschung" der Deutschen Gesellschaft für Soziologie wurde 1974 gegründet, die internationale „Society for Social Studies of Science" 1975 und ein Jahr danach die „European Association for the Study of Science and Technology". Außerdem gibt es inzwischen eine ansehnliche Anzahl – überwiegend englischsprachiger – Fachzeitschriften, die stetig weiter zunimmt.

Für die aktuelle Situation der Wissenschaftsforschung lässt sich zusammenfassend eine institutionelle Etablierung des Faches festhalten – was nicht zuletzt dadurch bedingt ist, dass Wissenschaft als ein legitimer Untersuchungsgegenstand sozialwissenschaftlicher Forschung immer mehr an (gesellschafts-)politischer Bedeutung gewinnt. Weltweit gibt es mehrere hundert Einrichtungen, an welchen Wissenschafts- und Technikforschung betrieben wird, beziehungsweise STS (*Science and Technology Studies* oder *Science, Technology & Society*), wie die gebräuchlichere englische Fachbezeichnung lautet.

3   Wissenschaftsforschung: Überblick über zentrale Perspektiven

Will man die Wechselwirkungen von Wissenschaft und Gesellschaft analysieren, so bieten sich eine Fülle unterschiedlicher Zugänge an, deren Beschreibung den Rahmen dieses Beitrags sprengen. Im Folgenden werden deshalb vier zentrale Themenfelder herausgegriffen, und deren Fragen, ihre Relevanz und einige Forschungsergebnisse skizziert: (1) Strukturen kontemporärer Wissenschaft, (2) Wissenschaft als Praxis, (3) Wissen und Werte, (4) Wissenschaft und Demokratie. Im Zentrum der folgenden Überlegungen steht also vor allem Wissenschaft; nur in geringerem Ausmaß werden technologische Entwicklungen behandelt, wobei die beiden Bereiche keineswegs als trennbar betrachtet werden sollten.

3.1 Strukturen kontemporärer Wissenschaft

Wie ist das Wissenschaftssystem aufgebaut, in welche Richtung entwickelt es sich und welchen Einfluss hat dies auf das produzierte Wissen? Diese Frage gilt es zu klären, wenn man heutige Wissenschaft und ihren Platz in unserer Gesellschaft verstehen will.

Institutionen der Wissenschaft

Die Schaffung von wissenschaftlichen Institutionen, d.h. von eigenen Räumen, die nur der Forschung und dem Austausch von Wissen dienen, hatte vor allem das Ziel, Wissenschaft vor direkten gesellschaftlichen Eingriffen, etwa durch Staat und Kirche, zu schützen. Während diese institutionelle Abgrenzung wesentlich zum Erfolg der Wissenschaft beitrug, wirkte sie auch ausgrenzend. Das historisch eindringlichste Beispiel hierfür ist die Geschichte des Ausschlusses von Frauen aus der Wissenschaft, was bis heute sichtbare Spuren in Wissenschaft und Gesellschaft hinterlassen hat. Frauen konnten weder an der Orientierung der Forschung oder an der sozialen Ausgestaltung des Lebens in der Wissenschaft aktiv teilnehmen – typische Vorstellungen einer wissenschaftlichen Karriere sind daher stark männlich geprägt –, noch an der damit verbundenen Gesellschaftsgestaltung (Schiebinger 1995). Ausschluss findet aber oft wesentlich unsichtbarer – etwa entlang sozialer Zugehörigkeit – statt und muss daher immer im Fokus sozialwissenschaftlicher Wissenschaftsforschung bleiben.

Erfolgreiche Institutionalisierung und Wachstum der Wissenschaft führten zu Spezialisierung und Herausbildung von Disziplinen, die ab dem späten 19. Jahrhundert boomte. Disziplinen definieren relevante Fragen, Methoden und Theorien, an denen sich WissenschaftlerInnen in ihrer Wissensproduktion orientieren (müssen). Sie legen fest, was Qualität bedeutet und wie sich dies in Publikationen niederschlagen muss (Becher/Trowler 2001). Disziplinen sind also sehr mächtige Einheiten des Wissenschaftssystems. ‚Disziplinierung‘, so zeigen Forschungen, ist einerseits förderlich für eine rasche Wissenserzeugung und -verbreitung, jedoch gleichzeitig auch hinderlich, wenn komplexe Probleme verschiedene Herangehensweisen zur Lösung benötigen. Daher wird der Ruf nach mehr Integration unterschiedlicher Zugänge quer zu Disziplinen und einer Öffnung der Ausbildungsgänge laut. Unter den Schlagwörtern Inter- oder Transdisziplinarität[1] finden bisweilen hitzige Debat-

---

1   Interdisziplinarität beschreibt das Zusammenwirken verschiedener Disziplinen zur Lösung eines Problems. Transdisziplinarität beschreibt das Einbinden von praxisnahen, nicht-wissenschaftlichen AkteurInnen in die Forschung.

ten statt, wie das gegenwärtige Wissenschaftssystem offenere Formen der Wissensproduktion zulassen kann, um Antworten auf die großen Herausforderungen wie
Nachhaltigkeit, Altern, Klimawandel oder Epidemien liefern zu können (Nowotny
et al. 2001).

In den letzten Jahrzehnten wurden die existierenden universitären Strukturen zu-
nehmend hinterfragt, vor allem was ihre Reaktionsfähigkeit auf gesellschaftliche
Anforderungen anbelangt. Politische Antwort auf diese Frage war eine Fülle von
Reformen in diesem Bereich (siehe etwa die Gesetzesreformen österreichischer
Universitäten 1993 und 2002), deren Auswirkungen auf Wissenschaft und Gesell-
schaft es noch umfassend zu erforschen und zu beurteilen gilt.

Beruf oder Berufung

Im frühen 19. Jahrhundert wird die Universität zu einem Ort der Verknüpfung
von Forschung und Lehre (Humboldtsche Universitätsreform) und Forschung etabliert sich als Beruf. Man geht also davon aus, dass Forschen „gelernt" werden
kann und dass die Universität die zentrale Einrichtung zur Generierung des wissenschaftlichen Nachwuchses ist. Die in diesem Zusammenhang entstehenden Karri-
erevorstellungen und -strukturen führten dazu, dass nicht mehr ausschließlich die
Fähigkeiten/Kenntnisse Einzelner im Vordergrund standen, sondern es auch um
die Erfüllung formaler Einstellungsvoraussetzungen ging. Die Sozialisation in das
Wissenschaftssystem wird dabei als Prozess der Anpassung an die Lebens-, Denk-
und Arbeitsstrukturen der Wissenschaft gedacht, die bereits im Studium beginnt
und sich dann im Beruf fortsetzt (Merton 1985 [1942]; Bourdieu 1988).

Mit den graduellen Veränderungen der Forschungslandschaft im 20. Jahrhundert
wandelt sich wissenschaftliches Arbeiten zunehmend von dem, was von Max Weber als Berufung bezeichnet wurde, hin zu einem Beruf wie viele andere. Dies hat
gerade in den letzten Jahren dazu geführt, dass Karriereschemen neu gestaltet, die
Anstellungsverhältnisse kurzfristiger und mehr Kontrollmechanismen eingebaut
wurden (Felt/Fochler 2010). Gleichzeitig hat sich der Beruf „WissenschaftlerIn"
stark aufgefächert und nur ein sehr geringer Prozentsatz der Ausgebildeten bleibt
längerfristig im akademischen Kernbereich (geschätzte 3%). Zunehmend finden
wir ForscherInnen in sehr unterschiedlichen Berufsfeldern, an Schnittstellen zwischen Wissenschaft und Gesellschaft, in außeruniversitären Forschungseinrichtungen oder als KleinunternehmerInnen, die ihre Forschungsmittel selbst einwerben.
Dies wiederum wirft immer wieder Fragen der Ausbildung auf und verlangt ein
besseres Verständnis der wissenschaftlichen Arbeitswelten in und außerhalb der
akademischen Kerninstitutionen.

Wissenschaftliche Arbeit und ihre Finanzierung

Dies bringt uns nahtlos zum Wandel im Bereich der Forschungsförderung. In der zweiten Hälfte des 20. Jahrhunderts wird das extern finanzierte Forschungs*projekt* zum zentralen Organisationselement wissenschaftlichen Arbeitens. Dies hat nachhaltige Folgen für die Wissenschaft auf zumindest drei Ebenen: (1) Wissenschaftliches Arbeiten findet zunehmend in Form von Aneinanderreihungen von Projekten statt, was für (insbesondere junge) ForscherInnen in vielen Fällen das Aneinanderreihen von zeitlich begrenzten Verträgen bedeutet, wobei die Möglichkeit des weiteren wissenschaftlichen Arbeitens immer von der Durchsetzungsfähigkeit im Wettbewerb geprägt ist. (2) Es findet eine Strukturverschiebung statt: Die Zahl der permanenten, institutionell verankerten Stellen wird im Verhältnis zu den temporären Stellen immer geringer, was neue Formen des Arbeitens hervorbringt. (3) Erkenntnisinteressen müssen immer in Zeithorizonten eines Projektes gerahmt werden, d. h. Wissen muss in maximal drei bis fünf Jahren produziert werden können. Durch diese Form des Arbeitens wird von den ForscherInnen eine gewisse Form des Unternehmertums und der Risikobereitschaft gefordert, was wiederum eine Selektion derer, die in der Forschung bleiben, nicht nur nach wissenschaftlichen Kriterien hervorbringt.

Insgesamt kann man also für diesen Bereich festhalten, dass eine Analyse der Veränderungen innerhalb der Institutionen, Karrieren und Fördermöglichkeiten zum einen Aufschluss darüber gibt, welchen Platz Wissenschaft in der heutigen Gesellschaft hat, zum anderen aufzeigt, wie sehr Wissen von den Strukturen, in denen es erzeugt wird, geprägt ist.

3.2   Wissenschaft als Praxis

Was bedeutet Forschen als praktische Aktivität? Wie ist Erkenntnisproduktion im Forschungsalltag sozial organisiert? Wie setzt sich eine Erklärung/Erkenntnis gegenüber anderen durch?

Das Labor als Verhandlungsraum

Ethnographisch geschulte WissenschaftsforscherInnen begaben sich in den 1970er Jahren erstmals in Laboratorien, um dort die Praxis wissenschaftlichen Arbeitens zu untersuchen (Latour 1979; Knorr-Cetina 1984). Ziel war es, durch detaillierte Beobachtungen Aufschlüsse über die Erzeugung von naturwissenschaftlichen Tatsachen zu erhalten. Das überraschende Ergebnis dieser ersten „Laborstudien" war, dass den Alltag im Labor keine besondere Rationalität auszuzeichnen schien: Wissenschaftliche Logik und „Alltagslogik" schienen erstaunlich ähnlich zu sein. Darüber hinaus waren nahezu alle Dimensionen des Laborgeschehens Gegenstand von Aushandlungsprozessen und nicht rigide festgelegt, wie es eine Annahme von objektiver Forschung suggerieren würde. Verhandelt wurde über das, was es zu (unter)suchen galt, über die möglichen Methoden, über die Interpretation von Daten, darüber wann Datenmengen ausreichen, um etwas ‚beweisen' zu können, bis hin zu der Frage, ab wann etwas als ‚Fakt' gilt. Die meisten dieser Aushandlungsprozesse spielen somit bei der Erkenntnisproduktion eine mitbestimmende Rolle.

Diese Laborstudien haben mit Nachdruck gezeigt, dass es, wenn wir Wissenschaft verstehen wollen, nicht mehr nur darum gehen kann, sich mit publizierten Erkenntnissen auseinanderzusetzen, sondern, dass es wesentlich ist, den Prozess wissenschaftlichen Arbeitens in all seinen praxisbezogenen, alltäglichen Facetten zu begreifen.

Sichtbarmachen und Erzählen

Im Rahmen der Beschäftigung mit wissenschaftlichen Praktiken wurde insbesondere die Rolle des Sichtbarmachens von Forschungsergebnissen ins Zentrum der Aufmerksamkeit gerückt. Dabei geht es darum, wie Wissenschaft durch Instrumente Spuren von nicht direkt zugänglichen Phänomenen – seien diese in der Natur oder im Sozialen verortet – aufzeichnet und weiter aufbereitet. Da sowohl Forschungspraktiken als auch Kommunikation im Labor zu einem überwiegenden Anteil auf solchen Repräsentationen aufbauen, sind Untersuchungen über die komplexen Beziehungen zwischen den Untersuchungsobjekten und dem Sprechen/Schreiben über sie (Erzählformen von Wissenschaft) bzw. das Erzeugen von Visualisierungen von besonderer Bedeutung. In den letzten Jahren wurde großes Augenmerk auf letztere gelenkt um zu untersuchen, in welchen Prozessen diese hergestellt werden, welche Praxen damit einhergehen, und wie visuelle Darstellungen den spezifischen medialen Strukturen angepasst werden. Digitalisierung und Techniken der einfachen Verbreitung von Visualisierungen, wie etwa das Internet, haben in diesem Bereich immer wieder neue Fragen aufgeworfen, insbesondere danach, welchen Stellenwert Bilder in der Wissensproduktion und in der Wissenschaftskommunikation einnehmen (Burri/Dumit 2008). So fanden etwa in den USA hitzige Debatten darüber statt, wie Bilder von menschlichen Gehirnaktivitäten etwa in Gerichtsverfahren Eingang finden, aber auch die Selbst- und Fremdwahrnehmung von Menschen als gesund oder krank verändern können.

Ebenso haben Erzählformen durch eine wachsende und technologisch veränderte mediale Verbreitung von Wissenschaft (z. B. Twitter, Blogs) wieder an Aufmerksamkeit gewonnen.

3.3   Wissenswertes: Wissen und Werte

Die Frage nach den Werten, welche die ForscherInnen und ihre Arbeit leiten, sowie nach den Werten, die durch wissenschaftliches Wissen in der Gesellschaft realisiert werden, ist eine traditionelle Frage der Wissenschaftsforschung. Dieses Problemfeld wird in sehr unterschiedlicher Weise aufgegriffen.

Wissen und Technologien sind nicht neutral

Wie bereits eingangs erwähnt haben WissenschaftsforscherInnen kritisch Objektivität von Wissenschaft und Neutralität von Technologien hinterfragt und darauf verwiesen, dass Wissen und Technologien immer bestimmte Werte realisieren. Ob der gesunde Durchschnittsmensch mit Hilfe einer Ansammlung von Daten in der Medizin definiert wird, ob durch Gentests die Grenze zwischen ‚noch gesund‘ und ‚potentiell krank‘ neu gezogen wird, ob mittels Berechnungen im Rahmen von Klimamodellen akzeptable Grenzwerte für Umweltbelastungen festgemacht werden, oder ob ökonomische Modelle im Falle diagnostizierter Krisen dazu herangezogen werden, ein angemessenes gesellschaftliches Handeln zu ‚berechnen‘ – all dies sind Momente, in denen gesellschaftliche Wertestrukturen durch wissenschaftliches Wissen wesentlich mitgestaltet werden. In diesem Zusammenhang hat der Wissenschaftsforscher Theodore Porter (1995) darauf hingewiesen, dass insbesondere unser kulturell eingeübtes Vertrauen in Zahlen (diese werden in vielen Situationen mit Objektivität gleichgesetzt) es erlaubt, eine Logik des Regierens nach Zahlen zu etablieren und damit ganze Bereiche politischen Handelns zu depolitisieren. Diese Entwicklung betrifft auch die Wissenschaft selbst. Die wachsende Bedeutung, die *Rankings* von Universitäten, Instituten oder Zeitschriften zukommt oder die Tatsache, dass Qualität immer öfter mit Publikationszahlen und anderen Formen des zählbaren Outputs gleichgesetzt wird, sind nur zwei von vielen Beispielen (Felt/ Fochler 2010). Damit in Zusammenhang steht die Beobachtung, dass quantitative Forschung vielfach auch in den Sozialwissenschaften einen vergleichsweise höheren Status besitzt als qualitative. Solche Phänomene aufzuspüren, detaillierte Analysen der zugrunde liegenden Dynamiken anzubieten und Auswirkungen aufzuzeigen, ist ein Ziel der Wissenschaftsforschung.

Werte als Rahmenbedingungen für Forschung

Welche gesellschaftlichen Werte rahmen heutige Forschung? Mehr denn je und zu einem immer früheren Zeitpunkt in der Wissensproduktion sind ForscherInnen aufgefordert die Frage nach dem Nutzen und den potentiellen Anwendungen ihrer Forschung zu stellen. Oft wird schon im Stadium der Ideenfindung erwartet, über potenzielle Anwendungen nachzudenken. So verändert die Frage nach der in vielen Kontexten recht kurzfristig gedachten gesellschaftlichen Relevanz von Forschung auch die Forschung selbst (Stengers 1998).

Gesellschaftliche Wertefragen kommen genauso in den Regulierungen der Forschung zum Tragen: An welchen Lebewesen und unter welchen Voraussetzungen darf geforscht werden? Wie müssen Menschen durch Ethikkommissionen und informierte Einverständniserklärungen im Rahmen der Forschung geschützt werden? Hier engagiert sich die Wissenschaftsforschung in Analysen solcher Debatten und verweist vor allem auf die gesellschaftlich sehr unterschiedlichen Wertesysteme in einer globalen Wissenschaft. Sind etwa embryonale Stammzelltherapien, Leihmutterschaft, genetisch veränderte Pflanzen und vieles mehr in einem Land zugelassen, während sie in anderen verboten sind, erzeugt dies völlig neue rechtliche, ethische und politische Spannungen, mit denen moderne Gesellschaften erst umgehen lernen müssen.

Gute wissenschaftliche Praxis und Betrug

Wie steht es um die Werte, die das wissenschaftliche Arbeiten selbst leiten? Gerade der Anstieg von großen wissenschaftlichen Betrugsfällen in den letzten Jahren hat einerseits auf Schwachstellen der Qualitätssicherung verwiesen, sowie auf den wachsenden Druck, dem WissenschaftlerInnen ausgesetzt sind. Wettbewerb, Zeitdruck, der zunehmende Exzellenzdiskurs, ebenso wie die Tatsache, dass Wissenschaft stetig mehr versprechen muss, um ihre gesellschaftliche Sonderstellung halten zu können, führen dazu, dass die Grenzen ethischen Handelns immer wieder überschritten werden. Während man vor einigen Jahrzehnten noch mit großer Überzeugung auf den impliziten Ehrenkodex der Wissenschaft verwies, der durch Sozialisation eingeübt wird, hat heute jede Universität formalisierte Regeln der guten wissenschaftlichen Praxis. Darüber hinaus leben wir in einer Gesellschaft, in der wissenschaftlich-technische Expertisen eine immer bedeutendere Rolle in politischen und rechtlichen Entscheidungen spielen und folglich der Druck auf ExpertInnen von interessierten Parteien wächst. Die Rolle von verharmlosenden Gutachten zu den Gesundheitsfolgen von Tabak, um nur ein Beispiel zu nennen, hat die Grenzüberschreitungen in Sachen Forschungsethik deutlich gemacht. In diesem Zusammenhang stellen sich also Forschungsfragen, wie die nach den for-

schungsethischen Praxen im Alltag der Wissensproduktion, nach der Wirkmäch-
tigkeit der Formalisierung von Werten, die die Forschung anleiten, und viele mehr.

3.4   Wissenschaft und Demokratie

Insbesondere seit dem 2. Weltkrieg wurden demokratiepolitische Fragen in Zusammenhang mit Wissenschaft und Technologie immer wieder aufgegriffen. Das Zer-
störungspotential technologischer Innovationen war durch den Abwurf der Atom-
bomben sichtbarer denn je geworden. Aber auch Probleme im Bereich friedlicher
technologischer Entwicklungen – Kernkraftwerksunfälle, gesundheitliche Folgen
von Medikamenten, Verseuchung der Umwelt durch Chemikalien – haben Zweifel
an einer naiven Fortschrittsideologie aufgeworfen. Dadurch entstanden bisweilen
recht hitzige Debatten rund um Themen wie „Freiheit der Forschung" oder die
voranschreitende Technisierung der Gesellschaft.

Wissenschaft und Entscheidung

Welche Rolle spielen Wissenschaft und Technik in nationalstaatlichen Entscheidungsprozessen? Wie sind nationalstaatliche Selbstverständnisse mit wissenschaftlich-technischen Entwicklungen verknüpft? Und wieso verlaufen Debatten in verschiedenen Ländern so unterschiedlich, obwohl es sich doch angeblich um ‚ein und
dasselbe Problem' handelt? Die demokratiepolitisch bedeutungsvollen Diskussionen rund um die Nutzung der Atomenergie in Österreich (Stichwort: Volksab-
stimmung zum Kernkraftwerk Zwentendorf 1978), wie auch jene um die „grüne
Gentechnik", also die genetische Manipulation von Pflanzen in den 1990er Jahren,
sind zwei herausragende Beispiele, wie eng der Umgang mit Technologien und na-
tionales demokratiepolitisches Selbstverständnis miteinander verknüpft sein können. In beiden Fällen hat sich Österreich klar gegen diese Technologien positio-
niert, was eine starke identitätsbildende Funktion hatte und bei vielen BürgerInnen
ein spezifisches Verständnis von Österreich hervorbrachte (Felt 2013). Gleichzeitig werden in diesem Zusammenhang immer wieder Anschuldigungen einer latent
vorhandenen Technophobie ausgesprochen, gekoppelt mit der Besorgnis, dass
Innovationen, von denen sich bestimmte Interessensgruppen ökonomischen Nutzen versprechen, nicht realisiert werden können. Diese Debatten verweisen auf
die komplexen und gesellschaftspolitisch höchst relevanten Beziehungen zwischen
wissenschaftlich-technischen Entwicklungen und demokratischen Entscheidungs-
findungsprozessen. Sowohl Kernenergie als auch „grüne Gentechnik" stehen nicht
nur für wissenschaftlich-technische Innovationen, sondern sind zum Symbol einer

bis dahin unbekannten Mobilisierung der Bevölkerung und einer partizipativen Entscheidungsfindung geworden.

In diesem Kontext ist es wesentlich, darauf hinzuweisen, dass die angesprochenen Technologien in jedem Land sehr unterschiedlich diskutiert werden. Wir können somit nicht von einem nur wissenschaftlich geprägten Problemverständnis ausgehen. Es handelt sich vielmehr um komplexe Abwägungs- und Einschätzungsprozesse, die immer in spezifische politische und soziale Strukturen eingebettet sind, und die es aus sozialwissenschaftlicher Sicht zu verstehen gilt.

Während wir auf die fortschrittskritischen Stimmen verwiesen haben, sieht man derzeit in der Forschungspolitik stärker denn je eine Gleichsetzung von technowissenschaftlichem mit gesellschaftlichem Fortschritt. Zukunft wird zu einem zentralen Objekt politischen Diskurses und Innovationen sollen einen wesentlichen Beitrag leisten, diese Zukunft zu realisieren. Nachdem gerade politische Kreise die Lösung für gesellschaftliche und insbesondere ökonomische Probleme immer stärker in dem Vorantreiben von Innovation sehen, wird die Frage des demokratischen Gestaltungsraumes in wissenschaftlich-technischen Fragen immer dringlicher.

Wissenschaftskommunikation

In Zusammenhang mit einer wachsenden Bedeutung von Wissenschaft und Technologie für gesellschaftlichen Fortschritt sehen wir auch ein Ansteigen der Aktivitäten im Bereich der Wissenschaftskommunikation, ebenso wie die Schaffung neuer Zielöffentlichkeiten (etwa Kinder und Jugendliche). Wissenschaftliche Magazine, die „Lange Nacht der Forschung", Kinderuniversitäten, Internetportale und vieles mehr sind Indizien für eine gesteigerte Aufmerksamkeit, die Wissenschaft und ihren Anwendungen geschenkt wird bzw. werden soll. Dabei stellt sich die Frage, welche Informationen und Geschichten über Wissenschaft gesellschaftlich verbreitet werden sollen und mit welchem Ziel. Geht es um eine kritische Auseinandersetzung mit den Wechselwirkungen von Wissenschaft und Gesellschaft oder geht es darum, eine bestimmte Form des Fortschrittsdenkens gesellschaftlich zu verankern, oder darum, potentielle zukünftige ForscherInnen neugierig zu machen? Wird die Realität wissenschaftlichen Arbeitens vermittelt, oder werden eher unterhaltsame und beeindruckende Performances geliefert? Werden die Unsicherheiten wissenschaftlicher Erkenntnisproduktion thematisiert oder eher eine Wissenschaft gezeigt, die eindeutige Lösungen produziert? Kurz gesagt: Findet das Lernen über Wissenschaft im Rahmen aufklärerisch orientierter und expertenzentrierter Kommunikation statt oder geht es eher um offene Interaktion und Austausch zwischen ForscherInnen und BürgerInnen?

Zahlreiche Analysen der letzten Jahre haben deutlich gemacht, dass es bei Wissenschaftskommunikation wohl kaum nur um eine vereinfachte Vermittlung komplexer wissenschaftlicher Inhalte geht (Felt 2000), und dass mehr Kommunikation nicht automatisch zu mehr Vertrauen führt. Vielmehr wurde deutlich, dass Menschen wissenschaftliches Wissen durch die sozialen Beziehungen, in denen es vermittelt wird, erfahren, dass sie es interpretieren und in bestehende Wissenskontexte einordnen, und dass es dabei immer auch mit persönlichem Wissen in Beziehung gesetzt wird. Es können somit grundlegende Widersprüche zwischen den unterschiedlichen Wissensformen entstehen, die sich dann etwa in einer Ablehnung wissenschaftlicher Erklärungsmuster und Handlungsanleitungen widerspiegeln (Irwin/Wynne 1996). Diese Beobachtungen erhalten im Zusammenhang mit den jüngsten Debatten rund um die demokratische Miteinbeziehung von BürgerInnen in wesentliche wissenschaftspolitische Entscheidungen, etwa im Bereich der Medizin oder in Umwelt- oder Technikgestaltung, eine neue Bedeutung. Es wird immer wesentlicher, zu verstehen, wie Menschen zu Einschätzungen von Wissenschaft und Technik gelangen und welche persönlichen und kulturellen Ressourcen sie hierzu heranziehen. Nur durch ein solches Verständnis wird es möglich sein, entsprechende Räume der gesellschaftlichen Auseinandersetzung mit Wissenschaft und Technik zu entwickeln.

4   Aktuelle Forschung in Österreich

In Österreich begann sich die Wissenschaftsforschung relativ spät und nur langsam zu etablieren. Die Soziologie, die dabei in einigen Ländern eine zentrale Rolle gespielt hat, war als Triebkraft bei der Etablierung in Österreich lange Zeit eher zurückhaltend. Wissenschaftsforschung ist heute institutionell in Österreich an mehreren Institutionen verankert: an der Universität Wien (Institut für Wissenschafts- und Technikforschung), an der Universität Klagenfurt (Institut für Technik- und Wissenschaftsforschung), in design- und technologieorientierter Ausrichtung an der Technischen Universität Wien, sowie in außeruniversitären Einrichtungen durch ForscherInnengruppen, etwa am Austrian Institute of Technology oder am Institut für Technikfolgenabschätzung (Buchinger/Felt 2006). Darüber hinaus wird an der Universität Wien seit 2009 ein internationales, englisch-sprachiges Masterprogramm ebenso angeboten wie ein Dissertationsgebiet „Wissenschaftsforschung" im Rahmen der sozialwissenschaftlichen Doktoratsausbildung.

Welche Forschungsfelder sind in der Wissenschaftsforschung in Österreich besonders ausgeprägt anzutreffen? Diese Frage soll mit einer beispielhaften Auswahl beantwortet werden.

Governance und Partizipation

In den letzten beiden Jahrzehnten ist das Thema der gesellschaftlichen Stellung von Wissenschaft international zu einem zentralen Thema avanciert, was umfangreiche Forschungsarbeiten in Österreich mit sich brachte. Der Begriff *Governance* soll zum Ausdruck bringen, dass an der Steuerung und Regelung von wissenschaftlich-technischen Entwicklungen nicht nur der Staat (*government*), sondern auch andere gesellschaftliche Akteure beteiligt sind/sein sollten, die über formelle und informelle Netzwerke in Entscheidungsprozesse eingebunden werden (sollten). Dadurch wird über die Rolle des Staates im Bereich wissenschaftlich-technischer Entwicklungen reflektiert; es werden aber auch auch neue Formen der gesellschaftlichen Partizipation entwickelt und ihre Passform mit der existierenden politischen Kultur experimentell erprobt. Konkret geht es darum, Wissensbildungs- und Entscheidungsstrukturen in Wissenschaft und Gesellschaft neu zu denken und zum Teil in Form von Interventionen an ihrer (Weiter)entwicklung mitzuwirken. Ein Beispiel wären zahlreiche Experimente der Auseinandersetzung mit BürgerInnen zu wissenschaftlich-technischen Fragen, die von verschiedenen Forschungseinrichtungen durchgeführt bzw. evaluiert wurden. Dabei gilt es, die eingeübte Grenze zwischen ExpertInnen und Laien aufzubrechen, und es wird der Frage nachgegangen, wie BürgerInnen an Entscheidungen zu Wissenschaft und Technik teilhaben können. Thematisch ist diese Forschung in Österreich vor allem im Kontext der Biomedizin und Lifesciences, der Umwelt- oder Nanotechnologien und neuer Informations- und Kommunikationsmedien angesiedelt. Ländervergleichende Zugänge sind hier von großer Bedeutung.

Wissenschaftskommunikation

Nachdem Wissenschaft auch in Österreich immer eindrücklicher aufgefordert wird, ihre Leistungen öffentlich darzustellen – es wird von der „Medialisierung" der Wissenschaft gesprochen – ist die Wissenschaftskommunikation zu einem bedeutenden Forschungsthema geworden. Hierbei werden vor allem verschiedene Formen der Kommunikation untersucht, Modelle des Lernens und Erfahrens von Wissenschaft reflektiert oder bestimmte Formate evaluiert. Es geht darum, besser zu verstehen, wie sich Menschen wissenschaftliches Wissen aneignen, welche Rolle dabei kultureller Kontext und soziale Interaktionen spielen, und wie dieses Wissen mit eigenen Erfahrungen und Wissensformen in Beziehung gesetzt wird. Mit unterschiedlichen qualitativen Methoden wird in diesem Bereich erforscht, wie wissenschaftliches Wissen in Gesellschaften eingebracht und dort aufgenommen wird und welche Vorstellungen von Wissenschaft und deren Bedeutung dadurch entstehen bzw. sich durchsetzen. Dabei wird nicht aus den Augen verloren, dass sich eine solche Intensivierung der Kommunikation auch auf die Selbstwahrnehmung der Wissenschaft auswirkt.

Forschungs- und Wissenskulturen

Die Analyse unterschiedlicher, sich verändernder Praxen und Kulturen wissenschaftlicher Wissensproduktion (Knorr-Cetina 2002) im österreichischen Kontext ebenso wie im internationalen Vergleich, sind ein dritter Schwerpunkt. Eine Analyse der veränderten Arbeitsbedingungen in der Wissenschaft, Fragen, welche Fördermaßnahmen die Produktion von Innovationen unterstützen, eine kritisch-reflexive Begleitung von Reformen, sowie die Erforschung von Qualitätssicherungsstrukturen und deren Auswirkungen auf die Forschung (Stichwort: Evaluationsforschung) stehen hier im Fokus. Es geht also darum, die strukturellen Veränderungen auf ihre konkreten lokalen Auswirkungen auf das Leben und Arbeiten in der Wissenschaft hin zu untersuchen.

Wenn man den Begriff Wissenskultur weiter fasst, gilt es auch zu erforschen, wie soziale Gruppen, die sich um eine bestimmte Problemlage versammeln, gemeinsam Wissen produzieren, das bisweilen in einem Spannungsverhältnis zu wissenschaftlichem Wissen steht. Hier wären etwa PatientInnenorganisationen oder BürgerInneninitiativen zu nennen, in denen oft detailliertes Wissen über den eigenen Gesundheitszustand und das Leben mit diesem bzw. über ein spezifisches wissenschaftlich-technisches Problemfeld vorhanden ist, welches im wissenschaftlichen Feld wenig wahrgenommen wird. Wie dieses Wissen entsteht, wie es mit anderen Wissensformen zusammenwirkt und wie sich daraus Lösungsansätze oder spezifische Umgangsformen mit Problemen entwickeln, steht hier im Zentrum.

5 Anwendungsbezug

Ein Blick auf die Forschungsförderung zeigt, dass die Wissenschaftsforschung mittlerweile gut verankert ist. Die Europäische Union hat etwa in ihren Forschungsrahmenprogrammen seit geraumer Zeit eigene Förderlinien zu Themen wie „Wissenschaft und/in Gesellschaft", und das European Research Council, die größte europäische Forschungsförderungseinrichtung, hat *Science and Technology Studies* als Forschungsfeld angeführt. Aber auch nationale Fördergeber sind in diesem Bereich aktiv geworden. Dies ist ein Indikator dafür, dass das Wissen über die Wechselwirkung von Wissenschaft und Gesellschaft als wesentlich für die zukünftige Entwicklung einer Wissensgesellschaft angesehen wird.

Konkret gibt es eine ganze Reihe von Anwendungsbereichen, in denen Wissenschaftsforschung eine Rolle spielt: wissenschaftliche Politikberatung, was die Gestaltung einer besseren Integration von Wissenschaft und Gesellschaft betrifft (dies findet sowohl auf EU-Ebene als auch national statt); Arbeit im Bereich einer kritischen Wissenschaftskommunikation, in der Möglichkeiten und Grenzen von wissenschaftlichem Wissen thematisiert werden (z. B. Kommunikationsarbeit im Rahmen wissenschaftlich-technischer Kontroversen, Ausstellungen, kritischer Journalismus); Entwicklung von praktischen Modellen gesellschaftlicher Partizipation bei wissenschaftlich-technischen Entscheidungen und die Begleitung solcher Prozesse; Mitwirkung im Bereich der Evaluationsforschung; Forschungsmanagement und vieles mehr.

In einer Gesellschaft, in der Wissenschaft eine so zentrale Rolle einnimmt, ist ein detailliertes Wissen über Entwicklungsprozesse in der Wissenschaft und über die Wechselwirkungen von Wissenschaft, Technik und Gesellschaft eine zentrale Voraussetzung geworden.

Literatur

1. Einführungsliteratur

Felt, Ulrike; Nowotny, Helga; Taschwer, Klaus, 1995: Wissenschaftsforschung. Eine Einführung. Frankfurt/Main: Campus.

Hackett, Edward J.; Amsterdamska, Olga; Lynch, Michael; Wajcman, Judy (Hg.), 2008: The Handbook of Science and Technology Studies. Cambridge, Mass.: MIT Press.

Sismondo, Sergio, 2006: An Introduction to Science and Technology Studies. Malden, Mass.: Blackwell.

Weingart, Peter, 2003: Wissenschaftssoziologie. Bielefeld: transcript.

2. Weitere zitierte Literatur

Buchinger, Eva; Felt, Ulrike (Hg.), 2006: Technik- und Wissenschaftssoziologie in Österreich. Stand und Perspektiven. Wiesbaden: Verlag für Sozialwissenschaften.

Becher, Tony; Trowler, Paul R., 2001: Academic Tribes and Territories. Intellectual Enquiry and the Cultures of Disciplines. Milton Keynes: Open University Press.

Bourdieu, Pierre, 1988: Homo Academicus. Frankfurt/Main: Suhrkamp.

Burri, Regula V.; Dumit, Joseph, 2008: Social Studies of Scientific Imaging and Visualisation. In: Hackett, Edward J.; Amsterdamska, Olga; Lynch, Michael; Wajcman, Judy (Hg.), The Handbook of Science and Technology Studies. Cambridge, Mass.: MIT Press, 297–317.

Daston, Lorraine, 2001: Wunder, Beweise und Tatsachen. Zur Geschichte der Rationalität. Frankfurt/Main: Fischer Taschenbuch Verlag.

Felt, Ulrike, 2000: Why Should the Public "Understand" Science? A Historical Perspective on Aspects of the Public Understanding of Science. In: Meinholf, Dierkes; Grote, Claudia von (Hg.), Between Understanding and Trust. The Public, Science and Technology. Amsterdam: Harwood Academic Publishers, 7–38.

Felt, Ulrike, 2013: Keeping Technologies Out. The Formation of Austria's Technopolitical Identity. Pre-print: https://sciencestudies.univie.ac.at/publikationen/, 20.7. 2013.

Felt, Ulrike; Fochler, Maximilian, 2010: Riskante Verwicklungen des Epistemischen, Strukturellen und Biographischen. Governance-Strukturen und deren mikropolitische Implikationen für das akademische Leben. In: Biegelbauer, Peter (Hg.), Steuerung von Wissenschaft? Die Governance des österreichischen Innovationssystems. Innovationsmuster in der österreichischen Wirtschaftsgeschichte. Innsbruck: StudienVerlag, 297–328.

Irwin, Alan; Wynne, Brian (Hg.), 1996: Misunderstanding Science? The Public Reconstruction of Science and Technology. Cambridge: Cambridge University Press.

Jasanoff, Sheila (Hg.), 2004: States of Knowledge. The Co-Production of Science and the Social Order. London: Routledge.

Knorr-Cetina, Karin, 1984: Die Fabrikation von Erkenntnis. Zur Anthropologie der Naturwissenschaft. Frankfurt/Main: Suhrkamp.

Knorr-Cetina, Karin, 2002: Wissenskulturen. Ein Vergleich naturwissenschaftlicher Wissensformen. Frankfurt/Main: Suhrkamp.

Latour, Bruno, 1979: Laboratory Life. The Social Construction of Scientific Facts. Beverly Hills: Sage Publications.

Latour, Bruno, 1996: Der Berliner Schlüssel. Erkundungen eines Liebhabers der Wissenschaften. Berlin: Akademie Verlag.

Mannheim, Karl, 1929: Utopie und Ideologie. Bonn: Cohen.

Merton, Robert K., 1985 [1942]: Entwicklung und Wandel von Forschungsinteressen. Aufsätze zur Wissenschaftssoziologie. Frankfurt/Main: Suhrkamp. [Originalaufsatz: Merton, R. K. (1942): Science and Technology in a Democratic Order: Journal of Legal and Political Sociology, 1, 115–126].

Nowotny, Helga; Scott, Peter; Gibbons, Michael, 2001: Re-Thinking Science. Knowledge and the Public in an Age of Uncertainty. Cambridge: Polity Press.

Porter, Theodore M., 1995: Trust in Numbers: The Pursuit of Objectivity in Science and Public Life. Princeton: Princeton University Press.

Schiebinger, Londa, 1995: Am Busen der Natur. Erkenntnis und Geschlecht in den Anfängen der Wissenschaft. Stuttgart: Klett-Cotta.

Stengers, Isabelle, 1998: Wem dient die Wissenschaft? München: Gerling Verlag.

Weber, Max, 1972 [1917]: Wissenschaft als Beruf. In: Ders., Schriften zur Wissenschaftslehre. Tübingen: Mohr, 582–592.

Winner, Langdon, 1980: Do Artifacts Have Politics? Daedalus, 1980, Vol. 109, No. 1, 121–136.

3. Ausgewählte Fachzeitschriften

BioSocieties
New Genetics and Society
Public Understanding of Science
Research Policy
Science and Public Policy
Science as Culture
Science Communication
Science Studies
Science, Technology, and Human Values
Social Studies of Science

Autoren-/Autorinnenverzeichnis

Amann, Anton: Universitätsprofessor i.R. für Soziologie und Sozialgerontologie, Institut für Soziologie und wissenschaftlicher Leiter des Paul F. Lazarsfeld-Archivs an der Universität Wien

Breckner, Roswitha: Assoziierte Professorin am Institut für Soziologie der Universität Wien

Dannecker, Petra: Universitätsprofessorin für Entwicklungssoziologie am Institut für Internationale Entwicklung der Universität Wien

Felt, Ulrike: Universitätsprofessorin für Wissenschaftsforschung am Institut für Wissenschafts- und Technikforschung der Universität Wien

Flecker, Jörg: Universitätsprofessor für Allgemeine Soziologie am Institut für Soziologie der Universität Wien

Flicker, Eva: a.o. Universitätsprofessorin am Institut für Soziologie der Universität Wien

Fischer-Kowalski, Marina: Universitätsprofessorin für Soziale Ökologie am Institut für Soziale Ökologie der Alpen-Adria-Universität Klagenfurt (Standort Wien), Universitätsdozentin für Soziologie an der Universität Wien.

Forster, Rudolf: a.o. Universitätsprofessor i.R., Institut für Soziologie der Universität Wien

Fuchs, Walter: Habilitationsstipendiat der Österreichischen Akademie der Wissenschaften (APART) am Institut für Rechts- und Kriminalsoziologie in Wien, Lektor am Institut für Soziologie der Universität Wien

Froschauer, Ulrike: a.o. Universitätsprofessorin am Institut für Soziologie der Universität Wien

Hausknost, Daniel: Wissenschaftlicher Mitarbeiter am Institut für Soziale Ökologie der Alpen-Adria-Universität Klagenfurt (Standort Wien)

Kittel, Bernhard: Universitätsprofessor am Institut für Wirtschaftssoziologie des Betriebswirtschaftlichen Zentrums der Universität Wien

Kolland, Franz: a.o. Universitätsprofessor am Institut für Soziologie der Universität Wien

Krajic, Karl: Key Researcher am Ludwig Boltzmann-Institut Health Promotion Research in Wien und Privatdozent am Institut für Soziologie der Universität Wien

Mayer, Andreas: Wissenschaftlicher Mitarbeiter am Institut für Soziale Ökologie der Alpen-Adria-Universität Klagenfurt (Standort Wien)

Norden, Gilbert: Assistenzprofessor am Institut für Soziologie der Universität Wien

Pritz, Sarah Miriam: Soziologin und Germanistin, Wien und Frankfurt am Main

Raschauer, Agnes: Soziologin, Wien

Reinprecht, Christoph: a.o. Universitätsprofessor am Institut für Soziologie der Universität Wien

Scheibelhofer, Elisabeth: Assoziierte Professorin am Institut für Soziologie der Universität Wien

Smudits, Alfred: Universitätsprofessor am Institut für Musiksoziologie der Universität für Musik und darstellende Kunst in Wien

Stummvoll, Günter: Stadt- und Kriminalsoziologe, Lektor am Institut für Soziologie der Universität Wien sowie an der Donau Universität Krems

Troger, Tobias: wissenschaftlicher Projektmitarbeiter am Institut für Soziologie der Universität Wien

Verwiebe, Roland: Universitätsprofessor für Sozialstrukturforschung und quantitative Methoden am Institut für Soziologie der Universität Wien

Wanka, Anna: wissenschaftliche Projektmitarbeiterin am Institut für Soziologie der Universität Wien, PhD-Scholarin am Institut für Höhere Studien in Wien

Weiß, Otmar: Universitätsprofessor an der Abteilung Sportsoziologie am Institut für Sportwissenschaft der Universität Wien

Zartler, Ulrike: Universitätsassistentin am Institut für Soziologie der Universität Wien